Joseph Sandler
mit Anna Freud
Die Analyse der Abwehr
Klett-Cotta

Verlagsgemeinschaft Ernst Klett Verlag –
J. G. Cotta'sche Buchhandlung
Aus dem Englischen übersetzt
von Horst Vogel
Die Originalausgabe erschien unter dem Titel
»The Analysis of Defence«
im Verlag International Universities Press, New York

Printed in Germany
Umschlag: Klett-Cotta-Design
Gesetzt in der 10 Punkt Century
bei Fotosatz Janß in Pfungstadt
Gedruckt auf säurefreiem und holzfreiem
Werkdruckpapier von Clairefontaine
bei Gutmann in Heilbronn
Buchbinderische Verarbeitung von
W. Röck in Weinsberg

CIP-Titelaufnahme der Deutschen Bibliothek

Sandler, Joseph:
Die Analyse der Abwehr / Joseph Sandler mit Anna Freud.
[Aus dem Engl. übers. von Horst Vogel]. –
Stuttgart : Klett-Cotta, 1989
Einheitssacht.: The analysis of defence ⟨dt.⟩
ISBN 3-608-95604-2
NE: Freud, Anna:

Inhalt

Vorwort

Aus einer Reihe von Sitzungen der Index-Forschungsgruppe an der Hampstead Klinik in London, in denen verschiedene mit den Abwehrmechanismen zusammenhängende Probleme diskutiert worden waren, ging klar hervor, daß eine erneute Betrachtung von Anna Freuds klassischem Werk *Das Ich und die Abwehrmechanismen* sehr nützlich wäre. Wir hatten das Glück, daß Miss Freud in der Lage und dazu bereit war, über den Zeitraum eines Jahres, 1972–73, an einer Diskussionsreihe der Forschungsgruppe teilzunehmen. Bei diesen Sitzungen übernahm ich den Vorsitz und war in gewisser Weise auch Sprecher der Gruppe, so daß die Diskussionen überwiegend die Gestalt eines Dialoges zwischen Anna Freud und mir gewannen. An der Gruppe beteiligt waren Mitglieder des Lehrkörpers, fortgeschrittene Ausbildungskandidaten und gelegentlich auch Gäste; die Diskussionen wurden auf Band aufgenommen und später abgeschrieben. Die schriftlichen Protokolle wurden später redigiert, wobei die Dialogform der Gespräche beibehalten wurde. Das Ergebnis war eine Serie von Publikationen, die von 1980 an im *Bulletin of the Hampstead Clinic* erschienen. Das vorliegende Buch enthält die wesentlichen Teile dieser Veröffentlichungen; zur Vermeidung überflüssiger Wiederholungen sind geringfügige redaktionelle Änderungen vorgenommen worden.

Miss Freud hat den größten Teil der redigierten Transkripte vor der Veröffentlichung im *Bulletin* durchgesehen und sie noch an einigen Stellen ergänzt. Leider erkrankte sie schwer und starb, ehe ihr die letzten Kapitel vorgelegt werden konnten. Die Diskussionen, an denen sie sich so lebhaft beteiligt hatte, fanden in der Zeit statt, als sie ihren 76. Geburtstag feiern konnte; sie stellen einen bleibenden Tribut an ihre hervorragenden geistigen Fähigkeiten und die Klarheit ihrer Ausdrucksweise dar. Der Gehalt ihrer Beiträge hat unser Verständnis der Abwehrmechanismen um viele Schritte weitergebracht und hat uns dazu verholfen, *Das Ich und die Abwehrmechanismen* in angemessenerer und klarerer Perspektive zu sehen.

Seit der Veröffentlichung des Buches von Anna Freud im Internationalen Psychoanalytischen Verlag 1936 hat sich die Psychoanalyse beträchtlich weiterentwickelt und erweitert. Die englische Ausgabe in der Übersetzung von Cecil Baines erschien 1937 in der International Psycho-Analytical Library (The Hogarth Press and the Institute of Psycho-Analysis, London), und eine revidierte englische Ausgabe mit geringfügigen Änderungen wurde 1966 herausgebracht. In den Vereinigten Staaten wurden beide englischen Ausgaben von der International Universities Press publiziert.

Vor Beginn unserer Diskussionen machte Anna Freud einige Anmerkungen zur englischen Übersetzung des Buches. Sie sagte: »Das Englische stammt nicht von mir, weil ich damals, als das Buch entstand, noch nicht englisch geschrieben habe und das Buch deswegen übersetzt werden mußte. Ich habe dann später die Übersetzung nie korrigiert und auch nicht persönlicher gestaltet, so daß die deutsche Fassung in mancherlei Hinsicht den ursprünglichen Sinn sehr viel besser vermittelt als die englische«. Im Verlauf der Diskussion konnte sie dann zu verschiedenen Stellen gefragt werden, ob die Übersetzung angemessen sei.

Das vorliegende Buch folgt in seinem Aufbau dem Original, die Überschriften der einzelnen Teile und Kapitel sind dieselben. Jedes Kapitel beginnt mit einer Zusammenfassung des entsprechenden Kapitels in *Das Ich und die Abwehrmechanismen*, dann folgen die Berichte der verschiedenen Sitzungen, die sich mit der Diskussion von Fragen zu diesem Kapitel beschäftigten. Die Transkripte wurden für unser Buch etwas umgestellt, um thematisch zusammengehörige Beiträge zu verbinden und die Diskontinuität zu vermeiden, die in solchen Diskussionen unweigerlich auftritt. Im gesamten Text verweisen die in Klammern gesetzten Seitenangaben auf die der Ausgaben von 1937 und 1966; die Textzitate sind der amerikanischen Ausgabe von 1966 entnommen.*

Unser Dank gilt allen, deren Hilfe die Entstehung dieses Buches ermöglichte. Das damalige Index Committee setzte sich aus Maria Berger, Marion Burgner, Rose Edgcumbe, Alex Holder, Ann Hurry,

---

* Einfügung des Übersetzers: Diese Angaben beziehen sich auf die englische Originalausgabe dieses Buches. In der vorliegenden deutschen Übersetzung verweisen die beiden Zahlenangaben in Klammern auf die Ausgaben von *Das Ich und die Abwehrmechanismen* als Kindler Taschenbuch in der Serie »Geist und Psyche«, Kindler Verlag, München, 1964, und in *Die Schriften der Anna Freud*, Band I, Kindler Verlag, München, 1980.

Hansi Kennedy und mir (als Vorsitzendem) zusammen. Trudi Dembowitz und Doreen Ross übernahmen die Bandabschriften der Diskussionen; für ihren Arbeitseinsatz und ihre Akuratesse sind wir ihnen außerordentlich dankbar. Alex Holder, der Herausgeber des *Bulletin of the Hampstead Clinic*, war uns eine große Hilfe bei der Durchsicht der ursprünglichen Transkripte; ihm und seiner tüchtigen Assistentin Barbara Sullivan sind wir großen Dank schuldig. Die nachstehend Genannten nahmen in kleinerem oder größerem Umfang an den Diskussionen teil und bildeten mit ihren Beiträgen und durch ihre Anwesenheit einen höchst förderlichen Hintergrund für unsere Sitzungen: Maria Berger, Lucy Biven, Dorothy Burlingham, Donald Campbell, Arthur Couch, Rose Edgcumbe, Irmi Elkan, Robert Evans, W. Ernst Freud, Ralph Greenson, Ilse Hellmann, Alex Holder, Ann Hurry, Hansi Kennedy, Tom Lopez, Molly Mason, Renate Putzel, Sara Rosenfeld, Mahmoud Sanai, Lore Schacht, Marjorie Sprince, Vann Spruiell, Robert L. Tyson und Clifford Yorke.

Redaktionsarbeit und Aufbereitung des Materials für dieses Buch erfolgte am Sigmund Freud Center for Study and Research in Psychoanalysis an der Hebräischen Universität von Jerusalem, und es macht mir besondere Freude, mich für die hervorragende Hilfe von Meir Perlow, Reseach Fellow am Sigmund Freud Center der Hebräischen Universität, zu bedanken, weiterhin für die beständige Unterstützung durch die Administratorin des Freud Center, Hanna Groumi, deren Intelligenz, Sachkompetenz und schier unbegrenzte Arbeitsfähigkeit das Manuskript bis zu seinem Abschluß hin steuerte. Michele Morowitzs Einsatz bei der schwierigen Niederschrift und Redaktion des Schlußmanuskripts verdient besondere Erwähnung. Abschließend möchte ich Anne-Marie Sandler und Rivka Eifermann für Durchsicht und Kommentierung des Manuskripts bei der Schlußredaktion herzlich danken.

Die Hampstead Klinik erhielt von folgenden Stiftungen zeitweilige finanzielle Unterstützungen: The American Philanthropic Foundation, Philadelphia, Pa.; Gustave M. Berne Foundation, New York City; Lionel Blitsten Memorial Inc., Chicago; the G. G. Bunzl Fund; the H. Daroff Foundation, New York; the Division Fund, Chicago; the Herman A. and Amalia S. Ehrmann Foundation, New York; the Field Foundation, New York; the Foundation for Research in Psychoanalysis, Beverly Hills, California; the Foundation for

Research in Psychiatry, New Haven, Conn.; the Freud Centenary Fund, London; Grant Foundation Inc., New York City; the Estate of Flora Haas, New York; the Lita Hazen Charitable Fund, Philadelphia; the A. and M. Lasker Foundation, New York; the Ann Pollock Lederer Research Institute, Chicago; the Leslie Foundation, Chicago; the John D. and Catherine T. MacArthur Foundation, Chicago; the Andrew Mellon Foundation, später Paul Mellon; the Walter E. Meyer Research Institute of Law, New Haven, Conn; the National Institute of Mental Health, Bethesda, Md.; the New-Land Foundation, New York; the Overbrook Fund, New York; the Psychoanalytic Research and Development Fund, New York; the William Rosenwald Family Fund, Inc., New York; the William Sachs Foundation, New York; the J. and M. Scheider Foundation, New York; the Philip M. Stern Foundation, Washington, D. C.; the W. Clement and Jessie V. Stone Foundation, Chicago; the Taconic Foundation, New York; the Leslie Tuchman Fund, New York; the Wolfson Foundation, London; ferner eine Reihe von privaten Stiftern.

Schließlich geht besonderer Dank an die Foundation for Research in Psychoanalysis in Los Angeles und an das Sturman Center for Human Development der Hebräischen Univesität von Jerusalem für finanzielle Beihilfen an verschiedenen Stellen in der Vorbereitung des Manuskripts.

Jerusalem, Dezember 1983 Joseph Sandler

Erster Teil

Theorie der Abwehrmechanismen

1 Das Ich als Stätte der Beobachtung

Anna Freud beginnt das erste Kapitel ihres Buches mit dem Hinweis, daß sich die Psychoanalyse in der Vergangenheit mit der Erforschung dessen befaßt hatte, was tief verdrängt war. Ihr Interesse war auf die Vorgänge gerichtet, die sich in den tiefen Schichten des Seelenlebens zutragen, und es galt bis in die zwanziger Jahre (der Veröffentlichung von *Massenpsychologie und Ich-Analyse* und *Jenseits des Lustprinzips*) als unanalytisch, sich mit der Anpassung an die Außenwelt oder ähnlichen Vorstellungen zu beschäftigen. Für die ältere Auffassung gab es eine bestimmte historische Rechtfertigung, denn die Psychoanalyse war, wie Anna Freud es ausdrückte, »vor allem eine Psychologie des Unbewußten, nach heutigem Ausdruck: des Es« (7, 198). Sie setzt aber gleich hinzu, daß eine solche Definition »sofort jeden Anspruch auf Richtigkeit (verliert), wenn man sie auf die psychoanalytische Therapie anwendet. Das Objekt der analytischen Therapie waren von Anfang an das Ich und seine Störungen, die Erforschung des Es und seiner Arbeitsweise waren immer nur Mittel zum Zweck. Und der Zweck war immer der gleiche: die Aufhebung dieser Störungen und die Wiederherstellung der Intaktheit des Ichs«.

Anna Freud weist darauf hin, daß man nun die Aufgabe der Analyse als die möglichst weitgehende Kenntnis vom Es, Ich und Über-Ich sowie ihrer Beziehungen untereinander und zur Außenwelt definiere. Weiterhin ist die analytische Aufgabe »auf das Ich bezogen: seine Inhalte, seine Ausdehnung, seine Funktionen und die Geschichte seiner Abhängigkeiten von Außenwelt, Es und Über-Ich. Auf das Es bezogen, heißt es: die Beschreibung der Triebe, also der Es-Inhalte und das Verfolgen der Triebumwandlungen (8, 198)«.

In diesem Kapitel bemerkt Anna Freud, daß unsere Kenntnis des Es oder des Systems Ubw aus Abkömmlingen gewonnen wird, die sich in die Systeme Vbw und Bw hinein fortsetzen. Wenn im Es Ruhezustand herrscht, stößt es nicht ins Ich vor, erzeugt es keine Spannung, und wir können nichts davon beobachten. Selbst das Über-Ich, das normalerweise viel mehr bewußt ist, ist dort nicht erkennbar, wo Ich und Über-Ich miteinander einig sind. Es wird nur deutlich, wo es sich dem Ich gegenüberstellt, etwa wenn es Schuldgefühle erweckt. Anna Freud folgert daraus, daß »das Ich das eigentliche Gebiet ist, auf das unsere Beobachtung sich ständig richten muß« (9, 199). Ist die Beziehung des Es zum Ich friedlich, so gestattet das Ich dem Es Zugang zum Bewegungsapparat und stellt ihm seine Kräfte zur Verfügung. Die Triebregung kann dann klar beobachtet werden. Der Ich-Bereich stellt jedoch für die Triebregungen, die ja normalerweise dem Primärvorgang und dem Lustprinzip des Es folgen, eine »fremde Atmosphäre« (9, 200) dar. Im Ich müssen die Triebregungen auf die Forderungen der Realität und die Gesetze des Über-Ich Rücksicht nehmen. Dadurch können die guten Beziehungen zwischen dem Es und dem Ich ihr Ende finden, und die Triebregungen unternehmen dann, wie Anna Freud sagt, »feindliche Einfälle« (10, 200) in das Territorium des Ich, das dann seinerseits mit Gegenaktionen in Form geeigneter Abwehrmaßnahmen reagiert. Was man nun beobachten kann, ist eine Kombination von Es-Regungen und Abwehrmaßnahmen des Ich; Aufgabe des Analytikers ist dann die Zerlegung dieses Bildes in seine einzelnen Anteile.

Das Ich weiß nichts von seinen Abwehrmaßnahmen, und der Beobachter kann sie immer nur nachträglich rekonstruieren. So führt zum Beispiel eine gelungene Verdrängung zu wahrnehmbaren Ausfällen bestimmter Bereiche. Ähnlich weiß das Ich auch nichts davon, was bei der Entstehung einer Reaktionsbildung vor sich geht. Anna Freud stellt fest, daß wichtige Aufschlüsse aus dem Studium der Art und Weise gewonnen worden sind, in der das Ich mit den Es-Regungen umgeht. Wenn diese durchbrechen, wie es in der Neurose geschieht, dann können wir die Vorgänge gut untersuchen. Auch beim Zerfallen von Reaktionsbildungen, bei dem man manchmal beobachten kann, wie Triebregungen und Abwehr im Ich nebeneinander bestehen, bietet sich fruchtbares Material für die analytische Untersuchung.

Die Diskussion

Sandler: Miss Freud, ich möchte gerne die Diskussion mit der Frage beginnen, was wir eigentlich als das Trieb- oder Es-Element ansehen sollten, das vom Ich bearbeitet und umgewandelt wird. Sie sprechen von der *Triebregung*, aber es ist nicht klar, ob sich der Ter-

minus *Regung* auf Triebenergie bezieht, auf einen unerkennbaren Drang, oder auf einen unbewußten Wunsch, der mit psychischem Inhalt ausgestattet ist. Ist es von einem psychologischen Gesichtspunkt her ausreichend, wenn wir von einem Triebwunsch sprechen und diesen als ein psychologisch nicht weiter reduzierbares Element behandeln? Wenn wir das tun, dann enthält der Wunsch, sowie einmal ein bestimmter Punkt in der Entwicklung überschritten ist, für unser Denken Selbst- und Objektrepräsentanzen, und wir könnten uns weiter vorstellen, daß das Ziel des Triebwunsches dem Ich gegenüber repräsentiert wird. Wir können also einerseits vom Es als Quelle der Triebe sprechen, aber andererseits wäre es vielleicht besser, den Triebwunsch als das psychologisch sinnhaltige Es-Element zu bezeichnen. Wäre das richtig?
FREUD: Ja, was Sie über die Triebregung und den Wunsch sagen, ist ganz richtig. Was ich im Sinne hatte, als ich das Buch schrieb, war das, was wir jetzt den Wunsch nennen würden, aber auch andere seelische Wege, auf denen Triebabkömmlinge ins Bewußtsein gelangen können. Für diejenigen, die heute das Buch lesen, ist es vielleicht nicht ganz einfach, die Atmosphäre zu erfassen, in der es damals geschrieben wurde. Wenn man das erste Kapitel liest, kann man sich sehr wohl fragen: Warum sollte der weitere Inhalt des Buches etwas brauchen, was fast wie eine Rechtfertigung klingt? Man sollte sich aber daran erinnern, daß es eine Zeit war, in der die Einführung des Ich als solchem in die psychoanalytische Diskussion oder in die Literatur den meisten Analytikern suspekt war. Von meiner Seite wurden Gedanken über die Beziehungen des Ichs zum unbewußten Es vorgetragen. Von Heinz Hartmanns Seite kamen Gedanken über die konfliktfreie Sphäre des Ichs. Und beides kam mehr oder minder gleichzeitig in die Wiener Vereinigung. Es gab damals eine ziemlich große Gruppe, die sich gegenüber jedem Versuch, vom Ich oder von Ich-Tätigkeit per se zu sprechen, sehr feindselig verhielt. In den Schriften meines Vaters war dies nie der Fall, in der Einstellung der anderen Analytiker jedoch ganz ausgeprägt. Ich erinnere mich, daß Helene Deutsch, die damals schon halb in Amerika war, sagte, mit diesem Buch hätte ich mich für immer vor den Analytikern unmöglich gemacht, weil ich mich mit dem Ich und nicht mit dem Es befaßte. Das trifft natürlich nicht zu, denn ich befaßte mich mit den Beziehungen zwischen den beiden. Was ich vermitteln möchte, ist die Atmosphäre zu dieser Zeit, denn sie ist es

eigentlich, mit der ich im ersten Kapitel meines Buches kämpfte. Ich sagte: »Seht doch, das Ich ist immer in der analytischen Arbeit enthalten gewesen, die ganze analytische Arbeit geschieht um seinetwillen.« Wir können uns das heute alles nur sehr schwer vorstellen.

SANDLER: Da in der Entwicklung der Psychoanalyse theoretische Konzepte immer aus der Technik hervorgegangen sind, wäre es für uns hilfreich, wenn Sie etwas darüber sagen könnten, was *Abwehranalyse* genannt worden ist. Mir kam diese Bezeichnung immer ziemlich irreführend vor, da doch vom technischen Gesichtspunkt her der Akzent mehr auf der Widerstandsanalyse als auf einzelnen Abwehrmaßnahmen liegt. Wir deuten Abwehr nur im Kontext dessen, was jeweils abgewehrt wird. Und was war der Status der Widerstandsanalyse zu der Zeit, als Sie das Buch schrieben? Es gibt ja unter Analytikern in dieser Hinsicht noch immer beträchtliche Auffassungsunterschiede.

FREUD: Abwehranalyse als terminus technicus gab es in jener Zeit nicht. Ich glaube mich zu erinnern, daß der Begriff von Berta Bornstein im Bereich der Kinderanalyse eingeführt worden ist. Wir sagten damals, daß die Abwehr zuerst analysiert werden müsse. In einem späteren Kapitel meines Buches habe ich deutlich zu machen versucht, daß in meiner Auffassung der Weg zum Verständnis der Abwehr über die Beobachtung ihres Erscheinens in der Gestalt von Widerständen in der Analyse führt. Natürlich war das in unserer Technik schon immer so gewesen, aber man hatte weder davon gesprochen noch wirklich erkannt, um was es sich handelte.

SANDLER: Vielleicht hatte man die Analyse von Widerständen oder von spezifischen Abwehrformen als Teil der Kunst des Analysierens betrachtet. Durch Deutung der Konflikte oder Ängste des Patienten konnte er sich freier fühlen, verdrängtes Material preiszugeben.

FREUD: Ja, das war ganz so unsere Technik, aber wir stützten uns dabei weitgehend auf die freien Assoziationen, um die Widerstände offenzulegen. Zur damaligen Zeit insistierte man sehr viel mehr auf freiem Assoziieren, als es heute geschieht, denn frei zu assoziieren war ja die eigentliche Aufgabe des Patienten. Heutzutage stellt die Anforderung an den Patienten, frei zu assoziieren, für viele Analytiker so etwas wie einen Eingriff in dessen bürgerliche Rechte dar, nämlich in sein Recht, nur das zu sagen, was er will, und für sich zu behalten, was er nicht sagen will. Zur damaligen Zeit aber konnte

ein Analytiker einen Patienten wegschicken, wenn dieser mit dem freien Assoziieren nicht einverstanden war.
SANDLER: Es gibt viele Analytiker, die den Standpunkt vertreten, daß man um keinen Preis irgend etwas tun dürfe, was den Patienten lenkt oder leitet.
FREUD: Ja, so die Idee »Laß ihn tun, was er will«. Aber früher waren wir der Ansicht, daß man ohne die freie Assoziation nie an das Unbewußte herankommen könne.
BERGER: Ich möchte gerne fragen, ob man in der Zeit vor der Akzentuierung des Ichs und der Abwehr mit den Widerständen des Patienten anders umgegangen ist. In anderen Worten, vermittelt Ihr Buch nicht auch den Gedanken, man solle Widerstand als Manifestation der Abwehr behandeln und deuten? Vielleicht wurden Widerstände zuvor als etwas Schlechtes angesehen, das der analytischen Arbeit im Wege stand.
FREUD: Das mag ganz zu Anfang so gewesen sein, aber ist es sicherlich schon seit vielen Jahren nicht mehr. Was den Widerstand angeht, so muß man unterscheiden zwischen dem bewußten Vorenthalten von Material und einem Vorenthalten, das durch die Abwehr des Patienten determiniert ist. Dieser Unterschied ist gewaltig. Wenn ein Patient zum Analytiker sagt, und das tun heute viele: »Von meinem Geschlechtsleben kann ich Ihnen natürlich nichts erzählen, das ist mir viel zu peinlich«, dann würden viele Analytiker heute das akzeptieren und bei sich denken: »Vielleicht nächstes Jahr.« Früher dagegen hätte man gesagt: »Nun gut, aber erwarten Sie von mir keine Hilfe, ehe Sie es tun, weil wir bis dann keine Analyse machen werden.« Ein Patient würde heutzutage vielleicht sagen: »Über Geld kann ich natürlich nicht sprechen, das ist zu peinlich.«
SANDLER: Oder Gedanken über den Analytiker ...
FREUD: ... weil das ungehörig wäre, oder Gedanken über etwas außerhalb der Analyse – das wäre indiskret. In der Vergangenheit würde man dem Patienten gesagt haben: »Ja, sicher, wenn Sie nicht wollen, aber dann wird die analytische Methode, die ich Ihnen erklärt habe, nicht wirken, weil sie darauf gründet, daß Sie sagen, was Ihnen durch den Sinn geht.«
SANDLER: Vielleicht könnte man in einem solchen Falle sagen: »Nun, wenn Sie nicht darüber sprechen können, muß es einen guten Grund dafür geben, und wir sollten uns diesen Grund anschauen.«

Freud: Aber dann könnte er einfach sagen: »Ja, weil mir das sehr peinlich ist.« Ich erinnere mich an eine Patientin, die ich darauf hinwies, daß sie jedesmal sehr vage wurde, wenn über Geld gesprochen werden sollte. Sie hielt sich bewußt zurück und sagte darauf: »Sie sind doch nicht mein Steuerinspektor.« Die Einstellung zur freien Assoziation ist heute vielleicht deswegen anders, weil vermutlich der Analytiker hofft, daß die Übertragung dann schon bringen werde, was die freie Assoziation nicht gebracht hat. Nur ist die Übertragung eben auch der freien Assoziation unterworfen.
Sandler: Wenn wir einen Patienten haben, der sagt: »Ich kann nicht sagen, was ich über Sie dachte, als ich eben hereinkam, das ist mir zu peinlich«, wäre es da nicht ein Fehler, wenn man ihn direkt mit der freien Assoziation konfrontierte? Wäre es nicht besser, wenn man etwa sagen würde: »Warum sollte es Ihnen peinlich sein? Haben Sie irgendeine Idee, warum Sie es so peinlich finden?« Lohnt sich der Versuch, Assoziationen über den Widerstand anzuregen?
Freud: In diesem Fall ist es nicht Widerstand. Bewußtes Vorenthalten ist nie Widerstand. Ich würde etwas ganz anderes zu dem Patienten sagen. Ich würde sagen: »Es ist ein sehr gutes Zeichen, daß Sie mir schon so früh gesagt haben, daß Sie nicht darüber sprechen können, weil das bedeutet, daß Sie es bald tun werden.« Wirkliches Zurückhalten heißt, daß überhaupt nichts gesagt wird. Früher haben wir das Wort »Widerstand« nicht für bewußtes Zurückhalten gebraucht, das mehr einen Mangel an Bereitschaft zur Mitarbeit darstellt.
Sandler: Mir scheint, daß das Konzept erweitert worden ist, besonders bei Kindern.
Freud: Bei Kindern gibt es keinen Vertrag mit dem Kind. Das macht einen gewaltigen Unterschied.
Hellman: Ich meine auch, daß da ein gewaltiger Unterschied ist, aber das Analysieren der Gründe für bewußtes Zurückhalten führt zum Verständnis des Widerstandes, der das Zurückhalten bewirkte. Ich kann hier eine Patientin anführen, die über lange Zeit keinerlei Geschlechtsleben hatte. Sie fürchtete sich davor. Dann hatte sie ihre erste Affäre, und lange Zeit hörte ich davon überhaupt nichts mehr. Als ich sie darauf aufmerksam machte, kam auch nichts weiter. Sie sagte, sie wolle nicht davon sprechen. Als ich zu analysieren versuchte, was hinter ihrem Entschluß lag, nicht

darüber zu sprechen, fuhr sie mich an und sagte: »Was gut und schön ist, geht Sie gar nichts an. Das ist alles ganz in Ordnung.« Dann brachte sie Hinweise auf eine Übertragungsphantasie, daß ich gute Dinge verdürbe und das Schöne in ihrem Leben kaputt machen wolle. Hier fand also ein bewußtes Zurückhalten statt. Sie wollte nicht darüber sprechen, aber dahinter lag eine unbewußte Phantasie in der Übertragung, ich sei eine böswillige und destruktive Person, und deswegen müsse sie gute Dinge vor mir verbergen. Hier haben wir eine Kombination von bewußten und unbewußten Aspekten.

FREUD: Es gibt auch noch eine andere Unterscheidung, die wichtig ist und die wir beachten sollten. Es ist ein Unterschied zwischen dem Fall eines Patienten, der schlicht zurückhält, und dem Fall des Patienten, der sich zwar bemüht, dem Analytiker etwas zu sagen, dies aber als schwierig oder unmöglich empfindet. Im letzteren Fall ist das Behandlungsbündnis oder die Bereitwilligkeit zur freien Assoziation für den Patienen eine Verpflichtung, der er aus irgendwelchen Gründen nicht nachkommen kann. Das läßt sich natürlich sehr gut analysieren. Wenn aber dieser letzte Teil fehlt, dann wird die ganze Methode zu etwas anderem gemacht.

SPRINCE: Ich möchte gerne fragen, ob das über bewußtes Zurückhalten Gesagte nur für die Kinder oder Erwachsenen gilt, die die ödipale Phase mehr oder minder erreicht oder durchlaufen haben. Ich denke dabei an Patienten, die in der Absicht zu sprechen kommen, aber es dann nicht können, wenn die Stunde begonnen hat. Wenn sie sprechen, und auch oft, wenn sie schweigen, habe ich das Gefühl, daß sie etwas vermitteln, das mein Verständnis bereichert. Das Zurückhalten mag mit Neid oder mit analen Konflikten in Beziehung stehen, aber das Wichtigste scheint mir zu sein, daß sie bei aller Verfügung über Sprachfähigkeit sich nicht gestatten können zu sprechen. Meinem Eindruck nach ist das Zurückhalten ein Hinweis auf präödipale Pathologie.

FREUD: Sicherlich, denn Zurückhalten kann ebenso wie Schweigen in der Analyse vielerlei Bedeutung haben. Es kann eine anale Ursache haben oder eine aggressive. Aber das ist es nicht, worum es in dieser Diskussion geht. Vielleicht ist bewußtes Zurückhalten kein treffender Ausdruck, absichtliches Zurückhalten wäre vielleicht besser. Was ich meine ist, daß hier die freie Assoziation oder der analytische Vertrag mißachtet wird. Hier entzieht man sich der

Verpflichtung, die Wahrheit zu sagen und mitzuteilen, was einem durch den Sinn geht. Das ist ja eigentlich alles, was wir von unseren Patienten verlangen. Wir wollen, daß sie zur Stunde kommen, daß sie die Wahrheit sagen, und daß sie sagen, was ihnen durch den Sinn geht. Für Kinder gilt das nicht, denn sie haben ja eine solche Übereinkunft nicht getroffen, und man verwendet auch nicht das freie Assoziieren.

ROSENFELD: Mich beunruhigt etwas der Gedanke, daß wir beim Insistieren auf der freien Assoziation vielleicht an der Tatsache vorbeigehen, daß dem Patienten so viele Gedanken und Bilder durch den Sinn gehen, daß er auch dann, wenn er die Regel der freien Assoziation befolgen will, das gar nicht kann. Er läßt seine Eindrücke, Gedanken, Vorstellungen und Bilder Revue passieren und wählt sich daraus seine Assoziationen.

SANDLER: Das scheint mir sehr wichtig zu sein. Die ganze Frage der freien Assoziation verdient, daß wir uns viel sorgfältiger damit befassen, weil sie eine Auswahl seitens des Patienten involviert und ein bestimmtes Verständnis des Patienten davon, was geeignet sei oder was dem Behandlungsbündnis oder den Erwartungen des Analytikers nicht entspräche. Solche Erwartungen sind von großer Bedeutung. Es gibt Analytiker, die dem Patienten zu Beginn der Analyse keinerlei Hinweise oder Erklärungen geben, was ich für einen schweren Fehler halte. Ich habe Patienten gehabt, die schon zuvor in Analysen gewesen waren und die ganz überrascht waren zu hören, daß der sich zufällig einstellende Gedanke, den sie als einen trivialen Gedanken über den Analytiker ansehen, das wichtigste von allem sein könnte, was sie sagen. In gewissem Sinne bringen wir dem Patienten bei, daß einem Gedanken, den er über den Analytiker hat, Vorrang vor anderen Gedanken zu geben sei. Da der Patient bemerkt, daß der Analytiker an seiner Beziehung zu ihm interessiert ist, entsteht eine gewisse Schiefe des Materials, das der Patient in der freien Assoziation auswählt. Aber wenn ich Sie richtig verstehe, Miss Freud, ist es eine Frage der Bereitwilligkeit und des bewußten Vorsatzes des Patienten.

FREUD: Weil es ja gerade die Unfähigkeit zur Ausführung dieses bewußten Vorsatzes ist, die uns die Widerstände auf Grund der Abwehr zeigt. Ist ein solcher Vorsatz nicht vorhanden, können wir auch den Widerstand nicht sehen. Das ist mein wesentlicher Gesichtspunkt. Natürlich sagen viele Patienten, besonders zu Beginn einer Analyse: »Es geht mir sehr viel mehr durch den Kopf, als ich sagen kann.« Meine Antwort darauf ist: »Das ist ganz natürlich. Es macht nichts, nehmen Sie einfach das, was zuoberst ist.«

SANDLER: Nach meinem Eindruck ist es gewöhnlich ein Zeichen von Widerstand, wenn Patienten das immer wieder sagen. Wenn sie zu oft sagen, es gäbe so vieles, was sie sagen möchten, stellt sich dann ziemlich häufig heraus, daß sie nichts gesagt haben. Aber wir kommen nun zum Konzept des Behandlungsbündnisses, das wir gern als die Gesamtsumme aller Faktoren betrachten, die den Widerständen entgegengerichtet sind. Selbstverständlich fluktuiert der Umfang des Behandlungsbündnisses; wird der Widerstand stärker als das Behandlungsbündnis, dann kommt es zum Zusammenbruch der Analyse oder zu bewußtem Zurückhalten oder etwas Ähnlichem.

FREUD: Es ist interessant, daß es zu der Zeit, als ich das Buch schrieb, diese Bezeichnung noch gar nicht gab, aber das Bündnis selbst eine viel deutlichere Form besaß.

SANDLER: Miss Freud, Sie haben klargemacht, daß Sie in Ihrem Buch Konzepte behandeln, die sich auf Vorgänge beziehen, die wir nicht direkt beobachten können. Wir verwenden Beobachtungsdaten, besonders, wenn sich ein Konflikt einstellt, um die Funktionsweise des Es und des Über-Ich zu rekonstruieren, und es ist dann für theoretische Zwecke nützlich, von einem Konflikt zwischen Ich und Es einerseits und zwischen Es und Über-Ich andererseits zu sprechen. Aber auch wenn es nützlich ist, etwa vom Konflikt zwischen Ich und Es zu sprechen, so ist doch in bestimmtem Sinne der Konflikt immer im Ich, weil die Drohung entstanden ist, daß etwas Unangenehmes geschehen könnte. Wäre das richtig?

FREUD: Was ich hervorheben wollte, war, daß man nichts sehen kann, wenn das Ich und das Es sich einig sind, und daß der Analytiker nur in den Momenten von Uneinigkeit erkennen kann, was im Patienten vor sich geht. Ich glaube, Sie wollen darauf hinaus, daß das Ich immer der zentrale Ort für das Erkennen des Konfliktes ist. Ich habe es im Buch so behandelt, wie es von außen her gesehen werden könnte. Ich sage lediglich, daß die beiden Instanzen verschiedene Ziele haben.

SANDLER: Sie sagen ganz deutlich, daß das Ich, wenn es kann, das Es gewähren läßt, und ich nehme an, daß dasselbe auch für Ich und Über-Ich gilt. Wäre Konflikt aber dann nicht Konflikt zwischen zwei Bestrebungen des Ichs, etwa der Bestrebung einerseits, Triebwünsche zu befriedigen, und andererseits der Bestrebung, im Einvernehmen mit den Überich-Idealen zu bleiben? Dies wäre dann wesentlich ein Konflikt innerhalb des Ichs.

FREUD: Es hängt wirklich davon ab, ob man es von außen oder von der Seite der Ichs betrachtet.

SANDLER: Im ersten Kapitel Ihres Buches sprechen Sie von einem Zustand von Ruhe und Befriedigung im Es, in dem keine Triebregung Anlaß hat, zum Zwecke des Lusterwerbs ins Ich vorzustoßen und dort Spannungs- und Unlustgefühle zu erzeugen (8, 199). Vermutlich handelt es sich bei den Zuständen von Ruhe und Befriedigung nicht um Gefühlszustände der Person, soweit es das Es betrifft, sondern um Energie- oder Triebzustände. Wie verhält es sich mit Ruhe und Befriedigung des Ich? Was ist mit dem Wohlbefinden des Ich? Wenn, wie Sie am Ende des Kapitels sagen, »der psychische Ruhezustand wiederhergestellt« ist (12, 203), gibt es dann auch einen Zustand von Ruhe, Sicherheit und Wohlbefinden im Ich?

HOLDER: Man könnte fragen, ob es das im Es überhaupt gibt. Gibt es jemals Ruhe und Frieden im Es?

FREUD: Es ist ein hypothetischer Zustand, in dem sich nichts bewegt, kein Wunsch nach Befriedigung strebt.

HOLDER: Ich kann mir so einen Zustand nicht vorstellen. Im Es ist doch ständig etwas in Bewegung.

FREUD: Außer im Augenblick der Befriedigung. Ich möchte betonen, daß ich von einem hypothetischen Zustand spreche.

SANDLER: Der Säugling, der an der Brust eingeschlafen ist, wäre ein Modell dafür.

FREUD: Oder der Erwachsene, der nach einem befriedigenden Geschlechtsverkehr schläft. Selbst Wünsche finden einmal ein Ende, nicht wahr?

SANDLER: Ich meine, daß die Vorstellung von einem »Ruhezustand« der Psyche ebenso wie des Körpers eine hypothetische Basislinie darstellt, die wahrscheinlich nie erreicht wird, aber man braucht diese Vorstellung, um Abweichungen von der Basislinie einschätzen zu können.

FREUD: Ich habe in dem Kapitel nur sehr grobe Unterscheidungen gemacht, aber wir sollten uns daran erinnern, daß ein bestimmtes Niveau von Triebdruck erreicht sein muß, bis das Ich ihn zur Kenntnis nehmen kann. Sie werden sich an die Bemerkungen meines

Vaters über die Zustände erinnern, in denen Phantasien zurücksinken, aber nicht ausgelöscht werden. Sie haben einfach nicht genügend Energie, um störend wirken zu können. Es ist eine Frage der Reizschwelle. Das Ich ist befriedigt, wenn es die Kräfte besänftigen kann, die von oben, von unten und von außen auf es einwirken.

SANDLER: Das wäre eine Gelegenheit zu der Frage, wie man zwischen den Kräften, die auf das Ich einwirken, und den Gefühlen im Ich unterscheidet. Viele Jahre lang hat man in der Psychoanalyse das Wort *Spannung* dazu benützt, um sowohl einen *Zustand* von Energiespannung als auch ein *Gefühl* unlustvoller Spannung zu beschreiben. Beides wird gleichgesetzt, weil es ja häufig miteinander einhergeht. Ihr Buch hat Freuds Idee über die von außen erweckte Angst erweitert und den Gedanken der Abwehr von Unlust oder Bedrohung durch die Außenwelt eingeführt. An vielen Stellen des Buches finden sich Hinweise auf das Ich, das in Frieden mit dem Es, mit den Trieben ist. Haben wir es hier mit etwas zu tun, das rein in Begriffen der Energie gedacht ist, oder geht es um etwas, das auch in Begriffen von Gefühlen im Ich gedacht werden kann? Man kann ja Angst unter dem Gesichtspunkt der daran beteiligten Energien betrachten, aber auch vom Gefühlszustand der Angst her. Wir wissen, daß lange Zeit in der analytischen Literatur die Energieaspekte und die Gefühlsaspekte zusammengefaßt waren, so daß jemanden mit Libido besetzen bedeutete, ihn oder seine Repräsentation mit Energie besetzen, aber es bedeutete ebenso auch, zu lieben; die beiden Bedeutungen wurden also zusammengebracht. Ist es sinnvoll, eine Unterscheidung zwischen dem Gefühlsaspekt und dem Energieaspekt zu machen?

FREUD: Beide gehen Hand in Hand, und wir können auch ihre Beziehung zueinander sehen, wenn wir die Angst betrachten, die beide Seiten aufweist – also eine Energie- und eine Gefühlsseite. Ich glaube aber, man beschreibt sie am besten, wenn man vom Vorhandensein oder Fehlen der Angst spricht. Natürlich fassen wir unter »Angst« viele Gefühlstönungen zusammen, die man auch anders benennen könnte – ein mangelndes Gefühl von Intaktheit oder Sicherheit. Wenn ich aber die Diskussion wieder auf das Kapitel zurücklenken kann – eigentlich war da gemeint, daß alles, was der Analytiker sieht, in Begriffen des Ichs und seiner Beziehungen zu allen anderen Aspekten betrachtet wird. Ich plädiere dafür, das Ich als denjenigen Teil des Patienten, der dem Analytiker vermittelt,

was in ihm vor sich geht, nicht zu vernachlässigen. Was gesagt wurde, bedeutet kaum mehr als eben das.
SANDLER: Nun gibt es aber auch die Frage, ob Abwehr gegen etwas oder zum Schutze von etwas gemeint ist. Wehren wir ab, um ein gutes Gefühl von Sicherheit zu erlangen oder zu erhalten, oder wehren wir Angst, Schmerz, störende Wünsche, schmerzliche Realität und so weiter ab? Damit verbunden ist eine Frage über die Bemerkung, daß es zwischen dem Ich und dem Es Beziehungen gibt. Sie lautet: »Im glücklichen Falle hat das Ich gegen den Eindringling nichts einzuwenden, stellt ihm seine Kräfte zur Verfügung und beschränkt sich darauf, wahrzunehmen: es spürt das Andrängen der Triebregung, die Spannungssteigerung mit den begleitenden Unlustgefühlen und schließlich die Lösung der Spannung im befriedigenden Lusterlebnis ... Das mit der Triebregung einverstandene Ich ist in dieses Bild in keiner Weise mit eingezeichnet« (9, 199/200). Gibt es hier nicht Schwierigkeiten, wie man sich das mit der Triebregung einverstandene Ich vorstellen soll? Wäre es nicht besser, vom Ich als Kollaborateur zu sprechen?
FREUD: Gemeint ist damit, daß das Ich auch als Kollaborateur den Triebabkömmlingen seine eigene Funktionsweise auferlegt. Ich glaube, daß Sie das gemeint haben.
SANDLER: Das ist genau, woran ich denke. Mir scheint außerordentlich wichtig zu sein, daß wir uns das mit dem Es einverstandene Ich so vorstellen, daß es gestaltet und lenkt und außerdem nach den besten Befriedigungsmöglichkeiten für den Triebwunsch Ausschau hält.
FREUD: Ja, es drückt dem Es dabei seine eigene Funktionsweise auf. Es bremst den Triebwunsch, setzt das Denken vor das Handeln. Wir sehen eine ganz andere Art der Tätigkeit.
SANDLER: Und natürlich entwickeln sich die Triebregungen nicht in einem Vakuum. Sie entwickeln sich Hand in Hand mit dem, was wir unter dem Ich verstehen. Man denkt dabei natürlich an ödipale Wünsche, für die das Ich eine so wichtige Rolle spielt.
FREUD: Natürlich wird der gesamte psychische Inhalt den Trieben hinzugefügt. Der Ausdruck »Kollaborateur« paßt hier sehr gut.
SANDLER: Sie weisen darauf hin, Miss Freud, daß die eigentliche Stätte unserer Beobachtungen immer das Ich ist, und sagen dazu: »Die Triebregungen halten mit der ihnen eigenen Zähigkeit und Energie an ihren Triebzielen fest und unternehmen feindliche Ein-

fälle ins Ich, in der Hoffnung, es zu überrumpeln und zu überwältigen. Andererseits unternimmt das mißtrauisch gewordene Ich Gegenaktionen, Vorstöße nach dem Gebiet des Es hin. Seine Absicht ist die dauernde Lahmlegung von Trieben durch geeignete Abwehrmaßnahmen, die der Sicherung seiner Grenzen dienen« (10, 200/201). Die Wendungen »feindliche Einfälle ins Ich« und »Hoffnung, es zu überrumpeln« sind recht bildhafte Ausdrücke für »ihre eigenen Ziele zu verwirklichen« oder »sich durchsetzen«, soweit es das Ich betrifft.

FREUD: Ja, vom Standpunkt des Es aus heißt es: »Egal, was das Ich wünscht, ich will zu meiner Befriedigung kommen.«

SANDLER: Und dann könnte man sagen, das mißtrauisch gewordene Ich unternimmt Gegenaktionen, Vorstöße nach dem Gebiet des Es hin. Es führt also dazu, daß das Ich Verdrängung und andere Abwehrmaßnahmen einsetzt, um sich zu schützen. Offenbar dringt der Triebwunsch ein Stück weit in das Ich ein (vor der Strukturtheorie hätte man gesagt, daß er ins Vorbewußte vordringt) und wird dann der Prüfung unterzogen. Da der Wunsch Repräsentanzen enthält, würden diese irgendein Angstsignal auslösen, worauf Abwehrmaßnahmen erfolgen, um seinen Ausdruck, die sogenannte Abfuhr zu verhindern. Ich will darauf hinaus, daß das Ich ständig auf eindringende Triebregungen achten und diese ebenso wie Angst oder andere Signale einschätzen muß. Es muß zu einem Urteil darüber kommen, ob es weiterhin kollaborieren kann, oder ob es den Wunsch »außer Kraft setzen« muß. Wäre das eine andere Möglichkeit, das in dem Abschnitt Gesagte auszudrücken?

FREUD: Ja.

SANDLER: Ich halte es für lohnenswert, diesen Punkt zu klären. Ich erinnere mich, daß vor noch gar nicht so langer Zeit ein renommierter Analytiker, der hier als Gast weilte, die Ansicht vertrat, wenn ein Triebwunsch abgewehrt, verdrängt werde, das Ich weder bewußte noch unbewußte Kenntnis von dem Wunsch habe. Ich erinnere mich, daß ich ihm damals entgegenhielt, daß dann ja die Verdrängung jedesmal, wenn der Wunsch sich wieder einstelle, erneut eingesetzt werden müsse. Er wies das entschieden zurück und behauptete, daß eine gelungene Verdrängung mit der Errichtung einer soliden Schranke zu vergleichen sei. Mir scheint, daß es sich dabei um eine Art von Verschiebung des Bewußtseinskonzepts auf das strukturelle Konzept des Ichs handelt. In ihrem Hinweis, Miss

Freud, auf das Ich, das seine Grenzen sichert und sich vor Überraschungsangriffen schützt, muß doch die Annahme enthalten sein, daß dieses Ich in der Lage ist, (unbewußt) zu erkennen, wenn dieser Überraschungsangriff beginnt, so daß es seine Abwehrmaßnahmen treffen kann.
FREUD: Ja, aber wenn diese Schranke in einer Reaktionsbildung bestünde, dann würde ich sie für eine beständigere Schranke halten. Wäre die Schranke eine Verdrängung, die durch nichts Zusätzliches abgesichert ist, dann wäre seitens des Ichs ständige Wachsamkeit nötig.
SANDLER: Menschen mit Reaktionsbildungen passieren manchmal Versprecher, die zeigen, daß die abgewehrte Regung auch die Schranke umgehen kann. Das läßt wiederum vermuten, daß sie manchmal nicht rechtzeitig genug geschlossen wird, wenn die Regung erscheint.
FREUD: Ich meine, daß sich das Ich (wenn wir es so personifizieren können) zu seinem Selbstschutz auf die Reaktionsbildung verläßt. Wir sehen das im Hinblick auf Aggression und Mitleid oder auf Analität und übermäßige Sauberkeit.
SANDLER: Und kann die Reaktionsbildung auf diese Weise selbsttätig werden? Es muß doch ein Signal ausgelöst werden, wenn auch nur ein kleines, wenn die Regung andrängt?
FREUD: Heinz Hartmann würde sagen, sie kann automatisch werden.
SANDLER: Aber das würde nur bedeuten, daß der Vorgang automatisch vor sich geht; ich meine noch immer, daß es ein Erkennen der Regung geben muß, um die Reaktion hervorzurufen.
FREUD: Hartmann und ich haben das damals (1936 und 1937) erörtert. Es muß ein momentanes Erkennen geben.
SANDLER: Ein unbewußtes Erkennen?
FREUD: Es könnte sogar ein momentanes bewußtes Erkennen sein. Man kann das manchmal bei Patienten in verschiedenen Formen dessen sehen, was wir »Wiederkehr des Verdrängten« nennen. Natürlich zeigen manche rigiden Charaktere keine solche Durchbrüche.
HELLMAN: Ist nicht ein Unterschied zwischen Reaktionsbildung und Verdrängung in der Tatsache enthalten, daß mittels der Reaktionsbildung auf dem entgegengesetzten Wege Befriedigung erlangt werden kann, etwa wenn sich der Sadist in einen Krankenpfleger oder einen Arzt verwandelt, die aus ihrer Arbeit Befriedi-

gung beziehen, während Verdrängung nicht durch befriedigende Erlebnisse aufrechterhalten werden kann?

SANDLER: Trotzdem verdeckt die Vorstellung einer Schranke, die statisch sein kann, einen wichtigen dynamischen Punkt. Man hätte nichts zu verlieren und eine Menge zu gewinnen, wenn man sagte, das Ich erkenne sozusagen in seinen tieferen Schichten jede auftauchende Regung, schätze sie ein und treffe, falls sie eine Gefahr bedeutet, eine Gegenmaßnahme. Handelt es sich um eine gutbekannte Gefahr, dann mag das Ich automatisch eine Oppositionshaltung einnehmen, wie etwa in der Reaktionsbildung, aber der Abtastungs- und Auswertungsvorgang muß meiner Ansicht nach immer wieder erfolgen, wenn er auch vielleicht außerordentlich schnell abläuft. Es könnte ein minutiös kleines Angstsignal geben, das jedesmal die Abwehr auslöst. Mir macht die Vorstellung Schwierigkeiten, daß Abwehrmaßnahmen getroffen werden und sich verfestigen, so daß sie dann von selbst funktionieren. Es muß etwas geben, das ihre Tätigkeit in Gang setzt. Mir scheint das Wichtigste daran zu sein, daß auf eine Gefahr hin ein Vorgang abläuft und das Ich daraufhin unmittelbar in Aktion treten kann. Der Aspekt eines solchen Vorgangs ist wichtig.

FREUD: Für Ihre Auffassung spricht, daß wir in der analytischen Technik voraussetzen, daß die Abwehr ein Teil des Vorgangs ist und nicht eine versteinerte Struktur. Wir könnten sie sonst vermutlich nicht auflösen, und im weiteren Fortgang der Analyse können wir auch sehen, wie sie eher einen Prozeßcharakter annimmt.

SANDLER: Und die Wendung »die der Sicherung seiner Grenzen dienen« wäre ganz damit im Einklang, insofern man sagen kann, daß das Ich den Angriff abwartet, um sozusagen erst die Papiere des Angreifers zu prüfen, und dann sich entscheidet, den Eindringling zurückzuweisen oder zumindest ihn aufzuhalten. Und der Eindringling macht vielleicht nur einen einzigen Schritt in das Gebiet hinein, aber diesen einen Schritt muß er erst tun, ehe er erkannt werden kann.

FREUD: Ich werde durch diese Diskussion an die Arbeit von Wilhelm Reich über die Charakterpanzerung erinnert. Die Charakterpanzerung ist offensichtlich ein stabilisierendes Abwehrsystem.

SANDLER: Ich glaube, wir müssen jetzt aufhören.

FREUD: Ich komme mir vor, als hätte ich versucht, meine eigene Vergangenheit zu rechtfertigen!

2 Die Anwendung der analytischen Technik beim Studium der psychischen Instanzen

In diesem Kapitel nimmt Anna Freud eine wichtige Unterscheidung zwischen der Analyse des Es und der des Ichs vor und geht in einigen Einzelheiten auf die Konsequenzen für die Technik ein, die sich aus dieser Unterscheidung ergeben. Sie beginnt mit dem Hinweis, daß die voranalytische Verwendung der Hypnose auf die Aufdeckung des Unbewußten (des Es) abzielte und das Ich dabei ausgeschaltet war. Das mittels Hypnose Aufgedeckte wurde dann dem Ich vorgeführt, wodurch so lange eine Symptomheilung erreicht werden konnte, als der Einfluß des Hypnotiseurs auf das Ich noch weiterwirkte. Dann jedoch rebellierte das Ich gegen die neue Einsicht und der therapeutische Erfolg ging wieder verloren. Bei der freien Assoziation dagegen wird das Ich des Patienten nicht ausgeschaltet, aber ersucht zu schweigen, so daß die Abkömmlinge des Es leichter zum Bewußtsein aufsteigen können. Der Patient wird aufgefordert, Vorstellungen in Worte zu bringen, ihnen aber nicht die Beherrschung des Bewegungsapparats zu gestatten, der ja durch die Befolgung der analytischen Regeln stillgelegt ist. Die Triebregungen werden also aufgefordert, sich zu äußern, gleichzeitig aber wird ihnen die direkte Befriedigung verweigert.

Anna Freud sagt dann weiter, es sei für den Patienten unmöglich, seine Hemmungen so weit zu lockern, daß seine Assoziationen unmodifiziert ins Bewußtsein gelangen können. Eine Zeitlang erzwingen sich Es-Abkömmlinge Zugang zum Bewußtsein, doch dann schaltet sich das Ich wieder ein und bringt seine Abwehrmaßnahmen zur Wirkung. Es unternimmt »Gegenaktionen« und errichtet Widerstände. Nun werden die Abwehrmaßnahmen, die das Ich gegenüber dem Es trifft, zum Gegenstand der Aufmerksamkeit des Analytikers. Während bei der Es-Analyse der spontane Auftrieb der Es-Abkömmlinge dem Analytiker zu Hilfe kommt, bekommt er keine solche Hilfe bei der Analyse der Abwehrtätigkeiten des Ich. So ist die Ich-Analyse unbefriedigender als die Analyse des Es, weil ja die Abwehr nur aus ihrer Wirkung auf die Assoziationen des

Patienten rekonstruiert werden kann. Die Art der verwendeten Abwehrmechanismen läßt sich indirekt aus der Art der Veränderungen erschließen, die sie bewirken (z. B. Auslassungen, Umkehrungen). Der Analytiker hat dann die Aufgabe, die Arbeit der Abwehr rückgängig zu machen und, indem er dem Patienten aufzeigt, was geschehen ist, die »zerrissenen Zusammenhänge« wiederherzustellen. Die Arbeit kann dann wieder zur Es-Analyse zurückkehren. Von Psychoanalyse sollten wir nur dann sprechen, wenn wir einmal das Es und dann wieder das Ich beobachten und mit den Konflikten arbeiten, die sich daraus ergeben, daß der Patient versucht, die Grundregeln zu befolgen.

Anna Freud weist dann auf die Ähnlichkeiten zwischen dem Träumen und dem freien Assoziieren hin. Bei Träumen werden die latenten Traumgedanken in einen manifesten Trauminhalt überführt, und die dabei vorgenommenen Entstellungen entsprechen jenen, die man beim freien Assoziieren unter dem Druck des Widerstands beobachtet. Die Traumdeutung dient also nicht nur zur Aufdeckung der latenten Traumgedanken (Es-Inhalt), sie hilft dem Analytiker auch zu erkennen, welche Mechanismen von der Zensur verwendet wurden, um ein Bewußtsein des Unbewußten zu verhindern.

Symbole, »festgelegte allgemeingültige Beziehungen zwischen bestimmten Es-Inhalten und bestimmten bewußten Wort- oder Sachvorstellungen« (16, 209), sind Mittel, deren sich der Analytiker mit Vorteil bedienen kann, um das Es zu verstehen, aber sie geben keinerlei Aufschluß über die Geschichte des Ichs der Person. In ähnlicher Weise können auch Fehlhandlungen für gelegentliche Einblicke in die unbewußten Vorgänge nützlich sein

Die Deutung der Übertragung ist das »wichtigste Hilfsmittel der analytischen Arbeit« (17, 211). Anna Freud sagt: »Übertragung nennen wir alle jene Regungen des Patienten dem Analytiker gegenüber, die nicht in der aktuellen analytischen Situation neu entstehen, sondern aus früheren und frühesten Objektbeziehungen stammen und unter dem Einfluß des Wiederholungszwanges in der analytischen Situation nur neu belebt werden« (17, 211).

Hier unterscheidet Anna Freud erneut zwischen Es und Ich. Bei der Übertragung libidinöser Regungen wird der Patient in seiner Beziehung zum Analytiker gestört, und er wehrt sich gegen diese Gefühle. Diese Regungen entstammen »alten Gefühlskonstellationen« und können nur im Zusammenhang mit der Kindheit verstanden werden. Sie geben uns Kenntnis von der Vergangenheit, und die Deutung solcher Es-Regungen wird vom Patienten als befreiend empfunden. *Aber der Wiederholungszwang erstreckt sich ebenso auch auf alte Maßnahmen zur Triebabwehr, so daß der Patient auch alte Einstellungen seiner Triebregungen überträgt.* Gelegentlich wird nur die besondere Abwehr übertragen, und der Patient kann die abgewehrte Regung nicht preisgeben, wie sehr auch der Analytiker auf die Einhaltung der Grundregeln insistieren mag. An solchen Stellen, sagt Anna Freud, muß der Analytiker seine Aufmerksamkeit auf die Abwehrmechanismen richten, vom Es hinweg auf das Ich. Wenn es gelingt, den Weg, den die Triebumwandlung genommen hat, zurück zu gehen, so gewinnt man Einsicht sowohl in das Triebleben des Patienten als auch in seine Ich-Entwicklung. Die Übertragung von Abwehr ist für die meisten technischen Schwierigkeiten in der Analyse verantwortlich, denn der Patient empfindet sie nicht als Fremdkörper. Sie ist »Ichgerecht«, und er täuscht sich mit Rationalisierungen darüber hinweg, daß die Übertragung unberechtigt und daß das Ich »ein Gegner der analytischen Arbeit« ist (20, 214).

Anna Freud vermerkt, daß unter den Bedingungen der analytischen Situation das Es einen verhältnismäßig größeren Einfluß als das Ich erlangt und der Analytiker »Mangel an Gelegenheit (hat), das ganze Ich des Patienten in Aktion zu sehen«. Mit der Steigerung der Übertragung beginnt der Patient, »sowohl die Trieb- wie auch die Abwehrseite seiner übertragenen Gefühle in Handlungen des täglichen Lebens« umzusetzen (21, 215). Dies ist *Agieren* in der Übertragung, und je nachdem, wieviel Kenntnis der Analytiker davon erlangt, kann er Einsicht in die natürlichen Größenverhältnisse von Es und Ich außerhalb der analytischen Situation gewinnen. Trotzdem ist der therapeutische Gewinn gering, und der Analytiker muß versuchen, das Agieren mit Hilfe von analytischen Deutungen und analytischen Verboten einzuschränken.

Wir werden in diesem Kapitel vor Einseitigkeiten in unserer Technik gewarnt – wir sollten die Rolle des Ichs nicht mehr nur darin sehen, daß es gegenüber dem, was vom Es ausgeht, Widerstand leistet. Da große Teile des Ichs unbewußt sind, müssen sie, ebenso wie die Es-Abkömmlinge, bewußt gemacht werden. Die Analyse des Ichs ist ein wesentlicher Teil unserer analytischen Arbeit, und es ist in diesem Zusammenhang wichtig, nicht nur die

Es-Regungen zu übersetzen, sondern auch ihre Schicksale und Umwandlungen zu studieren. Sind die Es-Elemente zu sehr in der Übertragung konzentriert, dann mag der Patient reichliches Es-Material produzieren, sich infantil benehmen, sein Ich wird eher agieren statt analysieren.

Die Diskussion (Erste Sitzung)

FREUD: Ich habe für die heutige Diskussion Kapitel 2 nochmals gelesen. Ich war schon recht überrascht.

SANDLER: Mich hat erneut die Tatsache beeindruckt, daß man das Ich in räumlichen Begriffen, in Begriffen von Distanz zum Bewußtsein denken kann, wobei die tieferen Schichten des Ichs als der Ort früherer Funktionsweisen vorgestellt werden. Mir scheint, es lohnt sich hier festzuhalten, Miss Freud, daß die »tieferen« Funktionen des Ichs von Ihnen als diejenigen betrachtet wurden, die mit einer früheren Zeit im Leben des Kindes zusammenhängen.

Ich möchte nun direkt zu einem Punkt kommen, zu dem ich sehr gerne Ihre Kommentare hören würde, nämlich hinsichtlich der Rolle des unbewußten Ichs. Wenn ich mich nicht irre, stellte die Einführung der Strukturtheorie, die Ersetzung des dynamischen Systems Unbewußtes durch das Es einen Versuch dar, der Probleme Herr zu werden, auf die Freud beim topischen Modell gestoßen war. Das System Vorbewußtes war, zumindest seit 1915, als eine Organisation angesehen worden, die über Verdrängung verfügte (d. h. es konnte sowohl seine Grenze gegenüber dem System Unbewußtes als auch die gegenüber dem System Bewußtes absichern). Es scheint in gewisser Weise ganz natürlich gewesen zu sein, das überfrachtete topische Modell in das Strukturmodell umzuwandeln. Eine Folge davon war jedoch, daß die Verwendung des Wortes »unbewußt« sowohl in einem deskriptiven Sinne (in bezug auf die Inhalte dessen, was bisher das System Vorbewußtes war) als auch in bezug auf ein dynamisches System (das Unbewußte, nicht aber das Vorbewußte) erfolgte und sich daraus für den Analytiker Komplikationen ergaben, wenn er von einem Bezugssystem in ein anderes, also vom strukturellen zum topischen und wieder zurück wechseln wollte. Tatsächlich sind Sie selbst, Miss Freud, in diesem Kapitel hin- und hergewechselt, und es scheint ja auch ganz naheliegend zu sein, das zu tun. Was mich dabei etwas stört, ist,

daß Sie so vieles in Begriffen des Es und seiner Abkömmlinge ausgedrückt haben, ohne das unbewußte Ich zu erwähnen. Zum Beispiel werden latente Traumgedanken mit Es-Inhalten gleichgesetzt (15, 209). Ich habe dabei ein Problem. Ist das Konzept des Es, wie Sie es damals gesehen haben, etwas, das einen Teil der Funktionsweise des Systems Vorbewußtes im topischen Modell mit einschloß? Sollten wir nicht eigentlich vom Es in Kollaboration mit einem Aspekt des unbewußten Ichs sprechen, der seinerseits wiederum abgewehrt werden könnte? In Ihrem Kapitel haben Sie sehr klar über das Ich im Gegensatz zum Es geschrieben; gibt es aber da nicht einen Zwischenbereich, sozusagen des »tieferen« Ich, wo zum Beispiel die latenten Traumgedanken gebildet werden? Vermutlich würden diese dann auf ihrem Weg zur Oberfläche abgewehrt. Wenn wir die analytische Situation unter dem Gesichtspunkt des topischen Modells betrachten, dann könnten wir vielleicht sagen, daß die Übertragungs-Abkömmlinge der Vergangenheit an der Grenze zwischen den Systemen Vorbewußtes und Bewußtes *nochmals* abgewehrt werden. Wenn wir in strukturellen Begriffen denken, müßten wir dann nicht sagen, daß der Abkömmling abgewehrt werden kann, wenn er sich bereits im Ich befindet, aber dem Bewußtsein zu nahe kommt? Er wird zu gefährlich, löst ein Angstsignal und Abwehr aus. Die Unterscheidung zwischen Ich und Es in diesem Kapitel kommt mir etwas zu säuberlich vor, wenn ich auch glaube zu verstehen, warum Sie sie auf diese Weise vorgenommen haben.
FREUD: Ich weiß, was Sie meinen. Im Unterschied zu den Leuten, die bei ihrem Eintritt in die Psychoanalyse die Strukturtheorie bereits vorfanden und das topische Schema als der Vergangenheit angehörig betrachteten, wuchs ich mit dem topischen Schema auf und erlebte in meiner eigenen psychoanalytischen Entwicklung den allmählichen Übergang zum strukturellen Modell. Ich muß gestehen, daß ich in meinen Schriften nie die scharfe Unterscheidung zwischen den beiden Modellen gemacht habe, die spätere Autoren trafen, sondern meinen Bedürfnissen entsprechend den einen oder den anderen Bezugsrahmen benützte. Ich rechne mich entschieden zu denjenigen, die sich dafür offenhalten, je nach Bedarf auf die topischen Aspekte zurückzugreifen, oder aber sie beiseite lassen und rein strukturell sprechen. Ich stimme Ihnen zu, daß das hier als Es-Inhalt Beschriebene, wenn man es ganz genau nimmt, vorbewußt ist und man daher sagen müßte, daß es Ich-Inhalt ist.

SANDLER: Man kann sehen, daß Sie sich wohler dabei fühlen, wenn Sie etwa im Zusammenhang mit den Fehlhandlungen davon sprechen, daß die Wachsamkeit des Ichs eingeschränkt oder abgelenkt ist und eine unbewußte Regung durch irgendwelche Umstände plötzliche Verstärkung erfährt. Hier wird die Frage offengelassen, da ja der Begriff »unbewußt« rein deskriptiv gebraucht ist und wir von einem unbewußten Abkömmling sprechen können, der das Ich involviert, wenn er auch aus dem Es kommen mag.

FREUD: Ja, er hat die *Qualität* »unbewußt«.

SANDLER: Wenn ich darf, möchte ich gerne meine Gedanken noch etwas weiter ausführen. Da Freud im Jahre 1900 (und nochmals 1915) den Gedanken entwickelte, die Zensur könne an beiden Enden des Systems Vorbewußtes wirksam werden, können wir das zum Ausgangspunkt nehmen, um zu sagen, daß im Strukturmodell Zensur und Abwehr im gesamten Bereich des unbewußten Ichs stattfinden kann, daß Zensierung einer Regung an jeder Stelle auf dem Weg zur Oberfläche vorgenommen werden kann. Es kann also sein, daß etwas Zutritt zum Ich erlangt, ohne daß es unmittelbar abgewehrt wird. Andererseits kann es auf eine primitive (d. h. »tiefere«) Weise abgewehrt werden, einen Abkömmling davon entstehen lassen, der dann, wenn er dem Bewußtsein oder der Handlung näher kommt, als Bedrohung erlebt wird. Dann könnten weitere Abwehrmaßnahmen vorgenommen werden. Wären Sie mit dieser Formulierung einverstanden?

FREUD: Ja. Wissen Sie, vielleicht wurde das auch durch die alte Unterscheidung von Urverdrängung und Nachdrängen verdeckt. Urverdrängung bezieht sich auf die Vorstellung, daß das Verdrängte nie das Vorbewußte erreicht hat. Nebenbei, diese schlechte Gewohnheit von mir, zwischen zwei Bezugssystemen zu leben – dem topischen und dem strukturellen –, ist sehr empfehlenswert, denn sie vereinfacht das Denken ganz beträchtlich und vereinfacht, wenn erforderlich, auch die Beschreibung.

SANDLER: Das ist sicher völlig richtig, solange man zwischen dem dynamischen Unbewußten und dem deskriptiv Unbewußten unterscheidet.

FREUD: Ja.

SANDLER: Mit der Einführung der Strukturtheorie haben wir viel gewonnen, aber anscheinend auch etwas verloren.

FREUD: Und deswegen, wissen Sie, versuche ich, an dem Verlorenen festzuhalten, indem ich immer dann darauf zurückkomme, wenn es mir notwendig scheint, weil wir mit dem früheren Modell über lange Zeit ganz gut zurechtkamen.

SANDLER: Es ist sehr nützlich, den Gedanken deutlich gemacht zu haben, daß Abwehr an jeder Stelle des Weges einer Regung zum Bewußtsein hin erfolgen kann. Wir könnten, vermute ich, sogar sagen, daß etwas dann noch verdrängt werden kann, wenn es bereits ins Bewußtsein vorgedrungen ist. Dabei könnte es sich zum Beispiel um eine nachträgliche Abstoßung handeln.

FREUD: Wenn wir für einen Moment die Vorstellung vom Ich personifizieren, dann scheint mir, daß es für das Ich unerheblich ist, woher der anstößige Inhalt kommt. Dem Ich geht es einzig darum, daß dieser nicht bewußt wird.

SANDLER: Ich freue mich, daß wir darin übereinstimmen, daß auch nach Einführung der Strukturtheorie eine Hauptfunktion des Ich in der Aufgabe besteht, das Bewußtsein zu schützen. Das wird sehr oft vergessen.

FREUD: Ja. Es ist sehr interessant zu beobachten, welche Verluste die psychoanalytische Theorie im Namen des Fortschritts erlitten hat. Es ist wichtig zu sehen, daß wir bei jedem Schritt voran einige sehr brauchbare Dinge verlieren.

ROSENFELD: Ich habe immer ein Problem mit der primären Verdrängung, gerade heute, als Sie, Miss Freud, darauf hingewiesen haben, daß es Inhalte gibt, die nie das Vorbewußte erreichen. Können Sie das erläutern?

HOLDER: Freud verwendet die Begriffe *Urverdrängung* und primäre Verdrängung, und er stellt der primären Verdrängung die sekundäre Verdrängung gegenüber, d. h. die »eigentliche Verdrängung«. Ich bin mir nicht klar darüber, ob Urverdrängung und primäre Verdrängung dasselbe sind. Es gibt da Unstimmigkeiten.

FREUD: Mir scheint, es gibt da eigentlich keinen Unterschied; was Sie gerade beschrieben haben, ist etwas, das in der Entwicklung eintritt, wenn die Aufgliederung von Es und Ich erfolgt. Bestimmte Es-Elemente werden nicht übernommen. Sie verbleiben da, wo sie waren, was bedeutet, daß wir es nicht mit einem Mechanismus zu tun haben, sondern eher sozusagen mit einem Mißlingen der Absorbtion dieser Inhalte im Verlauf der höheren Entwicklung. Sie verbleiben auf einem niedrigen Niveau primitiven Funktionierens. Ich glaube, das ist der einzige Unterschied. Andere Inhalte

dagegen werden später auf ein höheres Niveau entwickelt, und wenn sie dann unwillkommen sind, werden sie abgewiesen; das ist dann die eigentliche Verdrängung.
BERGER: Dann scheint es, daß die primäre Verdrängung nicht ein Mechanismus ist, wie wir ihn sonst verstehen.
FREUD: Ich glaube, daß es sich so verhält. Wenn wir es unter dem Gesichtspunkt abgewiesener Inhalte betrachten, können wir sagen, es sei nicht zugelassen, zugleich aber auch nicht entfernt worden. Es ist in die Ecke gedrängt, aber nicht assimiliert worden. Das ist meines Erachtens die ursprüngliche Bedeutung.
EVANS: Ich glaube, Freud sagte dazu, ohne die Urverdrängung gebe es keinen ausreichenden »Sog« aus der Tiefe, so daß diese Vorstellung für die Theorie der eigentlichen Verdrängung wichtig erscheint.
FREUD: Ja, die Vorstellung war so, daß diese Regungen, die der Urverdrängung verfallen waren, sich eine eigene, untergründige Welt schufen. Sie gingen überhaupt nicht in den Sekundärvorgang ein, da sie nicht über Worte verfügten, die sie repräsentieren konnten. So blieben sie für die Oberfläche untauglich, aber sie konnten nun andere Regungen von der Oberfläche an sich ziehen.
BERGER: Wäre es richtig zu sagen, daß mit der Entwicklung der Sprache diese ganz primitiven Wünsche oder Regungen später einen anderen Status erlangen, so daß sie dann der eigentlichen Verdrängung unterworfen werden können? Ich könnte mir darunter zum Beispiel ganz frühe Beißwünsche, kannibalistische Wünsche vorstellen, für die es keine Worte gibt. Wenn sich das Kind entwikkelt, werden solche Regungen in Worte und Gedanken umgewandelt, die Möglichkeiten finden, bewußt zu werden und die dann verdrängt werden können.
SANDLER: Hier klingt etwas an, das dem Sog der Fixierungsstellen bei der Regression entspricht. Aber ich finde dies hier sehr viel schwerer zu verstehen als die Vorstellung, daß Fixierungsstellen eine solche Sogwirkung nach rückwärts ausüben. Warum sollte Material, das der primären Verdrängung unterlag, eine Sogwirkung vom Bewußtsein weg haben? Warum sollten wir uns eine solche Abzugswirkung vom Bewußtsein vorstellen, wenn es auf der anderen Seite eine generelle Bewegung in Richtung des Ausdrucks an der Oberfläche gibt?
FREUD: Ich würde den Rückwärtssog nicht mit der Regression ver-

gleichen. Das ist ein ganz anders geartetes Konzept, auch wenn es eine Tendenz zur Rückkehr zu früheren Befriedigungsweisen bedeutet. Wenn wir aber annehmen, daß es eine synthetische Funktion gibt, die auf Vereinigung seelischen Materials hinwirkt, dann kann man diese Verdrängung auf zweierlei Weisen sehen. Zunächst gibt es eine ständige Aufwärtsbewegung vom Unbewußten, vom Es, von den Regungen (wie immer diese gefaßt seien mögen); aber es gibt auch einen gegenläufigen Sog. Auf Grund der synthetischen Tendenz ist es so, als ob die Regung sagte: »Wenn ich nicht hinaufkommen kann, dann kommst du vielleicht zu mir herunter.« Dies geschieht im Schlaf, wo unser gesamtes Funktionieren auf das niedrige Niveau absinkt, und ich nehme an, daß da eine Vereinigung stattfindet zwischen dem, was dem System Unbewußtes angehört und sonstwie noch unbewußt ist, und dem, was bewußt ist.

SANDLER: Ja, aber Träume zeigen die Bewegung in der anderen Richtung während des Schlafes. Sie zeigen die Tendenz zur »Wiederkehr des Verdrängten« in entstellter Form.

FREUD: Sie zeigen aber auch, wie die oberen Schichten die unteren benützen, um Energie aus ihnen zu gewinnen.

SANDLER: Vielleicht können wir diese Stelle unseres Themas erst einmal mit einem Kreuzchen versehen und später dann nochmals darauf zurückkommen.

FREUD: Eine Fixierungsstelle!

SANDLER: Miss Freud, wenn wir uns nun der Gegenüberstellung von Es-Analyse und Ich-Analyse in Ihrem Buch zuwenden, so können wir wohl annehmen, daß Sie das im Sinne eines Gegensatzes dargestellt haben, um die beiden Arbeitsweisen zu vergleichen. In der Praxis ist es ja nicht so, daß wir zunächst eine Es-Analyse vornehmen, dann eine Ich-Analyse und dann wieder eine Es-Analyse, sondern wir müssen ständig bereit sein, beides zu tun.

FREUD: Ja.

SANDLER: Ich fand auch Ihre Bemerkung zur Übertragung libidinöser Regungen interessant. Ich denke, Sie würden heute Triebregungen sagen, um auch die aggressiven Wünsche mit einzubeziehen.

FREUD: Ja, natürlich.

SANDLER: In diesem Kapitel, in dem Abschnitt zur Übertragung libidinöser Regungen (17, 211), bringen Sie den Gedanken, daß eine übertragene Regung an die Oberfläche gelangen kann und dort als ich-fremd erlebt wird. Sie sagen vom Patienten (18, 212): »Gewöhnlich haben wir bei einem solchen Deutungsversuch in unserem Patienten einen willigen Mitarbeiter. Er selber findet die übertragene Gefühlsregung ja als eingedrungenen Fremdkörper. Die Rückversetzung der Regung in die Vergangenheit befreit ihn von einem ichfremden Impuls in der Gegenwart und ermöglicht ihm dadurch die weitere Fortsetzung der analytischen Arbeit.« Könnten Sie etwas mehr dazu sagen, Miss Freud? Sie vermitteln das Bild von jemand, der einen sexuellen oder aggressiven Gedanken über den Analytiker zugelassen hat und ihn, als er sich dessen bewußt wird, als anstößig empfindet. Sie weisen darauf hin, daß der Prozeß der freien Assoziation den Es-Abkömmlingen ermöglicht, relativ freien Zugang zum Bewußtsein zu erlangen. Ich fand das etwas verwirrend, denn mir scheint, es kommt verhältnismäßig selten vor, daß Abkömmlinge in einer ich-fremden oder ich-dystonen Weise auftauchen. Nach meiner Erfahrung sind sie zu dem Zeitpunkt, da sie das Bewußtsein erreichen, bereits von der Abwehr bearbeitet und so verändert worden, daß sie ich-synton geworden sind. Haben Sie sich lediglich aus Darstellungsgründen so ausgedrückt? Ich könnte mir vorstellen, daß Sie jetzt mehr die Rolle berücksichtigen würden, die die Abwehr, insbesondere die Rationalisierung, dabei spielt, daß übertragene Regungen für das Ich in der freien Assoziation zulässig werden.

FREUD: Vermutlich dachte ich damals an den inneren Widerspruch, der etwa entsteht, wenn eine hysterische Patientin einen leidenschaftlichen Liebeswunsch auf den Analytiker überträgt, obwohl ihr beobachtendes Ich sagen könnte: »Aber das ist doch nicht mein Vater, auch nicht mein Mann, auch nicht mein Sohn. Das ist mein Analytiker. Ich bin hier, um geheilt zu werden, warum fühle ich auf einmal so?« Zumindest hätten wir gern, daß die Patientin so dächte. Ich dachte daran, wie Übertragungen stattfinden, wenn das beobachtende Ich intakt ist und die übertragene Regung im Bewußtsein in einer Stärke erscheint, die noch nicht überwältigend ist. Später kann sie in neuer Stärke auftreten, bei der das beobachtende Ich verschwindet, und das bezeichnete ich als »*Agieren* in der Übertragung«. Nehmen wir aber einmal einen Fall, bei dem das Ich weiter beobachtet und die Regung in unverhüllter Form erscheint. Dann fühlt sich der Patient sicherlich erleichtert, wenn er sagen kann: »Ah, daher kommt das.« Er versteht, daß es nicht hier-

her gehört, sondern in seine Vergangenheit. Aber es ist sicher richtig, daß das selten passiert. Gewöhnlich ist das zu dem Zeitpunkt, zu dem es im Bewußtsein anlangt, schon durch die üblichen Abwehrmaßnahmen umgewandelt worden.
SANDLER: Auf der anderen Seite kennen wir alle den Patienten, der über seine Einfälle entsetzt ist, aber aufrichtig genug, zu berichten, daß er einen »unannehmbaren« Gedanken hatte, etwas, das in sein Bewußtsein eingebrochen war. Aber das geschieht natürlich nicht sehr häufig.
FREUD: Es scheint häufiger vorzukommen, daß ein Gedanke in dieser Form auftaucht, wenn es sich um einen rein aggressiven Gedanken handelt. Der Patient mag sich dann klarmachen: »Ich habe keinen Grund dazu, so gehässig oder rachsüchtig zu sein. Warum bin ich auf einmal so voller Haß?« Der libidinöse Impuls ist oft viel überwältigender, und das beobachtende Ich kann dabei verloren gehen. In einer Darstellung von der Art, wie ich sie in dem Buch gegeben habe, ist natürlich jeder kleine Abschnitt in jedem Kapitel dazu da, um eine Möglichkeit in ihrer extremen Form aufzuzeigen.
SANDLER: Es muß damals sehr schwierig gewesen sein, ein solches Buch zu schreiben!
FREUD: Ja, aber wissen Sie, sogar damals pflegten sich Leute darüber zu beschweren, daß ich versucht hatte, ein möglichst klares und extremes Bild zu entwerfen. Ich erinnere mich zum Beispiel daran, daß Otto Fenichel sagte, ich würde immer aufhören, über etwas zu sprechen, wenn es gerade erst angefangen hätte, wirklich interessant zu werden. Was eigentlich hieß, ich würde aufhören, ohne auf die Einzelheiten eingegangen zu sein; doch mein Gefühl war, sie könnten nur die Klarheit des Bildes stören, das ich vermitteln wollte.
SANDLER: Ich erinnere mich an etwas, das Sie vor Jahren einmal sagten, Miss Freud. Man sollte nicht zu genau und detailliert anschauen, was Sie mit der Absicht geschrieben hätten, die Dinge möglichst einfach auszudrücken.
FREUD: Und wenn ich jetzt wieder lese, was ich in dem Kapitel geschrieben habe, wird mir klar, was ich eigentlich damit wollte. Ich wollte bestimmte Dinge wirklich sehr klar darstellen. Und um das zu tun, mußten viele Einzelheiten weggelassen werden.
SANDLER: Ich denke, das ist eine Funktion der wissenschaftlichen Entwicklung überhaupt. Theorie muß notwendigerweise eine über-

mäßige Vereinfachung sein. Wenn dann später die Theorie unzureichend wird, gibt es weitere wissenschaftliche Entwicklungen.

Miss Freud, mich hat Ihr Hinweis auf die Affekte (17, 211) sehr beschäftigt. Wäre es Ihnen recht, etwas über die Beziehung zwischen den Trieben, wie Sie sie damals betrachteten, und den leidenschaftlichen Gefühlen wie Liebe, Haß, Eifersucht, Angst und so weiter zu sagen? Sie sprechen von »alten Gefühlskonstellationen«; wir würden aber heute die Affekte eher mit dem Ich verbinden.

FREUD: Ja. Damals vertrat ich den Standpunkt, den mein Vater in »Triebe und Triebschicksale« eingenommen hatte: daß die Affekte nicht Triebabkömmlinge seien, sondern mehr deren Begleiter, etwas, das mit den Triebabkömmlingen einhergeht. Gleichzeitig haben wir uns aber auch kein unabhängiges Affektleben vorgestellt. Ich glaube, es war Landauer, der als erster (nicht sehr glücklich) versuchte, dies anzugehen; es blieb also beim Bisherigen. Was zu den Triebabkömmlingen hinzukam, war der *Affektbetrag*. In meiner Darstellung habe ich den Begriff in diesem Sinne verwendet.

Ich könnte an dieser Stelle vielleicht etwas zur Vorstellung der Übertragung von Abwehr sagen. Vieles, was in dem Kapitel steht, über das wir gerade diskutieren, war zu der Zeit, als ich das Buch schrieb, natürlich Allgemeinwissen, aber der Gedanke der Übertragung von Abwehr war es nicht. Es war ein völlig neuer Aspekt. Mein Gedanke war, der Widerstand in der Analyse sei deswegen so außerordentlich wertvoll, weil dabei die Abwehr für besondere Zwecke eingesetzt wird. Aus irgendwelchen Gründen war dies zu der Zeit nicht allgemein erkannt worden.

SANDLER: Der Gedanke der Übertragung von Abwehr und der Widerstandsanalyse war sicherlich ein entscheidender Wendepunkt im analytischen Denken. Ich möchte Sie gerne fragen, ob es vertretbar ist, eine Unterscheidung zu machen zwischen Übertragung von Abwehr, wobei es sich um eine frühe Abwehr handelt, die nun wiederholt wird, und Abwehr von Übertragung, bei der eine spätere Abwehr gegen einen früheren Impuls eingesetzt werden könnte. Es könnte sich hier um zwei verschiedene Dinge handeln. Das Kind kann in der Beziehung zum Objekt ein Abwehrmanöver aus seinem frühen Leben wiederholen, oder es kann auch deswegen ängstlich werden, weil es anfängt, bestimmte infantile Gefühle auf den Analytiker zu übertragen, und es trifft dann eine bevorzugte Abwehrmaßnahme, die aus einer späteren Phase herrührt. In diesem Kapitel beziehen Sie sich speziell auf die Wiederholung früherer Abwehrtätigkeiten des Ichs, die aus der Vergangenheit auftauchen und sich nun in der gegenwärtigen analytischen Situation wiederholen.

FREUD: Ja, alles das kann für die Abwehr der Übertragung eingesetzt werden. Meine Hinweise im Buch beziehen sich jedoch auf die Verwendung der Abwehranalyse zur Aufdeckung der eingewurzelten Abwehrmethoden des Ichs.

SANDLER: Würde es zu weit gehen, wenn man hier die Ich-Regression auf Fixierungsstellen des Ich einbezöge? Ich möchte diesen Gedankengang nicht weiter fortsetzen, sondern lediglich sagen, daß ich glaube, es gibt funktionelle Fixierungen des Ichs, die wiederbelebt werden können, und dies schließt auch die Abwehrmechanismen ein, die zwar aufgegeben wurden, auf die aber zurückgegriffen werden kann.

FREUD: Ich bin ganz einverstanden, aber ich würde sie anders benennen. Es sind alte Funktionsweisen, auf die wir zurückgreifen können. Ich weiß, die Vorstellung von einer funktionellen Regression des Ichs erscheint in der Literatur. Sicherlich schrieb mein Vater über verschiedene Formen von Regression, auch von der, die Sie funktionelle Regression nennen. Was er als formale Regression bezeichnete, ist das, was Sie funktionelle Regression nennen.

SANDLER: Im Abschnitt über die Übertragung libidinöser Regungen (17/18, 211), Miss Freud, sprechen Sie von »alten Gefühlskonstellationen wie dem Ödipus- und Kastrationskomplex«, und wir können annehmen, daß ein Teil dieser Konstellationen Triebwünsche sind, die abgewehrt werden, weil sie Angst oder Schuldgefühle hervorrufen. Es handelt sich um Wünsche, die vom Kind etwa im Alter von vier oder fünf Jahren gebildet wurden. Müßten wir dann nicht sagen, daß bei der Bildung dieser Wünsche das Ich eine ganz wesentliche Rolle gespielt hat? Wir wissen um die Rolle des Ichs bei der Entwicklung von Wunschphantasien, wie es an der Objektwahrnehmung beteiligt ist, und wir sind vertraut mit all den verschiedenen Weisen, auf die das Ich zu den Objektbeziehungen beiträgt, zusätzlich zum Anteil der Triebe. Wir wissen, daß Kastrationsängste, an denen das Ich maßgeblich beteiligt ist, verdrängt werden können. Bei diesen affektiven Konstellationen haben wir es mit Wünschen zu tun, die einmal ich-synton waren, die ein Produkt von Es und Ich sind. Diese Wünsche wurden dann verdrängt, und wir können beobachten, wie sie wiederbelebt werden. Was ist nun ihr Status in Begriffen unserer Theorie? Ich weiß, daß ich diese Frage schon einmal gestellt habe, aber ich halte sie für so wichtig, daß ich nochmals darauf zurückkommen möchte. Nach ihrer Verdrängung, sagen wir im Alter von fünf oder sechs Jahren, werden solche kombinierten Es-Ich-Abkömmlinge nun erneut der Verdrängung unterworfen, und wenn sie verdrängt sind, müßten wir sagen, daß sie ans Es zurückverwiesen werden. Im Rahmen des topischen Modells hätte man gesagt, sie würden in das dynamisch Unbewußte verdrängt. Wenn wir es mit der Wiederblebung solcher »alten Gefühlskonstellationen« wie dem Ödipus-Komplex zu tun haben, geht es da nicht um die Wiederbelebung von Wünschen, die das Ich in seiner Zusammenarbeit mit dem Es repräsentieren, gemeinsame Es-Ich-Arbeit aus einer früheren Zeit? Wenn diese Wünsche später wiederbelebt werden, können sie natürlich ein Angstsignal oder Schuldsignal auslösen, woraufhin ihre Abwehr erfolgt. Ich meine, hier entsteht ein wirkliches Problem, wenn man versucht, dies in Begriffen von Es und Ich zu formulieren, denn wir haben es mit komplizierten Wünschen an die Eltern zu tun, nicht nur mit blinden, primitiven oder ungeformten Triebwünschen. Wir haben es da mit Wünschen zu tun, die bereits die Einwirkungen früherer Abwehrmaßnahmen aufweisen, zum Beispiel die der Verkehrung eines aktiven Wunsches in einen passiven. Sagen wir einmal, der ödipale Junge habe zu Abwehrzwecken und zu heimlicher Befriedigung die Phantasie entwickelt, er sei verführt worden, weil er den Wunsch, sich der Mutter aktiv sexuell zu nähern, nicht tolerieren konnte. Was dann später bei diesem Kind als unbewußter Wunsch auftauchen mag, der wiederum abgewehrt sein kann, ist ein Wunsch nach Verführtwerden, weil dieser zwar zunächst ich-synton war, später aber ich-dyston geworden ist. Sprechen wir hier nicht von einer kombinierten Es-Ich-Regung infantiler Art, die in dem, was wir den reiferen Teil des Ichs nennen würden, Angst hervorruft und zu neuen Abwehrmaßnahmen in der Gegenwart veranlaßt? Mir scheint es richtiger, es so auszudrücken, als zu sagen, der ödipale Wunsch sei an das Es zurückverwiesen worden und das Ich habe sich ihm verweigert. Für unsere Theorie der Abwehr scheint mir das ziemlich wichtig zu sein.

Freud: Wenn Sie von einem unbewußten Wunsch sprechen, der mit Ich-Elementen verbunden und durch sie umgeformt wurde, so sprechen Sie von dem, was wir früher als »Komplex« bezeichneten. Warum haben wir diesen sehr brauchbaren Begriff nur beim Ödipus- und Kastrations-Komplex beibehalten? Aber ich frage mich, ob es nicht einfacher wäre, hierbei in Begriffen von bewußt und unbewußt zu denken. Die bewußte Einstellung des Patienten zu seinem Analytiker könnte, sagen wir einmal, hoffnungsvoll und vertrauensvoll sein: »Sie werden mir helfen, meine inneren Konflikte loszuwerden.« Aber plötzlich wird der Analytiker zu einer Bedrohung, er macht alles schlimmer, nimmt dem Patienten weg, was ihm wertvoll ist, mischt sich in seine lustvollen Tätigkeiten ein und so weiter. Dies stammt aus der Vergangenheit. Dem Analytiker ist die frühere Rolle etwa eines kastrierenden Vaters, einer gefährlichen Mutter oder was wir sonst noch nennen könnten, zugewiesen worden. Ist nicht das Wichtigste in dieser Situation die Tatsache, daß die Vergangenheit an die Stelle der Gegenwart getreten ist? Die Angst des Patienten war nicht immer unbewußt, aber sie ist beiseite geschoben, vergessen oder verdrängt worden. Sie hat über lange Zeit im bewußten Leben des Patienten keine Rolle gespielt, aber die analytische Situation bot ihr nun die Möglichkeit, sich auszubreiten. Wir müssen es gar nicht in einen theoretischen Rahmen bringen.

SANDLER: Ich glaube nicht, daß wir Schwierigkeiten bekommen, wenn wir die Formel verwenden, die Sie uns gegeben haben. Wir haben es mit etwas zu tun, das im deskriptiven Sinne unbewußt ist, und wenn wir uns den Gedanken in Ihrem Buch zu eigen machen – daß die tieferen Schichten des Ichs die früheren Schichten sind –, gibt es hier keine Schwierigkeiten. Es bedeutet, daß es eine unbewußte Tendenz des Ichs gibt, die vom Es her sozusagen Verstärkung bekommt. Es ist eine unbewußte Tendenz des Ichs, einem Triebimpuls eine besondere Form zu geben, aber wenn er zum Bewußtsein vordringt, kann ein Angstsignal ausgelöst werden. Er mag insbesondere in der analytischen Situation weiter als sonst zum Bewußtsein vordringen. Als Analytiker können wir dann sehen, wie weitere Abwehrmaßnahmen eingesetzt werden. Es kann also eine Abwehrmaßnahme in Gang gesetzt werden, wie mir scheint, gegen eine kombinierte Es-Ich-Bewegung, die unbewußt ist und aus der frühen Kindheit stammt, aber in bestimmtem Sinne »bewußtseins-dyston« ist und nicht eigentlich ich-dyston (im strukturellen Sinne von »Ich«). Oder wir könnten sagen, sie sei dyston für die späteren Entwicklungsschichten des Ichs.

FREUD: Sie ist dyston mit der *Gegenwart*.
SANDLER: Und dies betrifft die reiferen Schichten des Ichs.
FREUD: Weil hier der Gegensatz nicht so sehr zwischen bewußt und unbewußt, sondern vielmehr zwischen Vergangenheit und Gegenwart besteht. Für den Patienten lautet die Frage: »Warum benehme ich mich gerade jetzt – oder warum fühle ich mich gezwungen, mich gerade jetzt so zu fühlen und mich so zu benehmen –, wie es nur einer vergangenen Situation entspricht?«
SANDLER: Das hat weitreichende klinische Bedeutung, Miss Freud. Wir beobachten in der Analyse, daß das, was Menschen abwehren, Impulse sind, die zu einer früheren Zeit ich-synton waren. Diese Impulse bewegen sich in Richtung der Oberfläche bis zu einem bestimmten Punkt, doch dann, in der Gegenwart, lassen sie Angst entstehen, rufen Konflikt hervor, woraufhin die Abwehr mobilisiert wird.
FREUD: Ein Patient von mir konnte in seiner Analyse niemals feindliche Regungen ausdrücken, es sei denn auf ganz umwegige Weisen wie einzuschlafen, zu spät zu kommen, eben einfach nicht zu funktionieren, wie ich sagen möchte. Davon abgesehen konnte er seine feindseligen Regungen nicht zeigen. Bei einer Gelegenheit jedoch geriet er in einen schlimmen Zustand, und in diesem Zustand brach eine Phantasie in sein Bewußtsein durch. Er kam zu seiner Analysenstunde mit der Vorstellung, er könne nur leben, wenn ich stürbe, was natürlich der Gedanke war, der schon immer hinter seiner Feindseligkeit gelegen hatte, die er unbewußt auf die verschiedensten Weisen ausdrückte. Nun war dies der Todeswunsch gegen seine Mutter, eine sehr schwierige Mutter, und es war ein Wunsch, den er noch nie in seinem Bewußtsein hatte zulassen können. Im Alter von drei oder vier oder fünf Jahren, wahrscheinlich im Zusammenhang mit den Geburten der nächsten Geschwister, könnte ein solcher Wunsch bewußtseinsnah gewesen sein, aber in der Analyse gab es keinerlei Anzeichen dafür, daß er sich jemals eines Wunsches, die Mutter zu töten, bewußt geworden wäre. Was in der Analyse deutlich geworden war, bestand darin, daß er von früh an immer wieder den Wunsch hatte, sich umzubringen, also den Tötungswunsch gegen sich selbst richtete. Was würden Sie hier sagen? Was ist hier aufgetaucht?
SANDLER: Ich würde sagen, es war ein Kindheitswunsch, der die Merkmale des Sekundärvorgangs zeigt, Ursache und Wirkung. Ich würde weiter sagen, daß er daher zumindest vorbewußt gewesen

sein muß und dann abgewehrt wurde. Ich meine, die Wendung der Aggression gegen sich selbst repräsentierte den bewußten Abkömmling der vorbewußt gestalteten Wunschphantasie.
Freud: Ich hatte auch das Gefühl, daß er wahrscheinlich in der Pubertät in abgeschwächter Form die Vorstellung entwickelte, er könne nur dann ein wirklicher Mann werden, wenn er sich vom Einfluß seiner Mutter befreie, wenn sie krank würde oder stürbe. Eine solche Vorstellung mag zwar zu einem Zeitpunkt bewußtseinsnah gewesen sein, aber sie wurde nie ich-synton.
Sandler: Nun, er könnte vielleicht auf einer tieferen Schicht ich-synton gewesen sein, aber dyston auf der höheren Schicht.
Freud: Man sollte vielleicht besser sagen, er war niemals bewußtseins-synton. Für unser Protokoll möchte ich nur noch sagen, was mit »institutions« hier im Buch übersetzt wurde, im Deutschen *Instanzen* lautet. Heute würde man »agencies of the mind« sagen, nicht »institutions«. Ich habe die Übersetzung nie korrigiert.

Zweite Sitzung

Sandler: Miss Freud, Sie sagen in diesem Kapitel, daß Analytikern der Vorwurf gemacht wurde, »das sie zwar gute Kenner des Unbewußten, aber schlechte Beurteiler des Ichs ihrer Patienten sind« (21, 215). Mir scheint, heute ist die Situation oft gerade umgekehrt. Viele Analytiker scheinen die Fähigkeit zum Verstehen unbewußter latenter Inhalte verloren zu haben, und an ihre Stelle ist offenbar an manchen Stellen eine vorrangige Orientierung an der Ich-Psychologie getreten. Vielleicht hat das Pendel in der anderen Richtung ausgeschlagen.
Freud: Im Kleinianischen Umgang mit dem Patienten ist es nicht so weit nach der anderen Seite ausgeschlagen, denn wenn man Berichte von Kleinianischen Analytikern hört, so gibt es dort viele Mitteilungen über unbewußte Phantasien, und nur gelegentlich, ganz am Ende des Berichts, erhaschen wir einen Blick auf die Ich-Funktionen, auf die Ich-Leistungen des Patienten. Das ist dann fast wie ein nachträglicher Gedanke angefügt.
Sandler: Ich dachte an unsere eigenen Kollegen, deren vorrangiges Interesse an Mechanismen, an der Ich-Tätigkeit, an konfliktfreien Funktionen wie auch an der Abwehr zu einem geringeren Interesse am Deuten unbewußter Inhalte geführt haben mag.

FREUD: Ich wollte in meinem Buch deutlich machen, daß Einseitigkeiten beider Arten falsch sind. Es ist so, als wollte man sagen, die rechte Seite von jemand gefiele einem besser als die linke. Beides sind nur Teile der Person, und da sollte es keine Bevorzugungen geben.

SANDLER: Als sie das Buch schrieben, war man – so vermute ich – darauf eingestellt, alles zu deuten – Kunstwerke, Erzählungen, Mythen und so weiter. Alles konnte gedeutet werden.

FREUD: Jeglicher *Inhalt*.

SANDLER: Sie sagen, daß: »die Deutung des Agierens in der Übertragung uns wertvolle Einsichten geliefert«, aber daß »der therapeutische Gewinn gewöhnlich gering ist« (21, 216). Etwas später (21, 216) bemerken Sie, daß diese Form der Übertragung, die wir Agieren nennen, »für den Analytiker ... noch schwerer zu handhaben [sei], als die Übertragung der Abwehrformen«. Sie sagen weiter: »Es ist verständlich, daß er versucht, sie mit analytischen Deutungen und unanalytischen Verboten möglichst einzuschränken.« Ich glaube, das ist uns allen gut verständlich, denn ein Ziel der Analyse ist ja, den Patienten zum Verbalisieren zu bringen; dennoch fällt mir zweierlei daran auf. Das eine ist, daß Freud sagte, die Übertragung sei selbst eine Form von Agieren. Er bezog sich dabei vermutlich auf auffälligere Übertragungsformen wie etwa Verliebtheit in den Analytiker und die sich daraus ergebenden Versuche des Patienten, die analytische Situation in eine nicht-analytische umzuwandeln, aber ich meine, wir sollten das etwas näher klären. Und in welchem Ausmaß meinen Sie, Miss Freud, sollten die Verbote, die dem Patienten im Hinblick auf das Agieren auferlegt wurden, noch immer verwendet werden?

FREUD: Nun, Verbote in der Analyse sind sehr aus der Mode gekommen. Aber das wirkt sich nicht immer zum Vorteil des Patienten aus. Die Verwendung des Wortes Verbot kann natürlich leicht mißverstanden werden. Ich meinte eigentlich mehr Beschränkungen – Versuche, das Material auf das zu beschränken, was im Rahmen der analytischen Stunde handhabbar ist.

SANDLER: In der deutschen Ausgabe haben Sie das Wort *einzuschränken* verwendet, was eingrenzen oder beschränken bedeutet.

FREUD: Ja. Man hat damals vielerlei Versuche gemacht, Einschränkungen aufzuerlegen. Zum Beispiel sagte man dem Patienten, er solle während der Analyse keine wichtigen Entscheidungen tref-

fen, weil solche Entscheidungen leicht auf Gefühlen, Emotionen und Impulsen beruhen könnten, die ja noch nicht behandelt worden waren. Dagegen läßt sich heute einwenden, daß damals die Analysen meist viel kürzer waren, so daß es leichter war, Entscheidungen bis zum Ende der Analyse aufzuschieben. Heute, wo Analysen so lange dauern, kann man das Leben nicht unterbrechen.
SANDLER: Ich weiß, daß ich selbst gerne meinen Patienten sage, alle wichtigen Entscheidungen sollten ausführlich in der Analyse besprochen werden, und ich kann mir vorstellen, daß viele etwas in dieser Art sagen. Ich weiß aber auch, daß es manche Analytiker gibt, die dem Patienten keinerlei Anweisungen geben und schlicht alles als Material für Deutungen verwenden. Es scheint heutzutage auch eine Neigung zu bestehen, Agieren in begrenztem Umfang als einen nützlichen Weg zu betrachten, auf dem der Patient Material einbringt. Ich möchte fragen, Miss Freud, ob Handlungsweisen, die eigentlich Fehlleistungen sind, etwa wenn der Patient im Sprechzimmer etwas umstößt oder wenn er vergißt, seine Rechnung zu bezahlen, auch unter die allgemeine Kategorie des Agierens fallen.
FREUD: Ich würde so etwas nicht Agieren nennen.
SANDLER: Würden Sie dann das Konzept auf Handlungsweisen beschränken, die sich auf Objekte außerhalb der Analyse beziehen?
FREUD: Dafür gibt es anschauliche Beispiele. Wenn ein Patient, sagen wir einmal, aus Widerstand gegen die Übertragung, der sich zu Beginn der Analyse einstellt, sofort eine äußere Beziehung eingeht, um ein Gegengewicht gegen die beginnende Beziehung zum Analytiker zu besitzen, dann wäre das ein klarer Fall von Agieren.
SANDLER: Dann enthält es auch ein Element von Abwehr.
FREUD: Abwehr gegen die Übertragung, ja. Wir beobachten Agieren immer dann, wenn der Patient sich im Widerstand befindet.
HELLMANN: Ich betrachte das Ausmaß des Agierens als Maß für die Unfähigkeit des Patienten, seine Impulse in Gedanken und Phantasien aufzuhalten und dann zu verbalisieren. Das hat technische Bedeutung. Wir würden zum Beispiel nicht eine Spannungssituation verstärken, die der Patient selbst nicht im Griff hat und der wir auch nicht einfach mit Einschränkungen oder Verboten begegnen könnten. Und andererseits können wir aus dem Agieren ein Bild von der Fähigkeit seines Ichs zum Umgang mit bestimmten Impulsen gewinnen.

Sandler: Ich dachte eben an den Patienten im Widerstand, der erzählt, er habe impulsiv sich etwas gekauft, was er nicht benötigt, sagen wir einmal für einen geringen Betrag. Dies hat Bedeutung und ergibt sich aus einem besonderen Kontext in seinen Assoziationen, und wir verstehen dann, worum es im Widerstand geht. Wenn aber ein solcher Patient zur Stunde kommt und sagt, er habe seine ganzen Ersparnisse für eine größere Anschaffung ausgegeben, die er ebenfalls nicht braucht, dann nennen wir es wahrscheinlich Agieren, weil er seinen selbstschädigenden Wunsch nicht zuvor in die Analyse gebracht hatte. Was wir Agieren nennen, ist offensichtlich eine Frage des Ausmaßes, der man nicht mit einer Definition gerecht werden kann. Wenn ich Miss Freud richtig verstanden habe, bezog sie sich auf relativ auffällige Handlungsweisen, von denen wir normalerweise erwarten würden, daß sie als Gefühle, Gedanken, Wünsche und Phantasien bezüglich des Analytikers in der Übertragung erscheinen. Statt dessen veranlassen sie den Patienten zu einer äußeren Aktion, die Folgen für sein reales Leben hat.
Freud: Da ist noch etwas, was mich damals sehr beschäftigte, als ich das Buch schrieb. Sagen wir einmal, durch die analytische Arbeit sei ein Impuls beim Patienten wach geworden. Es kann ein aggressiver oder auch ein libidinöser Impuls sein. Weiter, dieser besondere Patient könne ihn nicht halten, nicht in der Analyse halten, ihn verbalisieren und unbefriedigt lassen, d. h. in dem Zustand, in welchem wir ihn analysieren wollen. Statt dessen handelt er in seinem äußeren Leben danach. Zu dem Zeitpunkt, da wir ihn in die Analyse bekommen, hat der Impuls bereits seinen Lauf genommen, sich befriedigt, und wir bekommen ihn nicht mehr heiß, sondern bereits erkaltet. Das war eigentlich der wichtigste Gesichtspunkt für den Versuch, das Agieren auf die Übertragung einzuschränken. Ich erinnere mich, daß ich dieses Kapitel sehr unter dem Eindruck meiner Arbeit mit einer Patientin schrieb, die ihre Impulse überhaupt nicht aufhalten konnte. Das führte zu einer Reihe von agierten Beziehungen außerhalb der Analyse, und wenn diese auch später in Gänze nachvollzogen werden konnten, hatten sie doch zum Zeitpunkt, als sie in der Analyse auftauchten, bereits ihre libidinöse oder aggressive Besetzung oder die damit verknüpfte Angst verloren.
Hellman: Aber wäre das dann nicht eine Sache des Durcharbeitens? Weil ja selbst dann, wenn man es erkaltet analysiert, wie Sie

es ausdrücken, noch immer etwas von Veränderung und Einsicht erreicht werden kann, das die Wiederholung solchen Agierens aktiv beeinflussen würde.

FREUD: Meinem Gefühl nach wird beim wirklich agierenden Patienten das Wiederholen solchen Agierens wenig beeinflußt. Ich erinnere mich, daß dieses besondere Stück Agieren, an das ich denke, ich glaube achtmal auftrat. Der Kenntniszuwachs beim Analytiker ist ganz beträchtlich, aber das therapeutische Ergebnis und der Gewinn an Einsicht beim Patienten ist rein intellektueller Art. Es ist so, als würde man hinter dem Patienten herlaufen, aber am Höhepunkt des Geschehens ist man dann nicht dabei.

SANDLER: Ich glaube, um das in die richtige Perspektive zu rücken, müssen wir an die Zeit denken, zu der Sie das Buch schrieben, Miss Freud, und an Ihre Idee, »Handeln« den anderen Übertragungstypen gegenüberzustellen und den beiden anderen Übertragungsformen hinzuzufügen, was wir nun Agieren in der Übertragung nennen. Wenn wir nun strenge Definitionen anwenden wollen, geraten wir natürlich in Schwierigkeiten, denn es gibt bestimmte Patienten, bei denen neues Material in Gestalt von Handlungen außerhalb der Stunden erscheint und nicht in Form von Verbalisierungen in der Analyse. Es kann sich dabei um eine verhältnismäßig geringfügige Handlung drehen, die dann berichtet wird und bearbeitet werden kann. Es gibt wohl viele Patienten, die den Impuls weder kalt noch heiß in die Stunden bringen, aber warm genug, daß er mit Nutzen analysiert werden kann.

Wir kommen nun zu einem ganz anderen Punkt. Etwas weiter unten sagen Sie: »Seitdem für unsere theoretischen Vorstellungen der Begriff des Ichs nicht mehr mit dem des Systems Wahrnehmungs-Bewußtsein zusammenfällt, seitdem wir also wissen, daß auch ganze Stücke der Ich-Instanzen unbewußt sind und auf ihre Bewußtmachung mit Hilfe der analytischen Technik warten, ist die analytische Arbeit am Ich sehr in unserer Achtung gestiegen. Alles, was sich von der Ich-Seite her in die Analyse einmischt, ist ebenso gutes Material wie irgendein Es-Abkömmling. Wir haben kein Recht, es nur als Störung der Es-Analyse aufzufassen« (22, 216/217). In diesem Zusammenhang zeigen Sie uns, daß man die vom Patienten gebrauchten Abwehrmechanismen aus der Art des Materials rekonstruieren kann, das er in die Analyse bringt. Mir fällt da ein, wenn wir eine Unterscheidung machen zwischen subjektiven Erlebnisinhalten, die vom Bewußtsein ferngehalten werden, und Abwehrmechanismen, die ja in einem ganz anderen Sinne unbewußt sind, dann könnten wir sagen, daß wir mit der Deutung der Abwehrmechanismen dem Patienten in der Analyse neue seelische Repräsentanzen für die Mechanismen schaffen, die er gebraucht. Das letztere ist etwas ganz anderes als ein Inhalt, der zunächst einmal bewußt war, dem dann die Aufmerksmakeit entzogen wurde, der gegenbesetzt wurde, der aber auch wieder bewußt werden könnte. Wenn wir die Mechanismen deuten, dann deuten wir sozusagen die Maschinerie des Ichs, und wir können dem Patienten vielleicht zum ersten Mal eine Repräsentanz der verwendeten Mechanismen vermitteln. Vielleicht könnten Sie dazu etwas sagen.

FREUD: Ja, ich stimme dem ganz zu. Ich möchte sagen, daß wir im analytischen Prozeß vom Es her Unterstützung bekommen, weil die Es-Inhalte danach streben, bewußt zu werden, auch wenn das dem Bewußtsein mißfällt (ich personifiziere hier mit Absicht). Von den Ich-Mechanismen bekommen wir keine solche Unterstützung. Die möchten lieber im Dunkeln verbleiben, denn wenn sie aufgedeckt werden, entsteht Angst. Sie wurden ja eingesetzt, um diese Angst zu verhindern, so daß das Ich keinen unmittelbaren Vorteil darin sehen kann, sie bewußtzumachen. Die Abwehr erfolgt im Dunkeln und vollzieht sich automatisch, und wenn sie einmal ins Bewußtsein gebracht wird und der Patient versteht, was er getan hat, dann kann sie nicht mehr so wirksam arbeiten. Der Patient sagt dann: »Ja, ich verstehe, daß ich das immer so gemacht habe, kam mir so auch ganz gelegen, aber jetzt ist es viel schwerer, es wieder so zu machen, seit ich weiß, was ich da mache.« Zumindest haben wir das damals so erhofft, als ich das Buch schrieb.

SANDLER: Das hört sich an, als seien Sie heute nicht mehr so optimistisch.

FREUD: Nun, es wirkt nicht immer so. Manche Leute verwenden nach wie vor dieselben Mechanismen. Ich sage immer, sie tun es nicht mehr mit gleichem Vergnügen. Vielleicht sollten wir nicht »erhofft«, sondern »beabsichtigt« sagen.

SANDLER: Man hofft natürlich, das Durcharbeiten werde sie in die Lage versetzen, bei der Verwendung von Abwehr ihre eigene Polizei zu sein.

BERGER: Ich möchte gerne eine Frage stellen, die mit einem Thema aus der letzten Sitzung in Zusammenhang steht. Als Sie davon sprachen, der Ödipus-Komplex werde zusammen mit den zu dieser Zeit verwendeten Abwehrmaßnahmen verdrängt, war ich mir nicht klar über die Verdrängung, die mit der Abwehr geschieht. Kann Abwehr verdrängt werden?

FREUD: Nein.

BERGER: Aber was ist mit der Abwehr geschehen? Sie war im Dunkeln, aber konnte man sie in der Analyse auf irgendeine Weise erreichen?

FREUD: Ja; aber wenn Sie fragen, ob sie verdrängt wurde, dann lautet die Antwort »Nein«. Sie erfolgt automatisch, ohne Zutun des Bewußtseins und, wie Dr. Sandler sagte, »was man da tut, ist ein Verknüpfen mit dem Erleben und dem Bewußtsein«.

SANDLER: Ich möchte gerne zweierlei dazu sagen. Zunächst, wir können vom Inhalt sprechen, der eine Verwandlung erfahren hat, indem er verdrängt wurde. Das bedeutet aber nicht, daß die Abwehr verdrängt worden sei, und so verstehe ich auch Miss Freuds Bemerkungen zum Ödipus-Komplex. Zum zweiten fällt mir dazu ein, daß man bei Betrachtung der Abwehr als organisierte Substruktur sagen könnte, daß sie je nach Bedarf eingesetzt oder auch nicht eingesetzt werden kann. Die Möglichkeit, eine bestimmte Abwehrmaßnahme zu verwenden, kann im Verlaufe der Entwicklung eine Zeitlang ungenutzt geblieben sein, aber sie kann wiederbelebt werden. Und man hofft, daß nach der Analyse bestimmte Abwehrmaßnahmen des Patienten abgelegt werden können, weil sie nun ihrerseits wieder eine neue Art von Signalangst auslösen, eine Art von »analytischem Schuldgefühl«, so daß man sie nicht mehr verwenden möchte. Das ist aber mehr ein Aufgeben ihrer Verwendung als eine Verdrängung von Inhalten aus dem bewußten Erleben.

FREUD: Sie könnten sagen, daß es dabei um ein Vermeiden von Unlust oder Angst geht, das dann automatisiert wird.

SANDLER: Wenn wir auf etwas zurückkommen, das wir früher schon diskutiert haben, können wir sagen, daß wir es in den ganzen Diskussionen eigentlich mit den Schicksalen von Wünschen zu tun haben. Die Funktion des Abwehrmechanismus ist ja die Veränderung des *Inhalts* eines Wunsches, das heißt des seelisch repräsentierten Inhalts, so daß das, was unbewußt als Teil der Selbstrepräsentanz erlebt wird, etwa beim Projektionsmechanismus einer Objektrepräsentanz zugeschrieben wird. Der Erlebnisinhalt würde dadurch verändert, und der Wunsch würde nicht mehr als Wunsch erlebt werden, sondern als aggressive Handlung oder Absicht, die von einem anderen her auf das Subjekt gerichtet ist. Der neue Inhalt wäre eine verborgene Wunscherfüllung, der auf Grund der durch die Abwehr herbeigeführten Veränderungen Zugang zum Bewußtsein oder Ausdruck im Handeln gestattet ist. Wäre das eine zutreffende Formulierung? Wir könnten hinzufügen, daß spezifische Mechanismen wie etwa Projektion von manchen Personen mehr als von anderen benützt werden, die eine andere Konstitution und Geschichte haben.

FREUD: Ich frage mich nur, ob wir wirklich davon ausgehen können, daß die Abwehr immer gegen die Regung oder den Wunsch gerichtet ist. Man könnte auch sagen, daß die Abwehr eigentlich gegen die Angst oder Unlust gerichtet sei, die der Wunsch ausgelöst hat.

SANDLER: Ja, aber wehrt nicht das Ich die Angst dadurch ab, daß es sich gegen den Inhalt des Wunsches richtet?

FREUD: Nehmen wir einmal als ein ganz einfaches Beispiel die Vorstufe von Abwehr. Wir wissen, daß das kleine Kind, das etwas Unrechtes getan hat, gewohnheitsmäßig etwas sagt wie »Das war die Katze!« oder »Das andere Kind hat es gemacht!« Das ist ein unmittelbares Hinausbefördern der Handlung aus dem Selbst und ein Zuschreiben des verbotenen Wunsches oder der Handlung an jemand anderen. Wie würden Sie nun diese Abwehr nennen? Ist es eine Projektion oder eine Externalisierung?

SANDLER: Es könnte Abwehr von der einen oder anderen Art sein, falls dem Kind unbewußt ist, was es tut. Wenn aber das, was wir in dem genannten Fall sehen, eine schlichte Lüge ist, dann meine ich, daß wir nicht von einem Abwehrmechanismus sprechen sollten.

FREUD: Es ist ein unmittelbares Wegschieben eines Gefühls von Verantwortung, von Schuld, von einer strafbaren Handlung.

HELLMAN: Das haben wir bei den Pfützchen gesehen, die unsere achtzehn Monate alten Kinder in der Hampstead Nursery machten. Sie zeigten dann auf den Hund. Wir könnten diese bewußten Manöver Vorstufen von Abwehr nennen, wie Sie es getan haben, Miss Freud. Nach einer Weile glaubt es das Kind dann selbst, und dann könnten wir sagen, daß es sich um echte Abwehr handelt, aber zunächst ist es ein Versuch, sich der Verantwortung zu entziehen.

BIVEN: Ist es nicht auch ein Versuch, nicht die Person zu sein, die Mama nicht liebhaben würde? Es ist nicht bloß »Bestrafe mich nicht!«, nicht nur Lüge, um der Strafe zu entgehen.

Freud: Es ist ein Versuch zu sagen: »Ich bin ein braves Mädchen.«
Sandler: Miss Freud, Sie sagen in diesem Kapitel (22, 217): »Nur ist natürlich alles, was von dieser Seite des Ichs kommt, auch Widerstand in jeder Bedeutung dieses Wortes: eine Kraft, die gegen das Auftauchen aus dem Unbewußten und damit gegen die Arbeit des Analytikers gerichtet ist.« Vielleicht würden Sie etwas dazu sagen.
Freud: Ganz am Anfang des Buches habe ich die analytische Technik mit der Hypnose verglichen, mit der Absicht, zu zeigen, wie leicht man Kenntnis vom Unbewußten gewinnen könnte, wenn nur das Ich aus dem Wege wäre, wir hätten dann direkten Zugang zu dem, was unbewußt ist. Solange das Ich da ist, wird unsere Sicht auf das Es verstellt. Im Unterschied zur Hypnose stellt die freie Assoziation einen unvollkommenen Versuch dar, zum gleichen Ergebnis zu kommen, indem man das Ich auffordert, sich selbst außer Kraft zu setzen. Das kann natürlich nur in einem gewissen Ausmaß gelingen, denn wo immer das Ich zum Handeln kommt, wirkt es als Einmischung. Doch solche Einmischung ist für das, was wir Analyse nennen, ebenso nützlich wie die Analsye des Es.
Hellman: Das läßt die Aspekte des Ichs beiseite, die für die Selbstbeobachtung so dringend notwendig sind.
Freud: Ich beziehe mich natürlich nicht auf die Zeiten, in denen das Ich sich mit den Bemühungen des Analytikers verbündet, zum Beobachter, zum Berichterstatter wird, oder wenn der Patient selbst den Analytiker spielt. Aber davon abgesehen ist die Tätigkeit des Ichs eine Behinderung.
Sandler: Wenn das Ich nicht funktionierte, würde es von Impulsen, Wünschen und Erlebnisinhalten traumatisch überwältigt; es muß also die Dinge unter Kontrolle behalten. Dabei fällt mir ein, daß ein Teil dieser Kontrolle darin bestehen kann, die unbewußten Wünsche in eine annehmbare Form zu bringen, so daß auf diese Weise gerade die Zensur des Ichs auch bewirken kann, daß sie zur Oberfläche gelangen können. Man kann also die Zensur auch als etwas Positives auffassen, auch wenn sie sich gegen den unmittelbaren Ausdruck von Triebwünschen richtet. Das Ich muß sie irgendwie unter Kontrolle halten. Es ist wie im Pressebüro eines Politikers, das Informationen herausgibt. Wir wissen, daß es sich dabei um sehr einseitig ausgerichtete Mitteilungen handelt, daß sie tendenziös sind und einen bestimmten Eindruck erwecken sollen;

trotzdem kann man, wenn man zwischen den Zeilen liest, auch einige Informationen gewinnen, und ein bißchen Information ist besser als gar keine.
FREUD: Ja, nur würde ich sagen, daß wir unter solchen Umständen sehr wenig über die Ich-Tätigkeit erfahren. Unser Ziel ist doch, vom Ich ebensoviel Kenntnis wie vom Es zu gewinnen, und das kann nur dort geschehen, wo das Ich sich in Form einer Einmischung bemerkbar macht. Es ist sonst sehr schwer zu sagen, was Es und was Ich ist.
SANDLER: Wir könnten hier auf Ihre Aussage zurückkommen, das Ich habe eine angeborene, gegen die Triebe gerichtete Disposition, eine Vorstellung, die von einigen Leuten in Frage gestellt worden ist.
FREUD: Viele Leute haben das in Frage gestellt. Sie fragen, wieso ich das behaupten könne. Aber mein Gefühl war immer, daß gerade dies von Anfang an die Bestimmung des Ichs war. Es ist der Grund dafür, daß es überhaupt entstanden ist, das Es zu kontrollieren, zu zügeln.
SANDLER: Das würde zu der Vorstellung passen, daß bei unserer Arbeit mit Patienten immer ein bestimmter Widerstand vorhanden ist, dessen Höhe wechseln kann. Es gibt immer einen bestimmten Grad von Widerstand, weil das Individuum sich seine seelische Intaktheit bewahren muß.
FREUD: Wir geraten sogar etwas in Besorgnis, wenn Widerstand beim Patienten gänzlich ausbleibt und ein plötzlicher Zufluß aus dem Unbewußten erfolgt. Das bedeutet oft einen Einbruch, der gar nicht willkommen ist.
SANDLER: Mir fällt da ein Ausbildungskandidat in Analyse ein, der die Art von Widerstand benützt, die zeigen soll, daß anscheinend kein Widerstand vorhanden ist. Wenn wir das erkennen und kein Zusammenbruch des Analysanden eintritt, dann muß man sich fragen, was er damit verbirgt.

Gegen Ende des Kapitels (24, 218), Miss Freud, sprechen Sie dann vom Verhalten des Ichs als infantiles Ich, wenn es vom Wiederholungszwang überwältigt ist. Sie könnten vermutlich in ihrem Text auch gesagt haben, daß sich das Ich aufgrund des Wiederholungszwanges infantil verhält.
FREUD: Was ich hier angesprochen habe, ist der überwältigende Drang zu wiederholen; wenn man es aber von der anderen Seite her betrachtet, könnte man es als Regression bezeichnen.

SANDLER: Würden Sie sagen, daß der Wiederholungszwang dann, im Sinne eines Drangs zu wiederholen, für das Ich in allen seinen Funktionsaspekten gleichermaßen gilt, daß gegebenenfalls das Ich sein hohes Funktionsniveau aufgeben und seine primitiveren Funktionsweisen wiederholen würde? Ich denke mir, daß das auch geschieht, aber der Begriff Wiederholungszwang wird gewöhnlich nicht in dieser Weise gebraucht.
FREUD: Das Konzept bezog sich zunächst auf die Triebe, aber ich meine, daß wir es bei nochmaligem Überdenken jetzt auch gleichermaßen auf den Drang zur Wiederholung früherer Funktionsweisen beziehen würden.
SANDLER: Wir könnten vielleicht sagen, daß es auf die gesamte Konstellation von Trieben und Ich anzuwenden sei, auf alle früheren Aspekte und Funktionsweisen des Apparates.
FREUD: Ich könnte es mir vorstellen. Ich habe es aber noch nicht wirklich durchdacht.
SANDLER: Es könnte sich lohnen, dies noch einmal neu anzuschauen, weil es da interessante Implikationen gibt. Natürlich ist oft in Frage gestellt worden, ob es sich beim Wiederholungszwang wirklich um einen Zwang handelt, und ich weiß nicht, ob wir es hier nicht auch mit einem Übersetzungsproblem zu tun haben. Es ist doch mehr eine Tendenz zu wiederholen.
FREUD: Es heißt auf deutsch *Wiederholungszwang*. Es bedeutet eigentlich einen Drang, einen Zwang (compulsion) im Sinne eines Dranges (urge). Wir können zum Beispiel auch beim Hysteriker einen Zwang zur Identifizierung sehen, auch wenn wir es gewöhnlich nicht so nennen. Im Deutschen hat das Wort sowohl die technische als auch eine alltagssprachliche Bedeutung. Wahrscheinlich wäre es besser mit *force* als mit *compulsion* übersetzt, denn *Zwang* ist eigentlich ein Forciertsein, etwas zu tun. Man ist forciert, gedrängt, was eigentlich etwas anderes bedeutet als »compulsion« im technischen, klinischen und psychiatrischen Sinne.
TYSON: Ich hatte den Eindruck, daß Ihre Verwendung des Wortes im Hinblick auf die Abwehr impliziere, daß der Patient nur über ein begrenztes Repertoire verfüge, weil er sich gedrängt fühlt, in diesem speziellen Aspekt seines Ich-Funktionierens die Vergangenheit zu wiederholen. Es ist ihm nicht gelungen, andere Mittel zur Bewältigung der gefährlichen Impulse zu entwickeln, weil er sich gedrängt fühlt, frühere Methoden zu verwenden.

SANDLER: Wenn Sie also von Übertragungsphänomenen sprechen, Miss Freud, die Wiederholungen der Vergangenheit sind, und sagen, daß sie zwei Teile hätten – die libidinösen oder aggressiven Elemente, die zum Es gehören, und die Abwehrmechanismen, die wir dem Ich zuschreiben –, so würden Sie Wiederholungszwang und Abwehr in gleicher Weise verstehen.
FREUD: Ich denke ja.
SANDLER: Ganz am Ende des Kapitels sagen Sie: »Wenn man auf die freie Assoziation verzichten muß, mit der Symboldeutung sparsam ist und die Übertragungsdeutungen erst spät in der Entwicklung der Behandlung beginnt, sind einem drei wichtige Zugänge zur Aufdeckung der Es-Inhalte und der Ich-Tätigkeiten verschlossen« (24, 219). Dann kommt die Frage, die im nächsten Kapitel behandelt wird. Wie können wir in der Kinderanalyse diese technischen Mängel ausgleichen? Ich möchte mich auf Ihren Hinweis beziehen, daß wir sparsam mit Symboldeutungen umgehen sollten. Diese Aufforderung gilt gleichermaßen für Kinder wie für erwachsene Patienten.
FREUD: Damit war damals eine Stellungnahme gegen die Kleinianische Technik gemeint, die fast ausschließlich aus der Symbol-Übersetzung bestand. Das Kind spielte und die Analytikerin übersetzte. Ich erinnere mich, daß Ernest Jones von seiner kleinen Tochter, die in einer Kleinianischen Analyse war, erzählte, sie habe damals von der Analyse gesagt, »wenn die Kinder spielen, reden die Frauen«. Als ich die Technik der Kinderanalyse lehrte, warnte ich immer wieder vor derlei Übersetzung. Im letzten Abschnitt dieses Kapitels findet sich auch eine Warnung vor frühzeitiger Übertragungsdeutung, und auch diese richtete sich gegen die Kleinianische Technik, bei der von der ersten Stunde an alles, was das Kind tat, als Übertragung aufgefaßt und dem Kind als solche erklärt wurde. Das ist aber niemals unsere Technik gewesen.
SANDLER: Es ist sehr gut, daß Sie das klargemacht haben, Miss Freud, denn viele von uns würden in Frage stellen, daß man die Übertragung erst in einer fortgeschrittenen Behandlungsphase deuten solle. Es ist wichtig, daß wir den Kontext kennen, in dem Sie diesen Absatz schrieben. Ich glaube, wir sind uns alle darüber einig, daß es manchmal notwendig ist, schon früh die Übertragung zu deuten. Ich weiß nicht, wie Ihre heutige Auffassung dazu ist, aber mit dem Thema sind Sie sehr vertraut.

Freud: Es ist von Fall zu Fall verschieden, aber sicherlich bildet das Kind nicht sofort eine Übertragung aus. Es braucht einige Zeit, bis das, was das Kind gegenüber seinen Eltern als seinen Hauptobjekten empfindet, in die Übertragung kommt, und dann befinden wir uns schon in einer fortgeschritteneren Behandlungsphase. Aber wie Sie wissen, unterscheidet sich unsere gesamte Vorgehensweise klar von einer Technik, die die Übertragung nicht abwartet, sondern alles in eine Übertragung hineinzwängt und diese dann sofort deutet.
Hellman: In der ganzen Angelegenheit herrscht einige Verwirrung. Wenn wir an die Gefühle des Kindes bei Beginn der Sitzungen denken, könnten wir ihm unmittelbar sagen, es fürchte sich vor dem Analytiker, der ihm fremd ist. Manche würden dies eine Übertragungsdeutung nennen, während wir es einfach als Verbalisierung der Ängste des Kindes vor der Behandlung betrachten.
Sandler: Wenn ein Supervisor (unsinnigerweise) seinen Studenten sagt, sie sollten in den ersten sechs Monaten keine Übertragung deuten oder so ähnlich, dann ist eine solche Instruktion ganz abträglich, wenn der Student sie so versteht, er solle die Gefühle des Patienten gegenüber dem Analytiker sechs Monate lang nicht ansprechen. Der Rat wäre falsch, denn der Gang zum Analytiker könnte vom Patienten wie ein Gang zum Zahnarzt erlebt werden, und dann müßte der Analytiker schon in der ersten Stunde die Ängste des Patienten deuten.
Freud: Nun, wissen Sie, wir könnten es ja abwandeln und sagen, man sollte Übertragung erst dann deuten, wenn es wirklich Übertragung ist. Diese Anfangsreaktionen sind keine Übertragung, sondern die natürlichen Reaktionen eines Kindes, das einem Fremden in einer ängstigenden Situation begegnet. Es fühlt sich gezwungen, etwas Neuartiges zu tun, oder zu etwas gedrängt, was es nicht will. Das ist noch keine Übertragung.

3 Die Abwehrtätigkeit des Ichs als Objekt der Analyse

Dieses Kapitel beginnt mit einer kurzen Wiederholung der Auffassung, daß es die Aufgabe des Analytikers sei, »Unbewußtes bewußt zu machen, gleichgültig, welcher Instanz dieses Unbewußte angehört«. Und Anna Freud formuliert weiter in einer berühmten Aussage: »Er verrichtet seine Aufklärungsarbeit, wie man mit einem anderen Ausdruck sagen könnte, von einem Standpunkt aus, der von Es, Ich und Über-Ich gleichmäßig distanziert ist« (24, 221).

Was das Es angeht, verstärkt die analytische Arbeit die Tendenz der Es-Regungen, sich an der Oberfläche zum Ausdruck zu bringen. Beim Ich und beim Über-Ich jedoch liegt eine andere Situation vor. Das Ziel des Analytikers und das des Patienten-Ichs stehen im Widerspruch zueinander. Wenn auch der Analytiker und das Patienten-Ich in der Analyse bei der Selbstbeobachtung zusammenarbeiten, so ist das Ich dennoch parteiisch, fälscht bestimmte Daten oder weist sie zurück. Darüber hinaus sind die unbewußten Tätigkeiten des Ichs selbst Objekt der Analyse, und natürlicherweise leistet es Widerstand gegenüber dem Bewußtmachungsvorgang.

Anna Freud weist darauf hin, »daß alles Material, das der Förderung der Ich-Analyse dient, im analytischen Verfahren in der Form von Widerstand gegen die Es-Analyse auftaucht« (26, 223). Es gibt zwar auch noch andere Quellen von Widerstand (Übertragungswiderstand und die Tätigkeit des Wiederholungszwangs), aber es ist wichtig, die Ich-Widerstände zu analysieren, um die unbewußten Abwehrtätigkeiten bewußtzumachen, die sich als Verstärkung der Abwehrmaßnahmen in Form von Feindseligkeit gegenüber dem Analytiker bemerkbar machen.

Das Ich wehrt sich nicht nur gegen Triebregungen und deren Abkömmlinge, sondern auch gegen die Affekte, die an diese Triebimpulse gebunden sind (z. B. Liebe, Sehnsucht, Eifersucht, Kränkung, Schmerz und Trauer). Das Schicksal des Affektes ist nicht einfach dasselbe wie das der Vorstellung, die den Triebanspruch repräsentiert. Aber ein Wissen davon, wie ein bestimmter Patient sich seiner Triebregungen erwehrt, gibt uns auch eine Vorstellung von den Abwehrmaßnahmen, die er gegen seine eigenen unerwünschten Affekte einsetzt.

Anna Freud nimmt dann Bezug auf Wilhelm Reichs Vorstellung von einer »Charakterpanzerung«. Diese spiegelt Haltungen (im besonderen Körperhaltungen und Charakterzüge) wider, die Rückstände früherer Abwehrvorgänge sind, die sich im Laufe der Zeit von der ursprünglichen Konfliktsituation abgelöst haben. Die Analyse der Charakterpanzerung ist schwierig, und man sollte sich nur dann in der Analyse auf solche Züge konzentrieren, wenn der Analytiker keinen lebendigen Konflikt entdecken kann, an dem Ich, Trieb und Affekt beteiligt sind. Allgemein sollte sich die Widerstandsanalyse auf alle Widerstände richten, nicht nur auf die Charakterwiderstände. Die Analyse zeigt, daß an neurotischen Symptomen Abwehrmechanismen und Kompromißbildungen beteiligt sind, in denen bestimmte Abwehrmethoden in immer derselben Weise verwendet werden. Zwischen bestimmten Neurosen und spezifischen Abwehrmechanismen gibt es feste Beziehungen. Wir können die Wirkung solcher Abwehrtechniken auf die freien Assoziationen des Patienten sehen, und wir können daher auch ein Verständnis seiner Symptome aus der Art seiner Widerstände gewinnen. Die Widerstände des hysterischen und des zwangsneurotischen Patienten sind somit ganz unterschiedlich.

Als nächstes wird der Fall einer jugendlichen Patientin mit akuten Angstsymptomen geschildert. In der Analyse vermied sie sorgfältig jede Anspielung auf ihr Symptom. Als die Analytikerin sie darauf hin ansprach, reagierte die Patientin mit Hohn und Spott, und die Analytikerin fühlte sich ratlos. Später zeigte sich, daß dieser Widerstand keine Übertragungsreaktion im eigentlichen Sinne war, sondern die heftige Selbstentwertung widerspiegelte, mit der die Patientin immer dann reagierte, wenn bei ihr zärtliche, sehnsüchtige und ängstliche Gefühle auftauchten. Die Deutung der Angstinhalte blieb so lange wirkungslos, bis die Abwehrmethode der Patientin (begründet auf einer Identifizierung mit ihrem kritischen Vater) analysiert worden war.

Die Parallele zwischen der Triebabwehr und der Affektabwehr eines Patienten und die Parallele zwischen seinen Symptomen und seinem Widerstand sind von großer technischer Bedeutung. Dies gilt besonders für die Kinderanalyse, in welcher der Analytiker die freie Assoziation nicht verwenden kann und daher auf andere

Methoden zurückgreifen muß. Doch das Spiel des Kindes entspricht nicht vollständig der freien Assoziation; wendet man sich aber der Analyse der Affektverwandlungen des Kindes zu, so kann man mehr über die Tätigkeiten des Ichs erfahren. Die Analyse der Affektabwehr erlangt so in der Kinderanalyse eine besondere Bedeutung. Sie erlaubt dem Analytiker Rückschlüsse auf die Haltung des Kindes gegenüber seinen Trieben und auf die Art seiner Symptombildungen. Anna Freud veranschaulicht dies am Falle eines kleinen Jungen, der seine Kastrationsangst abwehrte, indem er sich als Soldat aufmachte und sich angreiferisch gab. Er verwandelte den Angstaffekt, indem er ihn in sein Gegenteil verkehrte. Außerdem war er zwanghaft, was den Rückschluß erlaubte, daß er auch in seinem Triebleben dieselbe Verkehrung ins Gegenteil benützte. Anna Freud bringt dann noch zwei weitere Beispiele zur Illustration der Parallele zwischen Affektabwehr und Triebabwehr. Sie schließt das Kapitel mit dem Hinweis ab, daß die Analyse abwehrbedingter Affektverwandlungen der Auflösung der Ich-Widerstände entspricht (wie sie in der freien Assoziation vorgefunden werden). Je mehr wir Ich-Widerstände und Affektwiderstände bewußtmachen können, desto leichter gelingt es uns, zum Verständnis des Es des Patienten vorzudringen.

Die Diskussion (Erste Sitzung)

Sandler: Ich möchte gerne mit der Frage nach dem Unbewußten beginnen, wie es in diesem Kapitel behandelt wird. Miss Freud, Sie sagen hier: »Es ist die Aufgabe des Analytikers, Unbewußtes bewußtzumachen, gleichgültig, welcher Instanz dieses Unbewußte angehört. Der Analytiker richtet seine Aufmerksamkeit gleichmäßig und objektiv auf alle drei Instanzen, soweit sie unbewußte Anteile enthalten« (24, 221). Ich glaube, wir haben hier ein Problem von unterschiedlichen Arten von Unbewußtem und von dem, was es eigentlich sei, das man auf dem Wege der Deutung bewußtmacht. Es scheint, daß wir deutlich unterscheiden müssen zwischen dem wieder ins Bewußtsein rufen einer verdrängten Erinnerung, eines Bildes, und der Aufmerksamkeit des Patienten auf den verwendeten Mechanismus. Er mag sich dieses Mechanismus nie bewußt gewesen sein. Man könnte es mit dem Motor eines Automobils vergleichen. Sein Fahrer hat vielleicht diesen Teil der technischen Aus-

stattung nie gesehen, aber für sein Verständnis, wie der Wagen funktioniert – besonders, wenn etwas schiefgelaufen ist –, kann man ihm eine Zeichnung davon vorlegen. Das ist etwas ganz anderes als eine verdrängte Erinnerung bewußtzumachen. Wären Sie mit einer solchen Unterscheidung einverstanden, Miss Freud? Ich nehme an, daß wir in diesem Kontext auch von zwei Arten von Deutung sprechen können, die man geben kann.
FREUD: Die gibt es. Es gibt auch zwei Arten von Unbewußtem, und in deskriptiver Sicht ist beides, von dem Sie sprachen, unbewußt, doch das eine ist ein verdrängter Inhalt, und das andere ist ein automatischer Vorgang, den wir ins Bewußtsein zu heben versuchen. Natürlich besteht zwischen den beiden ein großer Unterschied, und die analytische Arbeit ist unterschiedlich. Sie wird vom Patienten unterschiedlich aufgenommen. Das ist ja ein Thema, das ich in diesem Kapitel verdeutliche, aber von einem deskriptiven Gesichtspunkt her handelt es sich um die gleiche Aufgabe.
SANDLER: Der Analytiker verbalisiert und bringt etwas an die Oberfläche, dessen sich das Individuum zuvor nicht bewußt war. Ausdrücke wie »an die Oberfläche gebracht« oder »ins Bewußtsein gehoben« beziehen sich natürlich auf beide von Ihnen erwähnten Vorgänge. Aber in diesem Kapitel heben Sie hervor, daß der Analytiker die Handlung des Patienten verbalisiert, so daß er sich ihrer vielleicht zum ersten Mal bewußt wird. Auch wenn viele den Ausdruck nicht mögen, in bestimmtem Sinne »belehrt« man den Patienten über seine Abwehrmechanismen.
FREUD: Man führt ihm seine Abwehrmechanismen vor. Der Analytiker zeigt ihm etwas, das er in seinem Unbewußten (im deskriptiven Sinne des Wortes) weiß.
SANDLER: Ich denke nicht, daß man sagen kann, der Patient sei sich unbewußt seiner Abwehrmechanismen bewußt.
FREUD: Es gibt eine wichtige Ähnlichkeit beider Vorgänge, der Deutung von Abwehrmechanismen und des Heraufholens von Inhalten an die Oberfläche. Das Ich leistet nämlich beiden gegenüber aus den gleichen Gründen Widerstand. Zum einen, weil die Abwehr außer Kraft gesetzt und Angst freigesetzt wird, wenn der Analytiker einen verdrängten Inhalt an die Oberfläche hebt, und zum anderen, weil eine Angst oder ein anderer Affekt, der bisher ferngehalten wurde, nun erlebt werden muß. Das ist es, was die Ähnlichkeit ausmacht.

Sandler: Wenn wir nun zum zweiten Absatz von Kapitel 3 gehen, Miss Freud, so sagen Sie dort: »Von den Es-Regungen wissen wir, daß sie selber keine Neigung haben, unbewußt zu bleiben. Sie besitzen ihren eigenen Auftrieb, eine ständig vorhandene Tendenz, sich zum Bewußtsein . . . hin durchzusetzen« (25, 221). Sie sagen dann weiter, daß die Arbeit des Analytikers in der gleichen Richtung wie dieser Auftrieb geht und ihn noch verstärkt. Aus der Sicht der verdrängten Es-Elemente unterstützt sie der Analytiker in ihrer Bewegung zur Oberfläche hin. Da ist nun etwas, das mich verwirrt. Warum sollte ein verdrängter Wunsch, oder vielleicht ein Triebwunsch allgemein, eine Befriedigung finden, wenn er ins Bewußtsein vordringen kann?
Freud: Er findet sie nicht, aber er sucht sie. Das ist tatsächlich die Weise, in der das Es in der Analyse getäuscht wird. Die Aufwärtsbewegung zur Oberfläche ist ein Streben nach Befriedigung. Die analytische Arbeit versucht ihn abzufangen, ehe die Befriedigung stattfindet. Natürlich bietet die bloße Tatsache, daß der Impuls verbalisiert wird, ein geringes Maß an Befriedigung, aber das ist es sicherlich nicht, was das Es beabsichtigte. Ich glaube, daß sich die psychoanalytische Methode gerade hierauf begründet.
Sandler: Könnten Sie das noch etwas weiter ausführen, Miss Freud? Wir sprechen von dem Wunsch, der das Bewußtsein erreicht und manchmal Zugang zur Motilität erlangt. In der analytischen Situation ist die Motilität natürlich behindert. Der Patient liegt auf der Couch und kann wie ein Schlafender den Wunsch nicht auf körperlichem Wege ausführen. Wenn ich Sie richtig verstehe, sagen Sie, daß die Person in dem Moment, da sie sich ihres Wunsches bewußt wird, eine leichte Befriedigung erfährt, eine gewisse Wunscherfüllung. Meinen Sie, daß sie etwa eine wunscherfüllende Fantasie erlebt?
Freud: Wir wissen, daß die wirksamste Abfuhr einer Triebregung durch die Handlung zustande kommt, die zur Befriedigung führt. Aber es gibt ja auch schwächere Abfuhrmodi mit einem reduzierten Maß an Befriedigung – zum Beispiel Abfuhr in die Sprache. Uns Analytikern ist es am liebsten, wenn die Abfuhr in die Fantasie erfolgt, die in Worte gefaßt werden kann, aber als Analytiker beobachten wir auch Abfuhr in Form von Agieren. Agieren besagt eigentlich, daß etwas, das an die Oberfläche kam, der Aufmerksamkeit des Analytikers entging und dann in Handlung umgesetzt wurde,

ob das nun dem Analytiker recht war oder auch nicht. Wenn wir es abfangen können, ehe es zum Handeln kommt, dann ist uns gelungen, was wir beabsichtigen.

Sandler: Wenn wir für einen Moment mal nicht an eine Triebregung, sondern an ein Bedürfnis wie etwa Hunger denken, dann fühlt sich die Person, die ihren Hunger bemerkt hat, oft als Folge dieses Bewußtwerdens noch hungriger. Würde das nicht auch, sagen wir einmal, für einen sexuellen Wunsch Geltung haben? Wenn die Person eine sexuelle Regung hat und sich ihrer bewußt wird, kann man da wirklich sagen, sie erlebe in dem Moment eine Befriedigung? Beziehen Sie sich hier nicht eigentlich auf einen Abkömmling der Triebregung, auf eine Wunschfantasie, in der ein geringes Maß von Befriedigung bereits enthalten ist? Ich meine damit so etwas wie eine partielle Wunscherfüllung. Wenn wir die Formulierung verwenden, »eine Es-Regung erreicht die Oberfläche«, sprechen wir da nicht in zu allgemeiner Form?

Freud: Was ich geschrieben habe, bezieht sich auf die Regung oder auch auf ihren Abkömmling, aber ich habe dazu bestimmte Beispiele im Sinn. Ich erinnere mich an einen Analytiker, der seine Arbeit mit einem Fall von latenter Homosexualität darstellte und zeigen konnte, daß es ihm gelungen war, an den Wunsch hinter der Haltung zu kommen, von der die latente Homosexualität ausging. Doch sein Patient wurde manifest homosexuell. Dem Analytiker schien das nichts auszumachen, aber es sollte ihm schon etwas ausgemacht haben, denn er hätte den homosexuellen Wunsch abfangen müssen, ehe er zur Aktion gelangte. Wenn das nicht geschieht, dann findet der Patient vielleicht so viel Gefallen daran, daß der Analytiker keine weitere Möglichkeit zum Abfangen mehr bekommt.

Sandler: Was würde geschehen, wenn dieser Patient eine starke homosexuelle Neigung hätte und seine Heterosexualität eine vordergründige Abwehr wäre? Welches Recht haben wir, unsere moralischen Haltungen und sexuellen Vorlieben in die Situation hineinzubringen? Ist es nicht möglich, daß der befriedigende Verlauf einer Analyse dazu führt, daß jemand nach der Abwehranalyse manifest homosexuell wird?

Freud: Es war nicht unsere Moralität, die ihn zur Abwehr des homosexuellen Wunsches veranlaßte. Es war seine eigene Moralität. Es war sein eigener Konflikt wegen seines Wunsches, homosexuell zu sein. Erst in dem Moment, als die verdrängte Regung wieder bewußt wurde, trat die Überflutung ein, weil nun der bewußte Impuls mehr Kraft besaß. Man könnte jetzt aber auch fragen: »Und was ist, wenn es sich um einen Mordimpuls handelt?« Denken Sie einmal an den Patienten, der seiner Mutter gegenüber eine ganz liebevolle Haltung zeigt, hinter der sich aber ein Tötungswunsch verbirgt. Wären Sie sein Analytiker, dann würden Sie diesen Wunsch aufdecken wollen, aber ist es ein analytischer Erfolg, wenn er dann hingeht und seine Mutter umbringt? Sie könnten sagen: »Nun ja, wenn er ein Mörder sein möchte, dann ist das seine Sache.« Nur, er will gar kein Mörder sein – sonst hätte er nämlich niemals seine Neurose entwickelt.

SANDLER: Wenn man einen Patienten hat, bei dem man vermutet, er könne gefährlich werden, er könne seine Mutter tatsächlich umbringen, wird man wohl sehr behutsam vorgehen und vielleicht nicht im streng analytischen Sinne arbeiten. In der Tat kenne ich keinen Fall, bei dem der Analytiker unter solchen Umständen die Arbeit mit dem Patienten fortgesetzt hätte. Ich kann mir auch nicht vorstellen, daß Sie einen Patienten weiter analysiert hätten, der nach ihrem Eindruck in Gefahr war, seine aggressiven Wünsche in einer so gewalttätigen Handlung zu entladen. Wir alle haben wohl Fälle erlebt, bei denen wir das Gefühl hatten, daß weitere Analyse nicht mehr ratsam sei, und wir dann lockerer und behutsamer vorgingen, uns mehr stützend verhielten und nur selektiv deuteten, weil wir befürchteten, der Wunsch könnte in die Tat umgesetzt werden. Dies berührt wohl auch die Frage der Auswahl von Analysepatienten. Ich weiß nicht, ob Sie dem zustimmen.

FREUD: In bestimmter Hinsicht stimme ich zu, weil die übliche Art von Patienten, die neurotischen Patienten, tatsächlich ihre ganze Charakterstruktur auf der Grundlage verdrängter Wünsche aufgebaut haben. Die Analyse setzt diese Charakterstruktur unter Druck, und normalerweise ist der Patient in der Lage, mit dem umzugehen, was wieder auftaucht. Ich hätte vielleicht nicht das Beispiel des Mörders nehmen sollen, aber wenn ein solcher aggressiver Impuls auftaucht und man ihn in der Analyse nicht abfängt, dann kann er in Handlung übergehen. Der Patient wird vielleicht seine Mutter oder seine Frau nicht umbringen, aber er könnte sie verletzen oder tief kränken, so sehr, daß er damit eine Beziehung zerstört, die er nie zerstören wollte.

SANDLER: Sprechen wir hier nicht von zwei ganz verschiedenen Dingen? Zunächst geht es darum, daß der Analytiker es versäumt, etwas zu deuten und zu verbalisieren, so daß dies nicht in der Gestalt eines Gedankens oder einer Vorstellung gehalten wird, sondern daß der Patient es agiert oder den Impuls ausführt. Dies bringt auf irgendwelche Weisen den Patienten selbst sowie seine Umgebung in Gefahr. Zum anderen handelt es sich um den Fall des Patienten mit Tendenzen, die wirklich mit Fixierungspunkten verknüpft sind, auf die er sich regressiv zurückgezogen haben mag. Er hat also Neigungen, die wir als pervers bezeichnen würden, und er hat gegen diese Neigungen eine Barriere von Abwehrmaßnahmen aufgebaut. Wenn er in die Lage kommt, solche Impulse in seinem Bewußtsein zu tolerieren, könnte er sagen: »Warum sollte ich mich denn nicht auf diese perverse Art vergnügen, statt völlig asexuell zu leben?« Ich habe einen Patienten, der vor seiner Analyse sexuell völlig gehemmt war, sich aber für heterosexuell hielt. Während der Analyse hatte er keinerlei heterosexuelle Beziehungen, doch es gab für ihn nun eine Reihe von homosexuellen Erlebnissen, die er akzeptieren und genießen konnte. Er hält das für einen Fortschritt, und meiner Meinung nach ist es das auch. Vielleicht wird er eines Tages zur Heterosexualität kommen, weil er möglicherweise eine heterosexuelle Grunddisposition hat, doch bezweifle ich das. Man könnte das alles als Agieren ansehen, aber bei diesem Patienten betrachte ich es nicht als Agieren.

FREUD: Wissen Sie, das hängt sehr von äußeren Umständen ab, denn die ganze Idee vom Agieren eines Impulses, der aus dem Unbewußten auftaucht, ist verknüpft mit unserer Betrachtung des potentiellen Schadens, den der Patient sich zufügen kann, wenn er sich für die Ausführung der Regung entscheidet. Wenn er agiert, und er landet im Gefängnis oder ruiniert seine Karriere, dann haben wir bestimmt nichts Gutes für ihn getan, und er selbst auch nicht. Handelt es sich aber um etwas Harmloses und (wie wir hoffen) Vorübergehendes, dann ist es etwas anderes. Das kann für den Homosexuellen zutreffen. Unter bestimmten Umständen kann er sich sehr schaden, und unter anderen gar nicht. Aber ich spreche hier eigentlich vom Gesichtspunkt des Impulses aus. Könnte er reden, dann würde er sagen: »Ich wäre nie erschienen, wenn ich mir nicht erhofft hätte, daß ich zum Zug käme.« Und in diesem Kapitel wollte ich lediglich aufzeigen, daß im unbewußten Abwehrmechanismus (ich sollte vielleicht im »nicht-bewußten« Abwehrmechanismus sagen) nichts dergleichen vorliegt. Der nicht-bewußte Mechanismus hat keinen Grund, bewußt werden zu wollen.

SANDLER: Wenn Sie sagen, daß die Einstellung des Analytikers gegenüber dem Impuls davon abhängt, wie er die damit verbundene Gefahr für den Patienten einschätzt, wie würde sich das dann auf die Arbeit des Analytikers auswirken?

FREUD: Es würde ihn noch mehr darauf achten lassen, das Material abzufangen, ehe es in Handlung übergeht.

SANDLER: Man ist also bei bestimmtem Material im Hinblick auf ein mögliches Agieren viel mehr auf der Hut als bei anderen Regungen.

FREUD: Ja. Immerhin kann das, was auftaucht, ein Suizidwunsch sein. Geht er in die Handlung, so verliert man den Patienten, und der Patient verliert sein Leben oder seine Gesundheit. Fängt man ihn aber rechtzeitig ab, dann kann er außerordentlich nützlich sein. Ich glaube, daß ein Gutteil der analytischen Technik früher auf dem Geschick des Analytikers in dieser Hinsicht aufgebaut war.

SANDLER: Ich muß daran denken, wie man den Patienten davor warnen kann, einer Neigung auf eine bestimmte Weise nachzugeben, wenn ein Stück analytischer Arbeit stattgefunden hat. Ich denke dabei nicht so sehr an das Agieren eines Triebwunsches als vielmehr an negative therapeutische Reaktionen, die auf Schuldgefühlen beruhen. Man könnte dem Patienten sagen: »Sie sind jetzt sehr mit sich zufrieden, aber Sie wissen, was in der Vergangenheit dann schon passiert ist«; man warnt also den Patienten davor, daß er versucht sein könnte, etwas Selbstschädigendes zu tun, wegen der Schuldgefühle, die mit seiner Lust an einer neuen Erkenntnis verbunden sind. Es kann ein sehr überzeugender Beweis für den Patienten sein, wenn er tatsächlich etwas tut, was man ihm vorausgesagt hat. Vielleicht tut er es dann das nächste Mal nicht mehr und hütet sich davor.

BIVEN: Die ganze Idee von Nicht-Agieren dient doch wohl zur Erleichterung des Durcharbeitens?

SANDLER: Meinen Sie, daß zum Durcharbeiten Denken und Verbalisieren gehört und daß es besser ist, wenn das Material in die Analyse kommt, als daß es in Handeln umgesetzt wird, das die Einsicht des Patienten umgeht?

BIVEN: Es gehören auch Gefühle dazu. Es ist wichtig, daß der Patient fühlt, was vom Analytiker verbalisiert wird.

Campbell: Wie ist das bei impulsiven Kindern, die eine Deutung als Rechtfertigung für die Handlung nehmen?
Freud: Nichts von dem, was wir gesagt haben, gilt für die Kinderanalyse, weil das Kind keinen Vertrag eingegangen ist, das nicht zu tun, wovon gesprochen wurde. Viele Deutungen bei Kindern wirken in der Tat wie Genehmigungen. Das Kind meint, wenn man darüber so ruhig sprechen kann, dann kann es auch nicht so schlimm sein.
Sandler: Gilt das nicht auch für Erwachsene? Vieles von unserer Arbeit mit Patienten zeigt doch, daß das Über-Ich den Patienten viel strenger als nötig kritisiert.
Freud: Nur bei Erwachsenen. Der Patient erhält über seine Krankheit Hinweise auf die Tätigkeiten seines Über-Ichs, seiner Abwehr-Organisation, auf die Stärke seiner Verdrängung, auf die Verurteilung bestimmter Dinge bei sich selbst. Das Kind erhält gewöhnlich keine solchen Hinweise.
Sprince: Mir scheint, daß wir im Grunde sagen, als Analytiker müssen wir darüber befinden, welche Impulse zulässig seien und welche nicht. Und wir müssen sie dann, wie Miss Freud sagt, bei ihrem Auftauchen abfangen. Für mich ist manchmal der Gedanke beunruhigend, daß der Analytiker auf diese Weise zu befinden hat – zum Beispiel im Hinblick auf Homosexualität –, und nicht der Patient selbst. Mir scheint, es ist die Aufgabe des Analytikers, die eigenen Wünsche des Patienten an die Oberfläche zu bringen. Ist es nicht ein Problem, wie weit der Analytiker auch eine Über-Ich-Haltung einnimmt?
Freud: Nein, ich glaube, sie haben die Situation mißverstanden. Wir wählen nicht aus, und die analytische Arbeit im Hinblick auf das Heraufholen von Impulsen an die Oberfläche ist immer dieselbe, gleichviel, um welche Impulse es sich handelt. Aber der Analytiker kann gar nicht anders, als besonders wachsam zu sein, wenn er den Eindruck bekommt, daß der Patient sein eigenes Leben oder das anderer in Gefahr bringt, und er selbst, der Analytiker, dann wirklich dafür verantwortlich sei, was der Patient sich selbst oder anderen angetan hätte. Es ist eine Haltung des Analytikers. Sie verändert nicht das Vorgehen, aber sie schärft die Wachsamkeit des Analytikers.
Sandler: Ich freue mich, Miss Freud, daß Sie sich zu diesem Thema so offen und direkt äußern, denn wir hören häufig öffent-

liche Darlegungen über die »Reinheit« des analytischen Prozesses, bei denen der Analytiker fast wie eine Deutungsmaschine zu funktionieren scheint. Natürlich ist das überhaupt nicht so. Wenn der homosexuelle Patient, von dem wir sprechen, etwa in Versuchung käme, Kinder zu verführen, dann könnte man ihm etwa sagen: »Wissen Sie, Sie sollten da lieber vorsichtig sein, dabei kann man nämlich geschnappt werden. Sie ziehen da jemand anderen mit herein und können ihm Schaden zufügen. Ich meine, wir sollten darüber noch mehr sprechen.« Wir würden das bei einem anderen Wunsch nicht sagen. Es gibt, wie Miss Freud gesagt hat, beim Analytiker ein Verantwortungsgefühl für das, was der Patient tut, auch wenn das viele Schwierigkeiten mit sich bringt. Man müßte an der Menschlichkeit eines Analytikers zweifeln, wenn er kein Gefühl für eine solche Verantwortung hätte. Zu denken, unsere Aufgabe sei lediglich, automatisch oder »objektiv« zu übersetzen, was der Patient sagt, ohne sich überhaupt darum zu kümmern, was er tut, wäre ein großer Fehler.

FREUD: Ja. Man braucht nur diese Gedanken am Beispiel von Suizidimpulsen eines Patienten zu prüfen. Wenn man fühlt, daß das, was da auftaucht, ohne weiteres auch in die Ausführung des Suizidgedankens münden könnte, dann würde man sicher nicht mit der gleichen ruhigen Haltung deuten wie bei einer anderen Regung.

SANDLER: Miss Freud, wir kommen nun zur Frage der Unterscheidung von Triebabwehr und Affektabwehr. Ich selbst betrachte Abwehr immer als Abwehr von Affekten, in dem Sinne, daß es ohne den Unlustaffekt keine Abwehr geben würde. Aber die Unterscheidung, auf die Sie sich beziehen, geht von dem aus, was von der Abwehr bearbeitet wird; das heißt, auf der einen Seite der Vorstellungsinhalt, der umgewandelt wird, und auf der anderen Seite der Affekt, der vermieden oder reduziert wird. Es ist nicht ganz klar, ob damit zwei verschiedene Arten von Abwehr oder zwei verschiedene Abwehrmotive oder noch andere Unterscheidungen gemeint sind.

FREUD: Wenn ich mich in das geistige Klima zurückversetze, in dem dies geschrieben wurde, kann ich mich gut daran erinnern, daß damals kaum von Abwehr gegen Affekte gesprochen wurde. Wie Sie schon gesagt haben, der Affekt wurde als Begleiter des Triebs oder als ein Triebabkömmling betrachtet, und es wurde mehr oder minder als gegeben angenommen, daß die Abwehr gegen den Trieb und nicht gegen den Affekt gerichtet sei. Was ich hier im Sinn hatte, war ein bißchen anders. Ich meinte, daß jedes Individuum nur eine begrenzte Anzahl von Abwehrmaßnahmen zu seiner Verfügung habe, und daß es sie gegen den Trieb oder auch gegen den Affekt einsetzen könne, nur läßt sich die Affektabwehr (und das bringt uns wieder zur Kinderanalyse) dem Patienten viel leichter aufzeigen. Wenn wir bei der Abwehr gegen den Affekt beginnen, bekommen wir eine erste Ahnung davon, welche Abwehr der Patient gegen den Trieb benützt. Wir wissen dann gewöhnlich schon ganz gut, was der Patient in einem bestimmten Moment fühlt, was ihm da entspricht. Ich meine, wenn etwas Schlimmes geschieht, sollte der Patient nicht darüber kichern, wie es viele Patienten tun, oder er sollte kein plötzliches Hochgefühl erleben, wenn er tief enttäuscht ist. Mir fällt da ein Patient ein, der jedesmal, wenn eine Freundin ihm erklärte, daß ihre Beziehung zu Ende sei, in Hochstimmung geriet, statt sich, wie normalerweise erwartbar, deprimiert zu fühlen. Er war nicht etwa froh darüber, sie los zu sein; es war einfach nicht der Affekt, der zu erwarten gewesen wäre. Wir alle wissen aus der Kinderanalyse, daß es uns sehr helfen kann, wenn ein Kind den falschen Affekt zur falschen Zeit zeigt. Es ist ein wertvoller Hinweis auf die Abwehr. Dies führt uns dann zur Abwehr gegen den Triebabkömmling. Als ich damals so schrieb, habe ich es viel mehr unter diesem Gesichtspunkt betrachtet.

Sandler: Es wird jetzt ganz klar, wie Sie diesen Punkt als Brükkenschlag von der Erwachsenen- zur Kinderanalyse verwendet haben. In diesem Zusammenhang sagen Sie, wir könnten hier sehen, daß Abwehrvorgänge auf Stimmungen und Gefühle des Kindes in derselben Weise einwirken, wie wir ihre Einwirkung auf die Vorstellungsinhalte beobachten können. Es gibt aber noch eine andere Ebene, auf der jegliche Abwehr letztlich Abwehr gegen Traumsignale ist, gegen Angst oder andere Unlustaffekte oder deren Affektsignale.

Freud: Einverstanden, aber ich bin es noch von einem anderen Standpunkt her angegangen. Wenn man feststellt, daß der angemessene Affekt nicht vorhanden ist, und man beginnt bei der Abwehr gegen den Affekt, der nichts mit dem Trieb zu tun hat, so bringt das einen schließlich doch zum Kampf gegen den Trieb.

Sandler: Ich kann Ihnen gar nicht sagen, wie ich mich darüber freue, daß Sie diese Punkte klarstellen, Miss Freud. Viele Analy-

tiker waren lange Zeit bei ihren Versuchen behindert, mit der psychoanalytischen Theorie der Affekte zurechtzukommen, weil sie davon ausgingen, daß alle Affekte als Triebabkömmlinge anzusehen seien. Aber ist es nicht offenkundig, daß manche Affekte aufgrund von Umwelteinwirkungen zustande kommen? Wir haben von Abwehr gesprochen, bei der es um die Umwandlung von Affekten geht, im Gegensatz zur Abwehr, die Bearbeitungen der Vorstellungsinhalte und der Vorstellungsrepräsentanzen vornimmt. Haben wir Kenntnisse von einem Kontext, in dem Abwehr verwendet wird, dann gibt uns das Hinweise auf die Abwehr in einem anderen Kontext; das bedeutet aber nicht, daß der erste Kontext ein Abkömmling des zweiten sei.
Freud: Ja.
Berger: Mir scheint, wir haben es hier mit zweierlei Themen zu tun. Einmal geht es um die Frage, was das Motiv für die Abwehr ist, und es wurde gesagt, es sei im Grunde die Vermeidung von Unlustgefühlen, die Vermeidung von Angst. Das andere Thema aber hat damit zu tun, was es denn eigentlich sei, das im Abwehrvorgang bearbeitet wird. Womit haben wir es zu tun, wenn wir abwehren? Zum Beispiel sieht man in Fällen von Affektumkehrung, wie der Patient die schmerzliche Situation zu bewältigen sucht, indem er den Affekt verändert. Bei anderen Abwehrmaßnahmen manipuliert man nicht nur den Affekt, sondern auch den Triebausdruck, wie bei der Reaktionsbildung. Ich frage mich, ob es das war, was Sie im Sinn hatten, Miss Freud, weil wir einerseits die Frage stellen, was die Abwehr auslöse, und andererseits, was im Abwehrvorgang selbst eigentlich geschieht.
Freud: Ganz richtig. Wissen Sie, es ist ohne den Zusammenhang mit dem nächsten Stück schwierig, ein Stück aus einem Kapitel zu diskutieren. Was ich hier deutlich machen wollte, ist eine Einheit von Triebabwehr, Affektabwehr (woher auch immer diese Affekte kommen) und Widerstand in der Analyse. Widerstand in der Analyse ist natürlich Widerstand gegen die Unlust, die durch den analytischen Prozeß hervorgerufen wird. Und wenn es wahr ist, daß alle drei denselben Abwehrvorgang widerspiegeln können, dann kann man bei irgendeinem davon anfangen und von da aus die beiden anderen erhellen.
Sandler: Vielleicht kann man bei Erwachsenen noch einen weiteren Bereich anfügen, in dem wir Abwehr sehen können. Ich meine

damit den Bereich der Träume, weil die dort benützte Abwehr meist auch diejenige ist, die der Patient allgemein verwendet. Wenn er dazu neigt, in seinem Leben generell seine Gefühle auf andere zu projizieren, dann wird er auch dazu neigen, Aspekte seines eigenen Selbst auf andere Figuren im Traum zu externalisieren. Neigt er zur Verwendung von Verschiebung, dann wird er in seinen Träumen mehr Verschiebung zeigen. Ich denke, man kann einen Hinweis auf das Abwehrrepertoire des Patienten daraus gewinnen, wie seine Traumarbeit vonstatten gegangen ist. Es gibt vielleicht bei Erwachsenen eine ganze Anzahl von Wegen, auf denen man zu einem Verständnis der Abwehr gelangen kann, während uns bei Kindern viel weniger offensteht.
FREUD: Bei Träumen gibt es eine zusätzliche Komplikation. Was wir in Träumen sehen, sind diejenigen Abwehrmechanismen, die sehr eng mit dem Primärprozeß zusammenhängen. Deswegen ist es nicht ganz dasselbe.
SANDLER: Es ist sicher richtig, daß man in Träumen mehr Verdichtung, Verschiebung, Verkehrung ins Gegenteil und Aufhebung von Gegensätzen vorfindet. Ich habe aber auch den Eindruck, daß man vielleicht besonders bei der Untersuchung des Traumes und bei seiner Wiedererzählung die Abwehrmechanismen sehen kann, die für den Patienten charakteristisch sind.
FREUD: Ich denke, Sie haben recht hinsichtlich der Wiedererzählung des Traumes, also bei der Erstellung der letzten Fassung, aber hinsichtlich des Traumes selbst bin ich mir nicht so sicher. Da hätte ich mehr Zweifel.
SANDLER: Es ist jetzt an der Zeit, unsere Diskussion der dauerhaften Abwehrphänomene fortzusetzen. Miss Freud, Sie haben hier auf die Gedanken Wilhelm Reichs hingewiesen (28, 225). Für mein Verständnis sagen Sie, daß bestimmte Funktionsweisen, die ursprünglich Abwehrzwecken dienten, in einem bestimmten Sinne autonom geworden sind. In der Gegenwart sind sie dann nicht mehr von der abgewehrten Regung abhängig; sie sind zum Bestandteil dessen geworden, was wir den »Stil« einer Person nennen würden. Übrigens ist Heinz Hartmann bei der Entwicklung seiner Ideen der sekundären Autonomie und des Funktionswandels im Hinblick auf Dinge wie Fertigkeiten (er sprach von »Apparaten«) nicht den weiteren Schritt gegangen, auch von sekundärer Autonomie von Symptomen und von Charakterzügen zu sprechen. Wir wis-

sen, daß es Symptome gibt, die nicht unbedingt aktuelle Konfliktlösungen sind, sondern sich kristallisiert haben, so wie die Charakterzüge bei Reich »fixiert« worden sind. Ich vermute, man könnte von einer sekundären Autonomie von Symptomen und von Charakterzügen sprechen, und in der Analyse hätten wir Symptome dieser Art anders aufzufassen als rezente Symptome oder solche, die sich in der Analyse entwickeln und die Kompromißbildungen neurotischer Art sein können. Mir scheint, Sie haben hier auf etwas aufmerksam gemacht, das noch nicht ausreichend untersucht worden ist.

FREUD: Ich möchte dem noch gerne anfügen, daß es damals einen ziemlichen Streit wegen dieser Idee von Wilhelm Reich gab, der zu der Zeit ein sehr guter Analytiker war. Seine Ideen hatten Anklang gefunden, und wenn ich auch in vielem mit Reich übereinstimmte, so wandte ich mich doch gegen sein ständiges Wiederholen seiner Behauptung, daß die »fixierte« Abwehrhaltung eines Patienten im Grunde Übertragung sei. Wäre sie das, würde das bedeuten, daß diese Haltung zu einem bestimmten Augenblick durch die analytische Situation hervorgerufen wurde. Ich sagte dann immer: »Aber der Patient macht das so, wo immer er auch ist, mit anderen, mit seinen Kindern, seinen Eltern, mit seinen Kollegen. Das hat nichts damit zu tun, was in der analytischen Situation hervorgerufen wird.« Und ich war deswegen der Meinung, daß Charakterzüge auf ganz andere Weise angegangen werden müßten. Sie sind kein analytisches Material, solange nicht etwas geschieht, durch das es wiederbelebt wird. Ich hätte das in dem Buch vermutlich nicht auf diese Weise erörtert, wenn damals nicht dieser lebhafte Disput darüber gewesen wäre.

Ich erinnere mich, daß Reich als Beispiel den unterwürfigen Patienten anführte, den Patienten, der allem zustimmt, was der Analytiker sagt. Reich sagte also, daß da eine passiv-feminine Übertragung auf den Analytiker vorliege, und er analysierte sie entsprechend. Aber ist es nicht eine passiv-feminine Charakterhaltung, die in langer Zeit aufgebaut wurde und nun gegenüber jedermann eingenommen wird, nicht nur gegenüber den Personen, die sie ursprünglich hervorgerufen haben? Mir schien, daß es sich hier um einen enorm wichtigen Unterschied handelt.

SANDLER: Ein Unterschied, der für uns heute immer noch ganz wesentlich ist, wenn wir an die Meinungsverschiedenheiten denken, die wir mit einigen Kollegen in bezug auf die Übertragung haben.

FREUD: Ja, manche vertreten die Auffassung, daß alles, was der Patient sagt oder tut, Übertragung sei.

SANDLER: Wir haben natürlich die Frage nach der Auswahl dessen, was wir in der Analyse aufgreifen. Ist es angezeigt, eine Charakterhaltung als Übertragung zu deuten, auch wenn wir wissen, daß sie überall sonst erscheint, wie Sie es beschrieben haben? Der Patient bringt ja auch seinen Charakter zur Analyse. Oder sollten wir sie auf andere Weise deuten? Man könnte behaupten, die einzig wirksame analytische Vorgehensweise sei, die Übertragungsaspekte so aufzugreifen, als würde die Haltung nur gegenüber dem Analytiker eingenommen.

FREUD: Ich würde das »in die Übertragung zwingen« nennen, weil man es nur dann in die Übertragung bekommen kann, wenn man zeigt, wie unangemessen sie in allen Situationen ist.

SANDLER: In dieser Hinsicht gibt es zwischen einzelnen Analytikern große Unterschiede. Zum Beispiel gibt es den Unterschied zwischen denen, die zu einem Kind sagen würden: »Du bist wütend«, und denen, die sagen würden: »Du bist wütend auf mich«, wenn in der Stunde etwas geschehen ist, das das Kind gereizt hat. Manche Analytiker setzen fast automatisch das »auf mich« dazu, um das Material in die Übertragung zu bekommen. Ich glaube auch, sie würden sagen, daß sie es in die Übertragung »lenken«, nicht »zwingen«. Vielleicht haben wir hier etwas, das man in Begriffen der Technik diskutieren sollte. Wir wissen, daß bei bestimmten Patienten, insbesondere solchen mit narzißtischen Charakterstörungen, das berichtete Material sehr viel mit ihrem Charakter und anscheinend wenig mit Übertragung zu tun hat, zumindest am Anfang. Der Analytiker mag vom Patienten als eine gute, ihm zuhörende Figur aufgebaut worden sein, und man muß seine Deutungsarbeit darauf richten, wie der Patient mit anderen Leuten umgeht. Die Übertragungsneurose, auf die man wartet, kommt vielleicht nie, weil der Patient gerne zur Analyse kommt und den Analytiker als eine »gute« Figur behält. Er mag die Entwicklung anderer Arten von Übertragung erfolgreich abwehren. Ich glaube, man muß den Patienten manchmal ziemlich lange Zeit gewähren lassen, sich heraushalten, bis er voll und ganz in der Analyse ist. Nimmt man schon früh in der Analyse alles Material in Begriffen von Übertragung auf, dann kann man nach meiner Erfahrung manche Patienten in den Widerstand treiben, und es kann zum Abbruch der Analyse kommen.

FREUD: Weil man die Übertragung auf ein Phänomen ausweitet, das zu fühlen der Patient gar kein Bedürfnis hat. Die ursprüngliche Idee der Übertragung besagt, daß es sich um etwas handelt, was der Patient als ein Geschehen bei sich selbst spürt, nicht um etwas, das der Analytiker herbeizieht.

HELLMAN: Mir ist das nicht ganz klar, denn wir könnten ja sehen, daß ein solcher Mechanismus in der Analyse vorhanden ist, und wenn wir beabsichtigen, Charakterzüge zu analysieren, dann gehen wir von dem, was wir in der Analyse erlebt haben, zurück zu seinem Ursprung in der Vergangenheit, zu dem Punkt, an dem diese spezifische Abwehr oder der spezifische Charakterzug entstanden ist. Wenn man also einen Charakterzug analysieren will, müßte man bei dem beginnen, was man in der Analyse zu fassen bekommt.

FREUD: Aber es besteht ein großer Unterschied zwischen dem, was durch die Analyse erweckt worden ist, und dem, was in sie hineingebracht wurde, was auch in jede andere Beziehung hineingebracht werden könnte.

HELLMAN: Wie man dabei analytisch vorgeht, scheint mir doch nicht so verschieden zu sein.

FREUD: Die Reaktion des Patienten darauf ist sehr verschieden. Ich denke, alles, was wir tun können, ist, dem Patienten zu vermitteln, wo die fixierte Charakterhaltung liegt. Wir stellen sie der erwartbaren Haltung gegenüber. Das müssen wir tun, was immer geschieht. Es liegt dann beim Patienten, was er davon in die Analyse bringt.

SANDLER: Vielleicht wollen Sie damit sagen, Miss Freud, daß man nicht darauf verzichten sollte, die Haltung in bezug zu einem selbst zu deuten, auch wenn es sich um einen fixierten Charakterzug handelt, aber man würde ebenfalls zeigen, wie allgemein er ist. Man könnte also etwa bei dem übertrieben unterwürfigen Patienten sagen: »Mich beeindruckt die Tatsache, daß Sie allem zugestimmt haben, was ich seit Beginn der Analyse gesagt habe.« Das ist vielleicht besser als zu sagen: »Mich beeindruckt die Tatsache, daß Sie jedem zustimmen, der Ihnen etwas sagt.«

FREUD: Ich würde sagen: »Es ist doch eigenartig, daß Sie zustimmen, auch wenn Sie offensichtlich nicht einverstanden sind, wenn ich erwarten müßte, Sie würden nicht einverstanden sein.« Die Deutungstechnik ist hier anders.

SANDLER: Wenn man dem Patienten zeigt, daß er in der Analyse eine bestimmte Haltung eingenommen hat, so bedeutet das natürlich nicht, daß das Übertragung im ursprünglichen Sinn ist.

FREUD: Sie können sich nicht vorstellen, wie schwierig es früher war, diese Dinge auseinanderzuhalten. Reich beharrte ganz entschieden darauf, daß das alles Übertragung sei.

SANDLER: Das ist eine Facette in der Geschichte der Psychoanalyse, die sich sehr von dem unterscheidet, wie wir gewöhnlich vorgehen. Ich muß gestehen, ich hatte den Eindruck, es habe damals viel mehr Erklärungen und verhältnismäßig weniger Übertragungsdeutungen gegeben als heutzutage.

FREUD: Die ganze Frage lautet im Grunde, ob Übertragung Sache des Patienten oder des Analytikers ist. Man sollte deuten, was beim Patienten ist. Das ist der eigentliche Unterschied.

Zweite Sitzung

SANDLER: Das letzte Mal haben wir eine Reihe von Themen behandelt, die sich aus Kapitel 3 ergaben, aber wir haben unsere Diskussion des Kapitels noch nicht beendet. Es gibt da einige Punkte zur Symptombildung, die mir reizvoll erscheinen. Bei der Darstellung der Symptombildung, Miss Freud, sagen Sie: »Der Anteil des Ichs an der Kompromißbildung, die wir Symptom nennen, besteht eben im fixierten Gebrauch einer bestimmten Abwehrmethode gegenüber einem bestimmten Triebanspruch, der bei der stereotypen Wiederkehr des Triebanspruchs in immer derselben Weise wiederholt wird« (29, 226).

Der Vorgang, auf den Sie sich beziehen, ist vermutlich die Verwendung der Abwehrmechanismen. Sie verweisen anschließend auf die Verbindungen von bestimmen Abwehrmechanismen mit bestimmten Krankheitsformen. Man könnte vielleicht dazu anmerken, daß wir traditionellerweise auch die verschiedenen Neurosen an den Fixierungspunkten festmachen, auf die das Individuum zurückgegangen ist. Bei den Psychosen geschieht das heutzutage sicher weniger, aber es ist doch immer ein wichtiger Teil unserer klinischen Theorie, daß der Zwangskranke zum Beispiel auf anale

Fixierungspunkte regrediert. Doch mit diesen Fixierungspunkten sind auch bestimmte Abwehrmethoden verknüpft. Wir können fragen, ob die Person bestimmte Abwehrmechanismen (etwa Ungeschehenmachen) schon regelmäßig gebrauchte, ehe eine regressive Wiederbelebung seitens der Triebe eintrat, die dann mittels der neurotischen Symptome bewältigt werden mußte; oder ob es auch eine regressive Wiederbelebung bestimmter Abwehrmechanismen gibt, die an der Neurose beteiligt sind. Ich habe den Eindruck, daß Mechanismen wie Reaktionsbildung und Ungeschehenmachen bereits im Charakter derjenigen vorliegen, die zur Zwangsneurose prädisponiert sind. In diesem Zusammenhang muß man an den Patienten denken, der eine Triebregression auf die anale Stufe zeigt, aber keine Zwangsneurose entwickelt. Er mag statt dessen ein anderes »anales« Symptom bekommen. Nach dem von Ihnen Gesagten sind es die Abwehrmechanismen, die die regressiv wiederbelebten Triebwünsche in eine Zwangsneurose verwandeln.

Freud: Ja. Aber Sie bringen jetzt ein weiteres Thema in die Diskussion, das eigentlich in diesem Kapitel nicht berührt wurde. Das, wonach Sie fragen, ist ein sehr viel späterer Gedanke bezüglich einer Regression im Ich. Zu der Zeit, als ich das Buch schrieb, spielte das in unserem Denken überhaupt noch keine Rolle, denn das gesamte Regressionskonzept beschränkte sich auf die Triebe. Mit der Ichregression gibt es dann Regression im Gebrauch von Abwehrmechanismen.

Sandler: Ich habe eine allgemeinere Frage. Sie bezieht sich auf das Problem, ob das Ich unbewußt an der Symptombildung teilnimmt oder ob wir es so verstehen sollten, daß das Ich sich still verhält und vom Symptom umgangen wird. Ich selbst neige zu der Auffassung, daß das Ich bei der Bildung neurotischer Symptome mitspielt oder daran Anteil hat. Das ist nicht die traditionelle Sichtweise, der zufolge sich der Triebwunsch bei der Symptombildung einen Weg durch das Ich bahnt.

Freud: Das Ich hat Anteil daran, und die ganze Bildung des Symptoms ist ein Kompromiß. Wäre es nicht so, dann würde die ganze Vorstellung vom Symptom als einer Kompromißbildung keinen Sinn ergeben. Das Ich ist mit dabei, indem es einen Kompromiß verlangt, und es beteiligt sich an dessen Bildung. Und das Ich führt ihn dann herbei, indem es den Abwehrmechanismus einbringt oder anbietet. Das ist ein wichtiger Teil der Symptombildung.

SANDLER: Wenn wir das Symptom als einen Abkömmling betrachten, der in bestimmten Fällen eine symbolische Bedeutung haben kann, dann stelle ich mir die Symptomarbeit als eine Parallele zur Traumarbeit vor. Wir könnten dann vom manifesten Inhalt des Symptoms sprechen und annehmen, daß daran Kompromißbildung, Wunscherfüllung, Abwehr und so weiter beteiligt sind.
FREUD: Und das wäre ohne eine aktive Beteiligung des Ichs gar nicht möglich.
SANDLER: Sie erwähnen, Miss Freud, daß die Bildung von Symptomen das Ich seiner Aufgabe der Konfliktbewältigung enthebt, weil es eine Lösung gefunden hat. Meinen Sie das *bewußte* Ich?
FREUD: Ich hatte dabei im Sinn, daß der aktuelle Kampf mit der Symptombildung ein Ende findet, weil es dann das Symptom, falls es von Dauer ist, als eine ein für alle mal angebotene Lösung gibt. Es muß dann weiter nichts mehr getan werden, außer daß nun die Person an dem Symptom leidet und weitere Reaktionen darauf hat, die vom jeweiligen Symptom abhängen. Doch der Konflikt ist gelöst. Eine schlechte Lösung, aber eben doch eine Lösung. Wenn wir Kinder analysieren, so wie wir es tun, bekommen wir sie oft in der Phase, ehe eine Lösung – Bildung eines Symptoms – gefunden worden ist. Wir bekommen sie, wenn der Kampf noch in vollem Gange ist, und deswegen ist es so ganz anders als bei erwachsenen Neurotikern. Vielleicht ist das ein Unterschied, den wir nicht genügend diskutieren. Bei unserer diagnostischen Beurteilung von Kindern sehen wir häufig, daß das Kind die Lösung noch nicht gefunden hat. Das Ich weiß noch nicht, was es aus dem Konflikt machen wird, der möglicherweise in eine Zwangsneurose, zu kriminellen Handlungen oder zu einer Depresison oder einem Suizidversuch führt. Wir wissen es nicht, weil der Vorgang noch keine Lösung gefunden hat. Ich glaube, das war es, was ich im Sinne hatte.
SANDLER: Ich denke, wir sollten auch anmerken, daß nicht alle neurotischen Symptome als Kompromißbildungen angesehen worden sind. Bestimmte psychosomatische Symptome oder die Symptome affektiver Störungen wie Depression brauchen keine verhüllten Formen eines Triebwunsches zu sein, der in Gestalt eines Kompromisses mit der Abwehr oder mit der Bestrafung Befriedigung findet, wie es der klassischen Auffassung nach geschieht.

Es gibt nun einen Punkt hinsichtlich der Reaktion auf den Affekt, den ich gerne aufgreifen möchte. Sie schildern in diesem

Kapitel eine jugendliche Patientin, die Sie wegen schwerer Angstzustände aufgesucht hatte. Sie sagen da an einer Stelle: »Je stärker das Andringen des Affektes ist, desto lauter und auffälliger wird sie in ihren höhnischen Bemerkungen über sich selbst. Die Analytikerin zieht diese Abwehrreaktionen nur sekundär auf sich, weil sie die Ansprüche der Angstgefühle auf bewußte Verarbeitung vertritt« (30/31, 228). Sie sagen dann, es sei nicht möglich gewesen, den unbewußten Inhalt zum Bewußtsein zu bringen, ehe ihr nicht zuerst bewußt gemacht worden war, daß sie ihre Gefühle abwehrte, indem sie sich selbst höhnisch entwertete. Später zeigen Sie, wie Sie ihren Widerstand in der Übertragung deutlich machten. Haben Sie die Abwehr, die die Patientin gebrauchte, in der Beziehung zu Ihnen als Person aufgegriffen und als die übliche Haltung der Patientin sich selbst gegenüber aufgezeigt?
FREUD: Nun, die Analytikerin erhält davon Kenntnis, weil sie plötzlich selbst zum unschuldigen Opfer der Angriffe der Patientin geworden ist. Aber es ist nicht die Übertragung einer Objektbeziehung. Was sie der Analytikerin vorführt, ist eine Haltung sich selbst gegenüber, die sich in etwas offenbart, was wir als eine Form von Übertragung bezeichnen könnten. Wenn sie sich aber nicht in der Übertragung offenbarte, dann würde die Analytikerin nach einiger Zeit des Kennenlernens der Patientin bemerken, daß diese bestimmte Haltung in unpassenden Momenten erscheint. Man könnte zu der Patientin sagen: »Warum sind Sie so böse mit sich?« Ebenso, wie man später sagen könnte: »Warum sind Sie so böse auf mich?« Wir könnten dann der Patientin zeigen, wie sie unwillkommene Gefühle von sich fernhält. Ich habe jetzt eine Patientin, bei der ich etwas Ähnliches beobachte. Immer wenn sie, sagen wir einmal, schuldhafte oder zärtliche Gefühle erlebt, die sie auch unglücklich machen, wird sie außerordentlich grob mit ihren Gefühlen. In der Beziehung zu mir macht sie genau dasselbe. Wenn ich mich auf die Seite ihrer Gefühle stelle, wird sie grob zu mir. Aber das ist sekundär. Es ist nicht ihr Ärger auf mich, sondern ihr Ärger über ihre eigenen Gefühle. Das bringt uns zu einer nützlichen Unterscheidung, denn hier haben wir es mit einer Pseudoübertragung zu tun.
SANDLER: Sie haben eine nützliche Unterscheidung vorgenommen, Miss Freud. Wir können erneut sehen, daß der Patient mit dem Analytiker involviert sein kann, ohne daß es sich um eine echte

Übertragung handelt. Wir haben es mit einer habituellen Reaktionsweise zu tun, die zu einem bestimmten Zeitpunkt auch den Analytiker einbezieht. Vermutlich geht die Frage, die mich nun plagt, dahin, ob man diese Reaktionsweise in der Beziehung zu sich als Analytiker aufgreifen oder dem Patienten mehr allgemein aufzeigen sollte. Man kann vielleicht mit dem, was Sie Pseudoübertragung nennen, mit Gewinn so umgehen, indem man dem Patienten sagt: »Wissen Sie, wenn Sie mir gegenüber zärtliche Gefühle empfinden, dann müssen Sie grob werden«, oder anders herum, »Wenn Sie sich jetzt so herabsetzen, dann geschieht das wohl deshalb, weil Sie ein zärtliches Gefühl mir gegenüber haben«, und nicht: »Das tun Sie immer, wenn Sie zärtliche Gefühle haben.«
FREUD: Ich weiß, es gibt heute die Vorstellung, daß nur Material, das in die Übertragung kommt und als ein Übertragungsphänomen gedeutet wird, dem Patienten helfen könne. Ich glaube das nicht ganz. Ich sehe keinen großen Unterschied darin, ob die Analytikerin solches Material in Begriffen der Beziehung der Patientin zu ihr oder in anderen Begriffen formuliert. Solange man es überhaupt anspricht, wird der Eindruck auf die Patientin ziemlich gleich sein. Es spielt keine Rolle, ob man sagt: »Ich weiß nun, daß jedesmal, wenn Sie auf mich böse sind, eigentlich das und das vorliegt«, oder ob man sagt: »Immer wenn Sie so abfällig über sich selbst reden, tun sie das aus dem und dem Grunde.« Für mich ist der Unterschied weniger auffällig, als es manche Leute heutzutage finden.
ROSENFELD: Würden Sie sagen, daß wir hier über den Gebrauch eines Externalisierungsmechanismus sprechen, der die Analytikerin einbezieht?
FREUD: Nein, das würde ich nicht. Ich betrachte es nicht als eine Externalisierung. Die Analytikerin stellt sich auf die Seite der Gefühle und wird dadurch zu einer Verbündeten dessen, was ferngehalten ist. Das ist der Grund dafür, daß der Ärger auf die Analytikerin überspringt.
SANDLER: Ich meine, wir haben hier wieder verschiedene Verwendungsweisen des Terminus Übertragung, die viel Verwirrung entstehen lassen. Wenn wir ihn in einem allgemeinen Sinne gebrauchen, dann nehmen wir ihn als Synonym für »Beziehung«, was etwas ganz anderes bedeutet als eine auf den Analytiker gerichtete Gefühlsintensivierung, eine Wiederbelebung der Vergangenheit in der analytischen Situation. In der Übertragung erlebt der Patient

das Geschehen als etwas Neues in der Gegenwart, aber es ist etwas, das an die analytische Situation gebunden ist. Wir sagen oft Übertragung statt Beziehung, und wenn wir von der Deutung der Übertragung sprechen, meinen wir oft, daß wir in der Beziehung deuten, im Unterschied zur Deutung der Abwehr. Ich bin mir nicht sicher, ob eine solche Gegenüberstellung Gültigkeit hat, denn der Analytiker kann in die Tätigkeit der Abwehr hereingezogen werden, ohne daß es im engeren Sinne des Wortes eine Übertragung ist. Es gibt unter Analytikern einen signifikanten Unterschied im Umgang mit diesem speziellen Problem. Manche wollen mehr als andere den Patienten zu einem verstärkten Bewußtsein seiner Gefühle gegenüber dem Analytiker in der analytischen Situation bringen, selbst wenn der Patient in habitueller Weise auf den Analytiker reagiert, besonders zu Beginn einer Analyse. Die Begründung dafür wäre meines Erachtens, daß die Schwelle für Wahrnehmung und Bewußtwerden späterer, »echterer« Übertragungsphänomene herabgesetzt würde.
FREUD: Das wäre vermutlich die Begründung, aber ich halte es für ziemlich dasselbe, ob man nun mit der Haltung der Patientin gegenüber sich selbst beginnt und dann feststellt, daß der Analytikerin das gleiche passiert, oder ob man bei der Analytikerin beginnt und ihr dann zeigt, daß sie dasselbe mit sich macht. Ich glaube, man muß beides tun.
BERGER: Ich habe eine Frage zu Ihrer Patientin, Miss Freud. Sie erklären, ihre Haltung zu sich selbst beruhe auf einer Identifizierung mit ihrem Vater. Könnte es sein, daß sich dahinter viel Wut auf ihn verbarg, die in den Ausbrüchen, die Sie beschrieben, übertragen wurde?
EDGCUMBE: Das ist für die Frage nach der Deutung in der Übertragung relevant. Wir müssen uns fragen, ob man in der Analyse die Übertragung einer Beziehung zu einem Selbstanteil des Patienten aufgreift, oder etwas, das ursprünglich eine Beziehung zu einem Objekt war. Das hängt mit der Frage zusammen, ob die Analytikerin einfach der Patientin die Abwehr zu zeigen versucht, die am Konflikt in ihr selbst beteiligt ist, oder ob sie eine Wiederholung der ursprünglichen Beziehung deutet. Ich glaube, das läßt sich mit dem Gedanken verbinden, den Dr. Sandler auszuführen versuchte.
FREUD: All das sagt doch im Grunde, daß man das Ganze in kleinen Schritten angehen muß. Solange die Patientin habituell so reagiert,

daß sie alle zärtlichen Gefühle verspottet, wird der Analytiker nicht weiterkommen. Wenn man einmal die Gefühle der Patientin hinter der Abwehr erreicht hat, dann kommt man auch an die Geschichte dieser Gefühle heran. Aber das ist ein späterer Schritt.
SANDLER: Damit kommen wir zum Gebiet der sogenannten mutativen Deutungen, die zu einer Bereitschaft geführt haben (zumindest in England), alles in Begriffe von Übertragung zu bringen. Es kam die Vorstellung auf, daß man dem Patienten nichts sagen solle, was nicht auch den Analytiker mit ins Spiel bringt.
FREUD: Das erinnert mich an den Patienten, der zum Analytiker sagt: »Sie können auch nie etwas sagen, ohne sich selbst mit hereinzubringen.«
SANDLER: Wir alle haben schon solche Beschwerden von Patienten gehört. Und der Patient kann natürlich für seinen Vorwurf auch einen realen Grund haben.
FREUD: Das stimmt.
SANDLER: Gegen Ende des Kapitels, Miss Freud, sprechen Sie vom Abwehrmechanismus der Verkehrung ins Gegenteil, den Sie »eine Art Reaktionsbildung gegen den Affekt« (34, 232) nennen. Sicherlich haben Sie beim Schreiben dieses Buches nicht daran gedacht, daß jedes Wort darin abgewogen werden könnte und der Text in so kleine Stückchen zerlegt würde, aber ich möchte doch gerne etwas zu dem Gedanken der Abwehr mittels Affektumkehrung fragen. Es hört sich an, als nähme man den Affekt selbst und stellte ihn auf den Kopf. Wenn ich sie richtig verstehe, sagen Sie, daß man den Affekt durch sein Gegenteil ersetzt, was natürlich dasselbe ist wie bei der Reaktionsbildung. Es ist aber nicht der Affekt, der in sein Gegenteil verkehrt wird, sondern es wird damit ein neues und gegenteiliges Erleben geschaffen.
FREUD: Wenn Ihnen jemand sagt, daß er immer, wenn er sich traurig fühlt, das mit einem Lachen beiseite schiebt, würden Sie meinen, daß er ein neues Erleben schafft?
SANDLER: Ja, das würde ich. Sonst würde es sich so anhören, als nähme er sich seine Traurigkeit her und würde sie in Lachen verwandeln.
FREUD: Eine sehr feine theoretische Unterscheidung. Wir sprechen von Umwandlung von Angst, aber genau genommen meinen wir das nicht so. Gemeint ist, daß an der Oberfläche das Gegenteil erscheint.

SANDLER: Ich freue mich, daß Sie das sagen, weil es immer noch Leute gibt, die meinen, daß man den Affekt als umwandelbare Energie betrachten sollte, daß wir also dieselbe Energie benützen, wenn wir sein Gegenteil produzieren. Wenn wir auf der klinischen Ebene von einem Kind sprechen, das traurig ist, aber heiter erscheint, dann würden wir wohl sagen, daß es sich seine Heiterkeit schafft, um seine Traurigkeit zu maskieren, um das Erleben von Traurigkeit zu verhindern.

BERGER: Es gibt da eine Komplikation, nämlich daß manche Kinder den Affekt durch einen anderen ersetzen, während andere ihre Gefühle von Wut oder Traurigkeit mit einer Schicht andersartiger Affekte überdecken. Wie können wir wissen, um was es sich jeweils handelt?

SANDLER: Ich glaube, das hängt mit dem Problem des Deutens der Affekte beim Kind zusammen, das in unserer Arbeit so wichtig ist. Vielleicht bilden wir unsere Kandidaten nicht genügend darin aus, Affekte der Patienten zu »lesen«. Können wir sagen, das Kleinianische Konzept von der manischen Abwehr sei eigentlich eine Affektumwandlung in dem von Ihnen gemeinten Sinne, Miss Freud?

FREUD: Ja.

SANDLER: Natürlich wird die Idee manischer Abwehr in sehr weitläufigem Sinne gebraucht, sie umfaßt auch Überaktivität, die der Angstabwehr dient. Darin unterscheidet sie sich wohl etwas von der Affektumwandlung.

FREUD: Ja.

SANDLER: Wir kommen nun den eigentlichen Abwehrmechanismen näher, Miss Freud, die wir beim nächsten Mal sehr viel eingehender diskutieren wollen. Ich möchte gerne mit dem Kommentar beginnen, daß es uns früher praktisch unmöglich war, eine Definition der Abwehr zu finden, die nicht mehrdeutig war. Natürlich unterscheiden wir zwischen Abwehrmechanismen und Abwehrmaßnahmen (oder -manövern), die etwas kompliziertere Vorgänge zu sein scheinen. Aber die Mechanismen, die wir als Abwehr bezeichnen, sind nicht unbedingt einfache Einheiten. Manche von Ihnen sind recht kompliziert und umfassen mehrere Schritte. Doch von einem historischen Gesichtspunkt her betrachtet haben sie sich als Mechanismen von besonderer klinischer Bedeutung herausgestellt, die man anhand spezifischer Merkmale identifizieren konnte. Anscheinend hat das ausgereicht, um sie als Abwehrmechanismen herauszustellen. In unseren früheren Diskussionen hatten wir nun Schwierigkeiten damit, wie man über lediglich historische Begründungen hinaus zu einer Entscheidung darüber kommen könne, ob etwas als Abwehrmechanismus im Gegensatz zu einem Abwehrmanöver zu bezeichnen sei. Zum Beispiel ist es klar, daß eine Reaktionsbildung eine spezielle Konstellation mit einer bestimmten Kohärenz ist, und wir können sie auch identifizeren. Gleichzeitig aber wissen wir auch, daß es keine Reaktionsbildung gibt, ohne daß zugleich eine Identifizierung mit einer elterlichen oder sonstigen Autoritätshaltung stattgefunden hat. Es müßte eine Haltung sein, die der Triebregung oder dem Affekt entgegengerichtet ist. Identifizierung ist also eine Komponente der Reaktionsbildung, aber die Reaktionsbildung ist dennoch identifizierbar als etwas, das eigene Charakteristika besitzt. Warum bezeichnen wir diese zusammengesetzte Reaktion als Abwehrmechanismus, während man Dinge wie Clownerei oder Witzemachen als Abwehrmanöver oder -maßnahmen einstuft und nicht als eigentliche Abwehrmechanismen?

FREUD: Sie haben wohl recht, daß es dafür historische Gründe gibt. Aber es gibt eine enge Verbindung zwischen dem Abwehrmechanismus und der eigentlichen Neurose, während das, was wir Abwehrmanöver nennen, der Normalität, aber auch der Charakterbildung näher ist. Wir können sie nicht speziell mit einer der großen Neuroseformen verknüpfen. Ich denke, die Unterscheidung wird von der Seite der Pathologie her getroffen.

SANDLER: Sie meinen, daß man für eine Unterscheidung der Neurosen aufgrund spezieller Abwehrmuster die darin enthaltenen Abwehrmechanismen als Grundeinheiten zu nehmen hätte, während die Abwehrmanöver nicht Teil von etwa einer Zwangsneurose oder einer Hysterie wären.

FREUD: Ich kann mich nicht erinnern, wann eigentlich die Unterscheidung von Abwehrmechanismen und Abwehrmanövern aufgekommen ist. Ich glaube nicht, daß es sie auf deutsch überhaupt gab.

BERGER: Sie selbst haben sie vor ein paar Jahren eingeführt, Miss Freud.

FREUD: Meines Erachtens sind es die Abwehrmechanismen, denen die klinische Bedeutung zukommt.

SANDLER: Ich erinnere mich, daß wir zur Schlußfolgerung kamen, man müsse in der Ausbildung die wichtigen Abwehrmechanismen den Studenten sehr gründlich darstellen, weil sie von den Patienten ständig gebraucht werden und wir sie identifizieren können. Es gibt aber gewisse Schwierigkeiten, wenn wir zu denjenigen kommen, die man als zweitrangige Abwehrmechanismen bezeichnen könnte. Sie wissen, wie fein die Unterschiede zwischen Rollenumkehrung, Identifizierung mit dem Aggressor, Wendung von passiv in aktiv und so weiter sind. Identifizierung mit dem Angreifer ist klar, Rollenumkehrung ist ihr ganz ähnlich, aber doch nicht dasselbe.

FREUD: Nur die Identifizierung mit dem Angreifer ist neues Mitglied des Adels geworden.

SANDLER: In Freuds Liste.

FREUD: Ja.

SANDLER: Man könnte sich fragen, ob ständige Erweiterungen der Liste sinnvoll sind.

FREUD: Es ist gut, sie alle zu kennen, Liste oder nicht.

SANDLER: Heute wissen wir natürlich, daß praktisch alles zu Abwehrzwecken gebraucht werden kann, und das macht die Situation noch schwieriger.

FREUD: Nehmen wir zum Beispiel Einschlafen. Einschlafen ist sicher kein Abwehrmechanismus, aber es kann zur Abwehr gegen Aggression gebraucht werden, um sie fernzuhalten. Bei der Person, die es in einem bestimmten Augenblick einsetzt, dient es zur Abwehr, aber es ist keine allgemeine Abwehrmaßnahme, schon gar nicht ein Abwehrmechanismus.

SANDLER: Wir haben noch immer das Problem, wo man die Trennungslinie zwischen Mechanismus und Maßnahme ziehen sollte, und ich glaube, daß wir es überhaupt nur auf einer historischen und klinischen Grundlage tun können. Hauptabwehrmechanismen sind natürlich zuerst von Freud beschrieben worden, und Sie haben einige hinzugefügt, Miss Freud. Seither haben wir die schwierige Aufgabe, darüber zu entscheiden, ob wir neue, von Ihnen nicht erwähnte, einbeziehen sollen, oder ob wir sie automatisch als Abwehrmaßnahmen betrachten sollten. Sie haben ja darauf hingewiesen, daß es eine unendliche Zahl von Abwehrmaßnahmen geben könne.

FREUD: Ich würde sagen, was immer einem bestimmten Individuum zum Fernhalten von Es-Inhalten oder von Affekten (oder was immer sonst noch vom Ich nicht akzeptiert wird) dient, gehört zur Abwehr. Ist es auf das Individuum oder einige wenige besondere Individuen beschränkt, können wir es als Abwehrmaßnahme bezeichnen. Ist es jedoch so allgemein, daß es immer an spezielle klinische Zustände gebunden und für diese charakteristisch ist, dann ordnen wir es in eine andere, wichtigere Kategorie ein. Sie haben Clownerie erwähnt, die sicher als eine Abwehrmaßnahme von Bedeutung ist, und Sie könnten auch Charaktertypen anführen, die darauf begründet sind, aber könnten Sie auch Krankheiten nennen, die darauf beruhen?

SANDLER: Da wir heute narzißtische Störungen so viel besser erkennen können, will mir scheinen, daß man Clownerie als etwas spezifisch Abwehrhaftes betrachten könnte, das der Wiederherstellung des Selbstwertgefühls dient. Würden wir sie noch immer als etwas ansehen, das Teil des Charakters der Person ist, oder müßten wir ihr den Status eines Abwehrmechanismus geben?

FREUD: Es ist wichtig zu wissen, wo diese Dinge hingehören, und Sie haben ganz recht, daß wahrscheinlich die narzißtischen Zustände und die narzißtischen Störungen mit dieser speziellen Abwehr verknüpft sind. Aber ob Sie das einen Mechanismus oder eine Maßnahme nennen, ist eigentlich nicht so wichtig. Wenn ich den Unterschied zwischen Abwehrmechanismen und Abwehrmaßnahmen erkläre, vergleiche ich die Abwehrmechanismen mit Waffen, die nur als Waffen existieren, also Dinge wie Kanonen oder Speere und so weiter. Es gibt aber noch andere Dinge, die nur in einem bestimmten Moment als Waffe dienen. Dieser Tage steht ein junger Mann vor Gericht, der angeklagt ist, seine Mutter mit einer Bratpfanne erschlagen zu haben. Ist nun die Bratpfanne eine Waffe oder eine Maßnahme? Eigentlich ist sie für einen anderen Zweck da, und sie wurde nur im Augenblick als Waffe benützt. Läßt sich nicht so die Unterscheidung am besten vornehmen? Es heißt, daß Verdrängung oder Projektion immer Abwehrmechanismen sind; Clownerie und viele andere Tätigkeiten werden aber nur zum Augenblicksgebrauch herangezogen und sind damit Abwehrmaßnahmen.

SANDLER: Als wir das letzte Mal von den klinischen Abwehreinheiten sprachen, Miss Freud, sagten Sie, es seien die jeweils gebrauchten Mechanismen, die die einzelnen Neurosetypen charakterisierten. Aber ist nicht Verdrängung zum Beispiel etwas, das wir ganz normalerweise verwenden? Täten wir es nicht, dann würden wir von der Wiederkehr des normalerweise Unbewußten überwältigt und psychotisch werden.

FREUD: Das ändert nichts an der Tatsache, daß Verdrängung immer der Absicht dient, etwas vom Ich fernzuhalten, oder vielmehr vom Bewußtsein: als eine Schutzeinrichtung.
SANDLER: Wir können vielleicht heute damit abschließen, daß wir noch einmal die Unterscheidung herausstellen, die Sie vorgenommen haben, Miss Freud. Sie bezeichneten die Abwehrmechanismen als eigens zum Schutz des Ichs angefertigte Instrumente, die spezifisch zu diesem Zweck gebraucht werden, im normalen wie im pathologischen Bereich. Abwehrmaßnahmen hingegen können fast sämtliche Tätigkeiten sein, auch ganz normale Ausdrucksweisen für vielerlei Dinge, die aber auch zu Abwehrzwecken eingesetzt werden können. Gibt das Ihre Auffassung wieder?
FREUD: Ja.

4 Die Abwehrmechanismen

Freud gebrauchte den Terminus »Abwehr« zuerst für den Kampf des Ichs gegen peinliche Vorstellungen oder Affekte. Später setzte er den Terminus »Verdrängung« an seine Stelle, doch 1926 kehrte er wieder zur Verwendung von »Abwehr« als dem allgemeineren Begriff zurück, während »Verdrängung« zur Bezeichnung der spezifischen Maßnahme gebraucht wurde, die ursprünglich »Abwehr« genannt worden war. Anna Freud schlägt in diesem Kapitel vor, weitere Spezialfälle der Abwehr zu untersuchen, und verweist nochmals auf Freuds Annahme, daß es spezielle Beziehungen zwischen besonderen Abwehrformen und bestimmten Erkrankungen gebe und merkt dazu an, daß Freud gezeigt habe, daß neben Regression auch Reaktionsbildung, Isolierung und Ungeschehenmachen in der Zwangsneurose gebräuchlich sind.

Anna Freud erinnert dann an Freuds Beschreibung von Introjektion (oder Identifizierung) und Projektion als Abwehrmechanismen, die bei Neurosen wirksam sind. Ferner beschrieb Freud die Vorgänge der Wendung gegen die eigene Person und die Verkehrung ins Gegenteil und betrachtete diese »Triebschicksale« auch als Abwehrmethoden. Anna Freud merkt dazu an: »Jedes Triebschicksal dieser Art geht ja auf eine Ich-Tätigkeit zurück« (35, 234).

Bisher waren neun Abwehrmethoden beschrieben worden (Verdrängung, Regression, Reaktionsbildung, Isolierung, Ungeschehenmachen, Projektion, Introjektion, Wendung gegen die eigene Person, Verkehrung ins Gegenteil). Ihnen muß eine zehnte angefügt werden, nämlich die Sublimierung oder Verschiebung des Triebziels. Das Ich »hat . . . in seinen Kämpfen mit Triebrepräsentanz und Affekt diese zehn verschiedenen Methoden zu seiner Verfügung«. Sie sagt weiter, daß es die Aufgabe des Analytikers sei, »zu verfolgen, wie sich diese Techniken bei den Vorgängen des Ich-Widerstandes und der Symptombildung im Einzelfall bewähren« (36, 235). Anna Freud schildert darauf den Fall eines Mädchens, das von Penisneid und Eifersucht gequält wurde, die sich in der Feindseligkeit der Mutter gegenüber vereinten, und das seine Ambivalenz so bearbeitete, daß es eine Seite seiner ambivalenten Gefühle auf eine andere Frau verschob. Doch dies reichte auch nicht aus; sie setzte nun die Projektion ein und war überzeugt, daß die gehaßten weiblichen Objekte sie nun ihrerseits haßten und verfolgten. Aber alle drei Abwehrmechanismen konnten die Konflikte nicht lösen, und wenn auch die Schuldgefühle durch die Verfolgungsgefühle abgemildert wurden, blieb sie weiter ein gequälter Mensch.

Im Gegensatz dazu wird in der Hysterie versucht, das Problem, das sich aus dem Mutterhaß aufgrund des Penisneides ergibt, durch Verdrängung zu lösen. Die aggressiven Regungen können bei manchen Fällen in körperliche Symptome umgewandelt werden, in anderen Fällen kann sich eine Phobie entwickeln. Dem gegenüber werden Mutterhaß und Penisneid bei der Zwangsneurose zunächst verdrängt, dann jedoch wird im weiteren Verlauf die Abwehr durch Reaktionsbildungen verstärkt. Aggression wird in übermäßige Zärtlichkeit, Neid und Eifersucht in Selbstlosigkeit und Fürsorge für andere verwandelt. Zwangsrituale schützen die geliebten Objekte vor jedem aggressiven Ausbruch, und die eigene Sexualität wird von einer strengen Übermoral bewacht.

Konflikte, die auf eine hysterische oder zwangsneurotische Weise bewältigt werden, sind pathologischer als die im zuerst geschilderten Fall, denn es geht dabei ein Teil des menschlichen Gefühlslebens verloren. Das kleine Mädchen verliert die Beziehung zur Mutter und zur eigenen Weiblichkeit, und es muß viel Energie aufgewandt werden, um die Verdrängung aufrechtzuerhalten. Das Kind, das seine Konflikte allein mittels Verdrängung erledigt, kommt zur Ruhe, leidet jedoch sekundär durch seine Neurose. Die Verdrängung nimmt dem Ich die Aufgabe der Konfliktbewältigung ab.

Anna Freud weist darauf hin, daß in der Praxis Verdrängung häufig mit anderen Abwehrmethoden kombiniert ist. Sie führt den Fall einer Patientin mit dem verdrängten Wunsch an, ihrem Vater den Penis abzubeißen. Die Patientin ersetzte diese Vorstellung durch eine von Ekelgefühlen begleitete Eßstörung. Diejenigen Teile des Trieblebens der Patientin, die durch den oralen Wunsch repräsentiert waren, konnten bewältigt werden, doch der Wunsch, den Vater zu berauben, blieb noch eine Zeitlang bestehen, bis er dann durch das Über-Ich abgewiesen wurde. Die Raublust wurde in eine »besondere Form von Genügsamkeit und Anspruchslosigkeit« umgewandelt (40, 239). Daraus resultierte ein hysterischer Untergrund, auf den eine spezifische Ich-Veränderung aufgesetzt war.

Die Verdrängung nimmt eine Sonderstellung unter den Abwehrmethoden insofern ein, als sie auf eine Weise wirksam ist, wie es andere Abwehrmethoden nicht können. Sie bildet »eine ständige Institution, die einen ständigen Energieaufwand verlangt« (40, 240), während die anderen Mechanismen bei jedem neu auftauchenden Triebschub von neuem in Tätigkeit gesetzt werden müssen. Die Verdrängung ist aber auch der gefährlichste Mechanismus. Durch sie werden ganze Gebiete des Affekt- und Trieblebens abgespalten, und es kann die Intaktheit der Persönlichkeit zerstört werden. Aber auch die anderen Abwehrmechanismen können durch zahllose Verwandlungen und Verzerrungen des Ichs ernsthafte Folgen nach sich ziehen.

Anna Freud greift nun Freuds Gedanken auf, daß sich Unterschiede zwischen den Abwehrmethoden daraus ergeben könnten, in welchem Lebensalter sie erstmals auftreten. So muß das Kind die Differenzierung zwischen Ich und Es vollzogen haben, ehe Verdrängung möglich ist. Entsprechend sind Projektion und Introjektion von der Sonderung von Selbst und Außenwelt abhängig. Sublimierung setzt voraus, daß Über-Ich-Wertungen vorhanden sind; deswegen können Verdrängung und Sublimierung erst zu einem relativ späten Zeitpunkt eingesetzt werden. Regression, Verkehrung ins Gegenteil und Wendung gegen die eigene Person scheinen vom Entwicklungsalter unabhängig zu sein. Es ist durchaus möglich, daß sie die frühesten vom Ich verwendeten Abwehrmechanismen sind.

Auf der anderen Seite steht man vor dem Problem, daß die frühesten neurotischen Symptome von Kindern hysterischer Art sind, über deren Zusammenhang mit der Verdrängung kein Zweifel besteht. Ähnlich begegnet man im frühesten Kindesalter kaum jemals den Anzeichen des echten Masochismus, die auf der Wendung des Triebes gegen die eigene Person beruhen. Es ist klar, meint Anna Freud, daß der Versuch einer Klassifizierung der Abwehrmechanismen sehr schwierig ist, und man sollte statt dessen lieber die Einzelheiten der jeweiligen Abwehrsituation studieren.

Sandler: Miss Freud, wir hatten das letzte Mal damit begonnen, die Abwehrmechanismen zu diskutieren, und ich möchte jetzt gern Ihren Verweis in diesem Kapitel auf Freuds Auffassung aufgreifen, daß Introjektion (oder Identifizierung) und Projektion wichtige »neurotische Mechanismen« seien. Zu Identifizierung, Introjektion und Projektion können wir noch die Sublimierung hinzufügen und anmerken, daß alle diese Mechanismen auch in der normalen Entwicklung eine wichtige Rolle spielen. Zum Beispiel hat man Introjektion als seelische Entsprechung zum oralen »Einverleiben« betrachtet, das heißt als ein wesentliches Element beim Aufbau der inneren Welt des Kindes. Anscheinend gibt es eine ganze Gruppe von Mechanismen, die gelegentlich zu Abwehrzwecken eingesetzt werden können, die aber nicht immer als Abwehrmechanismen zu funktionieren brauchen.

Freud: Introjektion und Projektion sind dem Es näher als andere Abwehrmechanismen. Wenn sie in der Nähe des Primärprozesses stehen, dienen sie nicht der Abwehr. Doch solche Mechanismen können sich anders geltend machen, wenn sie vom Ich zu Abwehrzwecken gebraucht werden.

Sandler: Wenn Sie von Introjektion und Projektion als Primärprozeßmechanismen sprechen, handelt es sich dann nicht eigentlich um Verdichtung und Verschiebung?

Freud: Es kommt dem sehr nahe. Auch wenn wir den Vorgängen andere Namen geben, sind sie doch ziemlich dasselbe. Verschiebung auf der Ebene des Primärprozesses ist Projektion auf der Ebene des Ichs. Es ist dieselbe Person, die zuerst den Primärprozeß und dann den Sekundärprozeß entwickelt, die frühesten Abwehrmechanismen des Ichs gründen auf Primärprozessen. Die Erfahrungen, die das Individuum aus seinen Primärprozessen gewinnt, verwendet es für die Ausformung der Abwehrmechanismen. Natürlich ist die spätere Abwehr viel verfeinerter und steht weit mehr unter dem Einfluß des Ichs. Bei den allerfrühesten Entwicklungsstufen können wir erkennen, wie eng die Projektionen des Kleinkindes mit dem Funktionieren nach dem Primärprozeß verbunden sind. Wir wissen, wie unsicher beim Kleinkind die Abgrenzungen sind. Es ist ihm viel leichter zu sagen: »Ich war es nicht, Du warst es«, als es später möglich ist, wenn klarere Grenzen vorhanden sind.

SANDLER: Oft wird gesagt, die frühesten Abwehrmechanismen seien Introjektion und Projektion. Aber damit diese Mechanismen als Abwehr wirksam sein können, muß da nicht eine ganz klare Abgrenzung zwischen Selbst und Nicht-Selbst vorhanden sein? Introjektion wird oft als eine Abwehr gegen Objektverlust beschrieben, und Projektion als eine Abwehr gegen Gefühle, die das Kind nicht will und aus seiner Selbst-Repräsentanz entfernen möchte. Können wir solche Vorgänge Abwehr nennen, ehe es die Abgrenzungen gibt?

FREUD: Wenn man etwas projiziert, und es ist dann immer noch in einem selbst, dann ist das eine vergebliche Mühe. Man hat keinen Gewinn davon.

SANDLER: Wir kommen wieder zu der Frage, ob die Liste, die Sie in diesem Kapitel angeführt haben, als abgeschlossen zu betrachten ist. Ich frage mich zum Beispiel, warum Sie nicht Verschiebung als eine Abwehrform darin aufgenommen haben. Wir wissen, daß Verschiebung Teil des Primärprozesses ist, aber wir wissen auch, daß sie eine Abwehrfunktion besitzt, wenn sie vom Ich gebraucht wird. Sie kann zum Beispiel die Person vor einem Ambivalenzkonflikt schützen. Sie haben sie in der Tat im Zusammenhang mit der Patientin genannt, die »eine Seite der Ambivalenz nach außen (verschiebt)« (36, 236). Hatten Sie einen besonderen Grund dafür, Verschiebung nicht in die Liste der Abwehrmechanismen aufzunehmen?

FREUD: Ich glaube, es war teilweise deswegen, weil die Verschiebung so eindeutig ein Primärprozeß-Mechanismus ist. Wenn Sie fragen, ob die Liste abgeschlossen sei, dann möchte ich sagen, daß sie es natürlich nicht ist. Sie erschien mir damals als das Beste, was mir möglich war. Ich erinnere mich, daß ich lange zögerte zu sagen, es gäbe neun Mechanismen, weil ich das Gefühl hatte, wenn ich neun sagte, könnten es mittlerweile zehn sein. Man sollte so etwas nie zählen.

SANDLER: Ich könnte mir denken, daß es jetzt vermutlich zwanzig sind.

FREUD: Ja.

BERGER: Ich war etwas überrascht, Miss Freud, als ich bemerkte, daß die Identifizierung mit dem Angreifer in Ihrer Liste nicht enthalten war.

FREUD: Sie findet sich in dieser Liste deshalb nicht, weil ich nur die anerkannten Abwehrmechanismen im Sinn hatte und bei diesem neuen lieber zurückhaltend bleiben wollte. Er schien mir noch keinen Anspruch auf offizielle Einführung zu haben.

Berger: Ich möchte gerne etwas zur Introjektion fragen, weil Sie sie austauschbar mit Identifizierung gebrauchten. Machen Sie zwischen den beiden einen Unterschied?

Freud: Wissen Sie, damals wurde sehr viel über den Unterschied zwischen Identifizierung und Introjektion diskutiert. Jemand kam auf den Gedanken, Introjektion sei eigentlich das seelische Gegenstück zum körperlichen »Hereinnehmen«. Ich selbst hatte mich zu dieser Zeit noch nicht daran gewöhnt, die beiden Termini für verschiedene Vorgänge zu benützen.

Sandler: Ich denke, die Situation wurde noch komplizierter durch den Gebrauch des Terminus »Ich«. Heute wissen wir natürlich, daß es notwendig ist, die Selbst-Repräsentanz vom Ich als einer Struktur zu unterscheiden. In Ihrem Buch gibt es Stellen, wo Sie »Ich« verwenden, aus denen aber klar hervorgeht, daß Sie eigentlich »Selbst« meinen. Diese Doppelbedeutung muß damals eine Menge Probleme verursacht haben. In der Vergangenheit gab es viele Komplikationen, weil man das Wort »Ich« für sich selbst als Objekt gebrauchte.

Freud: Und es gibt im Deutschen kein Wort für das Substantiv »self«.

Sandler: Die Franzosen haben versucht, »le soi« einzuführen, aber das scheint auch nicht sehr erfolgreich gewesen zu sein. Ich glaube, daß man in anderen Sprachen dazu neigt, das englische Wort »self« zu benützen, wenn kein anderes geeignetes Wort da ist.

Rosenfeld: An einer bestimmten Stelle des Buches gibt es einen Hinweis darauf, daß die Introjektion das Ich bereichere; ich frage mich dabei, ob wir nicht etwas genauer zwischen den Abwehraspekten der Introjektion und ihren Ich-bildenden Aspekten unterscheiden sollten.

Sandler: Auch dieses Problem ist damit verbunden, daß man zwischen dem Ich als Struktur und dem Ich als Selbst-Repräsentanz unterscheiden muß. Man kann sagen, daß Identifizierungen die Selbst-Repräsentanz verändern können. Aber auch Lernen enthält eine sehr starke Identifizierungskomponente, so daß man ebenfalls sagen kann, daß Identifizierung das Ich als Struktur bereichert. Ob man bei der Introjektion eine ähnliche Unterscheidung machen kann, weiß ich nicht. Natürlich wurde sie auch noch in einem anderen Sinne verwendet, nämlich in Zusammenhang mit der Internalisierung der Eltern beim Aufbau des Über-Ichs. Hier hat der Terminus eine doppelte Bedeutung. Einerseits bezieht er sich auf ein sehr frühes »Hereinnehmen«, andererseits auf die Über-Ich-Bildung, wenn das Kind etwa fünf Jahre alt ist. Studierende der Psychoanalyse haben viele Jahre an Freuds Aussage vom Ich als dem Niederschlag aufgelassener Objektbesetzungen gerätselt. Was besagt diese berühmte Formulierung?

FREUD: Es ist ganz einfach so gemeint, daß jede aufgegebene Objektbeziehung im Selbst oder in der Person oder im Ich ihre Spuren hinterläßt und es dadurch bereichert.

LOPEZ: Wenn wir von aufgegebenen Objektbesetzungen sprechen, dann heißt das doch wohl nicht, daß die Person wirklich fort ist, nicht wahr? Es soll doch besagen, daß bestimmte Weisen der Beziehung aufgegeben werden.

FREUD: Nein, es bedeutet nicht, daß die Person wirklich verloren wird, sondern vielmehr, daß die Objektbesetzung zurückgenommen und durch eine Identifizierung ersetzt wird. Es ist sehr wichtig, daß die Objektlibido in narzißtische Libido rückverwandelt werden kann, daß die Libido dann das Selbst zum Objekt nehmen kann.

SANDLER: Wenn wir das Modell der Libido und ihrer Umwandlung und Verschiebung verwenden, würden wir dann nicht sagen, daß der Aufbau des sekundären Narzißmus einen wesentlichen Teil der Entwicklung ausmacht? Dazu gehört doch ein Abzug der Besetzung des Objekts und eine Anbindung der für das Objekt empfundenen Liebe an die Selbst-Repräsentanz. Identifizierung wäre dann ein wichtiges Mittel, den Sekundärnarzißmus zu fördern. Wenn man einen bewunderten Aspekt des Objekts nachbildet, kann etwas von der Bewunderung, Liebe und Wertschätzung des Objekts auf das Selbst übertragen werden und den sekundären Narzißmus anreichern. Er geht Hand in Hand mit Identifizierung.

FREUD: Ja, das ist richtig.

SANDLER: Ich frage mich nun, wie Sie die spezifischen Abwehrmechanismen betrachtet haben. Sie erwähnen Regression als eine Abwehr, doch haben wir es hier wieder mit einem Mechanismus zu tun, der manchmal eine Abwehr ist, manchmal aber auch nicht. Vermutlich gilt dieser Doppelaspekt für alle Mechanismen. Sie haben oft erwähnt, daß Kinder gegen Ende eines Schultages regredieren, und ich nehme an, daß wir diese Regression nicht als eine Abwehr bezeichnen würden. Man könnte vermuten, daß wir ständig ein bestimmtes Maß an Arbeit aufbringen müssen, um uns daran zu hindern, zu beliebiger Zeit zu regredieren, und wenn wir müde werden, gelingt uns diese Arbeit nicht mehr so gut, und wir geben dann dem Hang zu kindlichen Verhaltensweisen nach.

FREUD: Wir wissen gut, wie Kinder in der Zeit kurz vor dem Einschlafen auf immer infantilere Verhaltensweisen regredieren.

HOLDER: Ich habe immer mit dem Konzept der Regression als Abwehr Probleme gehabt. Mir scheint, Miss Freud, daß Sie sich hier auf Libidoregression und nicht auf Regression als Abwehr seitens des Ichs beziehen. Ich denke, daß Regression, wie sie gewöhnlich beschrieben wird, außerhalb des Ichs stattfindet. Ich meine damit, daß nach der Abwehr eines unannehmbaren Impulses durch das Ich eine Triebregression erfolgen und ein früherer Triebinhalt wiederbelebt werden kann. Das Ich hat es dann mit einem regressiv wiederbelebten Abkömmling zu tun, der sich erneut den Durchbruch erzwingen will. Ich habe immer gedacht, daß das Ich nicht *aktiv* die Regression betreibt, wie es etwa im Falle der Verdrängung oder der Reaktionsbildung geschieht. Regression ist vielmehr etwas, das als *Folge* der Abwehr eines Impulses durch das Ich eintritt. Das läßt mich zweifeln, ob sie überhaupt eine Abwehr ist.

FREUD: Ich erinnere mich, daß gesagt worden ist, Regression sei die wirksamste Weise, in der sich die gesamte Persönlichkeit an eine unerträglich schwierige Situation anpaßt. Ich weiß nicht, ob sie sich sozusagen außerhalb des Ichs abspielt oder ob das Ich sie aktiv einsetzt. Aber sicherlich ist die Rückkehr zu einer niedrigeren Funktionsweise eine Form von Vermeidung von unerträglicher Belastung.

SANDLER: Vielleicht können wir sagen, sie sei eine Art von *Versuch*, etwas Unerträgliches zu vermeiden, indem eine Rückkehr zu einer Funktionsweise stattfindet, die für eine frühere Zeit kennzeichnend war, als es solche Konflikte nicht gab. Aber das kann das Individuum auch in Schwierigkeiten bringen, weil, wie Sie oft gesagt haben, dann als Resultat der Regression ein neuer Konflikt entstehen kann, besonders mit dem Über-Ich, das nicht mitregrediert ist. Ich muß an einen Patienten denken, der zunehmend wütend auf seine Schwiegermutter wurde, als diese zu ihm gezogen war, sich aber dieser Wut nicht bewußt war. Seine verdrängten bösen Wünsche bewirkten eine Wiederbelebung infantil-sadistischer Wünsche, die sich in einem relativen Ruhezustand befunden hatten. Aufgrund der wiederbelebten sadistischen Wünsche wurde der Konflikt des Patienten verstärkt. Sein Ärger über die Schwiegermutter hatte ganz unbewußt den Wunsch erweckt, sie zu töten und zu verstümmeln. Die Regression verstärkte dann einen neurotischen Konflikt, aber ich glaube nicht, daß in diesem Fall die Regression eine Abwehr war.

FREUD: Was Sie beschreiben, ist mehr eine Wiederbelebung als eine Regression. Ich denke, daß das neue Erlebnis das frühere anstößt, es wiederbelebt, die früheren Gefühle in die Gegenwart bringt.

SANDLER: Sie würden dann also nicht sagen, daß ein Kind, das böse ist, seine Beherrschung verliert, voller Wut anfängt, mit Gegenständen um sich zu werfen und ein Chaos anrichtet, eine Regression zeigt?

FREUD: Ich würde es als eine Überwältigung der Kontrolle des Ichs durch die Stärke der Affekte bezeichnen.

SANDLER: Dies bringt uns zu dem interessanten Punkt, ob die Triebe, die man als regressiv wiederbelebt betrachten kann, normalerweise zwar aktiv, aber unter Kontrolle gehalten sind. Oder befinden sie sich in Ruhe, können aber reaktiviert werden? Oder gibt es beide Vorgänge? Mir scheint, wir sollten unterscheiden zwischen etwas, das aktiv ist, aber ständig erfolgreich abgewehrt, durch Gegendruck zurückgehalten oder in irgendeiner Weise abgelenkt wird, und andererseits etwas, das nur in relativ latenter Form vorhanden ist, das aber an Stärke gewinnen kann, wenn es wiederbelebt wird (in Begriffen der Energietheorie würde man vermutlich »wiederbesetzt« sagen).

FREUD: Wie steht es mit dem Verbrechen aus Leidenschaft, wenn jemand einen anderen in einem Wutanfall umbringt? Wie würden Sie das definieren? Es braucht sich dabei gar nicht um jemand zu handeln, der besonders zu Wutanfällen neigt, oder der seine mörderischen Impulse kennt. Auf der anderen Seite wissen wir, daß es solche Mordimpulse gibt, daß sie in jedem vorhanden sind, aber in der Verdrängung und unter Kontrolle gehalten werden. Aber irgendwann kann das Individuum von Leidenschaft überwältigt werden, und die Ich-Kontrolle geht verloren. Ich denke, es ist im wesentlichen eine quantitative Angelegenheit, und was wir sehen, ist, daß in so einem Augenblick der Affekt und der Impuls stärker sind als die Hemmungen, die sie gewöhnlich in Schach halten.

Sandler: Vielleicht könnten Sie etwas zur klinischen Bedeutung des Unterschieds von Kindern sagen, bei denen eine Kontrollschwäche seitens des Ichs besteht, so daß infantile Ausdrucksweisen freie Bahn haben, und solchen Kindern, bei denen es aufgrund einer Regression oder einer plötzlichen Stimulierung eines infantilen Wunsches zu einer Verstärkung der Impulse kommt.

Freud: Wir kennen beide Situationen. Das Ergebnis ist das gleiche, weil das Gleichgewicht gestört ist. Das Gleichgewicht kann von der einen oder von der anderen Seite her gestört werden. Es kann gestört werden, weil aus irgendeinem Grunde der Impuls überwältigend wird, oder weil das Ich ungewöhnlich geschwächt wird. Die Gründe sind unterschiedlich, aber die Auswirkung ist dieselbe.

Sandler: Könnten Sie etwas zur Frage der Über-Ich-Regression sagen, Miss Freud? Wir sagen gewöhnlich, daß das Über-Ich nicht regrediert, doch wir sprechen auch davon, daß archaischere Formen von Über-Ich-Funktionieren wiedergekehrt seien; oder wir sagen auch, das Über-Ich sei aufgrund einer Regression sadistischer geworden.

Freud: Man nennt das für gewöhnlich nicht Regression, sondern eher eine Auflösung des Über-Ichs – wie in dem Spruch, das Über-Ich sei derjenige Teil des seelischen Apparates, der in Alkohol löslich ist.

Sandler: Ich dachte dabei an die Veränderung im Über-Ich, die wir bei der Melancholie, bei der Form der Depression mit Selbstanklagen vorfinden.

Freud: Das Über-Ich wird grausamer. Man könnte es durchaus als eine Regression bezeichnen.

Evans: Könnten Sie etwas zur Regression des Ichs sagen? Sie verläuft angeblich nach anderen Gesetzmäßigkeiten, aber mir ist das nie richtig klar geworden.

Freud: Wir haben dieses Thema schon viel diskutiert. Das Ich folgt andersartigen Gesetzen, was die Regression angeht. Mit Regression ist hier eigentlich etwas anderes gemeint, aber wir verwenden die gleiche Bezeichnung dafür. Die ältere Vorstellung lautete, daß die Libido in der Regression auf Fixierungsstellen zurückkehre, zu früheren Wegstationen, wo ein Teil der Libido zurückgelassen wurde.

Diese Vorstellung läßt sich natürlich nicht für das Ich verwenden. Beim Ich sehen wir lediglich eine Regression auf frühere Stufen, ohne daß wir annehmen, die Libido ziehe es zurück auf spezifische Fixierungsstellen.

SANDLER: Wollte man diesen Gedanken weiter ausführen, könnte man sagen, daß es bestimmte Weisen des Ich-Funktionierens gibt, die in bestimmten Entwicklungsphasen besonders *befriedigend* sind. Man könnte dann von einer funktionellen Fixierung des Ichs sprechen und sagen, daß bei der Ich-Regression die Person etwa zu früheren Abwehrmechanismen oder zu früheren Denkweisen zurückkehrt, die damals Befriedigung oder Sicherheit boten. Das wäre dann etwas anderes als die von Ihnen beschriebene Ich-Regression, die immer weiter zurückgeht und meines Erachtens mehr für hirnorganische Zustände kennzeichend ist.

FREUD: Ich meine noch immer, daß es einen Unterschied gibt zwischen einer Funktionsweise, die Lust, Befriedigung oder Sicherheit auch der Ichseite geboten hat, und der eigentlichen libidinösen Fixierung an eine libidinöse Entwicklungsstufe. Ich meine, das letztere ist direkter und grundsätzlicher, aber ich kann durchaus auch die andere Seite sehen.

SANDLER: Ich habe in der letzten Zeit viel darüber nachgedacht, ob und wie das dringende Bedürfnis nach Bewältigung von Angst oder irgendeiner Bedrohung ebenso groß wie das Drängen eines Triebwunsches sein kann und von da aus auch zur Regression beitragen mag. Der Druck zum Funktionieren auf eine für eine frühere Entwicklungsstufe charakteristische Weise sowie die Erleichterung, die durch solches Funktionieren herbeigeführt wird, könnte man als ebenso groß wie bei den Trieben betrachten. Der Lustgewinn dürfte allerdings weniger groß sein.

FREUD: Es ist nicht die gleiche Lust. Was dabei erreicht wird, ist die bestmögliche Weise, einer unerträglichen Belastungs- oder Angstsituation zu entkommen.

HELLMAN: Als wir während des Krieges in den Hampstead Nurseries die Kleinkinder beobachteten, brachten wir die Ich-Regression weniger mit Lustgewinn als vielmehr mit Streßverminderung in Verbindung.

BERGER: Kann es denn überhaupt Libidoregression ohne Ich-Regression oder umgekehrt geben?

SANDLER: Wenn wir zur Konzeptualisierung von Verhaltensaspekten, an denen der gesamte Apparat beteiligt ist, Ich und Es unterscheiden und es Interessenkonflikte zwischen verschiedenen Aspekten des Psychischen gibt, dann muß das Auswirkungen auf unsere Vorstellungen von Regression haben. Miss Freud sprach an einer früheren Stelle davon, daß das Ich mit dem Es kollaboriere, und ich glaube, daß in dieser Kollaboration eine Tendenz des Ichs enthalten sein könnte, zusammen mit dem Es zu regredieren.

FREUD: Könnten wir uns vorstellen, daß ein Erwachsener auf der genitalen Stufe verbleibt, wenn er auf der Seite des Ichs schwer regrediert?

SANDLER: Möglicherweise zeigen manche Menschen mit organischen Störungen ein genitales Funktionsniveau, auch wenn sie eine Ich-Regression aufweisen. Doch davon abgesehen bin ich sicher, daß in vielen Fällen von Ich-Regression prägenitale Regungen zulässig werden, die zuvor abgewehrt wurden. Zum Beispiel läßt der arteriosklerotische alte Mann, der im Park exhibiert, etwas zu, das zwar schon zuvor ganz aktiv gewesen sein mag, mit dem er aber auf eine andere Weise umgegangen war.

FREUD: Ja, wir können sagen, solchen Impulsen werde der Zugang zur Oberfläche gestattet, und nicht, sie seien durch Regression hervorgebracht worden.

SANDLER: Unsere Diskussion hat deutlich werden lassen, daß es eine Unterscheidung zwischen Freigabe und Regression gibt, die wir noch weiter untersuchen sollten.

FREUD: Und das beantwortet auch die Frage nach dem Verbrechen aus Leidenschaft. Es handelt sich um eine Freigabe, nicht um eine Regression.

SANDLER: Könnten wir nun weiter zur Frage der Verdrängung gehen? Wir können fragen, ob die Verdrängung ein Element aller Abwehr sei, ein Grundbaustein jeder der beschriebenen Abwehrformen. In der ersten Phase der Psychoanalyse, in der Freud den Kindheitsträumen so große Bedeutung beimaß, wurde die Verdrängungsabwehr in Zusammenhang mit der Dissoziierung des Affekts und der mit dem Affekt verbundenen Erinnerungen eingeführt. Was würde man heute zur Frage der Verdrängung von Gefühlen sagen? Sie haben von Reaktionsbildung in bezug auf Gefühle gesprochen, Miss Freud. Würden Sie sagen, daß Verdrängung aus unserer heutigen Sicht sich nur gegen Vorstellungsinhalte richtet, so daß infolgedessen die damit assoziierten Gefühle nicht angeregt werden, oder würden Sie sagen, daß man tatsächlich auch verdrängte Gefühle haben kann?

FREUD: Wissen Sie, als ich das Buch schrieb, stand ich unter dem Einfluß der damals herrschenden Vorstellungen, und es gab zu der Zeit viel Verwirrung über die Vorstellung der unbewußten Affekte.

SANDLER: Das Problem muß deswegen so schwierig geworden sein, weil es zwar offensichtlich vorbewußte Gefühle oder Gefühle im unbewußten Teil des Ichs geben kann, wie Freud 1926 in »Hemmung, Symptom und Angst« gezeigt hat, aber dies nicht notwendigerweise heißt, daß es auch im System Unbewußt, im dynamischen Unbewußten oder im Es Gefühle gibt.

FREUD: Das ist eine Schwierigkeit, die ich immer mit der Theorie Melanie Kleins gehabt habe, in der von tiefer Angst im Unbewußten die Rede ist, aber wir können doch nur Angst bekommen, wenn das bedrohliche Material das Ich erreicht.

SANDLER: Ich denke, die Kleinianer setzen vielleicht das deskriptiv Unbewußte mit dem dynamisch Unbewußten gleich. Daraus resultiert viel theoretische Verwirrung.

FREUD: Unbewußte Angst ist nicht dasselbe wie Angst im Unbewußten. Wir müßten sagen, daß nur Material, das das Vorbewußte oder das unbewußte Ich erreicht, abgewehrt werden kann, aber daß dieses Material sicherlich auch Gefühle einschließt, weil die Zensur ja nicht an der Grenze zwischen dem Unbewußten und dem Vorbewußten endet. Die Abwehr erfolgt durch das Ich, einschließlich der Abwehr von Gefühlen, und diese Abwehrtätigkeit findet im unbewußten Teil des Ichs statt.

SANDLER: Die Isolierung hat immer Schwierigkeiten bereitet. Wir sprechen manchmal einfach von Isolierung, manchmal aber auch von Affektisolierung. Als Sie von Isolierung sprachen, Miss Freud, haben Sie damit etwas gemeint, das im Bewußtsein nur deswegen geduldet wird, weil die dazugehörigen Gefühle beseitigt worden sind, und das sonst verdrängt würde?

FREUD: Ja, das war gemeint.

EVANS: Es gibt auch ein Konzept von Isolierung als eine künstliche Trennung zweier Inhalte, die zusammengehören.

FREUD: Ich glaube nicht, daß dies die ursprüngliche Bedeutung war. Die ursprüngliche Bedeutung war die Isolierung eines Affekts von der Vorstellung, mit der er ursprünglich verbunden war.

SANDLER: Was Dr. Evans meinte, ist vielleicht etwas, das wir unter die Überschrift »Spaltung« bringen würden, aber auch das ist wieder ein Terminus mit mehreren Bedeutungen.

KENNEDY: Ein Problem im Hinblick auf Spaltung ist die Frage, was mit dem Affekt geschieht. Ist dabei eine Affektverdrängung beteiligt?

FREUD: Bei der Isolierung wird der Affekt gewöhnlich verschoben, ferngehalten, in sein Gegenteil verkehrt oder verleugnet. Wichtig dabei ist, daß im Ergebnis der Affekt nicht mehr mit seiner eigentlichen Herkunft, der ursprünglichen Vorstellung verbunden wird.

SANDLER: Es sind also eine ganze Reihe von Vorgängen möglich, die zur Affektisolierung führen.

BERGER: Ich denke, wir haben es mit Isolierung zu tun, wenn ein Patient sich an eine schmerzliche Begebenheit erinnert und sagt, daß er sich nicht mehr daran erinnert, was er zu dem Zeitpunkt fühlte. Ich erinnere mich aber an einen bestimmten Patienten, der mir von einem unangenehmen Erlebnis berichtete. Obwohl er sich an seine Gefühle dabei nicht erinnern konnte, wischte er sich eine Träne fort. Als ich ihn dazu fragte, sagte er, es käme vom Schnupfen. Wenn wir also auch sagen können, er habe eine Affektisolierung gebraucht, muß der Affekt doch in Zusammenhang mit der Erinnerung präsent gewesen sein, sonst wäre ihm die Träne nicht gekommen.

SANDLER: Eines unserer Probleme liegt darin, daß wir beim Sprechen über Affekt dazu neigen, zwei unterschiedliche Aspekte zusammenzunehmen. Der eine ist die physiologische Reaktion, der andere das subjektive Gefühl. Vermutlich konnte dieser Patient die körperliche Reaktion nicht abwehren, doch seine Abwehr richtete sich wahrscheinlich gegen die Gefühlsseite des Affekts. Dies bringt uns wieder zu dem schwierigen Gebiet der Gefühlsverdrängung. Ich glaube, es gibt sehr gute Argumente dafür, daß Gefühle seelische Inhalte sind, ebenso wie die Vorstellungsinhalte. Wenn man Erinnerungen an Gefühle haben kann, warum sollte man sie dann nicht auch verdrängen können? Ich stelle mir vor, daß bei Mrs. Bergers Patienten die Gefühle nahe an der Oberfläche gewesen sein müssen, als ihm die Träne kam.

ROSENFELD: Ich möchte auf die Rolle des Objekts bei dieser Art Abwehr aufmerksam machen. Manchen Kindern wird gesagt, sie sollten sich zusammennehmen, und das kann dann die besondere Abwehrform einleiten, von der wir sprechen. Wir sehen daran, wie

steuernd die Rolle des Objekts für die Förderung bestimmter Abwehrformen ist. Das scheint mir wichtig für die Ausbildung von Abwehrmustern bei Kindern zu sein.
SANDLER: Vermutlich ist der Einfluß des Objekts auf verschiedene Abwehrformen unterschiedlich. Das Objekt könnte bei der Entwicklung von Reaktionsbildungen eine größere Rolle spielen als etwa bei der Verdrängung.
HELLMAN: Affektverleugnung hat vermutlich etwas mit sozial nicht akzeptierbaren Gefühlen zu tun und ist daher mehr objektbezogen.
SANDLER: Affektverleugnung ist jetzt schon mehrere Male erwähnt worden. Sie kommt in der Abwehrliste nicht vor, von der wir gesprochen hatten, und wir sollten uns eigentlich fragen, was wir darunter verstehen. Ist sie so wie die gewöhnliche Verleugnung, bei der der Affekt zwar vorhanden ist, aber ignoriert wird, oder ist sie das, was Verleugnung in der Fantasie genannt wurde? Ist sie dasselbe wie Affektisolierung? Oder stellen wir uns dabei die Verleugnung als das Ergebnis einer Haltung der Person dem Affekt gegenüber vor?
KENNEDY: Ich denke mir dabei einfach, daß es einen deskriptiv unbewußten Gefühlszustand geben kann, den man sich im Bewußtsein nicht zu erleben oder anzuerkennen gestattet.
SANDLER: Ich glaube, man könnte sagen, die Aufmerksamkeit sei vom Gefühl abgezogen worden, wenn es aber genügend stark wird, dann müßte die Person sich seiner bewußt werden. Ich vermute, daß manchmal noch eine Gegenkraft hinzukommt, und wir würden uns dann dem Konzept der Verdrängung nähern.
KENNEDY:In der üblichen klinischen Arbeit ist es manchmal ganz leicht, den Patienten den Anschluß an die ferngehaltenen Gefühle zu ermöglichen.
SANDLER: Es ist interessant, daß Sie von »ferngehaltenen« Gefühlen sprechen.
KENNEDY: Natürlich ist das etwas ganz anderes als Affektisolierung. Wenn Isolierung gebraucht wird, ist sehr schwer an den Affekt heranzukommen.
SANDLER: Wir müssen anscheinend zwischen Affektisolierung und Affektverleugnung oder Affektfernhalten einen Unterschied machen.

Zweite Sitzung

Sandler: Wir kommen nun zum Mechanismus des Ungeschehenmachens, den wir oft als »doing and undoing« bezeichnen. Es taucht die Frage auf, ob wir zwischen einfachem Ungeschehenmachen und »doing and undoing« als einem spezifisch zwanghaften Mechanismus unterscheiden sollten. Wir sprechen manchmal von »Ungeschehenmachen«, wenn jemand etwas rückgängig machen muß, was er getan hat, weil er sich hinterher schuldig fühlte. Das ist sicher nichts Zwanghaftes. Gelegentlich hören wir auch von jemand, der zum Persönlichkeitstyp der »am Erfolg Scheiternden« gehört, der seinen Erfolg rückgängig machen muß, weil er sich schuldig fühlt. Sollten wir dafür den Terminus »Ungeschehenmachen« verwenden oder ihn lieber für das »doing and undoing« des Zwangsneurotikers reservieren?
Freud: Wenn ein Zwangsneurotiker etwas an eine bestimmte Stelle legt und es dann wieder wegnimmt, ist das sicherlich »Machen und Ungeschehenmachen« (doing and undoing), aber es gibt noch etwas anderes, das Zwangskranke tun. Ein solcher Patient, den ich behandelte, hatte sehr große Angst davor, Aggression welcher Art auch immer zu zeigen, und er mußte derlei Vorfälle in seinen Gedanken endlos viele Male überprüfen. Das war eine Art von Ungeschehenmachen. Er ging das Geschehen innerlich wieder durch bis zu dem Moment, da das Schlimme passierte, und machte nun innerlich ungeschehen, was da geschehen war. Er setzte etwas anderes an dessen Stelle, so daß die Gefahr vermieden wurde. Auf diese Weise machte er das Geschehen ungeschehen.
Sandler: Muß jemand zwangsneurotisch sein, um so etwas zu tun?
Freud: Ja, ich meine schon. Oder er muß zumindest einen Zwangscharakter haben. Er mußte das zwanghaft so lange tun, bis der gefährliche Vorfall völlig beseitigt war, bis er wirklich ausgelöscht war.
Sandler: Das wäre recht verschieden von der Art des symbolischen Kompromisses, der beim zwanghaften Tun und Ungeschehenmachen stattfindet, wo der Wunsch durch eine Handlung befriedigt wird und die Abwehr im Ungeschehenmachen erscheint.
Freud: Mein Patient glaubte wirklich, daß man auf psychischem Wege ein Geschehen nachträglich ungeschehen machen könne.
Sandler: Sie meinen also nicht das zwanghafte Tun und Ungeschehenmachen.

FREUD: Als ich von Tun und Ungeschehenmachen sprach, meinte ich im Grunde beides.
SANDLER: Wären dann beides Abwehrmechanismen?
FREUD: Ja, sicher. Bei manchen Patienten, die nicht zwangskrank sind, begegnen wir Symptomen wie zwanghaftem Essen und anschließendem Erbrechen. Ist das nicht eine Form von Ungeschehenmachen dessen, was man aufgenommen hat?
SANDLER: Sie meinen, die psychische Bedeutung des Geschehens werde ungeschehen gemacht.
FREUD: Ja. Wissen Sie, die Kindererziehung geht manchmal ganz sonderbare Wege. Sagen wir einmal, ein kleines Kind im Alter von zwei oder drei Jahren hat einem anderen Kind weh getan; die Kindergärtnerin oder die Mutter sagt dann: »Du mußt jetzt hingehen und dies und das tun, dann ist es wieder gut.« Das ist doch wirklich dem Zwangssymptom sehr ähnlich, nicht wahr? Ein Kind geht die Treppe hinauf und behandelt dabei das Geländer ziemlich grob. Dann sagt man zu ihm, es solle noch einmal herunterkommen und das Geländer streicheln, damit die Schmerzen, die es ihm zugefügt hat, wieder weggehen. Das wäre Tun und Ungeschehenmachen. Ich erinnere mich an einen kleinen Jungen in den Hampstead Nurseries, einen Dreijährigen, der anderen Kindern Haare ausriß. Er packte das Haar und riß es aus, und alle waren entsetzt darüber. Die Kinderschwester erklärte ihm, daß das etwas ganz Böses sei, und daraufhin ging er wieder zu dem kleinen Mädchen, dessen Haar er ausgerissen hatte, um es wieder an dessen Kopf zurückzubringen. Das war Ungeschehenmachen, auch wenn es natürlich keinen Erfolg hatte.
HELLMAN: Es bleibt die Frage, ob es nicht einen Unterschied zwischen Ungeschehenmachen und der sogenannten Reparation gibt, also dem Wieder-»gut«-machen. Ich meine, es sei nicht ganz dasselbe. Wenn zum Beispiel ein Kind ein anderes streichelt, dem es gerade weh getan hat, dann ist ein Reuegefühl dabei. Es ist nicht dasselbe, wie wenn es einfach das Haar zurückbringt, um die Tat ungeschehen zu machen. Vielmehr ist ein Gefühl da, daß die Schmerzen irgendwie kompensiert werden müßten. Es möchte etwas tun, damit das andere Kind sich wieder besser fühlt, nicht nur einfach das Haar zurückbringen.
FREUD: Ich glaube, für ein Kind bedeutet es, das ganze Geschehen ungeschehen zu machen und das Haar zurückzugeben. Für den

Erwachsenen bedeutet es, die verletzten Gefühle wiedergutzumachen. Besonders interessant ist es, wenn ein Übergang vom physischen Handeln in einen Denkvorgang stattfindet, bei dem versucht wird, Gedanken ungeschehen zu machen, so wie beim Zwangskranken.

HELLMAN: Es gibt eine ganze Reihe von Situationen, in denen Ungeschehenmachen mittels Handeln geschieht, aber Ungeschehenmachen bezieht sich auf einen Gedanken, nicht auf eine Handlung. Ich habe ein Mädchen in Behandlung, das alle Bananenschalen aufheben muß, die es auf der Straße sieht, auch wenn sie nicht von ihr stammen. Wenn sie eine Bananenschale sieht, kommt ihr sofort der Gedanke, es könne sich jemand ein Bein brechen oder sich verletzen, und sie muß die Schale aufheben, um diese Gefahr zu beseitigen. Sie sucht die Straße nach Bananenschalen ab. Da handelt es sich eindeutig um einen Gedanken, der ungeschehen gemacht werden muß.

SANDLER: Das ist höchst interessant, denn es schafft ein Bindeglied zwischen der Reaktionsbildung und dem Ungeschehenmachen, die beide mit der Zwangsneurose zusammenhängen. Ich könnte mir vorstellen, daß das, was Sie beschrieben haben, sich zu einer Reaktionsbildung wie etwa übersteigerter Reinlichkeit entwickeln könnte.

FREUD: Und Überbesorgtheit.

BERGER: In früheren Diskussionen an der Klinik wurde gesagt, es gäbe nie ein Ungeschehenmachen ohne ein Tun. Wir hatten dabei die Berührungsrituale bestimmter Kinder im Sinn. Für sie ist der Wunsch so real, daß er aus ihrer Sicht eine Handlung darstellt. Der Unterschied zwischen Denken und Handeln ist minimal. Ich meine, wir sollten den Mechanismus Tun-und-Ungeschehenmachen nennen, nicht bloß Ungeschehenmachen.

SANDLER: Es scheint aber klar zu sein, daß der Terminus Ungeschehenmachen mehr umfaßt als das zwanghafte Handeln, gefolgt von Ungeschehenmachen. Wenn wir Dr. Hellmans Gedanken über Reparation als Ungeschehenmachen aufgreifen, so trifft es sicherlich zu, daß wir oft sehen, wie Leute versuchen, zu sühnen, zu ersetzen. Solches Ungeschehenmachen unterscheidet sich sehr von dem, über das wir gesprochen haben. Wir sehen sicherlich schon im zweiten oder dritten Lebensjahr die Anfänge von Versuchen des Kindes, in aktiver Form zu besänftigen und zu versöhnen.

HELLMAN: Das läßt sich sehr gut mit der Angst vor Liebesverlust und Versuchen des Kindes verbinden, die Situation wiederherzustellen, in der es sich liebenswert fühlte. Es ist ein Versuch, das Gefühl zu beseitigen, nicht mehr gut genug für Anerkennung und Wertschätzung zu sein. Meiner Meinung nach fängt das schon in der präverbalen Phase an.
SANDLER: Und es kann sich mit dem Gefühl verbinden, Unrecht getan zu haben, das noch kein Schuldgefühl, aber ein Vorläufer davon ist, insofern es sich auf die elterlichen Haltungen bezieht und auf die von den Eltern erwarteten Sanktionen. Natürlich wird dann sehr viel später, bei der Entwicklung von Objektliebe, dieses Gefühl in Besorgtheit um das Objekt umgewandelt, aber das geschieht erst sehr viel später.
FREUD: Wie jede Mutter weiß.
TYSON: Gibt es dazu irgendwelche Vorläufer, die wir bei Kindern beobachten können, aus denen sich dann die Abwehr des Ungeschehenmachens entwickeln kann?
SANDLER: Ich denke, das Kind in der analen Phase zeigt ein normales Tun-und-Ungeschehenmachen, das ganz charakteristisch für sein Spiel ist. Es füllt etwa unentwegt Perlen in ein Gefäß, nimmt sie wieder heraus, tut sie wieder zurück und nimmt sie dann wieder heraus. Ich denke, es handelt sich dabei um Teile des Entwickelns von Mitteln, die es zur Prüfung und Kontrolle seiner Umwelt braucht. Das ist eine ganz normale Betätigung, und mir scheint, daß die Abwehr aus dieser normalen Aktivität hervorgehen kann.
FREUD: Ja, es hat gelernt, daß es etwas ungeschehen machen kann. Sehr interessant ist, wenn zwei Kinder sich diese Tätigkeit teilen. Ich habe einmal zwei Kleine in der Nursery School beobachtet. Das eine war völlig damit beschäftigt, das ganze Geschirr aus dem Eßzimmerschrank herauszuräumen, das andere stellte gleich darauf alles wieder zurück. Keines von beiden störte sich am Tun des anderen, aber das Tun und das Ungeschehenmachen paßten perfekt zusammen.
W. E. FREUD: Ich bin mit der Gleichsetzung der Tätigkeit des Kindes, etwas hineinzugeben und wieder herauszunehmen, und dem Abwehrmechanismus Tun-und-Ungeschehenmachen nicht so ganz glücklich. Für das letztere braucht es doch eine Art Über-Ich und die Vermeidung eines Konfliktes.
SANDLER: Vielleicht könnte man sagen, die Spieltätigkeit des Kin-

des mache ihm eine Art von Funktionslust, aber sie bahnt zugleich auch Muster und Mittel für spätere Konfliktlösungen. Kinder spielen mit dem Tun-und-Ungeschehenmachen, es ist für sie befriedigend und bietet ihnen Sicherheit. Äußeres Spielen in der analen Phase wird zum Spielen mit Worten, und dies wiederum zum Spielen mit Gedanken. Wäre es nicht zutreffend zu sagen, daß es sich dabei um eine Funktionsweise handelt, über die das Ich verfügen kann, und wenn sie später zu Abwehrzwecken gebraucht wird, kann sie als ein Abwehrmechanismus bezeichnet werden? Ich könnte mir vorstellen, wenn eine solche spezielle Betätigung dem Kind viel Befriedigung und Sicherheit geboten hat, und ein Gefühl von Meisternkönnen, wird es später eine Neigung dazu haben, diese Funktion auch als Abwehr zu gebrauchen.

FREUD: Bei manchen Kindern kann man beobachten, daß sie am Umwerfen eines Aufbaus von Bauklötzen ebensoviel Spaß haben wie am Aufbauen, und das sind möglicherweise auch die Kinder, die später zwanghaft werden. Es ist sehr schwierig zu sagen, ob man das besser eine Vor-Phase als einen Vorläufer zwanghafter Betätigungen nennen sollte, aber sicher müssen Abwehrmechanismen immer auf bestimmte Fähigkeiten gegründet werden. Ob das nun Ich-Fähigkeiten sind, oder etwas, das aus dem Primärprozeß hervorgeht, ist eine andere Frage.

SANDLER: Ich bin überzeugt, daß die Abwehrmechanismen mit dem perzeptiven und kognitiven Stil des Individuums in Beziehung stehen. Jemand kann einen Stil des Denkens und Wahrnehmens haben, der die Funktionsweise seiner Abwehr in latenter Form erkennen läßt. Wir können beispielsweise einen Denkstil sehen, in dem das Kategorisieren eine wichtige Rolle spielt; das ist zwar nichts eigentlich Zwanghaftes, aber es könnte auf eine Prädisposition für die Entwicklung einer Zwangsabwehr hinweisen. Es gibt andere Leute, die in ihrer normalen Wahrnehmung und Kognition viel davon zeigen, woraus die Mechanismen Verleugnung und Verdrängung erwachsen könnten.

FREUD: Ja. Sie werden sich erinnern, daß es Hartmann war, der als erster darauf hingewiesen hat, daß die von uns so bezeichneten Zwangsmechanismen schon sehr früh vorhanden sind, um Ordnung in unsere Gedanken zu bringen.

SPRUIELL: Läßt sich das nicht auch mit Hartmanns Idee vom Funktionswechsel verbinden? Das, wovon wir sprechen, spiegelt einen

Funktionswechsel wider, wenn es in einem Abwehrvorgang verwendet wird.
FREUD: Sie meinen, eine Funktion wird zuerst erworben und dann an anderer Stelle eingesetzt? Dem würde ich zustimmen.
SANDLER: Es könnte uns nützlich sein, wenn wir jetzt Projektion diskutierten. An der Klinik beschränken wir derzeit den Gebrauch dieses Terminus auf die Zuschreibung einer unerwünschten Regung an eine andere Person, wobei die Regung dann als etwas erlebt wird, was von außen her wieder auf die Person selbst zurückkommt. Wenn also jemand wütend auf einen anderen ist, dann erlebt er es so, daß dieser andere auf ihn wütend sei. Wir verwenden den Terminus »Externalisierung« für ähnliche Vorgänge, denen jedoch die Eigenschaft des »Zurückkommens« fehlt. Wir verwenden also eine sehr eng gefaßte Definition, und es gäbe gute Gründe für den Einwand, sie sei viel zu eng, denn in der allgemeinen psychoanalytischen Literatur findet man die Tendenz, das Projektionskonzept für alle möglichen Arten von Externalisierungen zu gebrauchen. Zum Beispiel projiziert jemand einen Aggressionswunsch auf eine andere Person und erlebt es dann so, als habe die andere aggressive Absichten gegenüber einer dritten Person. Das hat nicht die »reflexive« Qualität, und wir würden dafür den allgemeinen Terminus »Externalisierung« verwenden. Ich bin mir nun nicht sicher, Miss Freud, ob Sie das auch so aufgefaßt hatten, als sie über Projektion schrieben.
FREUD: Historisch gesehen war die Rückwendung der projizierten Regung gegen das Selbst die erste Art Projektion, die besprochen wurde; der Terminus Externalisierung wurde nicht gebraucht. Unser Interesse galt mehr solchen Situationen, in denen die projizierte Aggression oder andere Regungen wieder an ihren Absender zurückging. Die Idee der Externalisierung oder anderer Projektionsformen kam erst später auf.
SANDLER: Man hätte also früher das Konzept auf paranoide Personen und auf Personen mit Phobien angewendet, die eine Situation deswegen als so gefährlich erlebten, weil sie ihre eigenen feindseligen Impulse hineinprojiziert hatten. Es würde auch auf den »Kleinen Hans« zutreffen.
FREUD: Ja. Zu der Zeit, als das Konzept eingeführt und zuerst verwendet wurde, hat man das Pathologische und nicht das Normale untersucht. Was wir jetzt Externalisierung nennen, bezieht sich

viel mehr darauf, was wir in Zusammenhang mit der normalen Entwicklung diskutieren.
SANDLER: Wir sehen es natürlich auch in der Behandlungssituation, besonders wenn Über-Ich-Introjekte auf den Analytiker externalisiert werden. Wir können auch verschiedene Formen von Externalisierung als Aspekte von anderen Menschen zugeschriebenen Selbstrepräsentanzen sehen, sowohl im pathologischen als auch im normalen Bereich. Ein Kind schreibt etwa eine Geschichte und externalisiert damit einen Konflikt innerhalb oder außerhalb der Behandlungsstunde.
FREUD: Was Sie zuerst als Externalisierung auf den Analytiker beschrieben hatten, hätte man wohl damals Übertragung genannt. Man hätte es nicht genügend von der Objektbeziehung unterschieden, die sich in der Analyse entwickelt und die wir heute Übertragung nennen.
SANDLER: Ich weiß, Sie haben seit einigen Jahren auf diese Unterscheidung hingewiesen.
FREUD: Aber damals hat man das gewöhnlich nicht getan.
SANDLER: Was meinen Sie, Miss Freud, zur Einschränkung der Definition von Projektion auf ihre engere Bedeutung, in der eine Rückwendung des Wunsches oder der Impulse gegen die Person selbst stattfindet?
FREUD: Meiner Ansicht nach deckt die Unterscheidung von Projektion und Externalisierung alle Phänomene ab, wenn man nur klar zwischen beiden unterscheidet.
SANDLER: Dies geht natürlich gegen den allgemeinen Trend in der Literatur, bei dem häufig der Terminus »Projektion« gebraucht wird, wo wir »Externalisierung« sagen würden.
BERGER: Ich habe eine Frage zur Projektion oder zur Externalisierung – wie Sie es auch immer nennen. Man findet oft bei Kindern eine Art des Verallgemeinerns, bei der das Kind denkt: »Ich fühle so, deswegen fühlen alle so.«
FREUD: Wenn es diese Art der Zuschreibung eigener Gefühle auf andere nicht gäbe, dann könnte das Individuum auch nicht lernen, zu projizieren.
SANDLER: Man hört viel über primitive Projektion und Introjektion bei den allerkleinsten Kindern. Ist da nicht etwas anderes gemeint als das, was wir unter den Abwehrmechanismen von Projektion und Introjektion verstehen?

Freud: Ja, die primitiven Es-Vorgänge werden erst später vom Ich als Abwehrmechanismen übernommen.

Sandler: Ich möchte der Diskussion noch eine Idee hinzufügen (von deren Gültigkeit ich recht überzeugt bin), nämlich daß eine Form ganz primitiver und flüchtiger primärer Identifizierung ganz normalerweise beim Erwachsenen weiterbesteht. Ich glaube, wenn wir ein Objekt wahrnehmen, dann setzen wir uns für einen kurzen Moment mit ihm gleich, wenn auch das Ich beinahe unmittelbar die Grenzen aufrichtet. Man könnte das als Abgrenzungs-Funktion des Ichs bezeichnen. Wir sehen solche persistierende primäre Identifizierung in der Weise, wie wir uns bewegen, wenn wir beim Reiten, Schlittschuhlaufen oder Ähnlichem zuschauen. Wenn wir uns nicht besonders kontrollieren, bewegen wir uns in der gleichen Weise wie die Person, die wir wahrnehmen. Die primäre Konfusion der ganz frühen Kindheit persistiert auf irgendeine Weise. In manchen psychotischen oder toxischen Zuständen, oder wenn man nicht voll bei Bewußtsein ist, erfolgt die Abgrenzung nicht ganz so rasch, und wir können etwas von der Konfusion bemerken.

Freud: Dazu gibt es eine interessante Parallele; wir wissen nämlich, daß bei der Verfolgung von Minderheiten, gegen die Greueltaten verübt werden, ein Abzug des Gefühls des Einander-gleichseins vorausgeht. Es wird durch ein anderes Gefühl ersetzt, »wir sind nicht einander gleich, Du und ich«. Es ist ein Prozeß der Entmenschlichung, der am Opfer vollzogen wird. Ohne dieses vorangegangene Abziehen oder Abgrenzen könnte das Nachfolgende nicht geschehen, eben wegen des Gefühls von Gleichsein und Empathie, das erst beseitigt werden muß.

Sandler: Das würde bedeuten, daß die Grenzen noch weiter verstärkt und so betont werden, damit die Vorteile der Projektion umso größer sein können. Man kann dann auf Unterschiede wie Hautfarbe oder jüdisches Aussehen hinweisen und sie so übertreiben, daß das Gefühl, es gebe nichts Gemeinsames mehr, noch verstärkt wird.

Freud: Ja, das ist eine sehr interessante Idee.

Sandler: Können wir uns noch eine Weile mit der Projektion befassen? Ich möchte gerne klären, ob es immer der gleiche Impuls ist, der in der Rückwendung gegen einen selbst erlebt wird. In manchen Fällen scheint es derselbe zu sein, und in anderen Fällen wird er abgewandelt. Jemand könnte sagen, die andere Person sei ihm böse, aber das Abgewehrte ist ein Todeswunsch, hat also einen anderen Inhalt.

FREUD: Man muß nur böse genug sein, dann wird daraus ein Todeswunsch. Ich frage mich, ob es wirklich ganz verändert wird. Ich glaube nicht. Wenn es so wäre, würden wir es nicht Projektion nennen.

SANDLER: Ich habe die Projektion, wie Freud sie im Bezug auf homosexuelle Wünsche bei der Paranoia formulierte, nie so ganz verstanden. Der Vorgang mündet darin, daß die Person eine Art penetrierende Attacke erlebt, doch der Wechsel von »Ich liebe ihn« zu »Er liebt mich« und dann zu »Er haßt mich« ist eine Umwandlung, die zwar oft als Projektion bezeichnet wurde, aber offenbar doch komplizierter als einfache Projektion ist.

FREUD: Ja, denn wenn es eine einfache Projektion wäre, würde die verpönte Liebe zu einem anderen Mann als dessen verpönte Liebe zu der ursprünglichen Person zurückkommen. Aber inzwischen hat sich ereignet, was Sie beschreiben; die Liebe ist in Haß verwandelt worden.

SANDLER: Ich habe das nie als Bestandteil der Projektion verstanden.

FREUD: Es ist kein Bestandteil der Projektion, sondern ein Umkehrungsvorgang, der zur Projektion hinzutritt.

HELLMAN: Also gibt es bei der Paranoia, die auf unbewußte homosexuelle Wünsche zurückgeht, eine zusätzliche Abwehr. Es gibt da nicht nur eine Projektion, sondern auch eine Verkehrung ins Gegenteil.

FREUD: Mit bloßer Projektion des homosexuellen Wunsches wäre kaum etwas erreicht. Es gäbe nach wie vor eine homosexuelle Beziehung, nur wäre die passive und die aktive Rolle vertauscht. Um eine wirksame Abwehr zu erreichen, muß auch der Affekt verwandelt werden.

SANDLER: Man kann die einfachere Form der Projektion bei Personen sehen, die glauben, andere seien darauf aus, sie zu verführen.

FREUD: Ich glaube, daß das mehr eine Externalisierung ist. Wir sehen sie manchmal bei präpsychotischen Zuständen. Ein Mann fährt mit dem Bus oder der U-Bahn und glaubt, alle Mädchen machten ihm heimlich Avancen. Doch es sind nur seine eigenen Avancen den Mädchen gegenüber, die er heimlich wünscht. Das nennen wir nicht

Projektion. Es ist eigentlich eine Externalisierung des Impulses. Das Mädchen hat ihn dann, nicht der Mann selbst.
SANDLER: Aber es ist sein Wunsch, Avancen zu machen, und an seiner Stelle erlebt er, daß ihm Avancen gemacht werden. Warum sollte das keine Projektion sein?
FREUD: Man entledigt sich eines verpönten Wunsches, indem man ihn anderen zuschreibt. So etwas passiert sehr häufig.
SANDLER: Ist das nicht dasselbe wie einen aggressiven Wunsch zu projizieren?
FREUD: Ja, es ist dasselbe, aber wir nennen es nicht Projektion.
BERGER: Warum nicht?
FREUD: Ich weiß es nicht. Ich denke jetzt an die allgemeine Verwendungsweise. Es wird normalerweise nicht Projektion genannt. Man würde es Projektion nennen, wenn diese anderen Leute zu Verfolgern würden.
EDGCUMBE: Sagen wir Projektion nur in Verbindung mit Aggression?
FREUD: Vielleicht nur dann, wenn eine Beimischung von Aggression vorliegt.
HELLMAN: Ist die Projektion nicht auch wunscherfüllend?
FREUD: Ja.
SANDLER: Bei paranoiden Personen findet eine Verstärkung der narzißtischen Zufuhr statt, weil der Betreffende zum Mittelpunkt der Aufmerksamkeit wird. Wenn jemand die Vorstellung hat, alle Mädchen machten ihm schöne Augen, dann kann er damit seinen Narzißmus aufmöbeln und vielleicht eine Zeitlang seine Minderwertigkeits- und Hilflosigkeitsgefühle beiseite schieben, die mit dem Wissen um die eigenen unerfüllbaren sexuellen Wünsche einhergehen. Ich glaube, es gibt auch eine Wunscherfüllung mittels einer Art unbewußter Grundidentifizierung mit dem Verfolger, selbst wenn die Grenzen zum anderen klar gezogen sind.
FREUD: Ich erinnere mich an eine Patientin, die wirklich die sexuelle Erregung bei den anderen Leuten bemerkte, statt sie als ihre eigene zu erkennen. Es ist nicht ganz dasselbe wie Projektion, aber es scheint so viele Randphänomene zu geben, die wir etikettieren möchten. Ich denke, ein Problem bei der Formulierung einer Definition liegt darin, daß wir den Vorgang so definieren möchten, daß er sämtliche Impulse umfaßt. Auch wenn es allgemeiner Usus ist, den Terminus Projektion in weitem Sinne zu gebrauchen, sollten wir

doch an Externalisierung für die allgemeine Klasse dieser Vorgänge festhalten und Projektion für die Externalisierung eines bei sich selbst verleugneten Impulses auf einen anderen vorbehalten, für einen Impuls, den man als gegen sich selbst gerichtet erlebt.

EDGCUMBE: Freud gibt in seiner Arbeit »Über einige neurotische Mechanismen bei Eifersucht, Paranoia und Homosexualität« das Beispiel, daß jemand, der einen Wunsch nach Untreue hat, nun glaubt, seine Frau sei ihm untreu. Freud nennt das Projektion, aber er sagt, daß es nicht einfach die Verlagerung der eigenen Regungen auf die andere Person sei. Auch ging es hier mehr um eine libidinöse als um eine aggressive Regung.

SANDLER: Wenn wir dem folgen, was früher gesagt worden ist, dann müßten wir es eine Externalisierung nennen.

FREUD: Hier ist etwas vom zurückgewendeten Impuls vorhanden, weil am Ende der Geschichte nicht der Mann seiner Frau untreu ist, sondern vielmehr sie ihn betrügt.

SANDLER: Ja, es wäre Projektion im strikten Sinne der Definition. Wäre es jedoch so, daß der Mann keine bewußten Fantasien über andere Frauen hätte, aber glaubt, seine Frau denke an andere Männer, dann wäre es eine Externalisierung.

FREUD: Ja.

SANDLER: Es ist eine völlig willkürliche Einteilung, aber vermutlich ist sie nötig.

HELLMAN: Ich beobachte Projektion ganz regelmäßig bei der Agoraphobie. Ich hatte eine agoraphobische Frau als Patientin, die mir erzählte, daß jeder Mann, an dem sie auf der Straße vorübergehe, von ihr sexuell erregt werde. Was sie bewußt erlebte, war ihre Angst, über die Straße zu gehen. Es war aber ganz offensichtlich, daß sie ihre Wünsche projizierte und sie als von außen auf sich zurückkommend erlebte.

SANDLER: Würden wir nicht sagen, daß es in der klassischen phobischen Situation immer eine Projektion oder eine Externalisierung gibt? Der Impuls wird in die Außenwelt verlegt, wo er vermieden und kontrolliert werden kann; würde er aber als der eigene erkannt, dann wäre er nicht so leicht zu kontrollieren. Aber was wird projiziert? Ist es der Wunsch oder die Gefahrsituation? Und nochmals, ist es nicht vielmehr Externalisierung als Projektion?

FREUD: Ich erinnere mich an ein Kind mit einer Schulphobie, wo aus der analytischen Arbeit ganz klar hervorging, daß die Gefahr für das Kind sein Todeswunsch gegen die Mutter war. Es war unfähig, seine Liebe von der Mutter auf den Vater zu übertragen, denn das bedeutete, die Mutter zu töten. Das erschien zunächst in Form einer Schulphobie, als Angst vor einem Jungen, den das Mädchen auf dem Spielplatz als aggressiv erlebte. Natürlich bedeutet das für uns, daß sie selbst ein aggressives kleines Mädchen sei, aber sie weigerte sich, zum Spielen nach draußen zu gehen, weil sie Angst hatte, er könne ihr weh tun. Wir würden sagen, sie hatte Angst davor, bei ihm ihrer eigenen Aggression zu begegnen. Dann fürchtete sie sich vor einem Mädchen in der Schule, das ihr ein paar aggressive Märchen erzählt hatte, und weigerte sich schließlich überhaupt, in die Schule zu gehen. In beiden Fällen fürchtete sie sich vor der Begegnung mit ihren eigenen aggressiven Todeswünschen in der Außenwelt, externalisierte sie jedoch in andere Leute, so daß sie sie vermeiden konnte.

SANDLER: Ich denke, wir müssen den Leuten die Freiheit lassen, wechselweise Projektion und Externalisierung zu verwenden.

FREUD: Bis wir es besser wissen.

SANDLER: Man sieht oft, wie Paranoide ein Stück Realität zu Projektionszwecken ausbeuten. Natürlich liegt Projektion vor, aber oft wird etwas Reales grob übertrieben. Das kann in der Arbeit mit einem paranoiden Patienten zu Schwierigkeiten führen, weil er immer Beweise dafür beibringen kann, daß es die Verfolgung, von der er berichtet, tatsächlich gibt. Wir sehen es auch bei bestimmten Fällen von Charakterstörungen, die weit davon entfernt sind, psychotisch oder paranoid zu sein, die aber die Fähigkeit haben, sich spezifische Aspekte dessen herauszusuchen, was andere Leute tun, so daß sie immer ein Stückchen Realität anführen können, um ihre eigenen Haltungen zu rechtfertigen. Sie gehen selektiv mit der Realität um, zuerst, um zu externalisieren, und dann, um zu rationalisieren. Manche Personen machen das so geschickt, daß man eine ganze Zeit überzeugt ist, daß es richtig ist, was sie erzählen. Das ist aber nicht das gleiche wie Projektion, und ich habe mir immer gedacht, man müßte es als einen unabhängigen Mechanismus klassifizieren.

FREUD: Sprechen wir nicht eigentlich von gesteigerter Empathie für das, was im anderen vor sich geht, als einem Teil des notwendigen Hintergrundes für den Mechanismus der Projektion? Die Wirklichkeit wird entdeckt und zu Projektionszwecken verwendet.

SANDLER: Ich dachte an einen meiner Patienten, der in seinem Geschäft einen Partner hat. Eine Zeitlang ging alles gut, aber jetzt führt mein Patient ausgezeichnete Gründe dafür an, daß er die Partnerschaft mit dem anderen auflösen sollte, der, soweit ich das beurteilen kann, sich eigentlich gar nicht verändert hat. Was der Patient da vornimmt, ist ein Auswählen aus der Realität für die Zwecke der Rationalisierung. Aber vielleicht ist für die Projektion wirklich ein Empathiehintergrund erforderlich, um das unbewußte Gerüst für die Projektion zu schaffen.
FREUD: Eine psychotische Person mag zwar sehr empathisch und ungewöhnlich sensibel für das sein, was in anderen vor sich geht, aber sie kann ebensooft gänzlich den Kontakt zur Wirklichkeit verlieren. Der Neurotiker auf der anderen Seite sucht sich Stücke der Realität aus, die seine Fantasien unterstützen, doch das hat nicht unbedingt etwas mit Projektion zu tun.

Dritte Sitzung

SANDLER: Ich möchte gerne mit ein paar Bemerkungen zur Introjektion beginnen. Sie haben erwähnt, Miss Freud, daß Introjektion zu der Zeit, in der Sie das Buch schrieben, als ein Triebgeschehen betrachtet wurde. Damals wurde der Terminus auch fast gleichbedeutend mit Identifizierung gebraucht. Ich habe es so verstanden, daß sich daraus keine größeren Schwierigkeiten ergaben, weil aus dem Kontext, in dem etwas Introjektion genannt wurde, hervorging, daß es sich auf die Einsetzung der Eltern als Über-Ich während der Auflösung des Ödipus-Komplexes bezog. Das war aber etwas ganz anderes als die Verwendung des Terminus für das orale »Hereinnehmen« der Umwelt durch den Säugling. Wir haben diese beiden ganz unterschiedlichen Bedeutungen des Terminus Introjektion, aber die Sachlage ist noch komplizierter geworden, weil es in den letzten Jahren eine Tendenz gegeben hat, zwischen Introjektion einerseits und Identifizierung andererseits zu unterscheiden. Über Identifizierung besteht nun etwas mehr Klarheit, weil sie mit Veränderungen in der Selbst-Repräsentanz verbunden ist, die eine Basis sowohl für die Selbstwahrnehmung als auch für das Handeln bildet. Hinsichtlich der Introjektion sind die Dinge weniger klar, weil die doppelte Bedeutung des Terminus geblieben ist. In unserer Arbeit über das Über-Ich haben wir den Terminus Introjektion eingegrenzt auf die Internalisierung der Elternautorität in der Zeit der Über-Ich-Bildung. In Ihrem Buch, Miss Freud, haben Sie jedoch Introjektion als Abwehrmechanismus aufgelistet, und meine Vermutung geht dahin, daß Sie dabei an die Weise dachten, wie die Person den Schmerz bei der Ablösung vom Objekt zu bewältigen versucht, nämlich durch Erhaltung der Bindung an das Objekt über dessen Internalisierung durch Identifizierung. Möglicherweise haben Sie es sich auch so gedacht, daß dadurch eine Art innerer Begleiter geschaffen wird, der dann einen Teil des Über-Ich bildete. Habe ich das so richtig verstanden?

FREUD: Nicht ganz. Ich weiß sehr gut, daß ich damals den Unterschied zwischen den beiden Termini oder die Unterschiede der durch sie abgedeckten Vorgänge nicht durchdacht habe. Nach meinen damaligen Eindrücken war uns der Terminus Introjektion etwas aufgedrängt worden, und ich weiß, daß mir bei seiner Verwendung nicht ganz behaglich war, aber als ich über Identifizierung schrieb, fühlte ich mich verpflichtet, Introjektion hinzuzufügen, weil es mehr und mehr als Synonym für Identifizierung gebraucht wurde. Ich möchte Sie also bitten, nicht ganz so ernst zu nehmen, was ich in diesem Zusammenhang geschrieben habe, weil ich mir damals nicht wirklich klar darüber war. Sicher hat sich, wie Ihnen bekannt ist, später die Einstellung zu diesem Terminus verändert, als die ganzen Ideen über Introjekte und innere Objekte entwickelt wurden, die mir sehr viel weiter zu reichen scheinen als die Identifizierung.

SANDLER: Da Identifizierung nicht in Ihrer Liste erscheint, können wir jetzt wohl so fortfahren, als hätten Sie dort Identifizierung und nicht Introjektion angeführt. War nicht die Vorstellung der Identifizierung im Sinne einer Abwehr damals recht geläufig?

FREUD: Es gibt auf der einen Seite die Bereicherung des Ichs durch Identifizierung, und auf der anderen Seite die Abwehrbedeutung, wie etwa bei der Identifizierung mit dem Angreifer.

SANDLER: Hat man damals die Abwehrbedeutung der Identifizierung auch als Bewältigungsversuch von Objektverlust betrachtet?

FREUD: Nein, daran hat man dabei nicht gedacht. Das gehörte in das Gebiet der Persönlichkeitsbereicherung. Man verliert zwar das Objekt, aber behält innerlich etwas davon, so daß die eigene Person sich aufgrund des Objektverlusts verändert und wächst. Die Betonung lag nicht auf der Abwehr von Verlustgefühlen. Es herrschte

die Vorstellung, wie Sie wissen, daß man Objekte nur dann aufgeben kann, wenn man etwas davon behält.
Sandler: Was wäre dann ein Abwehraspekt der Identifizierung?
Freud: Identifizierung mit dem Angreifer.
Sandler: Ich würde gerne klären, welche Aspekte Sie im Sinn hatten, als Sie Introjektion als Abwehr in Ihrem Buch anführten.
Freud: Ich nehme an, ich meinte Abwehr von Gefühlen wie Hilflosigkeit, Kleinsein, Schwachsein beim Kinde, das sich Eigenschaften von Erwachsenen aneignet, um sein Selbstgefühl zu stärken. Ich habe es dann näher mit der Vorstellung von der Identifizierung mit dem Angreifer verbunden. Die Anregung dazu gab mir Aichhorn, der zeigen konnte, wie eine Identifizierung mit einer Art idealem Objekt, einem positiven Objekt, einem starken Objekt wie einem Helden zustande kommen kann.
Sandler: Einige Leute haben darum gebeten, daß wir die genaue Unterscheidung zwischen der Internalisierung (oder Introjektion) der Eltern bei der Über-Ich-Bildung und der Internalisierung von Konflikt erörtern sollten. Sie sprechen mehrfach davon, daß ein Konflikt mit der Außenwelt durch einen internalisierten Konflikt ersetzt wird. Verbinden Sie das speziell mit der Über-Ich-Bildung, oder gibt es einen davon getrennten Vorgang in der Internalisierung von Konflikt? Wir sprechen gern davon, daß internalisierter Konflikt etwa vom fünften Lebensjahr an erscheint, mehr oder weniger zur gleichen Zeit wie die Über-Ich-Bildung.
Freud: Ich habe natürlich das gemeint, was in der Außenwelt war, ehe es zu etwas Innerem wurde, also daß der äußere Anteil des Konflikts, ein Teil der Außenwelt, inzwischen zu einem Teil der Innenwelt geworden ist. Deswegen ist der Konflikt mit dem äußeren Objekt kein innerer Konflikt mit einem Selbstanteil.
Sandler: Es ist die Auffassung vertreten worden, daß es internalisierte Konflikte schon vor der eigentlichen Über-Ich-Bildung geben könne.
Freud: Das trifft sicherlich zu. Auch hier war es wieder Aichhorn, der diesen Gedanken zuerst hatte. Die innere Autorität ist wirksamer in Anwesenheit des äußeren Objekts, das der Urheber des Verbotes ist. Wenn das Kind auf sich selbst gestellt ist, kann es mit den konflikthaften Wünschen ganz leicht zurechtkommen.
Sandler: Das ist Aichhorns Schilderung des Kindes, das den Apfel stehlen wollte . . .

Freud: . . . und dann an seinen Vater denkt, was bedeutet, daß es sein inneres Über-Ich durch den Gedanken an die äußere Figur stärkt, von der es sich herleitete.
Evans: Auch wenn eine Seite des Konflikts in der Außenwelt ist, bedeutet das nicht trotzdem, daß der Konflikt internalisiert ist, weil das Kind doch Repräsentanzen des Konflikts in sich hat?
Freud: Es kann eine Repräsentanz vom Konflikt haben oder von der äußeren, am Konflikt beteiligten Figur, die verbietet, aber das heißt noch nicht, daß wir es mit einem internalisierten Konflikt zu tun haben.
Sandler: Fenichel hat darauf hingewiesen, daß vor der Errichtung des Über-Ich eine Art Wächter aufgestellt wird, der die Reaktion der Außenwelt beobachtet. Natürlich wird dessen Tätigkeit von Fantasien verzerrt, vom Talionprinzip, von Projektionen und so weiter, so daß das Kind kein direktes Abbild der Außenwelt erhält, aber die strafende Instanz ist für das Kind noch außen lokalisiert. Das ist etwas anderes als die Externalisierung einer inneren Instanz, bei der das Kind mit einem inneren Konflikt so umgeht, daß es eine der am Konflikt beteiligten Instanzen nach außen verlegt, weil es leichter ist, einen äußeren Konflikt zu haben als einen inneren. Weil also das Kind in bestimmtem Sinne lernt, die Reaktionen der Menschen in der Außenwelt zu antizipieren (auch wenn diese Erwartungen stark entstellt sein mögen), hat es eine innere Repräsentanz davon, obwohl es sich nicht um einen inneren Konflikt handelt.
Freud: Ich meine, es gibt drei Phasen bei der Internalisierung von Konflikten. In der ersten muß die verbietende Instanz real anwesend sein. In der nächsten Phase kann die verbietende Instanz in der Szene fehlen, aber es ist der Gedanke an sie da. In der dritten Phase ist die verbietende Instanz internalisiert.
Hellman: Wir hatten reichlich Gelegenheit, die Entwicklung der Über-Ich-Internalisierung in der Nursery zu beobachten, und es ist wohl deutlich, daß das Gewahrsein des äußeren Verbotes schon viel früher als mit vier oder fünf kommt. Wir haben viele Beobachtungen, wie 18 Monate alte Kinder Mittel und Wege finden, uns zu bedeuten, »das andere Kind hat es getan« oder »das Pferd hat es getan«. Das zeigt doch ein Bewußtsein davon, daß etwas verboten ist.
Freud: Ich würde sagen, das Kind empfindet es als »jemand mag das nicht«.

HELLMAN: Ja, aber das gibt es schon in einem früheren Alter, ohne daß die verbietende Person anwesend ist.
SANDLER: Sicherlich gibt es einen Punkt, von dem an man dem Kind seine Schuldgefühle nicht mehr ausreden kann. Man spürt dann, daß eine feste Introjektion stattgefunden hat. Bis dahin kann man das Kind gewöhnlich auf irgendeine Weise beruhigen. Aber ich glaube, wir haben noch immer das Problem, wann die Über-Ich-Introjektion stattfindet; wir können zwar sagen, daß das Über-Ich zu einem bestimmten Zeitpunkt gebildet worden sei, doch wir wissen, daß die Bildung eine Zeitspanne in Anspruch nimmt. In Zusammenhang mit unserem Thema muß ich an die Alpträume des Zweijährigen denken, in denen zweifellos Hinweise auf ein internalisiertes Verbot von Aggression enthalten sind. Die Aggression wird dann auf die Angreiferfigur im Traum externalisiert. Für mich bedeutete das immer ein Muster für die spätere Funktionsweise des Über-Ichs. Es hat den Anschein, als seien die Verbote im Schlaf des Kindes wirksam. Es lohnt sich zu erkunden, in welchem Maße man das Kind beruhigen oder ihm ein inneres Verbot ausreden kann, sagen wir im Alter von zweieinhalb Jahren. Ich denke an das Kind, das immer seine Aggression unterdrückt hat und von seinen Eltern ständig darin bestärkt wurde. Vielleicht kann man erklären, was da in Begriffen von Identifizierung vor sich geht (wir wissen ja, daß Identifizierung schon sehr früh stattfinden kann), aber irgendwie scheint das nicht auszureichen, um dieser frühen Internalisierung Rechnung zu tragen.
HELLMAN: Viele Leute kann man via Identifizierung von ihren Über-Ich-Überzeugungen abbringen, wenn eine besondere Objektbindung vorhanden ist.
SANDLER: Ist da nicht ein großer Unterschied zwischen der Art von Veränderung, die man bei einem sehr kleinen Kind beobachtet, wenn man es ermutigt, und der Form von Abbringen, auf die Sie sich beziehen, bei der gewöhnlich der Person eine Formel angeboten wird, die es ihr erlaubt, ihre Über-Ich-Verbote zu ignorieren oder alternative Quellen narzißtischer Zufuhr zu erschließen?
HELLMAN: Ich sehe es als etwas Ähnliches an. Das Kind, das sich einer delinquenten Gruppe anschließt, gibt manchmal bestimmte Dinge auf, die man zu diesem Zeitpunkt bereits als feste Bestandteile seiner Über-Ich-Normen angesehen hätte.
SANDLER: Drogen können bekanntlich dasselbe bewirken. Alkohol

kann es auch, und ganz sicher auch narzißtische Zufuhr von der Gruppe.

FREUD: Manchmal tun Kinder es von sich aus. Ich denke da an einen fünfjährigen kleinen Jungen, dessen größter Wunsch ein Motorrad war. Ich erklärte ihm, er könne es nicht bekommen, weil es seiner Mutter nicht recht sei. Er sagte darauf: »Gut, dann wünsche ich es mir zum Geburtstag.« Ich sagte: »Nein, ich glaube nicht, daß sie es Dir schenken.« »Gut, dann wünsche ich es mir eben zu Weihnachten, da kann man alles haben.« Ich sagte: »Nein, das glaube ich auch nicht, es ist etwas, das Du nicht haben kannst.« Er sagte: »Na gut, dann schenke ich es mir selbst, denn ich erlaube es mir.« Er erlaubt es sich selbst, das heißt, er war plötzlich eins mit seinem Über-Ich, und das Über-Ich sagte: »Das ist schon in Ordnung, du darfst es haben.«

W. E. FREUD: Wenn man Auto fährt, geschieht das andauernd. Man hält die Geschwindigkeitsbegrenzung nur ein, wenn man einen Verkehrspolizisten sieht.

FREUD: Aber man braucht dann nur ab und zu eine Polizistenattrappe aufzustellen. Die Leute wissen zwar, daß es nur eine Attrappe ist, aber sie werden an die wirkliche Polizei erinnert, und genau das geschieht bei diesen Kindern. Sie brauchen eine Erinnerung an die verbietende Instanz.

SANDLER: Man muß zwischen Über-Ich-Verboten und der Realitätseinschätzung des Ichs unterscheiden. Es muß nicht zum Über-Ich gehören, die Geschwindigkeitsbegrenzung zu beachten, aber die Wirklichkeit kann einen dazu bringen.

FREUD: Es *sollte* im Über-Ich sein. Es ist eigentlich die Frage, ob die Person sich ans Gesetz hält. Bei solchen Personen ist es im Über-Ich, bei anderen nicht.

SANDLER: Das läßt noch immer die Frage offen, wieviel davon Über-Ich und wieviel Ich ist. Vor vielen Jahren wurde einem Freund von mir ein Persönlichkeits-Fragebogen vorgelegt, und eine der Fragen lautete, ob er ohne Eintrittskarte ins Kino gehen würde, wenn niemand aufpaßte. Er antwortete, er würde es nicht tun. Als man ihm sagte, daß er dafür einen Punkt auf einer »Lügen-Skala« bekäme, war er äußerst empört, weil er bestimmt nicht gelogen hatte.

FREUD: Dann muß er zwanghaft gewesen sein.

SANDLER: Aber, Miss Freud, wo ziehen Sie denn die Grenze?

Freud: Nun, ich glaube, die gesetzestreue Person ist gesetzestreu, weil sie einen Zwangscharakter hat!
Sandler: Oder sie könnte ein Über-Ich haben, das sagt: »Gehorche den Gesetzen, wie immer sie auch sind.«
Freud: Ja.
Berger: Ich meine, all das hat mit den Merkmalen des inneren Polizisten zu tun. Ist es ein freundlicher Polizist, oder ein Polizist, der immer gegen einen ist und den man täuschen muß?
Kennedy: Es muß etwas Flexibilität geben, entweder innerhalb des Gesetzes oder beim inneren Polizisten.
Freud: Ich erinnere mich an einen kleinen Schuljungen von sechs oder sieben, den ich in Wien in Analyse hatte. Er sprach davon, im Park über den Rasen zu laufen, was zu den besonders streng verbotenen Dingen gehörte. In Österreich gab es immer Parkwächter, die aufpaßten, daß Kinder das nicht taten. Der kleine Junge stellte nun in seiner Analyse die Frage, warum die Leute nicht über den Rasen gingen, und ich sagte, sie hätten vielleicht gern, daß das Gras schön aussehe. Er sagte darauf: »Nein, das *sagen* sie nur so – es ist bloß deswegen, weil der Wachmann in der Nähe ist.« Für ihn hieß das, daß nur der Wachmann, das Verbot, wirklich zählte und die anderen Gründe nur scheinheilig seien.

Es gibt eine weitere Frage, sie bezieht sich ganz speziell auf die Adoleszenz. Ich meine dabei die Frage, ob das Über-Ich bei der sich entwickelnden Person wirklich ganz unabhängig vom äußeren Objekt wird, auch nachdem das Über-Ich verinnerlicht worden ist und die Autorität der Eltern darin eingegangen ist. Wir haben Beispiele aus der Behandlung von Kindern, deren Entwicklung mißlang, weil im Alter von acht oder neun Jahren das Vertrauen in die Eltern zerbrach, da deren Ehe scheiterte. Das hat wiederum Auswirkungen auf das internalisierte Über-Ich. Wir haben das Beispiel der Adoleszenz, wo mit der Lockerung der Bindung an die Eltern das Über-Ich stark erschüttert wird. Stimmt das nun wirklich mit unserer Erwartung einer vollständigen Internalisierung überein? Oder zeigt es uns nicht vielmehr, daß eine Verbindung zu den ursprünglichen Objekten und die Bindung an diese immer bestehen bleibt?
Sandler: Ich meine, wir sollten versuchen, die Diskussion noch einmal kurz auf die Frage nach den Abwehraspekten von Introjektion oder Identifizierung zurückzubringen. Wir müssen dabei den Hinweis von Miss Freud zur Weiterentwicklung des Über-Ichs, auf

die Internalisierung von Aspekten der Lehrer und Erzieher und so weiter berücksichtigen. Ich meine zwar nicht, daß wir hier auf die speziellen Probleme der Adoleszenz eingehen sollten, aber es ist vielleicht doch zulässig zu fragen, ob Introjektion als Abwehr bei jemand auftreten könnte, der ein besonders mächtiges Über-Ich und starke innere Konflikte hat und der dann ein alternatives Introjekt wie ein Über-Ich internalisieren könnte. Das wäre dann ein Hilfs-Über-Ich, eine Art sekundäres Über-Ich, zu dem die Person eine Beziehung haben könnte. Vielleicht kann man in solch einem Fall spätere Über-Ich-hafte Introjektionen als Abwehr betrachten.
Hellman: Meinen Sie Identifizierungen mit einem neuen Objekt in der Adoleszenz? Zum Beispiel, Identifizierung mit dem Anführer einer Gruppe, der dann dem Vater vorgezogen wird, Identifizierung im Verein mit Ablehnung von vielem oder allem, für das der Vater steht, und die Übernahme eines gänzlich neuen Wertsystems?
Sandler: Vermutlich hängt es stark von der Verwendungsweise des Terminus Introjektion ab, von der Bedeutung, die man ihm gibt. Sicherlich wissen wir, daß Identifizierungen das ganze Leben lang stattfinden können, aber ich dachte weniger an einen Adoleszenten, der sich mit jemand anderem identifiziert, sondern vielmehr an einen, der eine Figur internalisiert, mit der er eine Art von innerem Dialog führen kann. Als Folge davon kann er den Einfluß des ursprünglichen Über-Ichs abschwächen, ebenso den Schmerz seines Über-Ich-Konflikts. Ich glaube, das beste Beispiel für das, was ich meine, ist die Art, wie wir nach Beendigung unserer Analyse die Gespräche mit unserem Analytiker fortsetzen. Wir haben sozusagen den Geist unseres Analytikers, der uns sagt: »Nun, das ist ein infantiler Wunsch, und der ist als Fantasie erlaubt, solange man ihn nicht in die Tat umsetzt.« Ist eine solche Internalisierung des Analytikers auf der gleichen Ebene mit Über-Ich-Introjektion?
Berger: Es gibt bestimmte Phänomene, die durch das Konzept der Identifizierung nicht ausreichend abgedeckt werden. Ich denke da etwa zum Beispiel an ein Kind, das übermäßig selbstkritisch ist, weil es die überkritische Haltung eines Elternteils übernommen hat.
Sandler: Ich würde sagen, das ist Identifizierung.
Evans: Aber angenommen, es erlebt es so, daß da etwas *in ihm* sei, das es kritisiert.

SANDLER: Das wäre Introjektion.
FREUD: Ein böses inneres Objekt.
SANDLER: Ich schlage vor, wir gehen jetzt zum nächsten Mechanismus über, der beschrieben wurde, nämlich zur »Wendung gegen die eigene Person«. Ich nehme an, Miss Freud, daß Sie Wendung von Aggression gegen die eigene Person meinten, denn wenn es Libido wäre, hätten Sie von der Verwandlung der Objektlibido in sekundären Narzißmus gesprochen. Wir haben schon früher das Konzept der Wendung von Aggression gegen das Selbst recht ausführlich diskutiert und dabei gefunden, daß es viele unterschiedliche Arten davon gibt. Vielleicht könnten Sie uns sagen, was Sie dabei im Sinn hatten.
FREUD: Ich nahm es eigentlich aus der damals geltenden psychoanalytischen Theorie. Der Impuls, besonders natürlich der aggressive Impuls, der zunächst auf die Außenwelt gerichtet ist, kann von der Außenwelt abgelenkt und gegen die eigene Person gerichtet werden.
SANDLER: Meinen Sie das so, daß ein Kind, das den Therapeuten die Treppe hinunterwerfen möchte, statt dessen selbst die Treppe hinunterfällt? Das wäre dann ein momentaner aggressiver Impuls, der vom Objekt abgelenkt und gegen das Selbst gerichtet wird.
FREUD: Ja. Manche Menschen, die Suizid begehen, treiben das bis zum Äußersten. Sie versuchen auf diese Weise, gut zu sein. »Ich bringe dich nicht um, ich begehe Selbstmord.« Das ist die Abwehr, über die ich schrieb.
SANDLER: Ich nehme an, daß Sie den Terminus auch hier in relativ weitem Sinne gebrauchen und auch Über-Ich-Aggression in der Wendung gegen das Selbst mit einbeziehen. Aber wollen wir jetzt mit dem Mechanismus der Verkehrung ins Gegenteil fortfahren? Es wird heutzutage von so vielen verschiedenen Arten der Verkehrung gesprochen.
FREUD: Ich meinte Rollenumkehrung. Wir hatten bei der gestrigen Klinik-Konferenz ein gutes Beispiel. Es war das Kind einer teilweise sehbehinderten Mutter, das für die Mutter die Funktion ihrer Augen übernehmen mußte, um sie zu führen. Das brachte natürlich die ganze Mutter-Kind-Beziehung aus dem Gleichgewicht, weil das Kind in bestimmter Weise die Mutter bemuttern mußte, was bei diesem Kind eine allgemeine Tendenz zur Rollenumkehr bewirkte. Zum Beispiel fing es im diagnostischen Interview an, selbst die Dia-

gnostikerin zu befragen, gerade zu dem Zeitpunkt, als sie erwarten mußte, selbst befragt zu werden. Es fragte: »Wie heißen Sie?«, »Wo wohnen Sie?« und so weiter. Rollenumkehrung kann es dann auch in anderen Zusammenhängen geben, zwischen Opfer und Angreifer, zwischen dem Liebhaber und der Geliebten. Man hat sich immer ein Paar in einer bestimmten Beziehung zueinander vorzustellen, in der das betreffende Individuum die Rolle des anderen einnimmt und seine eigene Rolle dem Partner zuschreibt. Das war es, was ich hier mit Verkehrung meinte.

Sandler: Sieht man das nicht auch bei Kinderschwestern, die eine deprivierte Kindheit hatten und mit ihrem Wunsch nach Versorgung und Bemutterung so umgehen, daß sie selbst Kinderschwestern werden, Patienten betreuen und für diese eine gute Mutter sind?

Freud: Ich dachte mehr an Erwachsene, die ihre Kinder genauso behandeln, wie sie selbst behandelt worden sind, nur sind sie jetzt die Eltern und können die elterliche Rolle gegenüber dem Kind einnehmen.

Sandler: An der Klinik versuchen wir zu unterscheiden zwischen Rollenumkehrung, Identifizierung mit dem Angreifer und Umkehrung von passiv in aktiv.

Berger: Mir wurde die Bedeutung der Rollenumkehrung von meinem ersten Patienten beigebracht. Er war ein hochintelligentes Kind mit einer Lernstörung, voller Angst vor der Schule und vermutlich auch vor der Behandlungssituation. Er wehrte seine Angst so ab, daß er in unseren Sitzungen Lehrer oder Quizmaster wurde, aber es genügte ihm nicht, mir nur gegenüberzusitzen und mich zu lehren oder zu befragen. Er mußte das Sofa auf dem Tisch haben, und auf das Sofa stellte er noch den kleinen Stuhl. Dann saß er hoch oben und sagte, er sei der Lehrer und ich die Schülerin.

Freud: Das illustriert außerdem noch etwas weiteres. Wenn die Verkehrungs-Abwehr nicht ausreicht, muß sie wiederholt, gesteigert und übertrieben werden. Daran wird ihr Abwehrcharakter erkennbar.

Sandler: Was dieses Kind macht, bringt ihm auch eine außerordentliche Steigerung seines Selbstgefühls, nicht nur Bewältigung seiner Angst. Ich denke, es gibt einen sehr feinen Unterschied zwischen diesem Mechanismus und der Identifizierung mit dem Angreifer, die an der Oberfläche zwar ähnlich aussehen, aber andere Mechanismen sind.

Freud: Sie sind mehr umschrieben. Sie wissen, meistens ist mehr als nur ein Mechanismus beteiligt. Nehmen wir als Beispiel ein Kind, das beim Zahnarzt war und nun zur Analysenstunde kommt und Zahnarzt spielt. Man kann sagen, es identifiziert sich mit dem Angreifer, weil es jetzt selbst der Zahnarzt ist. Sie können aber auch sagen, es sei eine Rollenumkehr. Außerdem kann es noch eine Wendung von passiv in aktiv sein.
Kennedy: Wir machen zwar diese Unterscheidungen, aber offensichtlich sind sie nicht zufriedenstellend.
Berger: Nun, zumindest eine Unterscheidung ist sinnvoll. Bei der Wendung von passiv in aktiv können wir sagen, daß es sich um eine aktive Wiederholung dessen handelt, was passiv erlebt wurde.
Kennedy: Das trifft auf das Zahnarzt spielende Kind zu, aber es kennzeichnet die Rollenumkehrung nur in einem spezifischen Sinne, wenn das Kind jetzt der Zahnarzt ist und die Therapeutin zur Patientin macht. Aber mir scheint, das ist alles Haarspalterei.
Sandler: Ich erinnere mich an einen Fall, der in einem Hospital in den Vereinigten Staaten von einem Kinderpsychiater behandelt wurde. Das Kind war vielfach Patient in der pädiatrischen Abteilung gewesen und hatte viele Injektionen und andere physikalische Behandlungen bekommen. Es war nun zur Psychotherapie gekommen. Es begann sich mit einer Spielzeugpistole zu beschäftigen, mit der ein Pfeil mit einem Gummisauger vorne abgeschossen werden konnte. Es fing dann an, mit seinen Schüssen immer näher an den Therapeuten heranzukommen, und es war ganz klar, daß der Therapeut (der einen weißen Ärztemantel trug) als Doktor betrachtet wurde, der dem Kind weitere »Schüsse« (Injektionen) geben könnte. Das Kind hatte solche Angst davor, noch mehr »Schüsse« zu bekommen, daß es sich mit dem Angreifer identifizierte und auf den Doktor schoß. Mir erscheint das als sehr klares Beispiel für Identifizierung mit dem Angreifer. Ich würde aber auch sagen, das Kind hatte alles Recht zu seiner Erwartung, »Schüsse« zu bekommen, weil es solche bei jedem Hospitalbesuch erhalten hatte. Das ist etwas ganz anderes als Rollenumkehr.
Freud: Ja. Natürlich kann man bei der Rollenumkehrung auch aktiv in passiv umwandeln, wie etwa bei Patienten, die masochistische Erlebnisse brauchen und die Rolle des Opfers einnehmen, als eine Methode des Umgangs mit der eigenen Aggression. Für sie die Rollenumkehrung der wichtigste oder vorteilhafteste Mechanismus.

Sandler: Wir sind noch nicht weit im Kapitel 4 vorangekommen, aber jetzt sind wir bei der Sublimierung. Sie sagen, Miss Freud, wir müßten noch einen zehnten Abwehrmechanismus anfügen, der »mehr dem Studium der Normalität als dem der Neurose angehört« (36, 235). Ich möchte gerne mit der Frage beginnen, ob hier die Sublimierung zum ersten Male als Abwehrmechanismus betrachtet wurde, weil Sie im Text sagen, daß sie »dann noch« zur Liste der neun hinzukomme. Wir müssen beachten, daß dieser Mechanismus der Identifizierung ähnlich ist, insofern es sich um einen Aspekt normaler Ich-Funktionen handelt, der für die normale Entwicklung bedeutsam ist, aber auch eine Abwehr sein kann. Ich habe den Verdacht, daß es immer noch viele Kontroversen über die Frage gibt, ob Sublimierung eine Abwehr sei oder nicht. Sie sprechen von der Verschiebung des Triebziels, aber da ist auch noch die Frage der Verlagerung des Ziels auf ein sogenanntes höheres Niveau, das mit Sublimierung verbunden wird. Daraus sind natürlich eine Menge Schwierigkeiten für die Definition dessen entstanden, was wir unter höher verstehen. Geht es bei der Sublimierung um das, was die Gesellschaft als höher betrachtet?
Freud: Ehe ich darauf antworte, möchte ich noch etwas zu unserer letzten Diskussion sagen. Die Anwesenden haben anscheinend angenommen, daß die Darstellungen der Mechanismen Originalbeiträge von mir seien, während ich im Kapitel 4 eigentlich nur die damals geltenden Auffassungen zusammenfaßte. Wissen Sie, ich vertrat einfach die damals gültige Position – ich mußte den Leser auf die späteren Kapitel vorbereiten – und faßte sie an diesem Punkt zusammen.

Natürlich würde man heute sagen, daß nicht allein die Sublimierung mehr dem Normalbereich und weniger dem Bereich des Neurotischen oder Abnormen angehört. Wir wissen sehr gut, daß Regression etwas Normales ist, daß Verdrängung ein ganz essentieller Mechanismus bei der normalen Entwicklung ist, daß Reaktionsbildung in der Charakterbildung normal ist. Isolierung, Ungeschehenmachen, Introjektion – sie alle erscheinen auch in der normalen Entwicklung. Es ist gänzlich eine Frage der Quantität, ob das Ergebnis normal ist oder in die Pathologie führt. Aber vielleicht nimmt die Sublimierung insofern eine gesonderte und besondere

Rolle ein, weil sie gewöhnlich immer etwas Normales ist oder Normales bewirkt. Wenn sie als etwas Pathologisches erscheint, hat sie eine zwanghafte Qualität. Wenn sie dazu gebraucht wird, Angst fernzuhalten, wird sie meist übertrieben, und wir würden sie nicht als normale Sublimierung betrachten. Der Grund dafür, sie überhaupt als einen Abwehrmechanismus zu bezeichnen, liegt darin, daß sie unter dem Gesichtspunkt der Triebabkömmlinge die unmittelbare Befriedigung verhindert, die sonst Angst entstehen ließe. Eine Sublimierung ist gewöhnlich sehr lustvoll, aber kann die aus der Sublimierung gewonnene Lust wirklich mit der konkurrieren, die durch unmittelbare Triebbefriedigung herbeigeführt wird? Ich glaube nicht, und deshalb müssen wir sie als Abwehrmechanismus bezeichnen.

SANDLER: Wenn ich Sie richtig verstehe, dann muß sie als Abwehrmechanismus etwas mit der Konfliktlösung zu tun haben.

FREUD: Ja.

SANDLER: Und die Verschiebung auf sogenannte höhere Ziele wäre ein Weg zur Konfliktlösung. Wenn zum Beispiel jemand wegen eines groben und primitiven sexuellen Wunsches oder wegen eines aggressiven Wunsches Schuldgefühle hat, dann würden Sie sagen, daß bei der Konfliktlösung eine bestimmte Menge von Lust verlorengeht. Für die Sublimierung als ein Aufgeben der unmittelbaren lustvollen Befriedigung des Triebwunsches muß ein Preis bezahlt werden. Für einige von uns ist aber die Auffassung der Sublimierung als Abwehr problematisch, weil es so schwierig ist, die Abwehraspekte von der normalen Ich-Entwicklung zu unterscheiden. Ich stelle mir vor, daß zu der Zeit der Abfassung dieses Kapitels die ganzen Vorstellungen über Anpassung noch nicht so einen Platz im Denken der Analytiker einnahmen wie in der Zeit nach dem Zweiten Weltkrieg.

FREUD: Nein, das taten sie nicht. Aber lassen Sie uns ein ganz einfaches Beispiel nehmen, das damals sehr viel benützt wurde. Nehmen wir ein Kind, das mit Kot schmiert. Wenn das Kind statt dessen mit Sand und Wasser oder mit Lehm spielt und dann Gegenstände daraus formt, dann lassen sich die Lusterlebnisse vergleichen, die das Kind aus den beiden Tätigkeiten bezieht. Bei der Sublimierung geht sicherlich etwas von der unmittelbaren sinnlichen Lust der primitiven Betätigung verloren, der Wunsch, das schmutzige Objekt zu genießen, die Empfindungen an der Haut, an den

Händen, der Kotgeruch und so weiter. Andererseits muß das Kind dann auch mit der Mißbilligung fertig werden, der äußeren Mißbilligung, auf die die innere folgt. Es schließt also einen Handel ab. Es gibt einen Teil der Lust auf und vermeidet damit einen Teil der Mißbilligung. Es erlebt weniger Lust, aber das, was es tut, findet viel mehr Billigung, so daß es am Ende besser dran ist. Dem Trieb ist ein Stück seiner Befriedigung abgeschwindelt worden. Ich denke, es hängt viel davon ab, von welcher Seite man es betrachtet.

SANDLER: Würden Sie nicht auch sagen, der Triebwunsch findet eine symbolische Befriedigung?

FREUD: Eine verschobene Befriedigung, ja.

SANDLER: Es gibt auch eine gewisse sinnliche Befriedigung bei dem Kind, das mit Ton statt mit seinem Kot spielt. Das wäre der ursprünglichen Tätigkeit relativ nahe. Wenn man aber etwa an das Beispiel vom Briefmarkensammeln denkt, das als eine Sublimierung des analen Zurückhaltens angesehen worden ist, oder an das Horten von Dingen, dann ist das von der körperlichen Lust viel weiter entfernt.

HELLMAN: Ich frage mich, ob die Idee einer symbolischen Befriedigung sich darauf wirklich anwenden läßt. Unter dem Gesichtspunkt der Aggression können wir nicht billigen, daß Leute wild aufeinander einschlagen, aber Boxen ist etwas Gewalttätiges, und doch wird es erlaubt und gebilligt. Nun ist die aggressive Befriedigung nicht sehr verschieden, außer daß bestimmte Regeln eingehalten werden müssen, damit es sozial akzeptabel wird. Die Nähe zur ursprünglichen Befriedigung ist ganz unterschiedlich, und eine wichtige Frage ist, wie weit eine Tätigkeit davon entfernt ist und noch immer befriedigend sein kann.

SANDLER: Aber hier kommt eine weitere Frage. Wir können Sublimierung in Begriffen der Umwandlung der Triebenergie und Desexualisierung betrachten. Wir können uns aber auch vorstellen, daß es hinter jeder Sublimierung auf irgendeiner Ebene eine unbewußt fantasierte Befriedigung des Triebwunsches gibt. Dieser Aspekt wurde in den meisten Arbeiten über dieses Thema nicht beachtet, sicherlich nicht in den Schriften der Ich-Psychologen, bei denen Sublimierung gänzlich mit der Neutralisierung von Triebenergie verknüpft worden ist. Ich stelle mir vor, daß die Fantasie, die unbewußt befriedigt werden könnte, der ursprünglichen Betätigung sehr viel näher wäre als die manifeste Sublimierung.

Freud: Sie haben ganz recht, Hartmann war ja voll damit beschäftigt, seiner Idee von der sekundären Autonomie nachzugehen. Er glaubte, daß die sublimierte Tätigkeit, die sich einmal vom Trieb entfernt hat, zum Besitz (und zum Anteil) des Ichs wird, dort neue Wurzeln faßt und ihre anfänglichen Wurzeln im Es aufgibt.
Hellman: Wir können Sublimierung auch von der Seite dessen studieren, was durchbrechen kann. In dem berühmten Schachturnier zwischen Fischer und Spassky konnte man beobachten, wie Fischers aggressives Verhalten in seinen Wutanfällen zum Durchbruch kam. Seine Wutreaktionen brachen durch und wirkten sich störend auf das Spiel aus. Man hatte nicht den Eindruck, daß seine Sublimierung gut gefestigt sei, sondern vielmehr, daß sein Schachspiel der Vorstellung des aggressiven Triumphes über seinen Gegner sehr nahe lag.
Freud: Sie wissen, daß in der Spiel-Terminologie ziemlich viel davon verblieben ist, den Gegner schlagen, eine Figur fangen und so weiter.
Yorke: Ich muß dabei an Reuben Fines Arbeit über Schachspieler denken. Es ist sehr interessant, denn bei ihnen ist die Häufigkeit von Zusammenbrüchen besonders groß. Ernest Jones schrieb einmal eine Arbeit über das Problem von Paul Morphy, der 1858 nach Europa kam und Andersen schlug, den damals amtierenden Weltmeister. Sechs Monate nach seiner Rückkehr in die USA als Nationalheld gab er das aktive Schachspiel gänzlich auf und endete in einem paranoiden Zusammenbruch. Fine ist den Karrieren einer Reihe anderer Weltchampions und deren Verhalten unter Streß nachgegangen. Aljechin zum Beispiel wurde Alkoholiker und Drogenabhängiger. Schach scheint zu den Sublimierungen zu gehören, bei denen die Hintergrundsfantasien, zu denen Vatermord und eine Menge anderer ödipaler Wünsche gehören, symbolisch Eingang finden und anscheinend auch relativ leicht zum Durchbruch kommen können.
Sandler: Wir müssen jetzt mehreres voneinander trennen. Von Hartmann haben wir gelernt, daß eine Ich-Tätigkeit, die nicht aus einer spezifischen Gruppe von Triebregungen abgeleitet ist, später sexualisiert oder aggressiviert werden kann und dadurch eine völlig neue Bedeutung und Funktion annimmt. Wir stehen dann vor dem Problem, zwischen einer späteren Triebbesetzung einerseits und dem Zusammenbruch einer Sublimierung andererseits zu

unterscheiden, bei der die ursprünglichen Triebwurzeln und -quellen sich wieder zeigen. Im ersten Fall haben wir es mit einem Funktionswechsel, im zweiten mit einem regressiven Zusammenbruch zu tun. Wenn wir an Bobby Fischer und seine Possen bei der Schachweltmeisterschaft denken, könnten wir sagen: Was immer die Quellen seiner Schachspielkunst gewesen sein mögen, ob sie ursprünglich aggressiv oder sexuell, narzißtisch oder auf Identifizierung begründet waren oder sonstiger Herkunft gewesen sein mögen, wir brauchen nicht anzunehmen, daß seine schachspielerischen Fähigkeiten zusammenbrachen und der urprüngliche Impuls zum Durchbruch kam. Ich halte das letztere für ziemlich unwahrscheinlich. Bei einem Weltchampion müssen diese Fertigkeiten mehr oder minder voll autonome Instrumente geworden sein, die *dann* zu aggressiven Zwecken eingesetzt werden können. Es hätte also ein Funktionswechsel stattgefunden.

HELLMAN: Ich weiß von Chirurgen und Zahnärzten, deren Sublimationen zusammenbrachen und die nicht mehr arbeiten konnten, weil der ursprüngliche Sadismus, der sublimiert gewesen war, nicht mehr sublimiert werden konnte.

FREUD: Wir müssen hier auch zwischen dem Zusammenbruch von Reaktionsbildungen und dem Zusammenbruch von Sublimierungen unterscheiden. Die beiden werden leicht miteinander verwechselt.

SANDLER: Wenn wir an einen Musiker denken, der sein musikalisches Können als eine Sublimierung entwickelt hat und plötzlich Hemmungen vor öffentlichen Auftritten bekommt, etwa aufgrund eines exhibitionistischen Konflikts oder eines Konflikts über Geschwisterrivalität, dann ist sein Zusammenbruch nicht notwendigerweise mit den ursprünglichen Impulsen verknüpft, die eine Sublimierung in seinem musikalischen Können gefunden hatten. Würde man automatisch annehmen, die ursprünglichen Impulse seien durchgebrochen oder sie seien erneut triebbesetzt worden, so ginge man das Risiko von Hartmanns »genetischem Fehlschluß« ein, der klinisch von größter Bedeutung ist. Was bei der Entwicklung (genetisch) in die Bildung einer Sublimierung einging, ist nicht unbedingt auch Anteil von späteren Konflikten, die diese Sublimierung involvieren.

EVANS: Handelt es sich bei einem Parasitologen, der Kot auf den Mikroskop-Objektträger schmiert, um nach Parasiten zu forschen, immer um die Sublimierung seiner analen Interessen? Liegt das eigentlich Wichtige nicht darin, was seine Tätigkeit für ihn bedeutet?

FREUD: Es hängt auch davon ab, was seine Motivierung für die Wahl dieses speziellen Berufes war. Vielleicht hat er einfach einen Beruf gewählt, wo er keine Hemmungen bei bestimmten Tätigkeiten zu haben brauchte. Aber wir haben noch immer die dritte Frage vom Beginn unserer Diskussion übrig, nämlich nach der Verschiebung des Triebziels beim Sublimierungsvorgang. Sie erinnern sich vielleicht an die kleine Geschichte, die mein Vater so gern hatte, von dem kleinen Mädchen, dem eine Schar Gänse auf seinem Weg durchs Dorf hinterherläuft. Da begegnet ihr ein Wohltäter, der sich auf Reisen befindet; er kommt mit dem Mädchen ins Gespräch und bemerkt, daß sie ein sehr gescheites Kind ist. Er findet es jammerschade, daß sie ihr Leben mit so anspruchslosen Tätigkeiten vertut, und er sorgt dafür, daß sie eine richtige Ausbildung bekommt, und sie wird schließlich Lehrerin. Die Geschichte war in einer Zeitung als Bildgeschichte dargestellt, deren letztes Bild das nun erwachsene Mädchen zeigt, wie es wieder auf demselben Weg durchs Dorf geht, nur daß ihm jetzt statt der Gänse eine Schar Kinder folgt. Das ist Sublimierung.

SANDLER: Ihrer Definition nach dürfte sie aber dann an den Kindern weniger Vergnügen haben als an den Gänsen!

FREUD: Die Arbeit ist schwerer, wissen Sie.

SANDLER: Können wir die Frage aufgreifen, was mit den »höheren« Zielen bei der Sublimierung gemeint ist?

FREUD: Das läßt sich leicht beantworten. Man kann es auf zwei Weisen tun. Die Ziele würden mehr Billigung seitens des Über-Ichs finden, oder sie würden seitens der Umwelt mehr anerkannt. Das ist mit höher gemeint.

SANDLER: Würden Sie sagen, weiter von unmittelbarer Triebbefriedigung entfernt?

FREUD: Nähe zu den direkten Triebzielen wäre der Grund für Mißbilligung.

SANDLER: Freud übernahm den Terminus Sublimierung aus der Chemie, er müßte dann Reinigung und Verfeinerung von etwas Gröberem bedeuten. Die niedrigeren Elemente, namentlich die sexuellen und aggressiven Elemente, werden beseitigt.

FREUD: Oder verfeinert. Als Aichhorn sich mit verwahrlosten Jugendlichen befaßte, behauptete er, es sei außerordentlich wichtig, für ihre Ausbildung eine sublimierte Betätigung zu finden, die nicht zu weit von ihren Triebzielen entfernt liege. Sie sollten zur Verfeinerung ihrer Triebziele keinen zu großen Schritt machen müssen, besser einen kleineren, der ihnen eher gelingen könnte. Zum Beispiel wurde ein recht gewalttätiger Junge in einem Metzgerladen untergebracht; ein anderer Junge, der dem homosexuellen Niveau nahe war, könnte ein guter Schneider werden, und so weiter. Aichhorn hatte mit seiner Strategie sehr viel Erfolg. Wir können darin gut die Verschiebung erkennen.

Sandler: Im wesentlichen bedeutet Sublimierung dann also, daß die Triebbetätigung so verborgen oder umgewandelt wird, daß sie sozial akzeptabel oder akzeptabel für das Über-Ich wird, und schließlich findet in der Tätigkeit keine direkte Triebbefriedigung mehr statt. Ich stelle mir jedoch vor, daß es dabei immer eine fantasiehafte Befriedigung auf einer unbewußten Ebene gibt, die viel unmittelbarer ist. Wir müssen auch zwischen der Entwicklung einer Fertigkeit und der Nutzung dieser Fertigkeit zu Sublimierungszwecken unterscheiden. Viele Leute haben im Zuge ihrer Ich-Entwicklung Fertigkeiten entwickelt, vielleicht aufgrund von Identifizierungen, vielleicht auch, weil sie eine natürliche Begabung für Anpassungszwecke benützen konnten, oder aus sonstigen Gründen, aber wenn sie die Fertigkeit entwickelt haben, können sie sie ohne weiteres wieder aufgeben. Sie gehen damit anders um als der Sublimierer mit seiner sublimierten Tätigkeit und den Objekten seiner Tätigkeit. Ich habe immer die Ansicht vertreten, daß man etwas nur dann als Sublimierung betrachten sollte, wenn es wie ein Ausläufer des Selbst oder des Objekts behandelt wird. Sublimierung bedingt, daß der Person die Tätigkeit oder deren Ergebnisse wertvoll sind, daß sie die Tätigkeit auch dann ausüben und Freude daran haben kann, wenn keine Trieberregung vorhanden ist. Es ist ein gewisses Maß von Bindung, Zuneigung und Besorgtheit da, etwas, das der Beziehung zu einem Objekt entspricht. Das scheint mit ein notwendiger Faktor zu sein, der zu den Fertigkeiten hinzukommen muß. Unter diesem Gesichtspunkt wären auch Tätigkeiten, für die kein großes Können erforderlich ist, zu den Sublimierungen zu rechnen.

Freud: Was Sie im Sinn haben, ist eine Art Objektkonstanz bei der Tätigkeit, die dann vom unmittelbaren Lustgewinn unabhängig wird.

SANDLER: Ja, genau. Im Gegensatz dazu könnte man sich eine Art bedürfnisbefriedigender Beziehung zu Tätigkeiten vorstellen. Die Tätigkeit wird dabei nur von Zeit zu Zeit unternommen, und die Person behandelt sie nicht als etwas Wichtiges in ihrem Leben. Das steht im Gegensatz zu der konstanten Beziehung zu einer Sublimierung, die der Objektkonstanz entspricht, wie Sie es beschrieben haben.

FREUD: Es liegt ganz auf der Linie dessen, was Hartmann mit sekundärer Autonomie gemeint hat, auch wenn ich nie glücklich war, wenn Hartmann den Standpunkt vertrat, wir hätten es hier eigentlich mit einer Umwandlung von sexueller oder aggressiver Energie in neutralisierte Energie zu tun. Meinem Gefühl nach geht dabei die Vorstellung vom Kompromißcharakter der Sublimierung verloren, und die ganze Frage wird einzig zu einem Energieproblem, zu Fragen von Energiequalitäten gemacht. Ich habe das oft mit Hartmann und Kris diskutiert.

SANDLER: Ich gehe ganz mit Ihnen überein, daß das Neutralisierungskonzept daran scheitert, weil es ein im wesentlichen deskriptives Konzept ist, dem der Status eines Erklärungskonzepts verliehen wurde. Daraus entsteht die Illusion, es sei nützlich. Man beginnt mit der Beschreibung, daß bei der sublimierten Tätigkeit keine Sexualität oder Aggression erscheint, geht dann dazu über zu sagen, daß es sich bei dem Veränderungsvorgang um eine Desexualisierung und Desaggressivierung handle, mit anderen Worten, um eine Neutralisierung. Das ist so, wie wenn man sagen würde, jemand arbeite nicht und sei somit faul, und dann daraus macht, er arbeite nicht, *weil* er faul sei.

FREUD: Insbesondere die dynamische Seite geht dabei verloren, weil die Sublimierung in Wirklichkeit ein Handel ist. Man hat den Wunsch, möglichst viel von der ursprünglichen Lust zu behalten und möglichst viel Gefühl von Verbotenem, von Mißbilligung oder Schuld zu vermeiden. Die Sublimierung schließt dann einen Handel ab, aber es ist ein ziemlich riskantes Geschäft. Manchmal taucht etwas auf, das dem ursprünglichen Ziel nahe ist, manchmal ist es viel weiter davon entfernt.

SANDLER: Miss Freud, manche Analytiker haben gesagt, Sublimierungen seien im wesentlichen dasselbe wie Reaktionsbildungen. Sicherlich stimmen wir dem nicht zu, aber es scheint doch Bereiche zu geben, wo sie sich überschneiden. Ich erinnere mich an einen Mann, der in ein Wochenblatt Inserate setzen ließ, daß er auf schriftliche Anfrage Einzelheiten über hundert verschiedene Arten schmerzloser Tötung von Kaninchen übersenden würde. Diese Anzeige erschien Woche für Woche. Nun, ich glaube, man braucht sich nicht sehr anzustrengen, um den hintergründigen Wunsch und die Präokkupation dieses Mannes zu erkennen. Was wir sehen, ist eine Reaktionsbildung, und ich bin mir sicher, daß ihm sehr viel daran lag, daß Kaninchen vor Schmerz bewahrt würden. Können wir seine Aktivitäten und sein Interesse am schmerzlosen Töten von Kaninchen als Sublimation bezeichnen? Er machte etwas, das sozial auf einer »höheren« Ebene lag, er tat etwas »Gutes«, könnte man sagen, und seine Arbeit war offensichtlich hoch besetzt und befriedigend. Wo ziehen wir die Linie zwischen Reaktionsbildung und Sublimierung?

Freud: Wissen Sie, Sublimierung ist viel mehr eine Tätigkeit, Reaktionsbildung dagegen Teil des Charakters und der Persönlichkeit.

Sprince: Ich dachte an etwas, das ungefähr auf der gleichen Linie liegt, an den Unterschied der Tätigkeiten sagen wir eines Pfadfinders und eines Mitglieds der Hitlerjugend. Bei beiden handelt es sich um eine Anpassung an gesellschaftliche Normen und um den Versuch, die Tätigkeit dadurch zu verhüllen, daß sie aus ihrer Nähe zum ursprünglichen Trieb weggerückt wird. Trotzdem gibt es in der Tätigkeit einen großen Unterschied.

Sandler: Ich würde es für ganz falsch halten zu sagen, die guten Absichten des Mitglieds der Hitlerjugend seien keine Sublimierung, wenn wir sagen, daß der Pfadfinder sublimiere. Wir sollten unsere Vorurteile nicht so weit gehen lassen.

Freud: Beide betrachten sich als Helden, aber jeder paßt sich einer anderen Lebensauffassung an.

Berger: Können wir sagen, solche Zugehörigkeit zu einer Gruppe sei notwendigerweise auch eine Sublimierung?

Sandler: Ich glaube nicht, daß es eine Frage der Gruppe ist, sondern vielmehr der Tätigkeiten: etwa Ablenkung der Aggression in Lernen, wie man Tierspuren folgt, wie man sich im Wald zurechtfindet und was sonst Pfadfinder tun. Dabei fällt mir nebenbei noch eine andere Frage ein, Miss Freud. Wie kommt es, daß es oft Sublimierungen bei Menschen gibt, die ein erfülltes Sexualleben haben, sei es nun normal oder pervers? Es gibt anscheinend kein ökonomisches Gleichgewicht zwischen dem Maß an sexueller Befriedigung und dem Maß von Sublimierung.

Freud: Die Antwort, die einmal auf diese Frage gegeben worden ist, lautete, daß wir zwischen prägenitalen und genitalen Betätigungen unterscheiden und die Idee von Sublimierung und Reaktionsbildung auf die prägenitalen Triebabkömmlinge beschränken müssen.

Sandler: Das ist aber der Grund, weswegen ich Perversionen erwähnte, denn sie enthalten ja die prägenitale Komponente, und dennoch sieht man gleichzeitig Sublimierungen. Man braucht nur an Leute zu denken, die am Theater oder allgemein auf künstlerischem Gebiet sehr erfolgreich sind.

Freud: Wahrscheinlich handelt es sich um zwei ganz unterschiedliche Weisen, mit dem gleichen Triebmaterial umzugehen.

Sandler: Ich glaube, wir sprechen von Sublimierung in einem Bezugsrahmen, der noch aus der Zeit herrührt, als die Regulierung des Narzißmus und der Selbstachtung noch nicht so eingehend untersucht wurde. Es gibt so viele Betätigungen, einschließlich der künstlerischen, die ebensoviel mit dem Selbstwertgefühl wie mit den Trieben zu tun haben, wenn man auch von der Entwicklung her gesehen den Standpunkt vertreten kann, sie seien Triebabkömmlinge. Im Hier-und-Jetzt haben sie wohl gar nicht so viel mit den Trieben zu tun. Ich glaube, wir machen einen Fehler, wenn wir uns vorstellen, es müsse eine quantitative Beziehung zwischen dem Ausmaß an Sublimierung und dem Ausmaß an Sexualität geben. Ich meine, wir sollten uns daran erinnern, daß die Idee der Sublimierung wie so viele andere Konzepte bei dem Versuch entwickelt wurde, relativ einfache Phänomene zu verstehen, wie etwa Menschen, die unfähig zur sexuellen Befriedigung sind oder wegen der Befriedigung Schuldgefühle oder Hemmungen erleben und dann eine alternative Ausdrucksform finden, die vom gesellschaftlichen Standpunkt aus gesehen »verfeinert« ist. Wenn wir einmal anfangen, das Konzept mikroskopisch zu betrachten, dann kann unsere Theorie scheitern, wie bei vielen anderen Konzepten auch.

Freud: Wissen Sie, das gilt für alle Abwehrmechanismen. Wenn man sie mikroskopisch betrachtet, dann verschmelzen sie alle miteinander. Man findet dann überall Verdrängung. Man findet etwas von Reaktionsbildung oder Identifizierung. Man findet fünf oder sechs Abwehrmechanismen in einer Haltung zusammengepackt.

Es geht mir darum, sie nicht mikroskopisch, sondern makroskopisch anzuschauen, als große und separate Mechanismen, Strukturen, Geschehnisse, wie man sie auch immer nennen will. Dann heben sie sich voneinander ab, und die Probleme, wie man sie theoretisch voneinander trennt, werden unwichtig. Wenn Sie sie betrachten, dürfen Sie Ihre Brille nicht aufsetzen, sondern Sie müssen sie abnehmen.

SANDLER: Idealerweise müßte man Bifokalgläser haben! Dann könnte man beides tun.

FREUD: Ja.

KENNEDY: Ich glaube, man sollte hier sagen, daß wir bei der Urteilsbildung darüber, welche Vorgänge hinter einer Betätigung liegen, sehr sorgsam vorgehen sollten, denn die Betätigung kann unterschiedliche Bedeutungen haben. Sicherlich kann man von der Tätigkeit selbst her unmöglich sagen, ob es Sublimierung oder Reaktionsbildung ist.

SANDLER: Es dürfte sich lohnen, noch einmal auf die Aussage von Miss Freud zurückzukommen, die für mich eindrucksvoll war, nämlich daß wir uns bei der Sublimierung auf die Tätigkeit beziehen, bei der Reaktionsbildung dagegen auf eine seelische Haltung. Daraus ergibt sich, daß beide zusammen vorkommen können, wie bei jemand, der beim Tierschutzverein sehr engagiert ist oder der gegen grausames Töten von Kaninchen zu Felde zieht. Der Sadismus von Leuten, die gegen die Parforce-Jagden wüten, bricht offensichtlich bei ihren körperlichen Angriffen gegen Fuchsjäger durch, die manchmal ganz bösartig sind. Wenn wir Kinderpflege betrachten, können wir an Rollenumkehrung denken, aber zugleich könnte die Tätigkeit auch eine Sublimierung sein.

FREUD: Ja. Mir fällt da eine Patientin ein, die Vegetarierin ist, weil ihr der Gedanke an Töten und Essen von Tieren unerträglich ist, an jegliche Grausamkeit gegenüber Tieren. Irgendwann einmal dachte sie sogar daran, kein Gemüse mehr zu essen, weil ihr die Pflanzen leid taten. Das geht nun natürlich als Reaktionsbildung gegen Grausamkeit ziemlich weit. Auf der anderen Seite ist sie fasziniert von Berichten über Konzentrationslager und Gefängnisse. Sie hat sich gefragt, ob das ein krankhaftes Interesse sei, was bedeutet, daß sie sich fragt, ob die Grausamkeit, die sie auf einem Gebiet ihres Lebens unterdrückt, auf einem anderen Gebiet wieder auftaucht. Wenn sie dann aber weiterdenkt, fühlt sie sich so sehr mit den Opfern identifiziert, daß sie sich sicher ist, es könne nicht ihre eigene Grausamkeit sein. Als sie Berichte über die Konzentrationslager las, verglich sie sich ständig mit den Opfern und empfand eine gewisse Erleichterung bei dem Gedanken, daß diese noch schlechter dran waren als sie selbst. Das Ganze ist ziemlich kompliziert, und es erscheint nur dann einfach, wenn wir es jeweils nur von einer Seite her betrachten.

ELKAN: Ich möchte fragen, ob wir immer noch der Meinung sind, daß Sublimierung sich nur auf prägenitale Impulse bezieht?

SANDLER: Ich bin sicher, Miss Freud hat schon viele Debatten über dieses Thema erlebt, weil es immer wieder aufkommt und nie wirklich erledigt werden konnte. Möchten Sie sich dazu äußern, Miss Freud?

FREUD: Ich möchte lieber Sie diese Frage beantworten lassen!

SANDLER: Ich weiß die Antwort auch nicht. Ich glaube sicher, daß phallische Impulse sublimiert werden können und daß viel Verwirrung deswegen entstanden ist, weil man oft phallisch und genital miteinander verwechselt hat. Der Definition nach kann etwas nur dann genital sein, wenn es sich in einer reifen Sexualbeziehung ausdrückt, an der nicht nur unmittelbare Triebwünsche, sondern auch wichtige Objektbeziehungs-Aspekte beteiligt sind. Das wird anscheinend oft vergessen. Vor kurzem haben wir versucht, auf die Existenz einer phallisch-präödipalen Phase hinzuweisen, auf eine phallisch-narzißtische Phase, die sich von der eigentlichen ödipalen Phase unterscheidet. Phallische Impulse sind so oft mit genitaler Sexualität gleichgesetzt worden. Ich bin sicher, daß phallische Wünsche sublimiert werden können.

FREUD: Es gibt noch einen weiteren Punkt, eine offene Frage. Wir können fragen, wie früh im Leben Sublimierungen gebildet werden, und ob es möglich ist, Sublimierungen im Erwachsenenalter zu entwickeln, wenn genitale Sexualität erreicht ist. Ist es überhaupt möglich, dann noch neue Sublimierungen vorzunehmen? Oder gehen alle Sublimierungen auf eine viel frühere Zeit in der Kindheit zurück, auf prägenitale Zeiten?

SANDLER: Wir haben hier ganz klar zu unterscheiden zwischen Fertigkeiten und Sublimierungen. Fertigkeiten können schon sehr früh ihren Anfang nehmen, doch es dürfte relativ spät sein – vier, fünf oder sechs Jahre, würde ich sagen –, bis ein Kind seine Fertigkeit zu Sublimierungszwecken einsetzen kann. Sie haben Sublimierungen mit der Latenzzeit in Verbindung gebracht, Miss Freud, mit der Zeit, in der viele Fertigkeiten entwickelt werden. Aber der Junge in der Prälatenz von vier oder fünf Jahren, der vor bewundernden Angehörigen und Freunden Klavier spielt, mag enorme Lust aus seinem Können, seiner Kontrolle, seinem Exhibitionismus und so weiter beziehen.

Freud: Wir haben den Kinderanalytikern immer gesagt, sie sollten darauf achten, die knospenden Sublimierungen des Kindes nicht zu stören, denn wenn man anfängt, sie zu deuten, ihre sexuellen oder aggressiven Quellen aufzuzeigen, dann kann man das Ganze schon in seinen Anfängen zugrunde richten. Wir dachten immer, daß man bestimmten Elementen im therapeutischen Prozeß, mit denen das Kind nicht anderweitig umgehen kann, einen Schub in Richtung Sublimierung geben solle. Wir hatten das Gefühl, mit diesen Elementen behutsam umgehen zu müssen, es könne hier etwas vor sich gehen, das nicht zu dem gehört, was man analysieren muß. Nach einer Weile sahen wir jedoch in der Kindernalyse etwas anderes, nämlich, daß es vielerlei Anfänge von Sublimierungen gibt, aus denen dann nichts wird oder die nur vorübergehend sind. Heute würden wir sagen, es sei viel zu optimistisch zu glauben, daß ein Kind von etwa fünf Jahren, das eine besondere Vorliebe für eine bestimmte Tätigkeit entwickelt, diese Vorliebe auch im Erwachsenenalter beibehalten wird. Andererseits erinnere ich mich an einen kleinen Jungen, etwa vierzig Jahre ist das her. Er war damals sechs Jahre alt. Es war ein gescheiter Junge, die Eltern geschieden, die Mutter kam von Zeit zu Zeit, um ihn zu besuchen. Immer wenn sie wieder wegging, geriet er in eine Art Depression, und in diesem Zustand schrieb er Gedichte, vielmehr diktierte er seine Gedichte in der Analysenstunde. Es waren sehr hübsche Gedichte, und dieser Junge wurde nach einer bewegten Laufbahn schließlich Professor für Literatur. Vor kurzem hörte ich wieder von ihm, er war sehr daran interessiert, seine frühen Gedichte zu sehen, und da ich sie aufbewahrt hatte, ließ ich sie kopieren und schickte sie ihm zu. Sie waren recht eindrucksvoll, und es besteht kein Zweifel, daß zwischen seinem heutigen Beruf und seinen dichterischen Fähigkeiten als Kind eine ganz bestimmte Verbindung besteht. Damals aber analysierten wir seine dichterischen Neigungen, teils in Beziehung zu seiner Mutter und seiner großen Sehnsucht und Traurigkeit, teils in Beziehung zu seiner intensiven Angst vor Verletzungen, die

ihn veranlaßte, seine ganze Aufmerksamkeit von körperlichen Leistungen weg auf geistige zu richten.
SANDLER: Ich glaube, das ist ein gutes Beispiel für Funktionswechsel. Die Fertigkeit entwickelt sich und wird dann für Sublimierungszwecke verwendet, auch wenn es zu der Zeit, als sie sich zu entwickeln begann, nicht notwendigerweise schon eine Sublimierung war.
FREUD: Nun, wäre er weniger gescheit oder begabt gewesen, dann wäre er wahrscheinlich nur ein kleiner Hasenfuß gewesen, wegen seiner Angst vor körperlicher Verletzung, aber kein Dichter.
SANDLER: Am therapeutischen Vorgehen der Hampstead Klinik wurde kritisiert, es richte sich auf Förderung der Entwicklung von Sublimierungen, auf Ermutigung zur Sublimierung, auf Bestärkung der Idee, daß man Sublimierungen nicht stören dürfe. Ich glaube zwar, daß hier ein Mißverständnis vorliegt, aber es würde sich lohnen, es aufzuklären.
FREUD: Wenn man uns nichts Schlimmeres nachsagt ...

Fünfte Sitzung

SANDLER: Ich möchte gern die Frage der Sublimierung im Hinblick auf eine Patientin wiederaufnehmen. Sie ist eine Frau mit sehr preußischer Erziehung und einem sehr strengen preußischen Über-Ich. Sie hat eine Reihe von Stiefkindern und leidet an den Konflikten, die sie mit ihnen hat. Sie sagt, daß sie es gerne hätte, wenn sie ihr gehorchten, hat aber das Gefühl, daß sie die Familie der verstorbenen Frau ihres Mannes gegen sich aufbringen würde, wenn sie mit den Kindern streng wäre. Es geht besonders um eines der Kinder, das am College versagte, und sie konnte es nicht ertragen zu sehen, wie es sich gehen läßt, weil ihr das bei sich selbst so sehr mißfällt. Diese Frau hat nun einen Hund, mit dem sie zu Dressurwettbewerben geht, und der Hund gewinnt dabei jedesmal. Sie braucht nur den kleinen Finger zu heben, und schon gehorcht ihr der Hund. Sie ist eine hervorragende Dressurhunde-Ausbilderin, und ganz offensichtlich bringt es ihr Erleichterung von einem inneren Konflikt, wenn sie eine Situation herstellen kann, in der der Hund absolut gehorcht. Kann man das als Sublimierung bezeichnen oder nicht? Man kann zwar sagen, ihre Tätigkeit sei ein Triebabkömmling, aber man kann ebenso sagen, ihr strenges und strafendes Über-Ich habe eine bestimmte Autonomie erlangt, so daß die Befriedigung, die sie aus der Dressur des Hundes und dem Gewinnen der Wettbewerbe bezieht, auch etwas anderes sein könnte als Befriedigung ihrer Aggression. Das läßt nun die Frage aufkommen, ob Tätigkeiten, die keine indirekten Triebbefriedigungen sind, auch als Sublimierungen betrachtet werden könnten. Ich frage mich, wie Sie das sehen, Miss Freud.

FREUD: Das ist keine Sublimierung, sondern vielmehr eine Verschiebung und eine Externalisierung. Ich meine damit, daß ihr Über-Ich von ihrem Ich Gehorsam verlangt, einen Gehorsam, den sie auch von den Kindern erwartet, und das wird dann auf den Hund verschoben, dessen sofortiger Gehorsam ihr große Lust verschafft.

SANDLER: Das würde heißen, daß wir Sublimierung ziemlich eng so definieren, daß ein neuer Abkömmling eines Triebanspruches gefunden wird, ein Abkömmling, der von den ursprünglichen Triebzielen recht weit entfernt liegt.

FREUD: Und ein Abkömmling, der sich besser mit den Ansprüchen von Ich, Über-Ich und äußerer Wirklichkeit vereinbaren läßt, der mehr ich-synton und mehr der Außenwelt angepaßt ist.

BERGER: Wenn die Patientin dabei ihre sadistischen Impulse zähmt, dann könnte sie doch eine Sublimierung zeigen.

SANDLER: Wir müssen da gut aufpassen. Vom Entwicklungsgesichtspunkt her läßt sich praktisch alles auf Triebregungen reduzieren, und wir könnten sicherlich sagen, die Frau habe ein sadistisches Über-Ich. Was aber an dessen Aufbau beteiligt war, muß nicht unbedingt auch jetzt wirksam sein. Ich meine, es wäre unrichtig zu sagen, das Über-Ich bringe jedesmal indirekt einen sadistischen Imlpuls zum Ausdruck, wenn es sich streng verhält. Wir müssen unterscheiden zwischen dem, was genetisch zutrifft, und dem, was funktionell in der Gegenwart geschieht.

FREUD: Wissen Sie, Reaktionsbildungen werden oft mit dem verwechselt, was Sie beschrieben haben. Wenn wir zu nahe hinsehen, könnten wir finden, daß mehrere Abwehrmechanismen an dieser Wirkung beteiligt sind. Die Quelle dieses Verhaltens mag ein hintergründiger Sadismus sein, aber es stellt auch noch anderes dar.

SANDLER: Es gibt viele Tätigkeiten, wie Unterricht und Krankenpflege, wo man ohne weiteres von Sublimierungen redet, doch

wenn wir die Tätigkeit selbst betrachten, kann sich herausstellen, daß es sich nicht um eine Sublimierung im strikten Sinne handelt.
FREUD: Bei manchen solchen Tätigkeiten findet man, daß sie den Ansprüchen von Sublimierung nicht genügen, wenn man sie als Ganzes nimmt, sondern daß nur bestimmte Aspekte davon als Sublimierung bezeichnet werden können. Ich muß an etwas denken, was mir ein kleiner Patient von sechs oder sieben Jahren sagte. Er war sehr gescheit, und wir sprachen in der Analysenstunde über seine Kindergarten-Lehrerin. Wir redeten über verschiedene Methoden von Kindergarten-Unterricht. Als von der Montessori-Methode die Rede war, bei der den Kindern sehr viel Freiheit gestattet wird, sagte er mir, daß diese Frau großes Vergnügen daran habe, die Kinder herumzukommandieren. Er hatte erkannt, daß es der Wunsch nach Macht war, den sie in ihrer Lehrtätigkeit sublimierte.
KENNEDY: Vielleicht konnte er es erkennen, weil es nicht so gut sublimiert war.
FREUD: Vielleicht, aber ich glaube, er hatte einen guten Blick dafür. Andererseits muß ein Lehrer vieles tun, was nichts mit Kontrolle oder Machtausüben zu tun hat. Dasselbe läßt sich natürlich auch von der Krankenpflege sagen.
SCHACHT: Freud schrieb, daß die Lust, die der Mensch aus einer Sublimierung gewinnt, viel beständiger ist, ohne das Auf und Ab, und mit viel mehr Kontinuität als die Lust aus der Triebbefriedigung. Ich könnte mir vorstellen, daß das, was der kleine Junge als den kontrollierenden oder dominierenden Aspekt der Lehrerin erkannte, die Lust war, die über das hinausging, was man bei einer Sublimierung als angemessen empfindet.
SANDLER: Es lohnte sich, den Gedanken zu diskutieren, daß die sogenannten zielgehemmten Triebe in ihrem Druck beständiger seien als die ursprünglichen Triebe. Anscheinend ist Zielgehemmtheit (in dem von Freud gemeinten Sinne des Wortes) ein integraler Teil der Sublimierung. Wir könnten, meine ich, gut die Frage stellen, weswegen wir bei einer Sublimierung stetigere Lust erleben können als die Lust, die mit dem Es verbunden ist.
FREUD: Ja. Darüber haben wir oft gesprochen. Es ergab sich auch im Zusammenhang mit Onaniefantasien, bei denen direkte sexuelle Abfuhr erlebt wird, im Vergleich mit Fantasie-Abkömmlingen, bei denen sexuelle Abfuhr kein Ende der Fantasie bewirkt. Sie waren

vielmehr auf Grund ihrer Zielgehemmtheit ausgedehnt und bildeten ein mehr oder minder konstantes Merkmal im Leben der Person.

SANDLER: Sicherlich kann das Streben nach bestimmten Formen der Befriedigung einen Antrieb, eine Motivation bekommen, die sich nicht gänzlich aus den Trieben herleitet, sondern sie kann auch zum Beispiel aus dem Bedürfnis des Ichs stammen, durch die Suche nach Lust Angst zu bewältigen. Und können wir nicht auch sagen, daß bestimmte Tätigkeiten, die Lust bereiten, ursprünglich auf Grund ihrer Beziehung zum Es, im weiteren eine beständigere Lustqualität annehmen, so daß sie von sich aus Freude machen? Ich denke dabei an Hobbies oder andere lustvolle Interessen, denen Leute nachgehen, wo es fast so ist, als ob diese Betätigungen etwas von den Reizeigenschaften des Triebes selbst angenommen hätten.

FREUD: Die Tätigkeit ist da vom Ich übernommen worden. Sie gewinnt sekundäre Autonomie. Aber wissen Sie, es wäre gut, wenn wir hier auf die Grundfrage zurückkämen, nämlich was denn geschieht, wenn dem Trieb das Ziel versagt wird, die Abfuhr versagt wird. Es können dann zwei Dinge passieren, die einander ganz entgegengesetzt sind. Eines ist das, was wir gerade als Sublimierung behandeln, nämlich daß das Ich sich des Triebes bemächtigt, ihn modifiziert, mäßigt, ihn verändert und akzeptierbar macht, seinen Drang mindert und schließlich dem Impuls eine mäßigere, verschobene und verminderte Befriedigung anbietet. Das ist es, was wir Sublimierung nennen. Er wird dann ins Ich genommen, wird ich-gemäß und zum Bestandteil der Persönlichkeit. Aber Sie wissen, daß auch das Gegenteil eintreten kann, und das hat mich immer sehr beeindruckt. Einer aggressiven oder sadomasochistischen, sexualisierten aggressiven Fantasie – einer Onaniefantasie der Kindheit – mag die Abfuhr in körperliche Aktivität verwehrt sein, und dann kann das genaue Gegenteil von Sublimierung geschehen. Die Fantasie behält ihre ursprüngliche Form bei, kann die Persönlichkeit überfluten und eine Art psychopathischer Persönlichkeit entstehen lassen.

SANDLER: Ist das der sogenannte triebhafte Charakter, von dem Fenichel sprach?

FREUD: Triebhaft, aber nur von einem Impuls getrieben. Einen triebhaften Charakter hat eine Person, die keinen ihrer Impulse beherrschen kann, während die hier gemeinte meist ein und dieselbe

Regung und Fantasie endlos wiederholt. Das ist für mich die Formel für einen Psychopathen. Aber ich weiß, es ist keine allgemein anerkannte Auffassung.
Sandler: Natürlich gibt es hier Probleme wegen der unterschiedlichen Verwendungsweisen des Terminus »psychopathisch«. Nicht jedes impulsive Verhalten, auch nicht alles antisoziale Verhalten kann als Triebdurchbruch betrachtet werden. Eine solche Verhaltensweise könnte zum Beispiel auch ein Strafbedürfnis oder eine Bewältigungsweise von Angst darstellen. Wir sprechen hier offenbar nur von solchen Menschen (die den Fällen von traumatischer Neurose nicht unähnlich sind), die dem Bedürfnis hilflos gegenüberstehen, ein Verhaltensmuster, das in der Kindheit triebbefriedigend war, immer neu zu wiederholen. Könnte das von Ihnen gemeint sein, Miss Freud?
Freud: Ja, das ist es. Aber meinem Gefühl nach kann man bei jedem individuellen Psychopathen ein derartiges Muster finden, wenn man nur genau genug hinschaut. Was mich bei solchen Fällen so außerordentlich beeindruckt, ist die Monotonie der Wiederholung, dieselbe Monotonie, wie wir sie bei Onaniefantasien finden, die bei ein und derselben Person immer die gleichen sind.
Sandler: Wir sollten vielleicht hinzufügen, daß der Hemmvorgang eines Triebes oder einer Fantasie ein aktiver Prozeß von seiten des Ichs ist. Manchmal kann das Ich beim Vorgang der Hemmung oder Verschiebung auch straucheln, und dann kann der ursprüngliche Impuls oder ein ihm nahe liegender Abkömmling zum Durchbruch gelangen. Alternativ könnte der Impuls auch in der Gestalt eines anderen Abkömmlings, etwa eines Witzes oder eines Traumes, auftreten.
W. E. Freud: Ich habe das Konzept vom »Sublimierungspotential«, wie wir es an der Klinik verwenden, immer als sehr nützlich empfunden. Ich meine, es sagt etwas über die gesamte Abwehrorganisation aus.
Freud: Kurt Eissler hat als erster den Vorschlag gemacht, wir sollten nicht nur über die Sublimierungen des Kindes sprechen, sondern auch von seiner Fähigkeit dazu, seinem *Potential* für Sublimierung. Man kann das schon recht früh erkennen, wie wir bei der Säuglingsbeobachtung gesehen haben, indem man die Bereitschaft des Individuums zum Akzeptieren von Ersatz einschätzt. Eine kleine Patientin von mir sagte neulich, sie habe ziemlich hohe An-

sprüche, und wenn sie nicht das zu essen bekomme, was sie wünsche, würde sie lieber hungern. Wenn sie nicht den Boyfriend haben könne, den sie wolle, möchte sie lieber gar keinen. Das stimmt natürlich nicht ganz, aber sie beschrieb etwas Wichtiges, nämlich ihren Mangel an Bereitschaft, Ersatzmöglichkeiten zu akzeptieren. Wenn sich das sehr früh im Leben so verhält, ist es ein schlechtes Omen für die Entwicklung späterer Sublimierungen. Es ist interessant zu sehen, wie manche Kinder Befriedigung aus einem Ersatz gewinnen können, den man ihnen anbietet, andere dagegen nicht. Sie schreien so lange, bis ihr ursprünglicher Wunsch erfüllt wird. Was ich mir unter Sublimierungspotential vorstelle, wird ganz allmählich aufgebaut. Es wird sicher stark von der Umgebung beeinflußt, doch ich glaube, daß darin auch etwas Basales und Grundlegendes enthalten ist. Natürlich, wenn ein Säugling mit dem ihm angebotenen Ersatz zu rasch zufrieden ist, oder mit der Person, die als Vertretung kommt, dann ist das auch ein schlechtes Zeichen.
SANDLER: Sie beschrieben eine Frau, Miss Freud, die ihre Ambivalenz so aufspaltete, daß sie ihre Mutter als gutes Objekt behalten konnte und jemand anderes zum Objekt ihres Hasses und ihrer Wut wurde (36, 236). Ich frage mich, ob Sie die Absicht hatten, die Spaltung der Ambivalenz in die eigentlichen Abwehrmechanismen einzureihen, weil Sie es eine »Abwehrmethode« (37, 236) nennen. Wir unterscheiden heutzutage natürlich zwischen den Abwehrmechanismen einerseits und anderen Abwehrmethoden, -maßnahmen oder -manövern andererseits. Ich frage mich, ob diese Unterscheidung schon damals bei Ihnen Gestalt annahm, denn obwohl Sie die Spaltung der Ambivalenz eine Abwehrmethode nannten, bezeichneten Sie sie nicht als Abwehr*mechanismus*. Ich weiß nicht, ob Sie diesen Unterschied absichtlich machten, als Sie das Buch schrieben. Im ursprünglichen Deutsch sprachen sie in diesem Zusammenhang von der *Abwehrtechnik*, so daß »technique of defense« eine bessere Übersetzung gewesen wäre.
FREUD: Ich habe sie nicht zu den Mechanismen gerechnet.
ELKAN: Ich möchte gerne kurz auf Miss Freuds Gedanken zum Annehmen von Ersatz als Indikator für das Sublimierungspotential zurückkommen. Sollte man nicht zwischen Ich-Tätigkeiten und Objektbeziehungen unterscheiden? Wenn man eine Abendschule besucht und der Töpferkurs ist voll belegt, könnte man sich auch mit einem Platz in der Malklasse zufriedengeben. Das ist aber etwas

ganz anderes als sich mit jemand anderem zufrieden geben, wenn man den gewünschten Boyfriend nicht bekommen kann.
KENNEDY: Vielleicht sollte man nicht nur die Tätigkeit selbst anschauen, um einen Hinweis zu bekommen, ob es nun eine Sublimierung ist oder nicht, sondern vielmehr, was sie eigentlich für die Person bedeutet. Man könnte sich vorstellen, daß manche Leute mit ihren Hunden zu Dressurwettbewerben gehen oder Blindenhunde dressieren, um so sadistische Impulse auszuleben, aber bei anderen kann es auch als Sublimierung verwendet werden.
SANDLER: Es kommen jetzt viele Fragen auf. Zum Beispiel, zählt ein Bedürfnis nach omnipotenter Kontrolle als Sublimierung, wenn man dafür eine sozial akzeptable Form findet? Der Definition nach nicht, denn es handelt sich überwiegend um eine Ich-Tätigkeit, auch wenn sie aggressive sadistische Elemente enthalten mag. Dann kommt die Frage der Objektbeziehungen. Wenn eine primitive Objektbeziehung in verhüllter Form in einer Tätigkeit wiederholt wird (oder in der die Tätigkeit begleitenden Fantasie), kann es dann eine Sublimierung sein? Es ist gesagt worden, wir würden an der Klinik viel weniger von Objektbeziehungen als von Ich-Tätigkeiten sprechen.
FREUD: Wirklich? Ich glaube das nicht. Die Objektbeziehungen sind doch für uns fast das zentralste Thema. Nach meinem Gefühl stimmt das nicht.
SANDLER: Nun, zum Beispiel haben wir heute über die Triebe und das Triebziel bei der Sublimierung gesprochen. Wir wissen, daß das Objekt der Triebe dazu kommen muß, und die Beziehung zum Objekt ist sehr eng mit dem Ziel des Triebes verknüpft. Wir sprechen von Sublimierung in Zusammenhang mit den Schicksalen des Triebes und des Triebziels, aber wir sprechen nicht die Tatsache aus, daß es auch eine Verschiebung des Objekts und eine Verhüllung der Beziehung zum Objekt bei der Sublimierungsbildung gibt.
FREUD: Das ganze Konzept der Abwehr bezieht sich auf einen innerpsychischen Vorgang, nicht auf einen Vorgang, der mit der Objektwelt verbunden ist. In unsere Untersuchung, wie sich das Ich gegen die Triebabkömmlinge wehrt, kommt das Objekt nicht herein, außer als Veranlasser – oder als einer der Veranlasser – für die Einwände, die das Ich gegen das Es erhebt.
SANDLER: Aber wie verhält es sich mit den innerpsychischen Objektrepräsentanzen, Miss Freud?

FREUD: Sie sind natürlich im Über-Ich.
SANDLER: Oder im Ich.
FREUD: Oder im Ich, offensichtlich.
SANDLER: In der Fantasie.
FREUD: Nur daß sie an dem Punkt nicht mehr zum Bereich unserer Diskussion gehören. Ich bin nicht der Meinung, daß wir jemals die Objektbeziehungen vernachlässigt hätten.
SANDLER: Ich glaube das auch nicht, aber wir machen sie in unseren Darstellungen nicht immer explizit genug. Ich weiß noch, wie Sie mich einmal daran erinnert haben, daß man bei Darstellungen des Ichs auch immer etwas über das Es sagen müsse und nicht voraussetzen solle, der Zuhörer oder Leser werde das von sich aus tun. Vielleicht gilt dasselbe auch für Objektbeziehungen.
ROSENFELD: Ernst Kris hat in seiner Arbeit über Sublimierung die Abwehr bei zwei kleinen Mädchen bis hin zu ihrer Beziehung zum Objekt zurückverfolgt. Er stellte das sehr detailliert und einleuchtend dar, und ich möchte darauf hinweisen, weil Sie sagten, Miss Freud, die Abwehr sei nicht unmittelbar mit dem Objekt verknüpft.
FREUD: Nun, sie ist nicht unmittelbar mit dem Objekt verknüpft, aber sie steht indirekt mit dem Objekt insofern in Verbindung, als wir uns die Ich- und Über-Ich-Entwicklung ohne Objektbeziehungen gar nicht vorstellen können.
ROSENFELD: Ja, aber man kann unseren Gegenstand mehr vom Gesichtspunkt der Verbote betrachten oder vom Wunsch her, dem Objekt zu gefallen, und so weiter. Kris untersuchte sehr genau, wie die speziellen Abwehrstrukturen der beiden kleinen Mädchen sich auf die Abwehrstrukturen ihrer Mütter sowie auf die Interaktion zwischen den Müttern und ihren Kindern bezogen.
SANDLER: Ich vermute, man muß hier unterscheiden zwischen den Motiven für die Abwehr und den Abwehrmechanismen selbst. Wenn wir an die Abwehrmotive denken und den damit verbundenen Zielwechsel, dann ist daran sehr oft das Objekt beteiligt, doch der Mechanismus, die seelische Maschinerie, die daran beteiligt ist, kann man als unabhängig von dem betreffenden spezifischen Objekt betrachten. Natürlich ist der Symbolaspekt der sublimatorischen Tätigkeiten oft sehr eng mit den unbewußten Fantasien der Person in der Beziehung zu ihren Objekten verknüpft. Das ist in unseren Diskussionen über sadomasochistische Tendenzen deutlich geworden.

ROSENFELD: Ja, das trifft es genau.
SANDLER: Ich möchte erwähnen, daß unsere Definition der Projektion und unsere Auffassung, weswegen paranoide Projektion für das Ich befriedigend sein kann, dem sehr nahe kommt, was wir über Sublimierung sagen. Es gibt eine Zielverschiebung, eine Umwandlung, eine indirekte Befriedigungsweise, die für das Ich akzeptabel ist. Es ist wohl wahr, daß der paranoiden Projektion gewöhnlich kein hoher sozialer Wert beigemessen wird, aber in manchen sozialen Gruppen geschieht das. Man könnte sich vorstellen, wenn man sich über die Schwarzen als Verfolger in paranoider Weise erregt, so könnte das in einer kleinen weißen Gemeinde in den Vereinigten Staaten einen gewissen sozialen Wert haben. Das zeigt wieder einmal, wie schwierig es für uns ist, Definitionen zu finden.
BERGER: Aber sind nicht Ausmaß und Art der Befriedigung bei Projektion und Sublimierung verschieden?
SANDLER: Ich habe immer angenommen, wenn jemand einen aggressiven Wunsch projiziert und sich dann selbst angegriffen fühlt, erfährt der eigene Angriffswunsch unbewußt an einem neuen Objekt Befriedigung, nämlich am Selbst, auch wenn dann weitere Abwehrmaßnahmen gegen die auf das Selbst gerichtete Aggression getroffen werden. Mir scheint, daß es bei der Projektion eine ganze Reihe von Verschiebungen von innen nach außen gibt, aber der unbewußte Wunsch findet noch immer einen verhüllten Ausdruck in der paranoiden Verfolgungsidee.
FREUD: Das glaube ich nicht. Ich denke, daß es lediglich für das Ich eine Erleichterung bedeutet, wenn die Aggression draußen und nicht mehr drinnen ist. Oder daß der abgewehrte Wunsch draußen und nicht drinnen ist. Wir haben kürzlich in der diagnostischen Konferenz einen solchen Fall diskutiert, einen Jungen mit Verfolgungsideen, der ständig das Gefühl hat, andere würden ihn geringschätzig behandeln, in eine Kategorie mit Straßenkehrern zusammenbringen und ihn zur Passivität verurteilen. In Wirklichkeit bedeutet es, sie wollen ihn weiblich machen. Offensichtlich ist das mühsam Abgewehrte ein Weiblichkeitswunsch, der Wunsch, sich in eine Frau zu verwandeln, der gleichzeitig heftige Feindseligkeit gegenüber der Mutter und den Schwestern hervorruft, die er bekämpft. Offenbar glaubt er, Weiblichkeit sei ansteckend und er müsse sich davor in acht nehmen. Aber er hat dabei keinerlei Befriedigung.

Sandler: Ich würde dagegen einwenden, daß er unbewußt doch seinen Wunsch befriedigt, penetriert zu werden, mittels der Vorstellung, er werde angegriffen und verfolgt. Er erlangt eine sexuelle, feminine Befriedigung, aber nicht notwendigerweise auch eine masochistische.

Freud: Nun, das gehört mehr zu dem, was wir als Wiederkehr des Verdrängten klassifizieren müßten. In der Situation, die er herstellt, erlebt er unbewußt ständig genau das, was er bewußt nicht erleben möchte.

Sandler: An dieser Stelle möchte ich Sie darum bitten zu klären, was Sie unter erfolgreicher Abwehr verstehen, weil dieser Gedanke oft auftaucht. Ich habe den Eindruck, daß darunter unterschiedliche Dinge verstanden werden.

Freud: Die Frage ist mir gut bekannt. Sie ist mir schon von anderen gestellt worden, mit der Idee, ich hätte mit »erfolgreich« den Bezug zur Außenwelt gemeint. Ich habe natürlich nichts Derartiges gemeint. Wenn ich von erfolgreicher Abwehr spreche, dann betrachte ich sie vom Standpunkt des Ichs her. Wenn sich das Ich erfolgreich wehrt, dann bedeutet das, daß es sein Ziel erreicht, dem unerlaubten Impuls den Zugang zum Bewußtsein zu verweigern, die damit verbundene Angst zu beseitigen und jeglicher Art von Unlust zu entgehen. Das ist erfolgreiche Abwehr, auch wenn sie für die Gesundheit und die spätere Entwicklung verheerende Folgen haben kann. Doch unter dem Gesichtspunkt, sich wehren zu müssen, ist sie erfolgreich. Wissen Sie, wenn Sie jemand angreift und Sie töten diese Person, dann war Ihre Abwehr höchst erfolgreich, aber sie wird kaum gebilligt und kann sehr unangenehme Folgen haben. Es hängt alles von Ihrem Blickwinkel ab. Das war es, was ich damit meinte.

Sandler: Man könnte vielleicht noch anfügen, daß erfolgreiche Abwehr nicht unbedingt verheerende Folgen haben muß. Verdrängung kann erfolgreich sein, vorausgesetzt, daß der abgewehrte Impuls nicht zu stark ist.

Freud: Ich würde Verdrängung dann erfolgreich nennen, wenn jegliche bewußte Kenntnis des betreffenden Inhaltes wirklich verschwunden ist. Wenn der Impuls aus der Verdrängung wiederkehrt, dann war die Abwehr nicht erfolgreich.

Sandler: Aber die dann nachfolgende Abwehr, etwa Projektion, könnte erfolgreich sein.

Freud: Sie könnte sehr erfolgreich sein, aber eben auch die Person zum Paranoiker werden lassen.
Sprince: Brauchen wir nicht irgendeinen Weg zur Unterscheidung zwischen einer Abwehr, die nicht in die Pathologie führt und somit in bestimmtem Sinne erfolgreich genannt werden könnte, und einer Abwehr, die Pathologie zur Folge hat?
Freud: Wissen Sie, gänzlich erfolgreiche Abwehr ist immer etwas Gefährliches. Entweder sie schränkt den Bereich des Bewußtseins oder die Kompetenz des Ichs zu sehr ein, oder sie verfälscht die Realität – das sehen wir am besten bei der Projektion. Die Abwehrmechanismen und -maßnahmen lassen kein optimales Ich-Funktionieren zu. Und ich meine, wir sollten hier keine Wertgesichtspunkte wie Gesundheit oder Pathologie hereinbringen, sondern vielmehr den Kampf zwischen den intakten Ich-Funktionen betrachten, die Unlust oder Angst, die sie hervorrufen, und die Abwehr, die gegen die Angst eingesetzt wird. Wir würden dann sehen, wer gewinnt und was die Folgen für Gesundheit oder Krankheit sind.
Berger: Bei dem von Miss Freud Gesagten scheint mir wichtig, daß sie nicht von der Anpassung der Person an die Außenwelt, sondern vielmehr an die Situation in ihrer Innenwelt ausging.
Sandler: Das gibt der Anpassung eine zweifache Bedeutung.
Freud: Ich kann Ihnen ein Beispiel geben. Für die spätere Gesundheit des Individuums gibt es nichts Gefährlichers als etwa die Situation, der wir früher sehr häufig begegneten, bei der ein Kind die Onanie in der Latenzzeit vollständig abwehrt, so daß sie von der Szene verschwindet. Das Individuum kann dann hoch neurotisch oder, wie ich schon sagte, psychopathisch werden. Es können sich daraus auch Frigidität oder Impotenz entwickeln oder alle möglichen anderen pathologischen Folgen. Wenn aber die Abwehr während der Latenz immer wieder versagt und es zur normalen Onanie kommt, dann kann das eine Bewahrung der seelischen Gesundheit sein.
Sandler: Ist denn Onanie heutzutage nicht etwas fast Universelles bei Kindern in der Latenz?
Freud: Sie sollte universell sein, aber sie ist es nicht.
Sandler: In dem, was Sie gesagt haben, Miss Freud, ist impliziert, daß wir bei der Behandlung eines Patienten uns bewußt bleiben sollten, daß seine defensive Anpassung vom Gesichtspunkt seines Ichs eigentlich eine Hier-und-Jetzt-Anpassung ist, die so er-

folgreich ist, wie es ihm zu dem Moment möglich ist, auch wenn sie dann in die Pathologie führt. Wenn man in der analytischen Arbeit den Patienten unter diesem Gesichtspunkt angeht, muß man sich klar sein, daß man als Analytiker in ein System eingreift, das die beste Anpassung darstellt, die die Person zu diesem Zeitpunkt herstellen kann, in Anbetracht der ihr zur Verfügung stehenden Ressourcen.

FREUD: Das ist es, weswegen Patienten die Analyse und das Eingreifen des Analytikers übelnehmen, weil der Analytiker in die bestmögliche Abwehr des Patienten eingreift. Nur, was seine Gesundheit angeht, sind diese Abwehrmaßnahmen unzulängliche Versuche gewesen und haben schlimme Folgen gehabt.

SANDLER: All das ist von Bedeutung für die Art der Formulierung unserer Deutungen.

FREUD: Ja.

Sechste Sitzung

SANDLER: Miss Freud, in diesem Kapitel verwenden Sie den Ausdruck Liebesbindung (Anm. d. Übers.: in der englischen Übersetzung »love fixation«), und ich möchte gerne fragen, wie es um den gegenwärtigen Status des Wortes »Fixierung« an ein Objekt bestellt ist. Wir wissen, daß Freud von der Fixierung an ein Objekt sprach, etwa von der Fixierung an den Vater, zusätzlich zur Libidofixierung im Verlaufe der psychosexuellen Entwicklung. Wenn Sie den Ausdruck »love fixation« im Hinblick auf das Kind gebrauchen, ist das natürlich klar.

FREUD: Ja, es ist auch klar, was der Übersetzer meinte, aber lassen wir das. (Anm. von J. S.: Neben dem Ausdruck »Liebesbindung an die Mutter« gebrauchte Anna Freud an anderer Stelle des Buches den Ausdruck »prägenitale Fixierungen«.)

SANDLER: Vielleicht könnten Sie, Miss Freud, etwas über den Gebrauch des Wortes »Fixierung« sagen, im Hinblick auf Vaterfixierung, Mutterfixierung und ähnliches. Wir benützen den Terminus immer noch recht häufig mit der Bedeutung, meine ich, einer sehr starken triebhaften oder emotionellen Besetzung der betreffenden Person.

FREUD: Wissen Sie, der Terminus bedeutet mehr, da das Wort als Gegenstück zur freien Beweglichkeit der Libido gebraucht wird.

Fixierung bedeutet immer, daß man an einen Zeitpunkt oder an ein Objekt gebunden geblieben ist, obwohl man sich normalerweise weiter davon entfernt haben sollte. Wir würden also eine Beziehung nicht als Vater- oder Mutterfixierung bezeichnen, wenn wir eine Zeit meinen, in der eine enge Bindung des Kindes an diese Objekte erwartet werden muß. Wir nennen es Fixierung, wenn das Kind sich weiterbewegt haben sollte. Es besagt immer, daß ein ungebührliches Ausmaß von Libido zurückgelassen worden ist.

SANDLER: Die Bedeutung ist jetzt sehr klar. Mich hat immer die Tatsache beschäftigt, daß wir dazu neigen, den Terminus nur dann zu verwenden, wenn das betreffende Phänomen manifest ist. Von einem erwachsenen Mann, der noch immer bei seiner Mutter lebt und sie nicht verlassen kann, um zu heiraten, sagen wir, er sei mutterfixiert. Bei einem Mann aber, der weggeht, der eine Abwehr gegen seine gleichermaßen starke Bindung an die Mutter errichtet hat, an dieser unbewußten Bindung in seinem späteren Leben festhält und deswegen neurotische Konflikte entwickelt, sagen wir gewöhnlich nicht, er habe eine Mutterfixierung.

FREUD: Nun, ich meine, es sei auf beide Situationen gleichermaßen anwendbar. Es bedeutet immer, daß die Libido an das Objekt gebunden ist, sei es bewußt oder unbewußt.

SANDLER: Ein weiterer Punkt, Miss Freud. Bei der Darstellung des Falles der jungen Frau zu Anfang des Kapitels 4 schreiben Sie: »Sie verschiebt zur Lösung des Ambivalenzkonflikts die eine Seite der Ambivalenz nach außen« (36, 236). Wäre die Annahme zutreffend, das »nach außen« bedeutet »von der Mutter weg«, im Gegensatz zu der Art von Verschiebung nach außen, die wir bei der Projektion antreffen?

FREUD: Ja. Wenn ich das heute zu schreiben hätte, würde ich »anderswohin« sagen, nicht »nach außen«. Was ich da beschreibe, ist eigentlich eine Spaltung der Ambivalenz.

SANDLER: Der Terminus Ambivalenz wird oft bei Personen verwendet, die sich wegen irgend etwas in Konflikt befinden. Es wird dann gesagt, sie seien ambivalent in bezug auf eine Handlung oder eine Unternehmung. Sie gebrauchen den Terminus hier ganz präzis, Miss Freud, und meinen damit zwei entgegengerichtete Triebeinstellungen zu einem Objekt, die gleichzeitig bestehen, und den Konflikt zwischen diesen beiden unterschiedlichen Haltungen.

FREUD: Ich meine, es bedeutet immer zwei gegensätzliche Gefühle, die auf der gleichen Ebene liegen, welche Ebene das auch sein mag. Aber nicht jede Ambivalenz läßt Konflikt entstehen, und sicher geht es nicht bei allen Konflikten um Ambivalenz.

Sandler: Etwas später in diesem Kapitel sprechen Sie vom Ich des kleinen Mädchens, das jetzt einen zweiten Mechanismus in Tätigkeit setzt. Sie sagen: »Es wendet den Haß, der bis dahin ausschließlich der Außenwelt galt, gegen die eigene Person. Das Kind martert sich mit selbstquälerischen Anklagen und Minderwertigkeitsgefühlen, tut die Kindheit und Jugend hindurch bis ins Erwachsenenalter alles, um sich selbst zu benachteiligen und zu schädigen, und setzt die eigenen Ansprüche an ihr Leben ständig hinter die der anderen zurück. Für den Anschein von außen her ist sie seit Inkrafttreten dieser Abwehrtechnik masochistisch geworden« (37, 236). Wie Sie wissen, Miss Freud, haben wir kürzlich das Konzept der gegen das Selbst gewendeten Aggression diskutiert, und es wäre sehr nützlich, wenn Sie uns bei der Untersuchung einiger Aspekte dieses Themas helfen könnten. Sie sprechen zuerst vom Haß des Kindes, der ein objektbezogenes Gefühl repräsentiert, im Gegensatz zum eigentlichen Aggressionstrieb.

Freud: Ich habe wahrscheinlich das Wort Haß anstelle von Aggression gebraucht, weil sie sich wegen dieses Gefühls so schuldig vorkam, auch wenn es von keinerlei Handlung begleitet war. Es war dieses Gefühl, das sie gegen die eigene Person wandte. Wir hatten kürzlich einen ähnlichen Fall von einem Mädchen, das sich ungeliebt und unglücklich fühlte und auf diese Situation mit Wut, Haß, Aggressionen und Todeswünschen reagierte. Aber bei diesem Kind bemerkten wir eine ganz starke Reaktion gegen die Todeswünsche in Gestalt heftiger Angst, wenn die Eltern außer Haus gingen. Sie quälte sich mit Gedanken, was ihnen zustoßen könnte, und fand keinen Schlaf. Sie hatte eine jüngere Schwester, und wenn sie mit dieser Schwester über die Straße gehen mußte, bekam sie Angst. Sie wollte nicht über die Straße gehen, weil die Schwester überfahren werden könnte. Sie wollte nicht zu Hause mit der kleinen Schwester allein gelassen werden, anscheinend hatte sie Angst, sie könnte ihr etwas antun. Sie hatte also Reaktionsbildungen gegen ihre Todeswünsche und ihren Haß. Wenn sie in der Schule von anderen Kindern geneckt wurde, bekam sie plötzliche unbeherrschbare Aggressionsausbrüche, in denen sie die anderen Kinder schlug, kniff, biß und wirklich verletzte. Sie konnte sich nicht kontrollieren. Sie fürchtete sich vor diesen Ausbrüchen und fühlte sich danach sehr schuldig. Doch gleichzeitig konnte diese Neunjährige diese ganzen Gefühle gegen sich selbst wenden, in Tränen ausbrechen und schluchzen: »Ich bin ein totaler Versager, ich tauge nichts, niemand mag mich, ich bin schlecht.« Sie wurde dann zu ihrem eigenen Opfer, zum Opfer ihrer eigenen Aggression. Wir hatten den Eindruck, auch wenn wir ihn nicht bestätigen konnten, daß ein Stück Masochismus in diesen ganzen Verlauf hineingekommen war, so daß sie gezwungen war, das Ganze ständig zu wiederholen. Immer, wenn jemand sie liebevoll behandelte, brachte sie es dahin, daß die Person sie schließlich nicht mehr mochte. Deskriptiv würden wir sagen, das ist masochistisch, aber wir wissen nicht, ob es *wirklich* masochistisch war.

SANDLER: Würden Sie die Bezeichnung masochistisch auf Situationen beschränken, in denen im Leiden eine libidinöse Komponente enthalten ist?

FREUD: Ja, so daß das Leiden zu einem Ziel an sich wird.

SANDLER: Es ist wichtig, das zu klären, Miss Freud, weil viele den Terminus Masochismus für alle Formen der gegen das Selbst gerichteten Aggressionen verwenden, und wenn ich Sie richtig verstehe, sollte der Terminus nur dort gebraucht werden, wo das Leiden in irgendeiner Weise erotisiert wurde. Menschen, die sich gewohnheitsmäßig schädigen, verletzten oder bestrafen, müssen nicht im engeren Sinne des Begriffes masochistisch sein.

FREUD: Ganz recht, denn vielleicht suchen sie nur nach Schuldentlastung, die sie natürlich erreichen können, wenn sie Aggression gegen die eigene Person wenden. Das wäre noch nicht masochistisch, denn dazu braucht es noch die heimliche Lust daran, das Opfer zu sein. Nur dann sollten wir ihre Wendung gegen die eigene Person masochistisch nennen. Dann ist es natürlich besonders schwierig zu behandeln, weil man nicht nur in die schmerzliche Situation, sondern auch in die Lust eingreifen muß.

SANDLER: Ich erinnere mich, daß ich vor einigen Jahren die Ansicht vertrat, daß die Zukunftsperspektive weniger günstig sei, wenn eine masochistische Sexualisierung von Schuld oder Leiden vorliege, doch Sie meinten, der Patient sei dann zwar schwieriger zu behandeln, aber die Prognose sei günstiger als bei Fällen, in denen die Wendung der Aggression gegen das Selbst einzig auf Schuldgefühlen beruhe. Sie meinten, das sei so, weil das Über-Ich so schwer

zu verändern ist, und wenn eine sexuelle Verstärkung vorläge, könne man auf jeden Fall diese in der Analyse angehen.
FREUD: Ja, besonders wenn man in die Lust eingreifen kann, indem man den ganzen Vorgang bewußt macht. Natürlich gefällt es dem Patienten nicht, wenn man in den Vorgang eingreift, weil er ja daraus Lust bezieht, und er kann dann die Situation so umdeuten, daß er zum Opfer und der Analytiker zum Angreifer wird und so weiter. Wenn es aber gelingt, das zu entwirren, dann hat man eine Chance.
SANDLER: Ich habe immer den Eindruck gehabt, daß einige unserer aktiveren Analytiker, die viel und sehr aktiv deuten, so daß sich ein Wechselgespräch mit dem Patienten ergibt, eine sado-masochistische Beziehung begünstigen, und daß das einer der Gründe sein mag, weshalb ihre Patienten so lange in Analyse bleiben.
FREUD: Ich glaube, das stimmt.
SANDLER: Es gibt einen weiteren Punkt. Das Problem, das wir mit Trieben und Affekten hatten, ist vielleicht gar nicht so groß, wenn wir daran denken, daß die Triebe hypothetische Konstrukte sind, und Sie eingeräumt haben, daß das, worauf Sie sich in Ihrem Buch beziehen, im Grunde der *Wunsch* ist (Kapitel 1). Mit Wünschen gehen alle Arten von Gefühlen und ebenso auch Repräsentanzen der Objekte oder des Selbst einher, denen die damit verbundenen Gefühle gelten. Wenn Sie also von den Triebschicksalen sprechen, ist klar, daß Sie sich auf die Schicksale des Wunsches beziehen. Wenn Sie dann postulieren, daß der Trieb einen bestimmten Weg nehme, dann meinen Sie zugleich, daß der Wunsch modifiziert wird. Wendung der Aggression gegen die eigene Person schließt somit automatisch die Verschiebung eines aggressiven *Wunsches* von einem Objekt auf das Selbst mit ein. Wir haben einen deutlichen Vorteil, wenn wir vom Wunsch statt vom Trieb sprechen, weil dann nämlich der Gefühlsaspekt als Teil des Wunsches genommen werden kann. Würden Sie damit übereinstimmen, Miss Freud?
FREUD: Ja.
SANDLER: Es ist vielleicht nützlich, an dem klinischen Material, das wir besprochen haben, eine Reihe von Unterscheidungen vorzunehmen. An erster Stelle haben wir das Kind, das speziell sich selbst das antut, was es mit dem Objekt tun möchte. Wenn das Kind also das Objekt die Treppe hinunterstoßen möchte, fällt es, indem es den Wunsch gegen sich selbst wendet, selbst die Treppe hinunter.

Der Inhalt dessen, was es sich selbst zufügt, gibt uns den Hinweis darauf, was es unbewußt dem Objekt antun möchte. Dann gibt es auf der anderen Seite die Kinder, die sich selbst bestrafen, weil sie sich schuldig fühlen, und das, weswegen sie sich schuldig fühlen, braucht keine Beziehung zu der Art von Strafe zu haben, die sie sich zufügen. Sie können sich wegen eines sexuellen Wunsches ebenso schuldig wie wegen eines aggressiven Wunsches fühlen, und sie strafen sich aggressiv für den sexuellen Wunsch. Der Inhalt der Selbstbestrafung gibt uns hier keinen Hinweis auf den unbewußten Wunsch, der die Schuldgefühle hervorrief und das Kind veranlaßte, sich zu bestrafen. Dann gibt es auch die Kinder, die sich selbst herabsetzen, die unter intensiven Minderwertigkeits- oder Unzulänglichkeitsgefühlen leiden. Wir können nicht sicher sein, daß das nun die Folge einer gegen das Selbst gewendeten Aggression ist, außer vielleicht in einem deskriptiven Sinne, denn das Kind kann auch mit einem entwerteten Objekt identifiziert sein, kann Probleme mit der Regulierung seines Selbstwertgefühles haben, der Versorgung mit narzißtischer Zufuhr. Ich glaube, wir sollten diese letztere Gruppe nicht mit Wendung der Aggression gegen das Selbst bezeichnen, wegen dieser starken narzißtischen Komponente. Wir könnten uns in der Art der Pathologie täuschen.

FREUD: Ich werde an einen Fall erinnert, den wir neulich hatten, ein Kind, das sich quälte, voller Selbstvorwürfe war und bei allen seinen Interviewern ein Gefühl von Unbehagen hinterließ. Sie fühlten sich so, als seien sie von ihm auf eine subtile Weise angeklagt worden, und ich bin mir sicher, daß sich die Eltern dieses Kindes durch dessen depressive Selbstquälerei angeklagt fühlten. Der Wunsch, das Objekt zu quälen oder zu bestrafen, kehrte also auf einem Umweg wieder zurück. Das ist ein guter diagnostischer Hinweis für Selbstvorwürfe, die durch Ablenkung vom Objekt entstehen. Dieses Kind hatte auch ein geringes Selbstwertgefühl, weil es ungeliebt war, weil es in den Augen der Eltern ein entwertetes Objekt war. Die Mutter wollte einen Jungen, aber sie ist ein Mädchen, und so weiter. Zu diesem Gefühlshintergrund von Entwertung und geringem Selbstwertgefühl, der aus der Vergangenheit stammt, kommt nun die Aggression hinzu, die von Rechts wegen nach außen auf die Personen gerichtet sein müßte, die sie herabsetzen, enttäuschen und zu wenig lieben. Wenn wir dann das Endergebnis vor uns haben, ist es sehr schwer zu sagen, was davon aus dem Gefühl der

Herabsetzung stammt, das sich aus ihrer Identifizierung mit dem Bild herleitet, das die Eltern von ihr haben, und was danach durch die auf das Selbst abgelenkte Aggression hinzugekommen ist. Wenn man den individuellen Fall betrachtet, dann ist er natürlich immer komplizierter als das, was wir daraus zu extrahieren versuchen. Er wird noch komplizierter, weil die Versuche des Kindes, seine Aggression zu bewältigen, so unzulänglich sind. In Wirklichkeit wird es sie nicht los, es kann seine Aggression, seinen Haß, oder wie man es sonst bezeichnen könnte, auf die Eltern, besonders der Mutter gegenüber nicht bewältigen. Es versucht dies und jenes, es versucht zu verdrängen, es versucht Reaktionsbildungen, und in gewissem Maße ist beides auch wirksam. Aber dann gibt es Durchbrüche und Zusammenbrüche; schließlich verzweifelt es. Es versucht also, die Aggression gegen sich selbst zu wenden, aber bis zu einem gewissen Grade bleibt sie immer noch nach außen gerichtet.

Sandler: Sie würden also den aggressiven Aspekt der Selbstanklagen dieses Kindes nicht als einen sekundären Gewinn betrachten, als etwas, das von dem Kind als nützlich für sich entdeckt wurde?

Freud: Nein, die Aggression, die gegenüber den Eltern bestehen bleibt, ist Teil des Gesamtvorganges.

Kennedy: Ich werde an ein Kind erinnert, das davon spricht, sich selbst umbringen zu wollen, in der Folge eines Wunsches, die Eltern zu attackieren, und das die Drohung, sich selbst zu töten, als Provokation oder als ein Mittel gebraucht, um den Eltern Angst oder Schuldgefühle zu machen.

Freud: Ja, man begegnet beidem. Es gibt da einen kleinen Jungen, den wir beide kennen, der meint, es sei sehr böse, jemand anderen zu töten, und wenn man gut ist, dann tötet man sich selbst. Aber wenn man sich selbst tötet, dann sind eigentlich die Eltern daran schuld. Der Suizidgedanke ist also ein Angriff, eine Bestrafung der Eltern.

Sandler: Vielleicht ist das wichtig im Hinblick auf Suizide von Kindern, die so ganz anders erscheinen, weil dabei die Fantasie einer Bestrafung der Eltern sehr viel stärker beteiligt ist.

Freud: Ja, sie stellen sich vor, wie schuldig und reuevoll sich dann die Eltern fühlen müssen und wie schön es wäre, da zuzuschauen. Mark Twain hat ein wunderbares Beispiel dafür in *Tom Sawyer* gegeben.

TYSON: Ich dachte auch an die Formen von Selbstquälerei, die wir bei Erwachsenen sehen und die durch Erotisierung der Angst zustande kommen.
FREUD: Man sieht so etwas auch beim Kinde, wenn es deutliche Merkmale einer Koketterie mit der Angst hat. Ich habe einmal einen kleinen Patienten von mir beschrieben, der nachts im Bett schreckliche Angstanfälle hatte, weil er sicher war, ein Räuber verberge sich hinter den Vorhängen. Er war sich sicher, wenn er sich im Bett nur bewege, oder schimmer noch, wenn er aufstehe, um etwas zu holen, oder wenn er nach einem Glas Wasser greife, dann werde der Räuber über ihn herfallen und ihn umbringen. Das Kind konnte einem recht leid tun. Ich erinnere mich aber, wie ich ihn in der Stunde einmal fragte: »Was machst du denn, wenn der Räuber gar nicht herauskommt?« Und er sagte darauf: »Dann sage ich, Räuber, komme heraus!« Es handelte sich offensichtlich um eine sexualisierte Phantasie, das Spiel mit der Angst war eine sexuelle Betätigung.
BERGER: Vermutlich ist es in bestimmten Entwicklungsphasen ganz normal, daß sich Angst mit Erregung vermischt – zum Beispiel bei dem Kind, das so viel Spaß daran hat, in die Luft geworfen zu werden.
SANDLER: Ich erinnere mich an einen Patienten, der als Kind ein Ekzem hatte. Seine Mutter pflegte nachts zu kommen und ihm eine lindernde Salbe aufzutragen. Später in seinem Leben brauchte er stets kleine Hautreizungen, an denen er ständig kratzte. Es war ihm einfach unvorstellbar, daß nicht ständig irgend etwas schiefgehe. Ich denke, daß die Ekzemschmerzen sehr früh in seinem Leben erotisiert wurden, und das muß auch für viele Kinder mit Hautbeschwerden gelten, wo es viel schmerzhaftes Kratzen oder Ähnliches gibt.
FREUD: Natürlich kann der Schmerz erotisiert sein, aber auch die Behandlung des Schmerzes.
SANAI: Man begegnet oft einer Erotisierung von Depression. Viele Dichter haben von »süßem Kummer« gesprochen. Wenn man die Lebensläufe von Dichtern anschaut, kann man sehen, daß es bei einigen ein bestimmtes Genießen der Verstimmung gibt.
FREUD: In den Hampstead Nurseries haben wir bei vielen kleinen Kindern sehen können, daß im Moment der Beendigung des Schmerzes auch die Reaktionen auf den Schmerz aufhörten, daß

aber bei anderen die Reaktion noch lange Zeit anhielt, weit über das Ende des Schmerzes hinaus, als ob sich das Kind nicht vom Schmerz lösen könne. Ich denke, das ist ein Schritt auf dem Weg zur Erotisierung der schmerzlichen Situation.

SANDLER: Ich möchte gern darauf hinweisen, welche Rolle die Aufrechterhaltung des Sicherheitsgefühls bei Leuten spielt, die etwas wiederholen, das wie ein rein masochistisches Verhalten aussieht. Das Verhalten kann ein unbewußtes Gefühl von der Anwesenheit des Liebesobjekts entstehen lassen, wenn auch die Person sich dazu etwas Unangenehmes zufügen muß. Was da in der Fantasie heraufbeschworen wird, ist irgendwie das Gefühl, daß das Objekt ganz nahe ist, und das kann ein Sicherheitsgefühl zusätzlich zu anderen Befriedigungen hervorrufen.

Miss Freud, bei der Beschreibung der Patientin, die ihren Haß nach innen kehrte (36/37, 236), sprechen Sie davon, daß das Ich des Mädchens durch die Verwendung eines Abwehrmechanismus Entlastung von seinem Schuldgefühl empfinde. Ich möchte Sie fragen, inwieweit wir im Zusammenhang mit der Beseitigung von Schuldgefühlen an Abwehrmechanismen denken sollten. Und sollten wir zwischen den Abwehrmaßnahmen oder Abwehrmanövern, die im Zusammenhang mit Schuldgefühlen gebraucht werden, und anderen Abwehrmechanismen unterscheiden? Sie sprechen davon, daß Projektion dem Kind Entlastung von seinem Schuldgefühl bringe, und doch habe ich das Gefühl, daß wir manchmal eher zögern, beim Umgang mit Schuld von Abwehrmechanismen zu reden.

FREUD: Wissen Sie, es hängt davon ab, wie man es betrachtet. Wir können es von verschiedenen Enden her anschauen. Sagen wir einmal, das Kind habe eine sexuelle oder aggressive Regung, und daraufhin kommen Schuldgefühle auf. Das Kind möchte nun gern die Schuldgefühle beseitigen, aber die Beseitigung gelingt ihm am besten, indem es eine Abwehr gegen die Regung einsetzt. Wenn wir also auf der Seite der Triebregung beginnen, dann können wir ganz passend von Abwehr sprechen. Der Impuls mag durch Projektion abgewehrt werden, und ein Kind, das Schuldgefühle wegen eines bestimmten Impulses empfindet, braucht sich nicht mehr schuldig zu fühlen, wenn jemand anderes diesen Impuls hat. Es wäre hier unrichtig, wenn man sagte, die Abwehr richte sich gegen das Schuldgefühl. Die Abwehr richtet sich gegen den Triebabkömmling.

SANDLER: Ich möchte Sie wohl gerne dazu bringen, die Formulierung zu erweitern, die Freud in »Hemmung, Symptom und Angst« gefunden hat, nämlich daß das Angstsignal die Abwehr in Gang setze, hin zu der, daß jedes Schmerzsignal Auslöser von Abwehr sein kann. Das würde dann auch Schuldgefühle, Furcht vor der Außenwelt und so weiter mit einschließen.

FREUD: Ich meine, ich habe das in einem anderen Kapitel gesagt.

SANDLER: Daß also auch eine Regung von Schuldgefühl gleichermaßen Abwehrmechanismen gegen die Triebregung in Gang bringen kann, die sie veranlaßte?

FREUD: Ja. Wissen Sie, man kann angesichts von Schuld verschiedenes tun. Manche Leute können sich nicht gegen den Impuls stellen, der die Schuldgefühle bewirkt, sie begehen die schuldhafte Handlung und verleugnen oder verdrängen dann die Schuld. Eigentlich sollten sie den Grund für das Schuldgefühl angehen und nicht sein Ergebnis, den Konflikt.

SANDLER: Mich verwundert es, Miss Freud, wenn Sie davon sprechen, was die Leute *eigentlich* tun sollten.

FREUD: Wenn ich so etwas wie »was sie eigentlich tun sollten« sage, spreche ich nicht vom Standpunkt des äußeren Beobachters, sondern vom Standpunkt des inneren Konflikts. Sicher ist es die beste Lösung, die Ursache der Schuld zu beseitigen. Doch die Ursache der Schuld zu beseitigen bedeutet große Einbußen an Lust, Befriedigung oder Spannungsminderung. Manche Leute tun das daher höchst ungern, sie wollen ihre Lust behalten, nur macht ihre Lust ihnen Schuldgefühle. Manchmal kommen Patienten wegen einer Analyse – besonders homosexuelle Patienten – und sagen »Alles, was ich möchte, ist weiterhin das zu tun, was mir Lust bereitet, aber deswegen keine Schuldgefühle haben zu müssen.« Sie haben alles mögliche ausprobiert, was sich aber nicht bewährte. Und was taten sie? Sie gingen weiter ihren Befriedigungen nach, die ihnen Schuldgefühle machten, verleugneten dann die Schuld oder benützten eine Rationalisierung – nur brachten ihnen diese Methoden nichts ein.

SANDLER: Gibt es auch Fälle, bei denen es wirkt?

FREUD: Rationalisierungen können sehr gut funktionieren. Aber es gibt auch andere Methoden. Zum Beispiel können solche Leute ihre Umgebung zu Handlungen veranlassen, durch die sie sich dann gerechtfertigt fühlen, mit dem Impuls zu reagieren, der ihnen sonst Schuldgefühle machen würde. Es gibt wohl tausenderlei Wege solcher Abwehr, und vermutlich probiert sie das Individuum so lange aus, bis es einen gefunden hat, der ihm paßt. Nur paßt er eben nicht wirklich, denn wenn er funktionierte, würde die Person nicht in die Analyse kommen.

Sandler: Ja, darum geht es wohl. Es gibt viele Leute, denen es in der Tat gelingt, mittels eines Tricks oder einer Abwehrtechnik mit ihren Schuldgefühlen zurechtzukommen; sie kommen nicht zur Analyse, entwickeln keine Symptome und haben das Gefühl, ganz gut damit zurechtzukommen. Ich vermute auch, wenn die Schuld aus einem Wunsch hervorgeht, der nicht unbedingt in Handlung umgesetzt wird, und die Person geht in den genannten Weisen damit um, könnte man solche Umgangsweise mit der Schuld als erfolgreiche Abwehr bezeichnen und als etwas ganz Normales betrachten. Zum Beispiel könnte die Schuld durch Verwendung von Projektion innerhalb des eigenen Phantasielebens bewältigt werden. Wenn das gelingt, hat die Person Glück gehabt, und sie kommt dann nicht in unsere Sprechstunde.

Freud: Man könnte hinzufügen, daß die Patienten, die unsere Hilfe wünschen, die aber ihre Lust behalten und nur die Schuldgefühle beseitigt haben wollen, oft am Anfang der Analyse sehr enttäuscht sind, weil sie sich um so schuldiger fühlen, je mehr man sie analysiert. Ihre bis dahin verwendeten Methoden der Schuldabwehr gehen verloren, und sie spüren nun das volle Gewicht der Schuld. So läuft es schließlich wieder darauf hinaus, daß man sich mit dem Impuls befaßt und sehen muß, ob er der gegenwärtigen Situation angemessen ist oder nicht.

Sandler: Wenn wir die Unterscheidung zwischen deskriptiv Unbewußtem und dynamisch Unbewußtem heranziehen, können wir natürlich von deskriptiv unbewußten Gefühlen sprechen. Angst oder Schuld kann also vom Bewußtsein ferngehalten werden, und Menschen mit viel unbewußter Schuld können ihr Leben so verbringen, daß sie entweder sich selbst bestrafen oder auf irgendeine andere Weise mit dem Schuldgefühl umgehen. Sie sind sich des Schuldgefühls nicht bewußt, aber es ist trotzdem vorhanden. Solche Leute mögen oberflächlich als angstfreie und schuldfreie Charaktere erscheinen, und die Analyse verwandelt sie dann in Leute, die intensive Schuld und Angst erleben. Würden Sie sagen, wenn solche Gefühle nach der Analyse erlebt werden, sei das für sie besser, wenn auch etwas weniger angenehm?

Freud: Ja.
Sandler: Miss Freud, in diesem Kapitel vergleichen Sie Hysterie und Zwangsneurose und sagen: »Nehmen wir an, die Aufgabe wäre die gleiche: Bewältigung des Mutterhasses, der aus dem Penisneid entspringt. Die Hysterie erledigt sie durch Verdrängung« (38, 237). Könnten Sie den Gedanken, der Mutterhaß entspringe dem Penisneid, etwas mehr ausführen?
Freud: Der Einfachheit halber wählte ich zwei Typen von Kindern, einen mit hysterischem und einen anderen mit zwangsneurotischem Gepräge, und ich nahm die gleiche für sie unerträgliche Situation. Beide gaben der Mutter die Schuld dafür, daß sie kein Junge geworden waren. Das ist der gewöhnliche Mutterhaß aufgrund des Penisneides. Die beiden unterschiedlichen Typen von kleinen Mädchen stehen nun vor der Aufgabe, mit diesem Gefühl fertig zu werden. Ich habe hier beiseite gelassen, daß das nicht das Hauptproblem bei einem zwanghaften Kind ist, es ging mir lediglich darum, zu zeigen, wie unterschiedlich die beiden Typen von Kindern mit der gleichen Situation umgehen.
Sandler: Der Mutterhaß, der dem Penisneid entspringt, ist also das Ressentiment gegenüber der Mutter, die sie nicht mit einem Penis ausgestattet hat.
Freud: Ja.
Sandler: Sie sagen dann, Miss Freud, »Die aggressiven Regungen, die an ihn (den Mutterhaß), die sexuellen, die an den Penisneid geknüpft sind, können in körperliche Symptome verwandelt werden, wenn die Fähigkeit zur Konversion und ein somatisches Entgegenkommen vorhanden sind« (38, 237). Als ich das las, war ich sehr davon beeindruckt, wieviel von den Formulierungen der frühesten Phase der Psychoanalyse über den aufgestauten Affekt, der seinen Ausdruck in Konversionssymptomen findet, in unserer Theorie verblieben ist, wenn wir uns vorstellen, daß Triebimpulse umgewandelt und in hysterischen Symptomen abgeführt werden. Vermutlich ist der daran beteiligte Abwehrmechanismus die Verdrängung. Worüber ich Sie aber besonders befragen möchte, Miss Freud, sind die sogenannten phobischen Abwehrmaßnahmen. Wir wissen, daß an den Phobien viele Abwehrmaßnahmen beteiligt sind, aber wir behandeln »phobische Abwehr« offenbar so, als sei das etwas Einheitliches, das eine besondere Benennung verlange. Man kann von Kollegen hören, daß Patienten eine pho-

bische Abwehr gegen Aggression oder gegen Exhibitionismus einsetzten.
FREUD: Wir könnten es auch Vermeidung nennen. Es ist eine Vermeidung der Situation, in der der Konflikt oder das Gefühl auftritt, und die Folgen dieser Vermeidung, oder die Weise, wie es geschieht, bezeichnen wir als phobischen Mechanismus. Er beinhaltet einen Rückzug aus der Situation.
SANDLER: Man sollte also von phobischer Vermeidung sprechen.
FREUD: Man sollte von phobischer Vermeidung sprechen, ja.
BERGER: Entsteht nicht für uns ein Problem, nämlich daß solche Vermeidung die Merkmale eines Symptoms hat?
FREUD: Es hat sie, und auch wieder nicht. Wenn man es von der Seite der Normalität betrachtet, so wissen wir nicht, wie viele unserer Schritte im Leben eigentlich Vermeidungen von Situationen sind, die wir fürchten. Wenn wir es genauer untersuchen, müßten wir es phobische Vermeidung nennen, doch es erreicht nicht ganz die Stärke, die für ein Symptom erforderlich ist.
BERGER: Was wird mittels solcher Vermeidung abgewehrt?
FREUD: Ich habe schon an früherer Stelle das Beispiel des kleinen Jungen angeführt, der auf dem Fußballplatz, bei jeglichem Sport starke Kastrationsangst entwickelte. Er fürchtete sich so sehr vor körperlicher Verletzung, besonders vor Verletzung seines Penis, daß er keinerlei Sport mehr betreiben konnte. Das entwickelte sich aber nie zu einer Phobie im üblichen Sinne, da er einfach den Sport überhaupt vermied und statt dessen beträchtliche intellektuelle und dichterische Fähigkeiten entwickelte. Er hätte also normalerweise gar nicht bemerkt, daß er Phobiker war. Bei seiner Analyse wurde mir klar: hätte er nicht so große Angst vor Situationen, in denen er sich verletzen könnte, wäre er nicht so ein guter Dichter sondern ein besserer Sportler.
SANDLER: Wann wird zum Beispiel eine Abneigung gegenüber bestimmten Speisen zu einem Symptom? War es nicht Wilhelm Reich, der sagte, hinter jedem Charakterzug läge eine Phobie?
FREUD: Es wird etwas vermieden, und man entwickelt an seiner Stelle etwas anderes. Es wäre sehr interessant, dem weiter nachzugehen.
SANDLER: Insbesondere im Hinblick auf die Frage, was normal und was pathologisch ist. Wir haben es hier mit einem Mechanismus zu tun, der in bestimmtem Sinne ganz irrational ist, aber der so häufig

vorkommt, daß man ihn als normal betrachten kann. Er hat sicherlich eine Funktion für das Ich.

FREUD: Was man so etwas optimistisch eine rundum gelungene Entwicklung nennt, besagt dies eigentlich, daß kein Entwicklungsaspekt von solchen kleinen Phobien beeinträchtigt ist. Aber wem gelingt das schon? Schaut man sich Leute näher an, dann findet man immer, daß sie bestimmte Dinge vermeiden und andere bevorzugen. Worüber wir hier sprechen, ist auch grundlegend für das, was ich Ich-Einschränkung genannt habe. Im Gang seiner Entwicklung versucht das Ich, die schlimmsten Bereiche zu vermeiden und in die angenehmsten zu gelangen. Für die Normalpsychologie ist das sehr interessant.

KENNEDY: Muß die Frage nicht lauten, wie weit verbreitet solche Einschränkungen im Individuum sind? Ich denke dabei etwa an sportliches Versagen. Wenn ein Junge den starken Wunsch hat, ein guter Fußballer zu werden, kann es da echte Schwierigkeiten geben.

FREUD: Er möchte nicht ganz so gern ein guter Fußballer werden, weil es zugleich seinen Wunsch auch einschränkt. Aber lassen Sie uns das anders betrachten. Wenn er sich zum Beispiel beim Sport vor der Konkurrenz mit anderen fürchtet, weil ihm Verlieren eine völlige Vernichtung seiner Persönlichkeit bedeutet, dann zieht er sich möglicherweise vom Sportfeld zurück und wendet sich dem geistigen Feld zu. Aber die Wahrscheinlichkeit ist groß, daß seine Konkurrenzangst ihm auch dorthin folgt, nicht mehr im körperlichen, sondern im geistigen Sinne, und er wird sich dann ebenso vernichtet fühlen, wenn jemand einen besseren Essay verfaßt oder ein besseres Gedicht schreibt. Dann muß er auch dieses Feld meiden und nach einem neuen Ausschau halten, und schließlich wird er nirgendwo vor Konkurrenz sicher sein. In solchen Dingen gibt es alle Schattierungen von Normalität und Pathologie.

SANDLER: Freud hat zwischen Hemmung und neurotischem Symptom unterschieden, aber es ist oft schwierig, diese Unterscheidung durchzuführen. Sicher ist ein zentraler Aspekt der Hemmung, die Tätigkeit zu stoppen, die die Befriedigung eines Triebwunsches repräsentiert. Wenn man einen speziellen Bereich nicht betritt, entsteht kein Konflikt, und ich verstehe, daß das der Vorstellung vom Symptom als Kompromißbildung entgegenläuft. Oft aber hat das, was deskriptiv gesprochen eine Hemmung ist, wie wir sie in unserer klinischen Arbeit sehen, die Merkmale eines Symptoms im Sinne einer Kompromißbildung. In lockerer Form sprechen wir natürlich von allen möglichen Dingen als Symptomen. Es wird aber sehr schwierig, wenn wir zum Beispiel einen Rückzug aus einer Situation aufgrund einer phobischen Angst beobachten. Unter dem einen Gesichtspunkt sehen wir eine Hemmung, unter einem anderen dagegen stellt die Phobie ein Symptom dar.

FREUD: Ich denke, mit Hemmung ist eigentlich ein unvollständiges Symptom gemeint, weil es zunächst eine Vorwärtsbewegung des Wunsches gibt, dann aber eine Gegenkraft auftritt. Das ist die Hemmung. Ich denke, das Charakteristische einer Hemmung ist, daß der Wunsch lebendig bleibt und sehr oft auch bewußt bleibt. Menschen mit Hemmungen sind deswegen sehr unglücklich, denn sie wollen doch gut funktionieren. Nach einem phobischen Rückzug ist man dann nicht mehr unglücklich. Man hat den Wunsch aufgegeben, zumindest im Bewußtsein. Das Symptom wird nur dann gebildet, wenn ein Kompromiß zwischen dem Wunsch und der Schuld gefunden worden ist, es liegt also einen Schritt weiter davon entfernt. Zum Beispiel könnte der Junge, der Angst vor dem Fußballplatz hat, Schiedsrichter werden. Er wäre dann in einer sicheren Position, könnte darüber urteilen, was die anderen tun, könnte sie vom Platz verweisen und so weiter. Oder er könnte zu einem der Jungen werden, die ganz versessen darauf sind, Fußballspiele im Fernsehen anzuschauen, und sich dabei ganz in Sicherheit fühlen können – was bedeutet, daß er einigen seiner Interessen nachgehen kann und sich zugleich gegen Verletzungen absichert. Das ist ein Kompromiß. Ich nehme an, man könnte es sogar als eine Sublimierung bezeichnen.

SANDLER: Es könnte eine Sublimierung sein, wenn er Schiedsrichter wird. Wenn er bei Fußballspielen mit Flaschen nach den Spielern wirft, würden wir das nicht Sublimierung nennen. Aber ich habe da immer noch ein Problem, Miss Freud, wenn ich etwa an einen Mann denke, der impotent ist. Wir sagen, er habe eine sexuelle Hemmung, doch wir wissen, daß es nicht immer eine Hemmung ist. Jemand, der sich von Mädchen fernhalten muß, der vor ihnen Angst hat, könnte sich in der Analyse als ein Phobiker herausstellen, für den die Frau gleichbedeutend mit Vagina dentata ist, oder eine kastrierende Mutter, oder etwas Ähnliches. Er hat die Situation mit einem Mädchen mit einer enormen Menge unbewußter fantasiehafter Entstellungen besetzt. Was wir dann sehen, ist eine Phobie, die sich wie eine Hemmung ausnimmt, und ich habe das Gefühl, daß wir in Analysen von Patienten, die uns wegen Hemmungen geschickt wurden, sehr häufig finden, daß sie phobische Vermeidungen haben.

FREUD: Ja, Sie wissen, daß wir im Falle des jungen Mannes, den Sie beschreiben, die Kennzeichnung seiner Störung danach richten, wie nahe er einem Mädchen kommen kann. Wenn er, wie einige von unseren Patienten, nie irgendwohin gehen kann, wo Mädchen anzutreffen sind – ich erinnere mich an einen Jungen in Behandlung, der sich in der Schule nie neben ein Mädchen stellen konnte, weil ihre Weiblichkeit auf ihn übergehen könne –, dann würden wir das als eine Phobie, einen phobischen Rückzug bezeichnen. Kann er etwas näher kommen, vielleicht sogar mit ihnen tanzen, nur keinen Verkehr haben oder, wenn er zum Verkehr bereit ist, keine Erektion haben, dann würden wir es wahrscheinlich eine Hemmung nennen. Die Terminologie ist ganz elastisch – man kann sie dehnen.

SANDLER: Ehe wir zum Ende der heutigen Diskussion kommen, möchte ich gerne noch die Frage vortragen, wie Ängste, die wesentlich phobischer Art sind, entweder defensiven oder adaptiven Wert besitzen können. Ich denke an jemand mit einer Straßenphobie, durch die er immer wieder der phobischen Situation ausgesetzt ist, aber immer sich davor zurückzieht. Wir können sehen, wie er immer und immer wieder mit diesem Konflikt umgehen muß, der durch den Wunsch hervorgerufen und durch den Aufenthalt auf der Straße repräsentiert wird. Denken wir aber im Unterschied dazu an jemand mit Angst vor hochgelegenen Orten, die wir ebenfalls als eine Phobie bezeichnen, dann wird die Angst vielleicht gar nicht erlebt, es sei denn, der Betreffende begibt sich auf das Dach eines Hochhauses. Das könnte vielleicht einmal im Jahr oder in fünf Jahren vorkommen. Es scheint eine Reihe von Ängsten zu geben, die ihrer Struktur nach phobisch aussehen, aber offensichtlich keine ständige Funktion in der Bewältigung eines persistierenden oder häufig wiederkehrenden unbewußten Wunsches haben. Das ist ganz anders als bei der Person, die immer daran denkt, daß sie auf die Straße gehen muß, dann in Angst gerät und nicht aus dem Haus geht, also ständig die Tätigkeit vermeiden muß, die etwas Verbotenes repräsentiert.

FREUD: Ich würde die Frage umgekehrt stellen. Warum gelingt es diesen Leuten, sich Situationen auszusuchen, denen sie so selten begegnen? Warum fürchtet sich so jemand gerade vor einem Insekt, das es in Europa gar nicht gibt, nicht aber vor der gewöhnlichen Fliege oder vor einer Biene oder Wespe, denen er jederzeit begegnen könnte? Ich glaube, das Zentrieren der Angst auf etwas, das sich leicht vermeiden läßt, ist eigentlich ein geschickter Zug des Ichs. Man denke etwa an die Höhenangst. Wir begegnen ihr bei unseren Patienten recht häufig. Ich vermute, wenn sie sich die Höhe als angstbesetzte Situation aussuchen, dann ist das eine Situation, der sie sich gar nicht auszusetzen brauchen. Sie ist weit weg und kann leicht vermieden werden. Sie bietet sich daher zur Symbolisierung an. Ich erinnere mich an einen schwer zwanghaften Patienten mit zwanghaften Vermeidungssymptomen, die sehr geschickt plaziert waren. Sie störten ihn kaum in seiner Lebensführung. Er könnte sich etwa sagen: »Wenn es meine Bücher beträfe, wie sollte ich dann studieren?« Also suchte er sich etwas aus, das etwas außerhalb der für ihn wichtigen Bereiche lag – einen Stuhl zum Beispiel, weil er sich dann ja auf einen anderen Stuhl setzen konnte. Er wurde sein Leben lang von seinen Symptomen gepeinigt, aber sein berufliches und sein Alltagsleben wurden eigentlich nicht unmittelbar beeinträchtigt, weil er seine Symptome auf diese Weise plaziert hatte.

SANDLER: Aber er würde regelmäßig solchen Situationen begegnen. Ich frage mich, ob wir einen Zugang etwa zur Höhenangst bekämen, wenn wir sagten, der Aufenthalt auf dem Dach eines Hochhauses konkretisiere etwas, das bis dahin in der Phantasie gut abgekapselt war. Plötzlich findet man sich in einer Situation, in der die Gefahr viel größer ist und nicht mehr in der Phantasie zurückgehalten werden kann, und deswegen kommt es zum Angstanfall. Dann wäre es aber eigentlich keine Phobie.

FREUD: Ich erinnere mich, daß mein Zwangspatient sagte (er hatte Beschmutzungsängste bei verschiedenen Gegenständen): »Mein Schlüssel beunruhigt mich natürlich nicht. Wenn es so wäre, könnte ich ja gar nicht in meine Wohnung kommen.« Der Schlüssel war also frei von Schmutz, und statt dessen war etwas weniger Lebensnotwendiges schmutzig. Aber man könnte ihn einen hochentwickelten Zwangskranken nennen, der sehr gut wußte, wie er mit seinen Zwängen zurechtkommen konnte! Was er mit seinen Zwängen machte, das machen manche Leute mit ihren Phobien.

Siebente Sitzung

SANDLER: Könnten Sie etwas mehr zur Frage des Besorgtseins um die Sicherheit einer anderen Person als Reaktionsbildung (38, 238) sagen, Miss Freud?
FREUD: Besorgnis um die Sicherheit ist eine Form der Fürsorge für das Objekt, und die häufigsten Beispiele dafür finden sich bei Kindern, die nicht einschlafen können, wenn die Eltern abends außer Haus sind. Sie sind in Unruhe, weil den Eltern etwas zustoßen könnte. Sind diese im Theater, könnte dort ja Feuer ausbrechen. Fahren sie mit dem Auto, könnten sie verunglücken. Sind die Eltern auf einer Flugreise, könnte das Flugzeug abstürzen. Es bedeutet, daß das Kind Angst davor hat, seine eigenen Todeswünsche könnten wahr werden, und daraus entwickelt sich eine übermäßige Besorgtheit um die Sicherheit des Objekts. Auf der anderen Seite wissen wir, daß Mütter, die sich übermäßige Sorgen um die Sicherheit des Kindes machen, gleichfalls eine Reaktionsbildung gegen ihre eigenen feindseligen Wünsche haben.
SANDLER: Sie sagten, Miss Freud, daß man den Terminus Reaktionsbildung nur für einen Aspekt des Charakters verwenden solle.
FREUD: Die Ängste des Kindes werden ich-gerecht. Das Kind empfindet es so: »Ich liebe meine Mutter oder meine Eltern so sehr, daß ich es nicht ertragen könnte, wenn ihnen etwas zustieße. Ich muß ständig Sorgen um ihre Sicherheit haben.« Das ist völlig ich-gerecht und an der Grenze zwischen einem Charakterzug und einem Symptom.
BERGER: Ich denke, wir sollten unterscheiden zwischen einer Reaktionsbildung von übermäßiger Zärtlichkeit und der ständigen Unruhe und Überbesorgtheit um die Sicherheit der Eltern, von der wir eben sprachen.
FREUD: Heutzutage definieren wir etwas feiner und würden sagen, daß etwas dann eine Reaktionsbildung ist, wenn sie über die ursprünglichen Objekte hinausgeht, deretwegen sie errichtet wurde, wenn eine allgemeinere Haltung gegenüber anderen Menschen daraus wird. Sie wird dann zu einem Teil des Charakters oder der Persönlichkeit, die jedermann gegenüber zärtlich ist, um jedermanns Sicherheit übermäßig besorgt ist und so weiter. Es ist ein wichtiges Merkmal der Reaktionsbildung, daß ihr Ziel ist, den entgegengesetzten Teil unbewußt oder verdrängt zu halten, und bei Überbe-

sorgtheit geschieht natürlich genau das. Statt sich der bösen Wünsche dem Objekt gegenüber bewußt zu sein, hat das Kind an deren Stelle gute Wünsche, und in dem Sinne ist es eine Reaktion. Sie wirkt als Gegenkraft gegen das Verdrängte.

SANDLER: Ich finde dabei so interessant, daß ähnlich wie bei der Wendung der Aggression gegen die eigene Peron auch Reaktionsbildungen, besonders gegen aggressive Wünsche, dennoch zum Ergebnis haben können, daß das Kind oder der Erwachsene aggressiv ist, obwohl sie zugleich auch die Reaktionsbildung haben. Ich erinnere mich an eine Patientin, die sehr zwanghaft war, die viele Fehlgeburten, aber keine Kinder hatte. Unbewußt haßte sie Kinder und Babies ebenso wie sie ihre jüngeren Geschwister gehaßt hatte, hing aber leidenschaftlich an ihrem Hund. Als sie sich in der Menopause befand, kam ihr der Gedanke, daß der Hund, eigentlich eine Hündin, sexuell frustiert sei und gedeckt werden müsse. Die Hündin brachte Welpen zur Welt, und die Patientin war sehr darum besorgt, daß auch alle überlebten. Um alles dafür zu tun, säuberte sie regelmäßig die Saugwarzen der Hündin mit einem starken Desinfektionsmittel, um nur sicher zu gehen, daß sie auch ja bakterienfrei seien, und alle Welpen starben. Es hat den Anschein, daß trotz der starken Reaktionsbildung gegen Grausamkeit die unbewußten Wünsche zum Durchbruch kamen.

FREUD: Ja, das gibt es oft.

SANDLER: Könnten Sie, Miss Freud, etwas zur Beziehung zwischen Reaktionsbildung und Über-Ich-Bildung sagen? Sie sprechen in Ihrem Buch von strenger Übermoral als einer Reaktionsbildung. Wahrscheinlich wegen der Übersteigerung, doch ich glaube, wir alle haben den Eindruck, daß es eine enge Verbindung zwischen der Tätigkeit des Über-Ichs und gewöhnlichen Reaktionsbildungen gibt. Wenn wir von der Über-Ich-Entwicklung sprechen, beziehen wir uns so oft auf Reinlichkeit und Sauberkeitserziehung. Wir wissen auch, daß Reaktionsbildungen in der analen Phase beginnen, noch vor der Ausbildung des eigentlichen Über-Ichs, aber es ist nicht klar, wie der Zusammenhang zwischen der Reaktionsbildung, die das Kind relativ früh in der Entwicklung herstellt, und dem späteren Über-Ich aussieht. Das ist ein interessantes Gebiet, denn viele unserer Ideale und moralischen Verbote sehen wie Reaktionsbildungen aus. Wir erleben es als inneres Gebot, freundlich zu sein, fürsorglich zu sein. Ich denke, wir müßten diese Dinge Reaktionsbildungen nennen, selbst wenn sie nicht übersteigert sind. Könnten Sie etwas über die Verbindung zwischen Reaktionsbildung als Abwehrmechanismus und als einem Aspekt der normalen Charakterentwicklung einerseits und der Errichtung des Über-Ichs andererseits sagen?

FREUD: Ich glaube, es war Ferenczi, der von Sphinctermoral sprach, die wir als Antwort des Kindes auf eine Vor-Über-Ich-Forderung bezeichnen würden, auf ein Gebot, das von den Eltern übernommen wurde, insbesondere die Sauberkeitsforderung. Hier ist der Vorläufer des Über-Ichs zu erkennen. Der Mechanismus aber, mittels dessen die Forderung befolgt wird, ist die Reaktionsbildung. Die Forderung allein könnte noch keine Reinlichkeit bewirken.

SANDLER: Ich habe unter Sphinctermoral immer etwas anderes verstanden. Ich habe immer angenommen, daß das Kind auf dem Töpfchen, das gerade den »Kampf um das Hergeben« erlebt, in der analen Phase auf rein pragmatischer Basis gehorcht. Mit anderen Worten, es ist nicht so, daß das Kind dies oder jenes tut, weil es weiß, daß das recht ist, sondern weil es weiß, daß es auf Mißbilligung stößt, wenn es nicht das tut, was die Eltern für recht halten. Das Kind ist ganz an die Billigung oder Mißbilligung gebunden, die von den realen Eltern kommt. Es ist in mehr als einem Sinne Moral auf geschäftlicher Basis.

FREUD: Sphinctermoral ist sozusagen eine niedrigere Form von Moral.

SANDLER: Es scheint fast eine »Als-ob«-Moral zu sein, bevor sich das Kind voll mit der elterlichen Moral identifiziert.

FREUD: So ist es nicht gemeint. Soweit ich mich erinnere, war damit gemeint, die früheste Form von Moral bestehe darin, sauber zu sein, Blase und Darm zu beherrschen. Und was in dieser Zeit aufgebaut wird, erfährt auf höherer Ebene eine Wiederholung in Hinsicht auf Funktionen, die keine Körperfunktionen mehr sind. Ich glaube, so war es gemeint. Bei der Regression werden auch als erstes die höheren Gebote über Bord geworfen, und in der Psychose geht sogar die Sphinctermoral verloren.

SANDLER: Also hätte in Ihrer Sichtweise die Verstärkung einer Verdrängung durch ihr Gegenteil, wie bei der Reaktionsbildung, ihren Ausgangspunkt bei der Beherrschung der Defäkation in der analen Phase, und die gleichen Mechanismen würden später gegenüber anderen Impulsen eingesetzt. Und dann wäre der Aspekt des Über-Ichs, der sich auf die Haltungen des Ichs gegenüber dem Selbst und auf die Impulse des Kindes bezieht, auf Haltungen also, die auf Reaktionsbildungen begründet sind, etwas, das sich daraus entwikkelt hat. Wäre das so richtig?

FREUD: Ja. Ferenczi fügte noch etwas sehr Interessantes an, was mich immer beeindruckt hat. Er sagte, alle Moral beginne als Hypokrisie, was sicher wahr ist. Er veranschaulichte es in der analen Phase daran, daß das Kind zunächst am Geruch der eigenen Exkremente Gefallen findet, am Duft einer Blume dagegen keinerlei Interesse zeigt. Aber dann lernt es zunächst, die Eltern nachzuahmen und dann sich mit ihnen zu identifizieren, die ihm eine Rose zeigen und dazu sagen: »Wie gut das riecht«, und die sagen, der Geruch der Exkremente sei »schlecht«. Das Kind ahmt sie in hypokritischer Weise nach, aber allmählich übernimmt es diese Haltung. Schilder sagte mir einmal, das Schlimmste an psychiatrischen Universitäts-Vorlesungen sei, daß man nach einigen Malen das alles selbst glaube.

CAMPBELL: Würde die Sphinctermoral dann auch einen Beißimpuls hemmen, der mehr oral als anal ist und der sich schon früher beim Kind entwickelt hat?

FREUD: Die Hemmung von Beißimpulsen beim Kind erfolgt auf ganz andere Weise. Das Kind beißt gern, und das Kind beißt die Mutter. Nun gibt es ganz einfache und primitive Mütter, sogar in unserer Gesellschaft, die meinen, das Kind würde nie zu beißen aufhören, wenn die Mutter nicht zurückbeiße. Während des Krieges mußten wir in den Nurseries vielen Müttern diese Methode wieder ausreden, die sich auf die Vorstellung gründet, das Kind erfahre auf diese Weise, daß es wehtut, gebissen zu werden. Nun, ohne es gerade so zu machen, geben Mütter doch Zeichen von Unlust, wenn sie vom Kind gebissen werden, und das Kind reagiert dann auf die Unlust der Mutter. Wir würden nicht von einer Reaktionsbildung gegenüber dem Beißwunsch sprechen, wenn dieser nur in bestimmten Situationen gehemmt wird.

SANDLER: Man kann sich schwer eine Reaktionsbildung gegenüber dem Beißen vorstellen. Wie sollte sie aussehen?

FREUD: Bestimmte Eßstörungen, bei denen das Kind nicht kauen will, nehme ich an. Aber das ist mehr eine Hemmung als eine Reaktionsbildung.

SANDLER: Ich denke, das Ganze wird dadurch kompliziert, daß die Kämpfe ums Essen in der analen Phase ihren Höhepunkt haben. Sie haben oft darauf hingewiesen, Miss Freud, daß der Kampf um das Essen viel Ähnlichkeit mit einem analen Kampf hat, wenn auch manche Analytiker in ihren analytischen Rekonstruktionen diese Konflikte viel früher ansetzen. Reaktionsbildungen werden also vielleicht während der analen Phase gegen alle Arten aggressiven Verhaltens eingesetzt, einschließlich des Beißens. Ich vermute, es gibt sogar Reaktionsbildungen gegen Feindseligkeit, die sich so ausgebreitet haben, daß das Kind zu einem passiven Kind wird, das anscheinend seine Aggressivität gänzlich aufgegeben hat. Besonders interessant ist für mich der Gedanke, es könne Reaktionsbildungen gegen *Abkömmlinge* früher oraler Impulse geben. Zum Beispiel könnte Sarkasmus ein späterer Abkömmling des Beißens sein, und ich könnte mir vorstellen, daß sich dann eine Reaktionsbildung entwickelt, bei der man übermäßig darum besorgt ist, welche Wirkung die eigenen Worte auf andere Leute haben, als Abwehr gegen den aggressiven Wunsch, der seinerseits ein Abkömmling des ursprünglichen Beißdranges sein könnte.
FREUD: Ja, und da könnte man fragen, ob die betreffende Person solche Bemerkungen als beißend oder als schneidend empfindet, denn bei beißend könnten wir sagen, es sei ein oraler Impuls, während wir bei schneidend sagen müßten, er ist phallisch. In jedem Falle aber ist er aggressiv.
SANDLER: Ja. Und wieder gibt es da die Gefahr des genetischen Fehlschlusses bei der Rekonstruktion. Es mag etwas zu Anfang oral sein, dann aber zu etwas ganz Analem oder Phallischem werden, auch wenn noch immer der orale Modus beibehalten wird. Ich meine, daß an dem, wie Sie es ausgedrückt haben, ein Werkzeugwechsel beteiligt sein könnte. Und umgekehrt kann auch ein und dasselbe Werkzeug für unterschiedliche Zwecke verwendet werden.
BERGER: Einer der Gründe, weshalb exzessive Reaktionsbildungen gegen Beißimpulse nicht nötig sind, liegt darin, daß es eine reale Abfuhrmöglichkeit für solche Impulse gibt. Man beißt, wenn man ißt, man kann eine Vorliebe für knusprige Speisen entwickeln, und die zugrundeliegende Triebregung kann auf diese Weise zum Ausdruck gelangen. Und das wird natürlich nicht sozial mißbilligt wie der unmittelbare Ausdruck analer Impulse.

FREUD: Ja. Ich habe einmal zu zeigen versucht, wie falsch es ist, Sauberkeitsgewöhnung und den Umgang mit Eßschwierigkeiten auf gleiche Weise zu betrachten, weil der Essenswunsch ja immer bleibt, während die Lust an analen Dingen im Laufe der Entwicklung gänzlich aufgegeben werden muß. Zwischen den beiden gibt es einen riesigen Unterschied.
SANDLER: An dieser Stelle ist die Bemerkung angebracht, daß unser Gebrauch des Terminus ich-dyston nicht immer konsistent ist. Wir sollten vielleicht besser »bewußtseins-dyston« sagen, weil der Terminus sich gewöhnlich mehr auf das Bewußtsein bezieht als auf das Ich als Ganzes, als Struktur. Freud hat sicherlich die Termini »ich-gerecht« und »ich-fremd« lange vor Einführung der Struktur-Theorie benützt. Wenn wir es von der Seite der Befriedigung her betrachten, können wir finden, daß es eine unbewußte Befriedigung bei einem Impuls gibt, daß dieser jedoch gleichzeitig ich-fremd in dem Sinne ist, daß die Person den Impuls bewußt nicht als Teil ihrer selbst akzeptieren will. Unter diesem Gesichtspunkt könnte das Ich eine ganz wichtige Rolle in der Entwicklung eines Symptoms spielen, das schließlich eine Lösung darstellen mag, die für den unbewußten Teil des Ichs ganz akzeptabel ist, aber weil sie nicht in Einklang mit den bewußten Normen und Idealen der Person steht, wird sie als fremd, als ich-fremd empfunden.
TYSON: Ich habe mir oft Gedanken über die genetische Stellung der Verdrängung im Vergleich zu den anderen Abwehrformen gemacht. Ist sie etwas Frühes, oder erscheint sie erst relativ spät in der Entwicklung?
FREUD: Das ist eine Frage, die oft gestellt wird und sehr schwer zu beantworten ist. Wir wissen, daß es nicht so schrecklich früh sein kann. Wahrscheinlich ist es so, daß alle wichtigen Verdrängungen bei einem bestimmten Individuum innerhalb einer bestimmten Periode stattfinden – vielleicht in der ödipalen Phase. Weil man ja später nicht mehr verdrängen kann, außer in ganz abnormen Zuständen.
SANDLER: Ich hätte gedacht, ein bestimmtes Maß an Verdrängung sei im gewöhnlichen Funktionieren das ganze Leben hindurch normal.
FREUD: Es setzt sich aus der Vergangenheit fort, aber Verdrängungen werden nicht neu vollzogen. Man kann das wiederverdrängen, was an Verdrängtem wiederkehrt, und wenn jemand in der Be-

handlung plötzlich vergessen hat, was in der Stunde geschehen ist, dann hat sich das zugetragen. Man hat mit dem Patienten etwas aufgefunden, aber manche Patienten besitzen die Fähigkeit, das sofort wieder zu verbergen. Das ist sicherlich eine Wiederholung von Verdrängung und nicht etwas Neues.

SANDLER: So, wie der Terminus gebraucht wird, kann es meines Erachtens zu Verwechslungen kommen. Es ist die Frage, ob der Abwehrmechanismus der Verdrängung auch später im Leben eingesetzt werden kann. Ich denke, die Antwort müßte wohl ja heißen. Wenn wir vom Inhalt des vorher Unbewußten oder Vorbewußten sprechen, das neu verdrängt wird, könnte man sagen, er werde verdrängt, weil er mit einem Impuls verknüpft wurde, der allein schon Gegenstand von Verdrängung ist, und so richtet sich der Abwehrmechanismus der Verdrängung auch gegen den neueren Inhalt. Sicherlich müssen wir doch ständig Abkömmlinge der Vergangenheit verdrängen, die uns bedrohen?

FREUD: Die Frage ist, ob wir bisher nicht verdrängte Bereiche neu verdrängen, oder Triebmaterial, das bisher nicht verdrängt wurde.

ELKAN: Was ist mit dem gewöhnlichen Vergessen? Wenn man zum Beispiel eine Rechnung nicht gerne bezahlen möchte, kann man vergessen, die Überweisung zu schreiben oder den Brief einzuwerfen. Ist das nicht ein Hinweis auf Verdrängung?

FREUD: Es spielt sich zwischen dem Bewußten und dem Vorbewußten ab und ist keine Verdrängung.

SANDLER: Aber 1900 und später 1915 wies Freud darauf hin, daß Verdrängung oder Zensur auch zwischen dem Bewußten und dem Vorbewußten stattfinden kann.

FREUD: Ja, der Zensor ist immer an der Arbeit, man erkennt an jedem Traum, an jedem Versprecher, an jeder Gedächtnislücke, daß er ohne Zweifel da ist. Was ich im Sinn hatte, war aber, daß die großen Verdrängungen früh erfolgen.

SANDLER: Ich glaube, wir haben uns oft die Frage gestellt – und Leute außerhalb der Analyse kommen oft damit –, ob die wesentlichen Konflikte im späteren Leben Wiederbelebungen früherer Konflikte mit ödipalen und präödipalen Wünschen, die aus der Verdrängung wiederkehren, seien oder nicht. Ist das, was später kommt, einfach ein Abkömmling dessen, was früher geschah? Es ist gesagt worden, in der Adoleszenz können neue Wünsche konflikthafter Natur aufkommen. Man hat in Frage gestellt, daß alle

Erwachsenenkonflikte einfach Kindheitskonflikte seien, die sozusagen auf einer anderen Bühne neu inszeniert wurden. Ich persönlich halte es für eine Karikatur der Psychoanalyse, wenn behauptet wird, daß alles, was der Patient in der Gegenwart bringt, von uns als Wiederauflage von etwas aus seiner Kindheit aufgefaßt wird. Da wir im späteren Leben ganz real neue Konflikte haben, können wir legitimerweise fragen, ob der Mechanismus der Verdrängung für das Ich verfügbar ist, um mit solchen Konflikten umzugehen.

FREUD: Lassen Sie mich dazu ein Beispiel geben. Wir wissen, was mit infantilen Todeswünschen gegen das Liebesobjekt, besonders gegen die Eltern geschieht: Solche Wünsche können verdrängt werden, es können Reaktionsbildungen errichtet werden, sie können gegen die eigene Person gewendet werden, sie können phobisch beantwortet werden, oder alle möglichen anderen Dinge können damit geschehen. Aber eines davon ist, daß sie nur verdrängt werden, so daß das Individuum von diesen Wünschen gar nichts weiß. Nehmen wir nur mal einen Mann, sagen wir mal von dreißig oder vierzig, der immer ein recht friedfertiger Mensch gewesen ist, aber nun gute Gründe dafür hat, gegenüber einem Rivalen, vielleicht jemandem in der Position eines Vorgesezten, Haß und Todeswünsche zu entwickeln. Er kämpft nun gegen diese Todeswünsche an, weil er nicht zum Mörder werden will. Aber kann er sie verdrängen? Ich meine, er kann das nur dann tun, wenn der Wunsch oder Impuls zusammen mit den alten Todeswünschen den Eltern gegenüber auftaucht, und dann kann er damit in der gleichen Weise umgehen. Wenn es aber ein ganz neuer Impuls ist, und es könnte sehr wohl ein neuer Impuls sein, dann glaube ich nicht, daß er verdrängt werden kann.

SANDLER: Was geschieht, wenn er im Zusammenhang mit dem neuen Impuls nicht zum Mörder werden will?

FREUD: Er hat vielerlei Möglichkeiten, damit umzugehen. Er kann seinen Feind meiden, er kann außer Landes gehen, er kann versuchen, ihm nie wieder zu begegnen, er kann seine Feindseligkeit verbergen, kann sich oberflächlich freundlich verhalten, er kann die anderen Abwehrmechanismen einsetzen, die ihm verfügbar sind. Aber ich glaube nicht, daß er den Impuls verdrängen kann.

SANDLER: Wenn ein solcher Wunsch gegenüber einem Konkurrenten auftaucht, erscheint er möglicherweise sehr viel gefährlicher, wenn mit ihm Kindheits-Todeswünsche wiederbelebt werden. In diesem Fall hat es die Person mit einem sehr viel intensiveren Wunsch zu tun, mit einem Wunsch, der für ihn eine sehr viel primitivere Form hat. Er steht dann vor der ganz dringlichen Aufgabe, den Wunsch abzuwehren, und sein erster Versuch mag darin bestehen, sowohl den neuen als auch die wiederbelebten Wünsche abzuweisen, sie zu unterdrücken, hinter Schloß und Riegel zu bringen, ebenso wie die alten Wünsche. Er könnte also Verdrängung benützen, aber wenn diese erfolglos ist, könnte er auf andere Mechanismen zurückgreifen. Er könnte sich zum Beispiel verfolgt fühlen. Es muß viel mit der Stärke des Wunsches zu tun haben, um den es geht, weil Kindheitswünsche wiederbelebt werden und zu dem neuen Todeswunsch hinzukommen. Das ist aber nicht ganz dasselbe wie wenn man sagte, alle Impulse von Erwachsenen seien Neuauflagen von alten Impulsen. Wir sprechen davon, daß alte Wünsche sich mit den neuen vermischen können, aber das ist etwas ganz anderes.

ROSENFELD: Ich frage mich, welche Auswirkungen das soziale Umfeld hat, in dem das Kind lebt. Ich denke dabei an eine Situation, in der die häusliche Umwelt für den Aufbau stabiler Über-Ich-Strukturen nicht sehr günstig ist und den Gebrauch von Verdrängung wenig fördert. Sie haben uns gesagt, Miss Freud, wenn Verdrängung nicht schon früh etabliert werde, könne sie später nicht mehr stattfinden; der Mechanismus ist nicht mehr verfügbar. Etwas Ähnliches haben Sie über elterliche Introjekte bei der Über-Ich-Bildung gesagt. Gibt es Unterschiede darin, wie die Umgebung die Entwicklung der Verdrängung beeinflußt?

FREUD: Ich weiß, welche Fälle Sie im Sinn haben. Wir beide kennen ein Kind, dessen Eltern es versäumten, ihm irgendeine Art Sphinctermoral beizubringen. Das bedeutet, daß das, was bewußt eigentlich nicht mehr ausdrückbar sein sollte, etwa durch Einkoten, ihm weiter verfügbar geblieben ist, obwohl es sich bereits im Schulalter befindet. Ich sehe das als einen Mangel der Eltern an, der eine Entwicklungsstörung bei dem Kind verursacht hat. Wenn es in einem Alter, wo es Unterstützung beim Aufbau bestimmter innerer Strukturen braucht, diese Unterstützung nicht erhält, dann kommt es zu solchen störenden Einflüssen. Wir sehen heutzutage eine ganze Reihe solcher Kinder.

SANDLER: Ich denke, wir sollten vielleicht die Verwendung von Verdrängung und die Bildung des Über-Ichs nicht so unlösbar miteinander verbinden, weil man sich auch ein Kind vorstellen kann, bei dem die Verdrängung nicht gut funktioniert, das aber ein sehr strenges Über-Ich hat. Es scheint, daß sich die Über-Ich-Bildung bei den meisten Kindern auf diese oder jene Weise in einem bestimmten Alter vollzieht, etwa im Alter von fünf oder sechs, ob nun der Ödipuskomplex aufgelöst wurde oder nicht, ob das Kind nun die normale massive Verdrängung im Alter von etwa fünf Jahren erlebt hat oder auch nicht. In einem bestimmten Umfang scheint das Über-Ich eine eigene Entwicklungsgeschichte zu haben. Möglicherweise wurde die enge Verbindung von Über-Ich-Bildung und Verdrängung deswegen vorgenommen, weil sie zusammen mit der sogenannten Auflösung des Ödipuskomplexes zur gleichen Zeit beobachtet wurden und es daher so aussah, als seien es alles Teile ein und desselben Geschehens, bei dem kein Aspekt unabhängig auftreten kann. Wir würden heute vielleicht sagen, es handle sich um getrennte Vorgänge mit vielen Querverbindungen, die aber normalerweise zur gleichen Zeit stattfinden.

Freud: Wir müssen an die verschiedenen Grenzen zwischen den psychischen Strukturen denken, denn nicht die Grenze zwischen Ich und Über-Ich ist bei diesen Kindern gestört, sondern die Grenze zwischen Es und Ich. Die Verdrängung – oder vielmehr der Zensor, wenn wir es immer noch so nennen können – ist an dieser Grenze tätig.

Sandler: Es gibt auch Kinder mit sehr starken Schuldgefühlen, die aber ganz auffällig in einer impulsiv wirkenden Weise reagieren müssen, um ihre Schuldgefühle zu bewältigen, weil sie eben mit ihrer Schuld nicht anders umgehen können.

Kennedy: Tatsächlich sind es sehr oft Kinder von sogenannten fortschrittlichen Eltern. Aber es gibt da mindestens zwei Typen. Diejenigen, die übergroße Schuldgefühle haben und von Konflikten gequält werden, und andere, die agieren, um ihre Schuldgefühle zu bewältigen.

Sandler: Miss Freud, Sie haben uns einmal von ihren Erfahrungen mit Kindern von Analytikern berichtet. Sie sagten, daß Analytiker einmal glaubten, das beste für ihre Kinder sei, wenn man sie alles tun lasse, was sie wollten, um keine Hemmungen entstehen zu lassen.

Freud: Ja, das war schlecht, denn das Ich des Kindes geriet dann in Angst, es könne von den Es-Impulsen zerstört werden. Das ist etwas anderes als die Angst des Ichs, das die Gebote seines Über-Ichs nicht befolgt hat.

ROSENFELD: Ich möchte auf die Tatsache aufmerksam machen, daß wir bei Borderline-Kindern oft beobachten, daß Verdrängung zu den Mechanismen gehört, die nicht verfügbar sind oder nicht im üblichen Sinne verfügbar sind. Das gibt uns einen nützlichen diagnostischen Hinweis auf Borderline-Fälle.

FREUD: Ja. In dem Zusammenhang gibt es hier im Buch einen Fehler – ich weiß nicht, ob er von mir stammt oder vom Übersetzer, aber ich kann mich geirrt haben –, wo ich die Verdrängung als den am wenigsten normalen oder den gefährlichsten Abwehrmechanismus bezeichnet habe (40, 240). Ich hätte das nicht sagen dürfen, weil sich alle Normalität auf die Verfügbarkeit von Verdrängung im frühen Alter begründet. Sie kann natürlich zu neurotischen Konflikten führen, aber ich stimme zu, daß das so Abnorme bei Borderline-Kindern darin liegt, nicht über Verdrängung in der üblichen Weise verfügen zu können.

Achte Sitzung

SANDLER: Miss Freud, Sie sagen in diesem Kapitel, die Verdrängung sei den übrigen Spezialfällen der Abwehr nebengeordnet, behalte aber trotzdem eine Sonderstellung. Sie weisen darauf hin, daß sie eine mächtige Abwehr ist, »sie kann starke Triebregungen noch bewältigen, gegen die andere Abwehrversuche machtlos bleiben« (40, 240). Sie beschreiben dann, wie die Verdrängung durch Errichtung einer Gegenbesetzung wirksam wird, als »eine ständige Institution, die einen ständigen Energieaufwand verlangt« (40, 240). Die anderen Abwehrmechanismen müßten im Unterschied zur Verdrängung »bei jedem neu auftauchenden Triebschub von neuem in Tätigkeit gesetzt werden« (40, 240). Hier gibt es ein Problem im Hinblick auf das Wesen dieser dauerhaften Schranke, der ständigen Gegenbesetzung, weil sie nach der Energietheorie als etwas Ständiges auch als »gebundene« Besetzung anzusehen wäre, dies aber im Widerspruch zu der Vorstellung steht, die Triebregungen hinter der Schranke seien frei-flottierend, dem Primärprozeß unterworfen und drängten nach Abfuhr. Müßten wir nicht sagen, die Verdrängung stelle eine Schranke dar, die jederzeit immer wieder neu errichtet werden kann? Dann müßte man aber fragen, wie sich das von den anderen Abwehrmechanismen unterscheidet, die ebenfalls immer von neuem eingesetzt werden. Sollte man sich die Verdrängung als eine Art erhöhter Reizschwelle vorstellen? Eine weitere Frage ergibt sich angesichts Ihres Hinweises auf die Möglichkeit, daß bei Mißlingen der Verdrängung andere Abwehrmechanismen eingesetzt werden müßten. Wie läßt sich diese Vorstellung mit dem Gedanken vereinbaren, die Verdrängung sei die mächtigste Form von Abwehr? Meinen Sie »mächtig« im Sinne der Stärke der beteiligten Energien oder im Sinne ihrer Wirksamkeit? Man kann, meine ich, unter bestimmten Umständen die Projektion im Vergleich zur Verdrängung als wirksamer betrachten, und sicher ist dazu weniger Energie erforderlich. Sie geht sicherlich mit der Wirklichkeit gewaltsamer um, weil sie die Außenwelt stark entstellt, und sie könnte deswegen wirksamer, wenn auch in bestimmtem Sinne weniger mächtig sein. Das ist etwas, was wir hier klären müssen.

FREUD: Ich denke, die Bedeutung ist ziemlich klar. Verdrängung ist ein einmaliges Geschehen. Sie erfolgt nicht jedesmal, wenn eine Triebforderung auftaucht. Andererseits verlangt die Absicherung der Verdrängung eine ständige Energieausgabe. Ich glaube, ich kann es kaum mit anderen Worten ausdrücken als mit denen, die ich im Buch gebrauchte, aber es besteht meiner Auffassung nach ein beträchtlicher Unterschied zwischen dem Verdrängungsvorgang, der einmalig erfolgt, mit einer ständigen Gegenbesetzung, die ein fortlaufender Vorgang oder eine ständige Struktur ist, und den anderen Abwehrmethoden. Wenn wir es mit einer Reaktionsbildung zu tun haben, dann ist das sicherlich eine Struktur, die aufrechterhalten werden muß, doch es geschieht nicht auf die ständige Weise, wie die Verdrängung funktionieren muß, um die Triebe niederzuhalten. Zur Frage der Wirksamkeit war meine Vorstellung, daß die Verdrängung viel größere Quantitäten bewältigen kann. Aber natürlich gelingt auch ein mächtiger Vorgang nicht immer, es gibt immer wieder einmal einen Defekt in der Maschinerie, und wir wissen, daß eine Wiederkehr des Verdrängten erfolgen kann. Es mag das Bewußtsein erreichen, aber dann eine Wiederverdrängung auslösen, wie es in der Analyse häufig geschieht, oder es kann den Einsatz einiger anderer Abwehrmechanismen erforderlich machen. Wir finden einen anfänglichen Verdrängungsversuch als Grundlage der meisten anderen Abwehrmechanismen.

SANDLER: Ist es so, daß nach Erreichen eines bestimmten Entwicklungsniveaus die Verdrängung der erste Mechanismus ist, der versucht wird, vielleicht mit Ausnahme der Verleugnung, die einen einfachen Entzug der Aufmerksamkeit darstellt?
FREUD: Von der Entwicklung her gesehen ist die Verdrängung natürlich nicht der erste. Andere Mechanismen wie Projektion werden lange vor der Verdrängung gebraucht.
SANDLER: Vermutlich deswegen, weil die Verdrängung eine beträchtliche Stärke des Ichs benötigt, um funktionieren zu können.
FREUD: Nun, sie braucht Strukturierung der Persönlichkeit, die zu Anfang noch nicht vorhanden ist. Wenn man das Haus noch nicht gebaut hat, kann man auch niemand hinauswerfen.
SANDLER: Und auch keinen im Keller einschließen.
FREUD: Keines von beiden. Zuerst muß die Struktur da sein.
SANDLER: Es gibt ein oder zwei Fragen in diesem Zusammenhang, die mich schon einige Zeit beschäftigt haben, und ich habe auch schon darauf Bezug genommen. Wir wissen, daß Freud es von Zeit zu Zeit für erforderlich hielt, eine Zensur zwischen dem System Unbewußt und dem System Vorbewußt zu postulieren und eine weitere Zensur zwischen dem Vorbewußten und dem Bewußten. Wenn es also einem Wunsch gelungen war, die erste Zensur zu passieren, so war er immer noch einer Modifizierung im Vorbewußten ausgesetzt, ehe er die zweite Zensur erreichte, wo die Entscheidung darüber fiel, ob er ins Bewußtsein zugelassen würde oder nicht. Wenn wir nun diese Vorstellung in die Strukturtheorie übertragen, die den wesentlichen Bezugsrahmen in ihrem Buch bildet, müßten wir sagen, daß es eine Verdrängungsschranke an der Peripherie des Ichs gibt, an der Grenze zum Es. Die Merkmale des Sekundärprozeß-Denkens und anderer Umwandlungsmittel, die zuvor dem Vorbewußten zugeschrieben worden waren, müßten nun im unbewußten Ich lokalisiert sein. Das Ich würde bemerken, daß ein Wunsch oder seine Abkömmlinge eine Bedrohung für das Bewußtsein darstellen könnten, weil das Angstsignal ausgelöst wird. Dann könnte weitere Abwehr einschließlich der Verdrängung eingesetzt werden. Dies böte eine Möglichkeit dafür, daß dem Verdrängten ständig weitere Abkömmlinge hinzugefügt würden, die im unbewußten Ich gebildet wurden, denen aber kein Zugang zum Bewußtsein oder zur Motilität gestattet wurde. Sie könnten bereits eine ganz elaborierte Entwicklung genommen haben, ehe sie wieder

verdrängt und den ursprünglichen infantilen Wünschen hinzugefügt wurden, die schon früher der Haupt-Verdrängung anheimgefallen waren, die wir zeitlich mit der Auslösung des Ödipuskomplexes und der Aufrichtung des Über-Ichs verbinden. Die Frage, die einem dazu kommt, lautet, wie das Ich denn weiß, was es verdrängen muß. Prüft es vielleicht erst den Triebwunsch, indem es ihm etwas Zutritt gestattet, und sagt dann wegen des Angstsignals nein? Muß nicht dieser Vorgang immer und immer wieder neu stattfinden, weil der verdrängte Wunsch erst erkannt werden muß, ehe er abgewehrt werden kann? Immerhin werden ja nicht alle Triebwünsche verdrängt, es muß also irgendeine Auswahl stattfinden. Und ich denke, wir müßten einen solchen Erkennens- und Auswahlvorgang dem Ich zuschreiben.

FREUD: Ich sehe da keine Schwierigkeit, doch Ihnen geht es offenbar so. Ich möchte aber eines richtigstellen. Sie sagen, ich würde in meinem Buch das Strukturmodell verwenden, aber wissen Sie, ich weiß nie, ob ich die strukturelle oder die topische Theorie verwende, weil ich jeder entnehme, was nützlich ist. Sieht der Konflikt so verschieden aus, wenn man ihn unter den Gesichtspunkten der beiden Theorien betrachtet? Doch wie immer wir die Theorie verwenden, sie enthält immer die Vorstellung, daß es in uns ständige Bewegung in zwei Richtungen gibt. Es gibt eine Aufwärtsbewegung zum Bewußtsein, die eine Suche nach Befriedigung enthält, ob nun aus dem Es oder dem Unbewußten – es spielt keine Rolle, wie man es formulieren möchte. Auf der anderen Seite gibt es eine Reaktion des unbewußten Ichs, die Impulse oder Erinnerungen oder was sonst zurückzudrängen, die aufsteigen wollen. Wir müssen beide Bewegungen berücksichtigen, und gewiß ist es meine Vorstellung, daß an der Grenze große Empfindsamkeit herrscht. Wir betrachten es im analytischen Prozeß nicht als selbstverständlich, daß der Patient schon ängstlich wird, noch ehe das Material, das wir bewußtmachen wollen, wirklich ins Bewußtsein vorgedrungen ist. Er fühlt es kommen, und zugleich entsteht der Widerstand dagegen, und wir nehmen das als Anzeichen, daß etwas geschehen wird, wovor er Angst hat. Natürlich setzt die Angst schon ein, ehe es zu vollem Bewußtsein gekommen ist, und ich glaube, das ist es, was Sie im Sinn haben.

SANDLER: Ich vermute, meine Vorstellungen dazu werden davon beeinflußt, daß mir immer deutlicher wird, wie wichtig das System

Vorbewußt oder das unbewußte Ich im seelischen Geschehen ist. Je mehr wir wissen, wie der seelische Prozeß funktioniert, desto mehr erkennen wir, in welchem Ausmaß es ein unbewußtes Geschehen gibt, das den Sekundärprozeß verwendet. Diese unbewußte Tätigkeit ist an der Bildung von Abkömmlingen infantiler Wünsche aller Arten beteiligt, sie formt und gestaltet hochorganisierte Fantasien und so weiter. Ich meine, daß uns heute die Rolle des Vorbewußten oder des unbewußten Ichs sehr viel deutlicher geworden ist, sowohl von einem theoretischen als auch einem technischen Gesichtspunkt aus gesehen. Weil früher der Terminus »Ich« so sehr auf das Bewußtsein oder auf das bewußte Selbst bezogen war, gab es die Tendenz, das Ich und das Bewußtsein durcheinanderzubringen. Man kann das sogar bei etwas beobachten, was Sie in diesem Kapitel gesagt haben, Miss Freud, nämlich: »Die Verdrängung besteht in der Abhaltung oder Ausstoßung von Vorstellung oder Affekt vom bewußten Ich. Es kann keinen Sinn haben, von Verdrängungen dort zu reden, wo Ich und Es noch ineinander fließen« (41, 241). Liegt hier nicht ein Widerspruch vor, wenn Sie behaupten, daß die Verdrängung letztlich an der Grenze von Ich und Es erfolgen muß? Würden Sie zustimmen, daß Verdrängung auch Zurückhaltung eines bedrohlichen Impulses oder Wunsches an irgendeiner Stelle auf seinem Weg durch das Ich oder durch das System Vorbewußt darstellen kann, ein Zurückhalten, das sich dagegen richtet, daß der Wunsch, oder was sonst mit ihm assoziiert ist, ins Bewußtsein vordringt?

FREUD: Ja. Sie bringen hier die Frage der Quantität herein. Es kann etwas zur Grenze des Bewußtseins gelangen, aber weil es nur schwache Triebquantität besitzt, wird es nicht als Gefahr betrachtet, ehe es dem Bewußtsein nahe ist. Ist es aber zu diesem Zeitpunkt hoch besetzt, dann bedeutet es eine große Gefahr, und die Reaktion erfolgt um so schneller. Wir können uns diese Bewegungen nicht vorstellen, ohne die daran beteiligten Quantitäten zu berücksichtigen.

SANDLER: Ist es nicht mehr als nur eine Frage der Quantität, Miss Freud? Ist es nicht so, als könnte das Ich sagen: »Ich will das als vorbewußten Gedanken zulassen, aber ich werde ihm keinen Zutritt zum Bewußtsein gestatten«? Ich habe dabei Gedanken im Sinn, wie sie Patienten zwischen den Analysestunden haben, Gedanken, die verdrängt sind, vermutlich in derselben Weise,

wie infantiles Material verdrängt ist. Könnten Sie dazu etwas sagen?
FREUD: Wissen Sie, Kinder sagen es ganz offen. Sie haben gegen manche Dinge gar nichts einzuwenden, solange sie nicht in Worte gefaßt sind, was eigentlich bedeutet, daß sie in Begriffen des Sekundärprozesses gefaßt werden. Doch sie warnen Sie, oder sie werden böse, weil die Worte Angst erwecken. Solange die Angst nur auf einem unbestimmten Niveau vorhanden ist, können sie sie tolerieren.
SANDLER: Wie ist es mit Verdrängung beim Vergessen, zum Beispiel eines Namens? Ist es der gleiche Mechanismus?
FREUD: Er geht dem Bewußtsein verloren, aber ins Vorbewußte hinein.
SANDLER: Beim strukturellen Modell also ins unbewußte Ich.
FREUD: Ja.
SANDLER: Ich denke, wir sollten die Verdrängung als einen Mechanismus betrachten, den das Ich wie alle Abwehrmechanismen außerhalb des Bewußtseins verwendet, einen Mechanismus, der proportional zu der Gefahr eingesetzt wird, die der Wunsch repräsentiert. Wenn die Gefahr schon sehr früh erkannt wird, wie etwa bei einem gefährlichen ödipalen Wunsch, dann würde er mehr oder weniger unmittelbar nach dem Erkennen verdrängt werden. Oder er könnte als Teil des unbewußten Denkens oder des unbewußten Fantasielebens im Ich geduldet werden, aber wenn er dem Bewußtsein zu nahe kommt, erfolgt eine Zurückweisung. Der betreffende Inhalt könnte erneut auftauchen, es fände dann eine Wiederverdrängung statt, und das könnte immer wieder so gehen.
FREUD: Es gibt Patienten, die ständig von einer geringfügigen, aber doch beunruhigenden Angstmenge bedroht sind. Ich denke, sie fühlen sich bedroht, weil das, was sich im Es, im System Unbewußtes in einem Ruhezustand befinden sollte, fortwährend bis in die Nähe des Bewußtseins vordringt. Es kommt nicht ganz so weit, und wir wissen nicht, warum sie sich so bedroht fühlen. Natürlich besteht ihr Gefühl ganz zu Recht, daß jeden Augenblick etwas zum Durchbruch kommen könnte. Es ist schon vor der Tür, und Sie würden vermutlich sagen, es sei vorbewußt geworden und dem Bewußtsein schon nahe genug, um Angst zu erwecken, aber doch nicht so nahe, daß es wahrgenommen werden könnte.
SANDLER: Das wäre dann ein aktives Zurückhalten, das aber erst

ziemlich spät im Durchgang des Wunsches durch das unbewußte Ich erfolgt.
FREUD: Ja, aber wenn es dabei eine Reaktionsbildung gibt, wie etwa beim Zwangsneurotiker, dann würde diese Reaktionsbildung ganz instinktiv und automatisch verstärkt werden. Er würde noch ordentlicher, noch reinlicher, noch langsamer werden, weil er spürt, daß der Damm nicht stark genug ist. Er sagt sich dabei: »Ich muß noch einen Stein draufsetzen, vielleicht wird es dann die Flut zurückhalten.« Das liegt nun alles auf einem ziemlich hohen Niveau seelischer Tätigkeit. Es geht uns zu vieles verloren, wenn wir den topischen Gesichtspunkt ganz außer acht lassen.
SANDLER: Es scheint, daß die strukturelle Theorie wohl große Gewinne brachte, aber die dynamische Vor- und Zurückbewegung im System Vorbewußtes ist mit der Einführung des Konzepts vom Ich als einer Struktur anscheinend verlorengegangen.
FREUD: Sie geht aber nur denjenigen verloren, die sich ganz auf die strukturelle Theorie beschränken. Dafür besteht keine Notwendigkeit.
SANDLER: Wir brauchen wohl nicht zu sagen, wer das ist.
FREUD: Ich muß an einen Lehrer in der Schule denken, der immer sagte: »Ich will keinen Namen nennen, ich zeige auch auf niemand, und es ist nicht einmal diejenige, die ich anschaue.«
SANDLER: Könnten wir die Frage der massiven Verdrängung wiederaufnehmen, Miss Freud, die vor der Latenz stattfindet und die Kindheitsamnesie bewirkt? Es erscheint klar, daß die Verdrängung weiterhin als separater Abwehrmechanismus gebraucht werden kann, auch wenn sie nicht mehr dieselbe Stärke wie früher haben mag. Es dürfte aber da eine Ausnahme geben, im Zusammenhang mit traumatischen Erlebnissen. Man findet dieselbe Art massiver Verdrängung, wenn ein Trauma stattgefunden hat und die Abwehr sich gegen eine Wiederbelebung des traumatischen Erlebens richtet. Vielleicht führt auch dieselbe massive Verdrängung zu hysterischem Gedächtnisverlust oder ähnlichen auffälligen Erscheinungen.
FREUD: Was Sie im Hinblick auf Traumen oder Dämmerzustände erwähnen, wird eigentlich von etwas anderem als einer Verdrängung bewirkt. Hier gelingt es dem Ich nicht, etwas wahrzunehmen, und das ist nicht dasselbe wie die Aufmerksamkeit von etwas abzuziehen.
HELLMAN: Ich habe kürzlich ein Interview mit jemandem gehabt,

dessen Kindheitsamnesie bis zum Alter von acht Jahren reichte. Er sagte, er habe wirklich keinerlei Erinnerungen bis zu diesem Alter, und es wurde dann deutlich, daß, wenn er wahrgenommen hätte, was um ihn herum geschah, alles umgestürzt wäre, an dem er festhalten wollte. Er nahm also nicht wahr, was geschah. Der Mann, bei dem er aufwuchs, war nicht sein Vater, da sein wirklicher Vater vor seiner Geburt umgekommen war. Als Kind wurde ihm das nie gesagt, aber später wurde ihm klar, daß es eine Reihe von Anzeichen gegeben hatte, die er wahrgenommen und verstanden haben mußte. Aber er hatte keinen Hinweis dafür, daß er die Fakten über seinen Vater bemerkt oder beobachtet hatte, bis es ihm ganz zufällig jemand erzählte. Das ist Nicht-Wahrnehmung, denke ich.

FREUD: Ich habe einmal einen Fall dargestellt, den ich vor vielen Jahren analysierte, bei dem ein ganzes Jahr – es könnten sogar zwei gewesen sein – zwischen sieben und acht völlig aus dem Gedächtnis der Patientin ausgelöscht war, die im übrigen die normalen Kindheitserinnerungen hatte. Dieser Zeitraum fehlte gänzlich, so als ob eine volle Kindheitsamnesie vorläge. In ihrer Analyse ergab sich dann später, daß sie sehr früh ihren Vater verloren hatte und sich eine Theorie aufgebaut hatte, ihre Mutter werde immer dem Vater treu bleiben. Während dieser ein oder zwei Jahre in ihrer Kindheit hatte ihre Mutter eine Beziehung zu einem Mann, der mit der Familie lebte und meiner Patientin ein sehr guter Vater war. Doch dieser Mann stellte jemanden dar, der ihre Vorstellung von der Treue der Mutter zum Vater zerstören konnte. Das war ein ganz faszinierender Fall. Es war ganz klar, daß sie zum Schutze eines Ideals, das sie sich gebildet hatte, einen ganzen Lebensabschnitt ausblenden mußte, jegliche Evidenz, positive wie negative. Ich vermute, wenn etwas Derartiges später im Leben vorkäme, wäre es einem Zustand von Gedächtnisverlust ähnlich, nicht wahr? Der bewußte Zugang zu einem ganzen Teil des eigenen Lebens wäre dann für einen bestimmten Zeitraum beseitigt.

SANDLER: Wenn wir den Mechanismus der Verdrängung betrachten und zugleich auch seine Beziehung zur Verleugnung, dann stoßen wir auf eine Reihe von Problemen. Nach der klassischen Auffasung betrachten wir den Verleugnungsmechanismus einfach als den Entzug der Aufmerksamkeit für etwas Bedeutsames, das aus diesem oder jenem Grunde unwillkommen ist. Sie haben jedoch darauf hingewiesen, Miss Freud, daß die Verleugnung eigentlich ein Mißlingen der Wahrnehmung seitens des Ichs sei, also etwas anderes. Es sieht nun so aus, daß wir vom klinischen Standpunkt aus einen ganzen Bereich von »Verleugnungen« in Betracht ziehen müßten, bei denen jeder Aufmerksamkeitsentzug von einer Gegenkraft verstärkt wird, einer Gegenbesetzung, wenn man so will. Was ich damit meine, ist, wenn Verleugnung einfach der Entzug von Aufmerksamkeit wäre, dann könnte man der betreffenden Person relativ einfach zeigen, was sie verleugnet, und sie dazu bringen, es zu erkennen. Wir wissen aber, daß es Leute gibt, die sich die größte Mühe geben, etwas Schmerzliches oder Bedrohliches nicht zu sehen, und die ihre Verleugnung auch dann aufrechterhalten, wenn man sie darauf hinweist. Gewöhnlich geschieht das im Hinblick auf etwas in der Außenwelt, und es scheint parallel zum Vorgang der Verdrängung zu laufen, den wir gewöhnlich so verstehen, daß daran sowohl ein Aufmerksamkeitsentzug als auch der Einsatz einer Gegenkraft beteiligt ist. Wir sprechen ja gewöhnlich nicht von Verdrängung, wenn es um die Wahrnehmung von etwas in der Außenwelt geht. Dann gibt es auch die sogenannte Skotomisierung, bei der etwas, das normalerweise gesehen wird, durch eine Art blinden Fleck ausgelöscht ist. Manche Dinge werden einfach nicht gesehen. Der Betreffende schaut wohl, aber er sieht nicht, und das unterscheidet sich qualitativ von anderen Formen der Verleugnung. Dann gibt es die eigentliche Verdrängung, die gewöhnlich als eine Art »horizontaler« Verdrängung verstanden wird, in dem Sinne, daß die Aufmerksamkeit von einem seelischen Inhalt abgezogen, eine Gegenkraft eingesetzt und der unerwünschte Inhalt niedergehalten wird. Es gibt dann aber auch etwas wie eine »vertikale« Verdrängung – manche würden es als Spaltung bezeichnen –, bei der ein Teil des Lebens der Person von einem anderen Teil gänzlich abgetrennt wird. Ich erinnere mich an eine Patientin, die eine voll entwickelte Zwangsneurose, die auf ihr Schlafzimmer begrenzt war, aus ihrer Analyse heraushielt. Als ich schließlich ganz zufällig einen Hinweis darauf erhielt und es mir gelang, das gegen größte Widerstände in die Analyse zu bringen, reagierte sie mit Wut und behauptete, dieser Teil ihres Lebens gehöre nicht zur analytischen Arbeit. Ihre Abwehr hatte die Kraft einer Verdrängung, nur daß sie sich des abgewehrten Teiles bewußt war. In einem bestimmten Sinne hatte sie ihr Bewußtsein, ihr Leben in zwei Teile getrennt. In Begriffen psychischer Energie könnten wir sagen, daß es eine

Reihe verschiedener Wege gibt, auf denen eine Gegenbesetzung stattfinden kann, und die Verdrängung ist davon der wichtigste. Ich weiß nicht, ob Sie dazu irgendwelche Anmerkungen haben, Miss Freud.

FREUD: Ich erinnere mich an eine sehr lebhafte Diskussion vor vielen, vielen Jahren, als der Terminus »Skotomisierung« erstmals aufkam, weil Skotomisierung bedeutete, etwas nicht zu sehen, was sichtbar war. Wenn es nicht gesehen wurde, dann brauchte es auch nicht verdrängt zu werden. Die damalige Theorie besagte, daß bestimmte Dinge verdrängt werden, weil sie wahrgenommen wurden. Es handelt sich um einen Weg, bestimmte Dinge vom Bewußtsein fernzuhalten, doch um etwas fernzuhalten, mußte es ja erst einmal dagewesen sein. Wenn es gar nicht da ist, brauchen wir es auch nicht zu verdrängen! Wir würden es jetzt Verleugnung nennen, denke ich.

SANDLER: Das Problem ist heutzutage komplizierter geworden, weil seit einigen Jahren unbewußtes Bemerken so herausgestellt worden ist. Vielleicht ist es von den Arbeiten über unterschwellige Wahrnehmung beeinflußt worden und von der Erkenntnis, daß der Wahrnehmungs-Input erst in einer unbewußten Weise untersucht wird, ehe er zu einer bewußten Wahrnehmung strukturiert wird. Ich denke, wir würden heute eher sagen, daß sowohl Skotomisierung als auch andere Formen von Verleugnung ein allerdings unbewußtes Erkennen beinhalten. Und bei der Verleugnung haben wir das Problem, ob wir sie einfach als einen Vorgang ansehen sollen, bei dem das unbewußte Ich dem Bewußtsein vortäuscht, daß etwas gar nicht da sei, oder als eine sehr viel aktivere Abweisung der Wahrnehmung. Dieser ganze Bereich bedarf der Klärung.

FREUD: Weil der ursprüngliche deutsche Begriff Verleugnung eigentlich Ableugnen bedeutet, ist damit gemeint, daß man etwas gesehen hat und dann behauptet, man habe nichts gesehen. Man sagt, da sei nichts, doch man hat zuvor den Eindruck gehabt, daß da etwas ist. Das englische »disavowal« ist eine viel bessere Übersetzung als »denial«.

SANDLER: Ein Wort zur Chronologie der Abwehrmechanismen (40, 240). Es ist klar, daß beim Stand unseres Wissens niemand so recht zufrieden damit ist. Man könnte fragen, ob es nicht besser wäre, wenn wir den Gedanken der Entwicklungslinien auf die Abwehrformen anwenden würden, statt sie als separate Einheiten zu betrach-

ten, die zu bestimmten Zeiten entstehen. Ich weiß nicht, warum wir mit der Chronologie solche Schwierigkeiten haben. Liegt es daran, daß das kleine Kind noch nicht sprechen kann?
FREUD: Ich glaube, wir wissen heute darüber etwas mehr als damals, als das Buch entstand. Ich erinnere mich, wie ich mich davor in acht nahm, nicht mehr dazu zu sagen, als ich wußte, und das war wenig genug. Ich nehme an, daß die Abwehr zu der Zeit nicht ausreichend mit der Strukturbildung in Verbindung gebracht war. Heute können wir wahrscheinlich mit sehr viel mehr Einzelheiten sagen, zu welchem Zeitpunkt jeder einzelne Abwehrmechanismus eine Chance bekommt, eingesetzt zu werden, weil Vorbereitungen dafür bereits stattgefunden haben. Sie erinnern sich, wir haben zuvor schon gesagt, es hätte keinen Sinn, von Verdrängung zu sprechen, ehe es eine Unterscheidung zwischen bewußtem und unbewußtem Ich, zwischen Ich und Es und so weiter gebe. Es ist auch nicht sinnvoll, von Projektion oder Externalisierung zu sprechen, ehe die Unterscheidung zwischen innerer und äußerer Welt gesichert ist, denn solange es für das Kind noch keine Außenwelt gibt, kann es ihr auch nichts zuschreiben. Auf der anderen Seite ist es gerade die Tatsache, daß man bestimmte Empfindungen oder Geschehnisse einer anderen Stelle zuschreiben kann, was die Unterscheidung zwischen innen und außen *schafft*. Ich denke, wir sollten fragen, was denn die Voraussetzungen für die Tätigkeit der einzelnen Abwehrmechanismen sind. Identifizierung ergibt keinen Sinn, solange die Verschmelzungsphase noch nicht vorbei ist, weil das Selbst und das Objekt ohnehin eins sind; wozu also sich identifizieren? Man ist es doch sowieso!
SANDLER: Keiner der Mechanismen hat einen Sinn ohne die Idee von Verschiebung; sie muß zu den allerfrühesten Mechanismen gehören. Zum Beispiel impliziert Identifizierung die Verschiebung einer seelischen Repräsentanz.
FREUD: Ja. Ich denke, man sollte in dieser Weise vorgehen. Aber das führt viel weiter in die Untersuchung der Kindheitsreaktionen hinein, als uns damals möglich war.
SANDLER: Im Hinblick auf die Chronologie der Abwehr bin ich mir nicht sicher, daß wir wirklich weitergekommen sind.
FREUD: Nur weil wir noch nicht das Wissen genützt haben, das uns für diesen besonderen Zweck zur Verfügung steht.
BERGER: Wir bewegen uns auf unsicherem Boden, wenn es sich um

die Vorläufer der Abwehr handelt. Es gibt da so vieles, bei dem man geneigt wäre, es als Vorläufer von Abwehr zu bezeichnen, und die ganze Angelegenheit kann sehr kompliziert werden.

SANDLER: Eins von den Dingen, die wir zunächst einmal klarstellen müssen, ist das ganze Konzept des Vorläufers, denn möglicherweise verwenden wir das falsche Konzept. Wir sollten vielleicht besser nach den »notwendigen Bedingungen« Ausschau halten, weil die Tendenz besteht, den Vorläufer eines Abwehrmechanismus mit dem eigentlichen Mechanismus gleichzusetzen. Aber ich möchte hier gerne eine Frage zur Entwicklung der Verdrängung stellen. Wie kommt es, daß hysterische Symptome bei Zweijährigen auftreten können, wie Sie es geschildert haben, Miss Freud? Ich habe eine hysterische Lähmung des Armes bei einem zweijährigen Kind gesehen, die sich auf eine Identifizierung mit der Mutter gründete, die sich das Handgelenk verstaucht hatte und ihren Arm in der Schlinge trug.

FREUD: Ja, zweifellos können hysterische Symptome bei zweijährigen Kindern auftreten, besonders Bein- und Arm-Symptome. Ich denke aber, daß sich diese Symptome den leichten Übergang zwischen Psyche und Körper im ersten Lebensjahr in der psychosomatischen Welt der frühen Kindheit ausgiebig zunutze machen. Ich meine, das bildet die früheste Grundlage für die hysterischen Symptome, bei denen das Symptom einen Sinngehalt hat. Wir haben aber im Hinblick darauf noch nie systematisch Kenntnisse gesammelt.

SANDLER: Vielleicht weil wir dazu neigen, so kleine Kinder noch nicht in die Klinik aufzunehmen. Ich möchte jetzt gerne nach der Verbindung zwischen den Abwehrmechanismen und den Triebschicksalen fragen, die in der Literatur so oft hergestellt wird. Zum Beispiel hat man Parallelen zwischen den expulsiven und den retentiven Aspekten der analen Triebe und denjenigen Abwehrmechanismen gezogen, die etwas von diesen Qualitäten aufweisen. Als Resultat hat man entwicklungsmäßige Verbindungen zwischen Triebschicksalen und Abwehrmechanismen postuliert – Projektion mit Ausstoßen verbunden, und so weiter. Würden Sie vielleicht dazu etwas sagen?

FREUD: Natürlich gibt es einige Abwehrmechanismen, die aus dem Primärprozeß-Funktionieren hervorgehen. Verschiebung ist ein gutes Beispiel, Verkehrung von Passiv in Aktiv ein anderes, wobei die Gegensätze eigentlich das gleiche sind. Dort kann man den Einfluß des Primärvorgangs sehen. Es gibt bestimmte zugrundeliegende Muster, könnte man sagen, aus denen die Abwehrmechanismen hervorgehen können. Ich glaube aber, daß eine Gleichsetzung von Projektion mit Ausstoßung, wie Sie es erwähnt haben, viel zu weit geht. Sie zerstört wieder den Unterschied zwischen Es-Tätigkeit und Ich-Tätigkeit, und wenn wir diese Unterschiede aufheben, kommen wir mit der Klärung nicht weiter.

SANDLER: Ich habe hier eine Notiz über einige weitere Fragen. Eine bezieht sich auf das Ausmaß, in dem Abwehrmechanismen auf dem Wege der Identifizierung übernommen werden können. Falls sie auf solche Weise übernommen werden können, mit welchen geschieht das dann am leichtesten? In einer Familie von Verleugnern zum Beispiel, wieviel Gebrauch von Verleugnung könnte auf Identifizierung beruhen?

FREUD: Wir können die Frage auch bei einer Familie von Zwanghaften stellen. Auf der einen Seite gibt es vorgegebene Ähnlichkeiten der Persönlichkeiten von Eltern und Kindern, und auf der anderen Seite können bestimmte Grundeigenschaften mittels Imitation und Identifizierung übernommen werden, und aus all dem können ähnliche Abwehrmechanismen hervorgehen. Wo jedoch Abwehrmechanismen wirklich übernommen werden, erst mittels Imitation und dann mittels Identifizierung, dort werden sie in der Analyse leicht wieder aufgegeben, weil sie nicht der Person zu eigen sind.

SANDLER: Sie müssen qualitativ ganz verschieden sein. Aber ich vermute, es gibt eine ganze Reihe von Mechanismen, die auf selektivem oder differentiellem Wege durch andere Familienmitglieder verstärkt werden können. Das wären dann solche Mechanismen, die im Grunde zuerst zu der betreffenden Person gehören, deren Gebrauch aber infolge familiärer Unterstützung und Verstärkung sehr gesteigert wird. Diese Art differentieller Verstärkung wäre keine Identifizierung.

FREUD: Nein.

SANDLER: Sind Sie noch immer der Auffassung, die Sie hier vertraten, Miss Freud, »vielleicht bekämpft die Verdrängung vor allem sexuelle Wünsche, und andere Methoden lassen sich besser gegen andere Triebkräfte, besonders gegen die aggressiven Regungen gebrauchen« (41, 241)?

FREUD: Es war eine Spekulation, weil ich mir damals nicht sehr sicher war, ob sich Verdrängung ebensogut auch gegen aggressive Regungen gebrauchen ließe. Wir wußten über den Umgang des Ichs mit der Aggression sehr viel weniger als über den Umgang mit der Libido. Sicherlich kann Verdrängung gleichermaßen auch gegen Aggression verwendet werden.

SANDLER: In diesem Kapitel vertreten Sie die Auffassung, daß möglicherweise jeder Abwehrmechanismus ursprünglich zunächst zu dem Zweck entwickelt wurde, eine spezielle Triebregung zu bewältigen. Meinen Sie, daß man sagen könnte, er werde im Verlauf einer bestimmten Phase entwickelt, in der ein bestimmter Trieb vorherrscht? Es könnte sich sonst so anhören, als postulierten Sie ein spezielles Bindeglied zwischen dem Mechanismus und dem Partialtrieb, und ich glaube nicht, daß Sie das gemeint haben.

FREUD: Ich denke, es war als eine offene Frage gemeint. Es gibt Lebensphasen, in denen bestimmte Triebe vorherrschen und deswegen auch bestimmte Gefahren und bestimmte Bewältigungsaufgaben des Ichs. Das stellt sicher eine Bindung zwischen beiden dar. Ich denke, ich meinte damals auch, daß die Zwangsabwehr sich besonders gegen den analen Sadismus richte, entweder gegen die Analität oder die speziellen sadistischen Merkmale dieser Periode. Sagen wir das nicht auch heute noch?

HOLDER: Die Frage, in welchem Ausmaß der Gebrauch eines Abwehrmechanismus von der Ich-Entwicklung abhängt, ist nach wie vor offen. Ist es nur eine Koinzidenz, daß bestimmte Abwehrmechanismen gegen anale Triebe gebraucht werden und andere wieder gegen orale Triebe, einfach weil das Ich sich in einer bestimmten Entwicklungsphase befindet?

FREUD: Hartmann hat das immer vertreten. Er wies darauf hin, daß Mechanismen der Zwangsabwehr sehr häufig schon zu einer Zeit gebraucht werden, ehe der Kampf gegen die Analität begonnen hat, weil sie in der Ich-Entwicklung schon da sind, um bestimmte Denkvorgänge leisten zu können. Was Sie meinen, gibt es also sicherlich auch.

SPRUIELL: Ich möchte gerne fragen, ob aus den Abwehrmechanismen irgendwelche Lust gewonnen wird. Können manche Abwehrmechanismen auf lustvolle Tätigkeiten zurückverfolgt werden?

FREUD: Gibt es überhaupt Lust in den Abwehrmechanismen? Nur in ihrem Ergebnis, denke ich.

SANDLER: Vielleicht gibt es eine sogenannte Funktionslust und ein

Gefühl von Erleichterung, das eine sehr mächtige Verstärkungsinstanz bildet. Aber das ist natürlich nicht dasselbe wie eine sinnliche Lust. Möglicherweise könnte die Lust an Bewältigung dazu kommen, aber diese ist wiederum anderer Art. Aber wir können uns der Lust gewiß sein, die mit dem Feiern der Beendigung unserer langen Diskussion dieses Kapitels verbunden ist.

5 Orientierung der Abwehrvorgänge nach Angst und Gefahr

Anna Freud führt das fünfte Kapitel mit dem Satz ein: »Die Triebgefahren, gegen die das Ich sich verteidigt, sind immer die gleichen, aber die Gründe, warum es einen bestimmten Triebvorstoß als Gefahr empfindet, können von verschiedener Art sein« (43, 245). Das erste Motiv zur Abwehr der Triebe ist *Über-Ich-Angst.* Sie bildet die Grundlage der Neurose des Erwachsenen. Ein Triebwunsch möchte bewußt werden und Befriedigung finden. Das Ich wäre auch nicht abgeneigt, doch das Über-Ich erhebt Einspruch. Aus diesem Grunde stellt sich das Ich dem Triebimpuls entgegen, sein Motiv ist die Angst vor dem Über-Ich. Die Triebabwehr des erwachsenen Neurotikers zeigt, wie das Über-Ich eine Übereinkunft des Ichs mit den Trieben verhindert und zum Urheber der Neurose wird. Es errichtet ein Ideal, das Sexualität und Aggression verurteilt. Die von ihm geforderten sexuellen und aggressiven Einschränkungen nehmen dem Ich seine Selbständigkeit und Genußfähigkeit. Dies führt dazu, daß die Analyse des Über-Ichs mit dem Ziel, seine Strenge zu mildern, in der Neurosenbehandlung eine wichtige Rolle spielt.

Manche hoffen, daß durch eine geeignete Erziehung des Kindes ein milderes Über-Ich gebildet werde und man so die Neurose verhindern könne. Nach dieser Auffassung sollten die Eltern ein Beispiel für Triebfreundlichkeit bieten und ihre strenge Übermoral aufgeben. Die Aggression des Kindes sollte Möglichkeiten haben, sich auf die Außenwelt zu richten, damit sie nicht durch ein grausames Über-Ich nach innen gewendet werden müsse. Doch sowohl vom praktischen als auch vom theoretischen Gesichtspunkt her ist die Hoffnung falsch, man könne auf diese Weise Neurosen verhindern.

Anna Freud verweist dann auf die *Realangst* als einen wichtigen Faktor der infantilen Neurose. Während beim Erwachsenen Neurotiker die Über-Ich-Angst das Motiv für die Triebabwehr bildet, wehren kleine Kinder ihre Triebregungen ab, um den Eltern zu gehorchen. Die Kastrationsangst führt zum gleichen Ergebnis wie die Über-Ich-Angst. Aber es ist die Außenwelt, die die Quelle der kindlichen Angst bildet. Diese Angst bewirkt die Entwicklung der gleichen Symptome, wie sie beim Erwachsenen als Folge der Über-Ich-Angst bekannt sind. Dieses Wissen macht es nun verständlich, daß es bei der Neurose immer die Angst ist, die den Abwehrvorgang mobilisiert, gleichgültig, welche Quelle die Angst haben mag. Die Symptome, die sich entwickeln, geben keinen Hinweis auf die Art der Angst, die sie hervorrief. Unter dem Gesichtspunkt der Realangst als einem Abwehrmotiv könnte sich auch eine gewisse Hoffnung ableiten lassen, daß man Neurosen verhindern könne, indem man die Quellen der Realangst abschwächt, nicht mit Strafen droht und alles meidet, was auch nur noch entfernt an Kastrationsdrohungen erinnern mag, und indem man die kindliche Triebbefriedigung zuläßt. Doch die erzieherische Hoffnung, so die infantile Neurose zu beseitigen, muß scheitern, weil es noch ein drittes Motiv für die Triebabwehr gibt, nämlich die *Angst vor der Triebstärke*. Mit der Entwicklung des Ichs nimmt auch seine ursprüngliche Triebfreundlichkeit ab, es wird zu einem »triebfremden Gebiet« (46, 249). Sowie die Triebansprüche übermäßig werden oder das Ich sich vom Über-Ich oder der Außenwelt im Stich gelassen fühlt, wird seine Feindseligkeit gegenüber den Trieben als Angstquelle verstärkt. Das Ich fürchtet, es könne überwältigt werden, und setzt seine Abwehrmechnismen in Bewegung, die dann die Neurose zur Folge haben.

Anna Freud fügt nun den drei Motiven für die Triebabwehr noch das Bedürfnis des Ichs nach Synthese hinzu. Durch Konflikte zwischen gegensätzlichen Strebungen wie etwa Homosexualität und Heterosexualität wird die Harmonie des Ichs gestört. Sie fährt dann fort und spricht von den Motiven der *Affektabwehr*. Ebenso, wie das Ich sich zur Abwehr der Triebe veranlaßt fühlt, wehrt es auch die Affekte ab, die mit den Trieben verknüpft sind. Es genügt ihm schon, daß ein Affekt mit einem verbotenen Triebwunsch in Verbindung steht, um sein Erleben abzuwehren. Es gibt aber noch eine weitere Beziehung zwischen den Affekten und dem Ich, eine Beziehung, die vom Lustprinzip bestimmt wird. Das Ich begrüßt lustvolle Affekte, und es ist viel schneller bereit, unlustvolle Affekte wie Schmerz, Sehnsucht und Trauer abzuwehren als lustvolle Affekte.

In der analytischen Praxis erlaubt uns das Rückgängigmachen eines Abwehrvorgangs die einzelnen Faktoren zu erkennen, die an seinem Zustandekommen beteiligt waren, einschließlich der Triebregung und des Motives, das die Abwehr hervorrief. Als Ergebnis der Analyse dringt der bisher abgewehrte Es-Abkömmling in das Ich vor, begleitet von dem Affekt, der zu seiner Abwehr geführt hatte.

Die therapeutischen Implikationen dieser Vorstellungen sind nun klar. Indem der Analytiker die Abwehr rückgängig macht, gelingt der Triebregung oder dem Affekt von neuem der Zutritt zum Bewußtsein, und das Ich und das Über-Ich können nun zu einer besseren Lösung kommen. Die Aussicht dafür ist am besten, wenn Über-Ich-Angst das Abwehrmotiv war, besonders wenn die Identifizierungen hinter dem Über-Ich der Analyse zugänglich geworden sind. Wenn die Abwehr wie beim Kind durch Realangst hervorgerufen wurde, hat die analytische Therapie ebenfalls gute Erfolgsaussichten. Nach Rückgängigmachen des Abwehrvorgangs beim Kind selbst kann der Therapeut versuchen, die Realität so zu beeinflussen, daß weniger Realangst erlebt wird. In anderen Fällen zeigt sich in der Analyse, daß die Realangst sich auf Erinnerungen vergangener Erlebnisse oder auf fantasiehafte Entstellungen bezieht und von der Analyse »entlarvt« werden kann (51, 254).

Wenn das Abwehrmotiv die Vermeidung von Schmerz oder Unlust ist, muß das Kind lernen, immer größere Quantitäten von Unlust zu ertragen, ohne seine Abwehrmechanismen zu Hilfe zu rufen; allerdings ist das mehr eine Aufgabe der Erziehung als der Analyse.

Wo die Abwehr eine Reaktion auf die Angst des Patienten vor der Stärke der Triebe ist, besteht die Gefahr, daß die Abwehrmaßnahmen rückgängig gemacht werden können, ohne daß wir gleich in der Lage sind, dem Ich des Patienten Hilfe zu bieten. In diesem Falle kann die Reaktion auf die Analyse ungünstig sein. Normalerweise beruhigen wir den Patienten damit, daß seine Triebregungen besser beherrschbar seien, wenn sie bewußtgemacht würden, doch kann dies eine Illusion bei solchen Fällen sein, wo das Hauptmotiv für die Triebabwehr die Angst vor der Stärke der Triebe ist. Eine Analyse kann das Ich stärken, indem sie unbewußte Triebe bewußt macht, sie kann es aber auch schwächen, indem sie die Abwehrtätigkeiten durch Bewußtmachung außer Tätigkeit setzt, und dies kann dann den »Krankheitsprozeß befördern« (51, 254).

SANDLER: Es ist wohl klar, Miss Freud, daß Sie mit Über-Ich-Angst die Angst meinen, die von den Über-Ich-Introjekten verursacht wird, und nicht eine Angst, die irgendwie im Über-Ich selbst vorhanden ist. Ich erwähne das nur deswegen, weil sich manche Leute über diesen Punkt unklar sind.
FREUD: Ja, das ist richtig.
SANDLER: Wir neigen dazu zu sagen, der Triebwunsch komme zur Befriedigung, indem er das Bewußtsein erreicht, und wir vernachlässigen dabei etwas die Motilität, den Verhaltensaspekt. Sollten wir nicht sagen, daß ein Triebwunsch, der nach Befriedigung drängt, sich nicht nur zum Bewußtsein hin bewegt, sondern gleichzeitig auch zur Motilität und zur Handlung? Oder ist da irgendeine Implikation, daß man zunächst den Gedanken hat und dann sekundär entsprechend handelt?
FREUD: Nein. Die Vorstellung ist hier, daß die Motilität vom Ich kontrolliert wird, und ich hätte vielleicht unterscheiden sollen zwischen dem Triebwunsch, der nach oben drängt, das Ich überrennt und geradewegs in Aktion, Motilität und Erfüllung geht, und – sagen wir einmal – dem zahmeren Wunsch, der weiß, daß der sichere Weg zur Erfüllung darin besteht, das Ich zur Kooperation zu gewinnen. Das Ich kontrolliert dann die Motilität, stellt sie in den Dienst des Wunsches, der auf diesem Wege zur Befriedigung kommt.
SANDLER: Als Sie das Buch schrieben, wurde vielleicht noch nicht so strikt zwischen dem Ich und dem Bewußtsein unterschieden, wie es heute getan wird, und der Rolle des unbewußten Ich deswegen noch nicht so viel Bedeutung zugemessen.

Sie sprechen in diesem Kapitel davon, daß das Über-Ich Einspruch erhebe, Miss Freud, und ich möchte gern fragen, ob Sie meinen, daß das Über-Ich tatsächlich Einspruch erhebt oder ob »Einspruch« hier die Erwartung des Ichs meint, es werde von einer inneren oder internalisierten Instanz bestraft? Vielleicht ist Einspruch des Über-Ichs nur einfach eine nützliche Ausdrucksweise.
FREUD: Es ist eine Ausdrucksweise, die von der Vorstellung ausgeht, daß ohne Übernahme des Einspruchs ins Über-Ich es zu keinem Einspruch kommen könne. Wenn also gesagt wird, das Über-Ich erhebe Einspruch, so ist dies eine verkürzte Ausdrucksweise

dafür, daß das Ich es so fühlt, als käme diese Mißbilligung aus dem Über-Ich.

SANDLER: Das zieht die umfassendere Frage nach sich, ob das Über-Ich selbst als eine aktive Instanz anzusehen sei, oder eher als eine Gruppierung von Überzeugungen, Imagines und Erinnerungen, die auf eine besondere Weise organisiert ist, so daß sie für das Ich als Bezugsrahmen dient, der es veranlaßt, unter bestimmten Umständen zu denken: »Wenn ich dies tue, dann werde ich bestraft, oder ich gehe der Liebe verlustig, oder es kommt zu irgendwelchen anderen Sanktionen«.

FREUD: Es ist gut, daß Sie das aufgreifen, denn es zeigt, wie man dabei die Geschichte zu beachten hat. Zu Zeit des Buches wurde dem Über-Ich sehr viel mehr Aktivität zugeschrieben als heute. Wir haben heute die aktiven Züge in das Ich verlagert und betrachten das Über-Ich mehr als eine Gruppierung von Überzeugungen, wie Sie es gerade gesagt haben. Wissen Sie, es war das auch die Zeit in der Analyse, als bestimmte Leute dafür eintraten, das Über-Ich müsse zertrümmert werden. Sie stellten sich vor, man müsse das Über-Ich des Patienten beseitigen, und erst dann könne er sich wohlfühlen. Ich habe diese Vorstellung nie geteilt.

SANDLER: Ich möchte gerne zu ihrem Gedanken kommen, daß das Über-Ich Idealforderungen präsentiere (44, 246). Insgesamt sind Sie dem Gedanken Freuds gefolgt und haben die aggressiven Aspekte des Über-Ichs und seine Gehorsamsforderungen betont. Ich frage mich, ob Sie vielleicht etwas zu dem vom Über-Ich vermittelten Gefühl von Sicherheit sagen möchten, das viel mehr zu unserem heutigen Bild gehört. Ich meine damit, man könne das Über-Ich auch als etwas wie eine Elternperson betrachten, die hinter dem Kind steht, es ermutigt und sagt: »Was du tust, ist richtig, ich bin damit einverstanden.« Der Akzent in diesem Kapitel liegt mehr auf dem Über-Ich als einer strengen Gewissensinstanz, aber ich meine, daß es auch ein inneres ermutigendes Eltern-Substitut sein kann.

FREUD: Aber das hätte nicht in dieses Kapitel gepaßt, weil es mir darum ging, zu zeigen, daß das Über-Ich ein Motiv für die Abwehr liefert, indem es Angst hervorruft. Sie haben aber ganz recht mit ihrem Hinweis auf den fehlenden Aspekt, weil jeder kleine Abschnitt des Kapitels sich jeweils nur mit einem Gedanken befaßt. Wissen Sie, es gab damals auch Leute, die jegliche Angst als Angst

betrachteten, die durch Konflikt mit dem Über-Ich verursacht wird, und im ersten Teil des Kapitels folge ich diesem Gedanken und versuche zu zeigen, daß das Über-Ich keineswegs die einzige Quelle von Angst ist. Ich wollte sagen: »Laßt uns doch einmal auch die anderen Möglichkeiten betrachten.«
SANDLER: Ich glaube nicht, daß Sie damals vorhersehen konnten, wie genau der Text untersucht werden würde!
FREUD: Nein, ich hatte ihn eigentlich als Diskussionsbeitrag gedacht. Ich erinnere mich, daß man damals Vorstellungen von der Realangst nicht sehr schätzte. Die Meinung, daß Angst vor der Außenwelt irgendwann im Leben ähnliche Auswirkungen haben könnte wie die Angst vor inneren Instanzen, wurde fast als eine häretische und umstürzlerische Idee angesehen.
SANDLER: Darf ich Sie etwas zur Strenge des Über-Ichs fragen? Wie sehen Sie die Milderung des strengen Über-Ichs durch die Analyse? Ich stelle mir vor, daß Sie nicht mit Leuten wie etwa James Stratchey übereinstimmen, der die Ansicht vertrat, jeglicher therapeutische Erfolg hänge gänzlich von der Umwandlung des Über-Ichs ab. Dennoch glauben wir alle, daß der neurotische Konflikt zu einem gewissen Grade durch Modifizierung des Über-Ichs gemindert wird. Wie kommt das Ihrer Meinung nach zustande? Ist es eine Veränderung der Über-Ich-Introjekte, oder ist es eine Modifizierung der Angst vor den Gefahren, die das Über-Ich repräsentiert? Andes ausgedrückt: Wird die Stimme des Gewissens leiser, oder schenkt das Ich der Stimme des Gewissens nicht mehr so viel Aufmerksamkeit? In unserer therapeutischen Arbeit wenden wir uns ja an das Ich, und mein eigener Eindruck ist, daß man allmählich anfängt, die irrationalen Verbote infantiler Wünsche sozusagen nicht mehr so laut zu hören, weil man eine Perspektive dafür gewinnt. Die Veränderung vollzieht sich im Ich und nicht in den Über-Ich-Introjekten. Wir können es aber dennoch als Milderung der Strenge des Über-Ichs bezeichnen, und ich wüßte gerne, wie Ihre Gedanken dazu sind.
FREUD: Ich denke, daß zu einem großen Teil diese sogenannte Veränderung des Über-Ichs durch die Analyse der Aggression zustande kommt. Wir schreiben ja die Strenge des Über-Ichs einer Wendung der Aggression von der Außenwelt auf die Innenwelt zu, so daß die Aggression dann vom Über-Ich gegen das Ich gerichtet wird. Wenn in der Analyse die Richtung der Aggression erneut ver-

ändert wird und das, was der Außenwelt gilt, wieder dorthin gelenkt und freigesetzt wird, so meine ich, daß das in sich die Strenge des Über-Ichs sehr abschwächt. Dann ist da natürlich die Unterscheidung zwischen der Vergangenheit und der Gegenwart, die man in der Analyse herbeiführt. Was in der Kindheit als eine Sünde betrachtet wird, ist im Erwachsenenleben bedeutungslos, und so weiter. Auch werden mit fortschreitendem Alter die Wünsche in sich weniger gefährlich. Sie kennen die Geschichte vom Reiter und dem Pferd – nun, Grete Bibring sagte einmal, daß nicht nur der Reiter älter wird, sondern auch das Pferd.

SANDLER: Ja, aber man fragt sich, warum das Über-Ich mit dem Alter nicht weniger streng wird – zumindest habe ich es noch nicht bemerkt.

FREUD: Sie müssen noch warten.

SANDLER: Sie meinen, daß da noch Hoffnung besteht? Ich freue mich sehr, das zu hören.

Ich habe nun eine Frage zur Beziehung zwischen der gegen das Selbst gewendeten Aggression und dem Über-Ich. Wir sind alle mit Freuds Auffassung vertraut, daß das Über-Ich tief in das Es hineinreicht und daß der Aggressionstrieb auf dem Weg über das Über-Ich auf das Ich umgelenkt wird. Ich frage mich nun, wie wir das mit der Beobachtung vereinbaren können, daß die Introjekte nicht einfach ein Duplikat der realen Eltern sind, sondern Projektionen enthalten, die entstanden, noch ehe der Vorgang der Über-Ich-Introjektionen vollzogen wurde. Ich meine hier Projektionen der eigenen Aggressionswünsche des Kindes, so daß es in der Fantasie Angreifer des Kindes sind und offenkundig später in sein Über-Ich eingehen. Infolgedessen können ganz liebevolle Eltern ein strenges Über-Ich bewirken, weil das Kind seine Aggression zurückdrängt, um seine Beziehung zu den freundlichen und liebevollen Eltern zu schützen. Für mich ist es rätselhaft, daß dies zwar vom Entwicklungsgesichtspunkt her Sinn ergibt, aber können wir sicher sein, daß auch die gegenwärtigen aggressiven Wünsche der Person auf dem Wege über das Über-Ich gegen das Selbst zurückgelenkt werden? Wird das Über-Ich in den Zeiten strenger, in denen sich die unbewußten aggressiven Wünsche der Person verhärten? Ich meine, wenn das Über-Ich auf nach innen gewendeter Aggression aufgebaut ist, wird es auch später im Leben immer dann strenger, wenn mehr Aggression hervorgerufen wird? Ist es nicht so, daß bei einer Person, die ein feindseliges, kritisches und strafendes Über-Ich entwickelt hat, dieses Über-Ich immer gleichbleibend streng ist und ein hohes Maß an Über-Ich-Angst bewirkt, auch wenn die Person nicht von einem aggressiven Wunsch bedrängt wird? Was geschieht, wenn die Bedrohung durch einen libidinösen Wunsch hervorgerufen wird? Wie löst man dieses Problem?

FREUD: Ich würde denken, daß man durch das Analysieren der Geschichte des Über-Ichs, durch ihre Rückführung ins Bewußtsein, dessen Grundlagen erschüttert. Wie Sie wissen, macht es die Freundlichkeit der Eltern, die in der kindlichen Fantasie als Ungeheuer erscheinen und die dann zum strengen Über-Ich des Kindes werden, dem Kind so schwer, ihnen gegenüber aggressiv zu empfinden. Teilweise wegen des Ambivalenzkonflikts, teilweise weil es das Kind als unvernünftig betrachtet. Doch die Eltern verhindern, aus welchem Grunde auch immer, die Abfuhr der gegen sie gerichteten kindlichen Aggression. Wenn nun in der Ausfaltung der infantilen Geschichte gezeigt werden kann, wieviel Aggression tatsächlich diesen lieben Eltern galt und das Kind sie nicht nur liebte, sondern sie auch haßte und sie tot wünschte, sich gegen sie auflehnte und gegen sie ankämpfte, dann erschüttert dies die gesamte Über-Ich-Struktur.

SANDLER: Man kann wahrscheinlich ohne weiteres sagen, daß der Patient – über die Einsicht – erkennt, daß die unbewußten inneren Stimmen (wenn man das so nennen kann), die so kritisch klingen, externalisierte Aspekte des eigenen Selbst repräsentieren. Und dies kommt in die Analyse, wenn es durch Regression wiederbelebt wird, und gelangt in die Übertragung, wo es dann in der Gegenwart analysiert werden kann, obwohl es zur Vergangenheit gehört.

FREUD: Ja, doch ich meine, wir könnten das Geschehen sogar durch ein Beispiel illustrieren, das gar nicht auf die Kindheit zurückgreift. Wir wissen, daß sogar außerhalb der Analyse, sagen wir im Leben eines normalen, nicht analysierten Menschen, ein starkes Schuldgefühl verschwinden kann, wenn der Betreffende sich klarmacht, daß er eigentlich sehr böse ist. Durch das Freisetzen der Wut gegenüber einem anderen nimmt das Schuldgefühl ab. Als Antwort auf Ihre Frage zur Beziehung der Aggression zum Über-Ich nach der Kindheit: Ich glaube, daß sogar später im Leben diese Kommunikation zwischen Schuldgefühl, also Über-Ich-Angst und Wut, oder Beschränkung der aggressiven Freiheit weiter fortbe-

steht. Und andererseits brauchen Menschen oft einen Angriff gegen jemand anderen, um sich von unerträglichen Schuldgefühlen zu befreien. Das ist sicherlich eine weitverbreitete Methode. Man sagt oft zu Patienten, »ich glaube nicht, daß Sie wirklich so wütend sind. Sie fühlen sich schlecht wegen etwas, das Sie selbst getan haben«. Das bedeutet, daß der Angriff gegen eine andere Person in bestimmter Weise mit dem Angriff des Über-Ichs gegen das Ich zusammenhängt.
SANDLER: Wie Sie sagen, Miss Freud, man sieht diesen Mechanismus sehr häufig, aber man könnte ihn vielleicht auch noch anders beschreiben. Jemand fühlt sich schuldig und externalisiert dann den »bösen« Aspekt seiner selbst auf eine andere Person. Auf diese Weise identifiziert er sich mit seinem eigenen Über-Ich-Introjekt und gewinnt dadurch nicht nur ein gutes Gefühl, weil er die Untat los ist, deretwegen er sich schuldig fühlte, sondern er schafft sich auch ein enormes Gefühl von Rechtschaffenheit durch die Identifizierung mit seinem Über-Ich. Der Gewinn ist ein doppelter. In extremer Form sehen wir das manchmal im aggressiven Verhalten von Kindern, die sich in solchem Maße schuldig fühlen, oder von Kindern, die ein intensives oder manchmal, wie ich es nenne, »katastrophenhaftes« Schamgefühl empfinden. Der Schuld- oder Schamaspekt des Selbst wird auf jemand anderen verschoben, und dann erfolgt etwas wie Identifizierung mit dem Angreifer, das heißt mit dem aggressiven Über-Ich, was sehr viel Bestätigung und Befriedigung ergibt. Ich denke, wir wissen heute, daß nicht alles triebhafte Verhalten (wie beim sogenannten triebhaften Charakter) auf eine schwache Triebkontrolle des Ichs zurückgeht.
FREUD: Nun, nehmen Sie ein einfaches Beispiel. Sie haben eine ganz schlechte Vorlesung gehalten. Die Hörerschaft war unaufmerksam, es wurde gehustet, geniest und untereinander geflüstert, und Sie haben das schreckliche Gefühl, den eigenen Ansprüchen nicht genügt zu haben. Sie sind über manche Worte gestolpert, und sie fühlen sich furchtbar schuldig; Sie waren nicht genügend vorbereitet. Was für eine enorme Erleichtung bringt es dann, wenn Ihnen deutlich wird, daß die Leute da einfach zu dumm sind. Sie sind auf einmal reingewaschen, und die ganze Schuld löst sich in einem Angriff auf andere Leute auf. Ich glaube, daß das der übliche Weg ist, wie ein Kind sich verteidigt, aber es kann auch bei uns Erwachsenen so gehen.

Sandler: Im Erwachsenenleben funktioniert es nicht so gut wie in der Kindheit.
Freud: Es funktioniert ganz gut. Es ist natürlich das, was man Selbstgerechtigkeit nennt, hinter der sich so oft Schuldgefühle verbergen. All das gehört zum Alltagsverhalten von Menschen.
Sandler: Könnten Sie nun etwas zur Verwendung des Terminus »Realangst« sagen, Miss Freud?
Freud: Im Deutschen bedeutet Realangst Furcht vor der Außenwelt. Es bedeutet begründete Angst. Vermutlich hat man es deswegen mit »objective anxiety« übersetzt. Es bedeutet, daß in der Außenwelt tatsächlich eine Gefahr vorhanden ist.
Sandler: Wie bei der Über-Ich-Angst sprechen Sie auch hier wieder von der Angstquelle, und wenn ich Sie richtig verstehe, meinen Sie damit nicht, daß die Angst selbst irgendeine besondere Eigenschaft aufweise. Die zunehmende Beachtung der Erlebniswelt des Kindes, im Unterschied zu der Außenwelt, die außerhalb seines Erlebens existiert, und unser zunehmendes Wissen, wie die Wahrnehmung durch Gedächtnis und Fantasie entstellt wird, haben dazu geführt, daß wir uns heutzutage auf unsicherem Boden bewegen, wenn wir von Realangst sprechen; wir müssen hier also aufpassen. Offensichtlich meinen Sie damit etwas ganz anderes als Angst, deren Quelle in einem neurotischen Konflikt liegt oder in etwas, das mit einer fantasierten Gefahr in der Vergangenheit verknüpft ist. Wie sieht es aber im Falle eines Kindes aus, das Angst hat, sagen wir, weil es traumatisiert wurde oder von etwas erschreckt wurde, das es nicht verstehen konnte? Für ein solches Kind *ist* die reale Welt dann ängstigend, auch wenn sie es vom erwachsenen, vernünftigen Standpunkt her nicht ist. Ist nun seine Angst realistisch? Meinen Sie mit Realangst, daß für das Kind die Quelle der Angst in der Außenwelt liegt? Falls es sein sollte, dann könnten wir in Schwierigkeiten kommen, wenn es so um phobische oder andere Ängste geht, die das Kind der Außenwelt zuschreibt und dann als realistisch erlebt.
Freud: Damals waren meine Vorstellungen viel einfacher. Ich dachte eigentlich an die Angst vor Liebesverlust oder die Angst vor dem Verlust des Objektes oder an Kastrationsangst, ehe sie internalisiert wurden. Es ist eigentlich wie ein Zurückdrehen des Rades von den internalisierten Gefahren zu ihren Quellen.
Sandler: Lassen Sie uns einen Moment die Kastrationsangst

betrachten. Sie äußern in diesem Kapitel den Gedanken, daß das aktuelle Geschehen in der Außenwelt einen Widerhall primitiverer Ängste auslösen könne – wenn wir an Bücher wie den Struwwelpeter denken, so sind da reichliche Hinweise, daß es in der Außenwelt genug gibt, was beim Kind Kastrationsangst erwecken kann. Doch wir wissen auch, wie häufig die Kastrationsangst von den sadistischen Wünschen des Kindes selbst hervorgerufen wird, von seinen eigenen Wünschen nach Kastration des Vaters, die es projiziert und dann als Bedrohung nach dem Talionprinzip erlebt. Je stärker sein Wunsch ist, den Vater zu kastrieren, um so größer wird seine Angst, selbst kastriert zu werden. Vielleicht würden Sie die Realangst auf Dinge beschränken, die das Kind vernünftigerweise, im Rahmen seines eigenen Denkens unter Berücksichtigung seiner Ich-Entwicklung und seiner Kenntnisse, als zur Außenwelt gehörig betrachtet.

Freud: Der Außenwelt zuschreibt, ja.

Sandler: Nun, »zuschreiben« könnte auch projizieren einschließen, und ich habe gerade versucht, dieses Problem auszuschalten, weil die Projektion viel früher einsetzt als die Über-Ich-Internalisierung.

Kennedy: Wäre Realangst diejenige Angst, die erweckt wird, wenn ein kleiner Junge ein penisloses Mädchen sieht?

Freud: Ja, das wäre ein Beispiel, weil hier realisiert wird, daß die Geschlechtsorgane tatsächlich so aussehen können, und für den kleinen Jungen bedeutet das, daß es Kastration wirklich geben kann. Sie würden das nicht objektiv nennen (ich habe selbst nie das Wort objektiv gebraucht, es ist aber so übersetzt worden), doch für das Kind ist die Wahrnehmung eine Tatsache der Außenwelt.

Sandler: Damit ist es sehr klar ausgedrückt.

Hellman: Ich stelle es mir gewöhnlich so vor, daß die Realitätswahrnehmung die Fantasien und Ängste des Kindes bestätigt, die sich aus den Projekten herleiten. Mir scheint, daß mit Realangst diejenige Angst gemeint ist, die durch bestätigende reale Dinge ausgelöst wird, etwa durch das kleine Mädchen ohne einen Penis oder durch eine tatsächlich drohende Mutter. Sind aber diese Dinge die wirklichen Verursacher der Angst? Wir würden heute nicht mehr in diesen Begriffen denken.

Sandler: Ich bin mir nicht sicher, daß Miss Freud dem zustimmen würde.

Freud: Wissen Sie, die Angst vor Liebesverlust ist für das Kind Realangst. Es realisiert, daß »das wirklich passieren kann.«
Hellman: Sie meinen, wenn die Mutter ihm böse ist?
Freud: Genau. Mehr ist es nicht. Sie dürfen nicht vergessen, daß zu der Zeit, da wir die Person analysieren, das alles überlagert ist. Bei Erwachsenen begegnen wir der Realangst nicht mehr. Sie ist eine vorbereitende Phase für Angst vor etwas Internalisiertem. Und außerdem ist die Kastrationsangst nicht das beste Beispiel, weil die Kastrationsangst dann am stärksten ist, wenn die Strukturbildung bereits stattgefunden hat. Ich spreche hier von früheren Phasen.
Kennedy: Ich habe es immer so verstanden, daß Kastrationsangst mit der Zufallsbeobachtung der andersartigen Geschlechtsorgane eines gegengeschlechtlichen Kindes zusammenhängt. Eine solche Beobachtung bildet die Grundlage für diejenige Angst, die später in phallischen Konflikten erlebt wird. Das bedeutet, daß das Angstelement, das an der Entwicklung der Realangst beteiligt ist, zu einem ganz anderen Zeitpunkt auftreten könnte.
Sandler: Sprechen wir jetzt nicht von einer Reihe verschiedener Dinge? Wir wissen, daß ein Trauma etwas ist, das durch die Intensität der äußeren Umstände hervorgerufen werden kann, die zur Folge haben, daß die Person davon überwältigt wird. Wir wissen aber auch, daß Kinder ihre Traumen aufsuchen, wie Abraham schon vor vielen Jahren gezeigt hat, als er das Erleben sexueller Verführung als eine Form sexueller Aktivität beschrieb. Die besonderen inneren Beschäftigungen des Kindes entscheiden also darüber, welche Bedeutung die Realitätsbeobachtung des Kindes annimmt oder wie es die Erinnerung an diese Beobachtung versteht. Das Kind betrachtet auch Dinge als Tatsachen, die es zwar sieht, aber auf seine eigene idiosynkratische Weise gedeutet hat. Bei der Formulierung von Frau Dr. Hellman könnte ein Problem entstehen, weil man daraus auf den Gedanken kommen könnte, zuerst seien die Fantasien da und dann erst die Realität, was keinesfalls gemeint ist, wenn ich Miss Freud recht verstanden habe. Man riskiert dabei, die Position einzunehmen, alles beginne mit Fantasie, und das Realitätserleben sei sekundär. Andererseits können wir es hier mit einem Henne-oder-Ei-Problem zu tun haben, wegen der Interaktion zwischen Fantasie und Wirklichkeit. Ich denke aber, niemand von uns zweifelt daran, daß Realitätserlebnisse tiefreichende

Auswirkungen haben können. Ich habe einen Patienten, der mit fünf Jahren bei der Beschneidung seines neuen Brüderchens zugegen war. Wie immer seine Kastrationsfantasien ausgesehen haben mögen, sie verblaßten neben dem realen Erlebnis, etwas zu sehen, das für ihn bedeutete, daß der Penis abgeschnitten wurde, mit dem ganzen Blut und so weiter. Von da an spielten Kastrationsfantasien in seinem Leben eine viel größere Rolle. Aber es ist wohl ganz wahrscheinlich, daß das Gesehene keine Bedeutung für ihn gehabt hätte, wenn es nicht in einer Phase geschehen wäre, in der sein Penis ihm so wichtig war.

In diesem Kapitel, Miss Freud, sprechen Sie von der Rolle der Angst bei der Entwicklung neurotischer Symptome und sagen: »Es scheint für die Neurosenbildung gleichgültig, vor wem das Ich Angst hat« (45, 248). Meinen Sie damit, die Form der Neurose sei immer dieselbe, was auch immer die Angstquelle ist, oder, daß in der Entwicklung einer Neurose die Quelle der Angst unerheblich sei? Das wären zwei verschiedene Sachverhalte.

FREUD: Ich meinte damit, die Entwicklung einer Neurose beginnt mit der Angst, aus welcher Quelle sie auch herrührt, weil die Abwehr sich gegen diese Angst richtet. Doch wissen Sie, es gibt in diesem kleinen Abschnitt des Kapitels eine viel wichtigere Frage, eine Frage, der ich viele Jahre später wieder nachzugehen versuchte. Ich meine, daß die ersten Zusammenstöße im Leben des Kindes zwischen seinen Triebwünschen und Impulsen einerseits und den versagenden Instanzen und Mächten in der Außenwelt andererseits stattfinden. Und erst später wird das zu einem internalisierten Vorgang und zu einem internalisierten Konflikt. Diese Idee wirft eigentlich hier ihren Schatten voraus.

SANDLER: Verstehen Sie Neurose hier im Sinne neurotischer Bildungen, die nach dem, sagen wir fünften Lebenjahr auftreten, oder beziehen Sie auch frühere, infantile Störungen mit ein, die nicht die klassische neurotische Struktur aufweisen?

FREUD: Damals wußten wir natürlich noch nicht sehr viel von diesen Störungen. Hier war gemeint, daß die Strukturentwicklung der individuellen Neurose mit dem Auftreten von Gefahr und Angst beginnt und als Folge davon der Wunsch, die Angst zu beseitigen. Das ruft dann Abwehr und Regression hervor, die der Vermeidung des neuen Konflikts auf der neuen Ebene dient; daraufhin kommt die Kompromißbildung zustande, die zu den Symptomen führt. Das habe ich mit Neurosenbildung gemeint. Für diesen Vorgang ist die Existenz von Angst der wesentliche Ausgangspunkt, nicht deren Herkunft.

SANDLER: Obwohl die spezifische Angst und deren Quelle den Inhalt der Neurose und die darin gebrauchten spezifischen Abwehrmaßnahmen beeinflussen?

FREUD: Ja, natürlich.

SANDLER: Ich frage mich, ob Sie dazu Stellung nehmen würden, wie es kommt, daß das kleine Mädchen, das nie einen Penis gesehen hat, dessen Eltern sich ihm nie nackt gezeigt haben, das keinen Bruder hat, das nicht in einen modernen Kindergarten ging, wo es möglich ist, heimlich in die Toilette zu schauen und so weiter, dennoch in der phallischen Phase mit einem Besenstiel zwischen den Beinen herumläuft und die »phallischen« Sachen macht, die wir als Ausdruck von Penisneid verstehen. Freud dachte dabei an angeborene oder ererbte Fantasien der Erinnerungen, aber ich denke, man muß immer noch fragen, woher dieses Wissen kommt.

FREUD: In den Hampstead Nurseries haben wir uns oft gefragt, wieso Kinder, die nie Zeugen von Erwachsenenverkehr waren, für die es keine Urszene gab, weil sie keine Eltern hatten, dennoch Koitusbewegungen machten. Man konnte beobachten, wie ein kleiner Junge auf einem kleinen Mädchen lag und eine Urszene agierte. Wo hatte er es gelernt? Möglicherweise von Tieren.

BERGER: Aber bedeutete es für ihn eine Urszene?

FREUD: Nein, für uns. Bei ihm war es ein Wunsch nach sexuell erregender Abfuhr.

HELLMAN: Ich nehme an, wenn kleine Jungen sexuell erregt werden und Erektionen haben, mögen sie nun Eltern haben oder auch nicht, daß sie dann etwas empfinden, das wiederum einen Drang zu *penetrieren* hervorruft.

SANDLER: Anscheinend gibt es einen biologisch begründeten Drang, der sich durchsetzt und den das Kind als etwas anderes rationalisieren kann, wenn es nötig wird.

FREUD: Ich erinnere mich, daß das in den Nurseries erstaunlich eindrucksvoll war.

SANDLER: Vielleicht sieht es etwas anders aus, wenn wir uns der Kastrationsangst zuwenden, denn da handelt es sich ja um eine ganz spezifische Angst. Man muß sich fragen, warum sie so allgegenwärtig ist.

Freud: Ja.
Sandler: Wenn wir nun zur Triebangst kommen – der Angst vor der Triebstärke (46, 249) –, dann taucht das Problem auf, ob wir unterscheiden sollten zwischen der Angst vor traumatischer Überwältigung und der Angst, den Regungen nachzugeben und sie dann nicht kontrollieren zu können. Vielleicht handelt es sich um ein und dasselbe.
Freud: Wissen Sie, der Gedanke, den ich da vortrug, war zu dieser Zeit keineswegs verbreitet – ich meine den Gedanken, daß das Ich um seine eigene Intaktheit besorgt sein könnte. Ebensowenig war der Gedanke populär, daß das Ich als solches für die Impulse und Triebe ein feindliches Gebiet ist. Aber gerade das war meine Vorstellung.
Sandler: Obgleich wir schon bei Kapitel 1 darüber diskutiert haben, wäre es doch interessant, nochmals der Frage nachzugehen, ob das eine angeborene Feindschaft des Ichs ist, oder etwas, das dem Bedürfnis des Ichs nach Sicherung der eigenen Integrität und dem Gefühl, die Kontrolle zu haben, nachgeordnet ist. Letzteres würde das Ich dazu veranlassen, alles als eine Bedrohung zu nehmen, was unerwartet ist oder so mächtig, um potentiell überwältigend zu sein, stamme es nun aus Triebquellen oder auch nicht. Ich denke, Sie werden in diesem Punkte sehr oft mißverstanden, Miss Freud, und vielleicht möchten Sie klarstellen, ob Sie den Standpunkt vertraten oder nicht, es gebe eine grundsätzlich feindselige Haltung des Ichs gegenüber den Trieben, sozusagen eine prinzipielle Feindschaft. Es ist etwas anderes, wenn wir sagen, das Ich fühle, daß der Trieb eine spezifische Bedrohung darstelle, die das Ich überwältigen könne, wenn es ihm nachgeben würde.
Freud: Wissen Sie, das Funktionieren nach dem Sekundärvorgang bedroht in bestimmtem Sinne den freien Zugang zur Befriedigung. Im Sekundärvorgang wird das Denken zwischen Impuls und Handlung eingeschoben. Nun, aus der Sicht des Impulses ist das eine Behinderung. Für den Trieb ist es sehr viel leichter, sein Ziel zu erreichen, wenn es kein Denken gibt. Das Denken kann ihn nur aufschieben, und wenn das Ich die Folgen überlegt und abwägt, ob das Ergebnis vom Standpunkt der Außenwelt und des Über-Ichs gut oder schlecht wäre, dann kommt es zu einem Bremsen, zu einem Aufhalten des Impulses. Der Impuls selbst möchte durchbrechen und seine Erfüllung erreichen.

KENNEDY: Braucht der Impuls nicht die Unterstützung vieler Anteile des Ichs, um das zu erreichen?
FREUD: Das ist ein anderer Aspekt. Um sicher zu sein und um gefährliche Folgen zu vermeiden, würde der Impuls die Unterstützung des Ichs benötigen, aber der Impuls selbst kümmert sich eigentlich gar nicht darum. Was er braucht, ist Motilität und Befriedigung. Er muß Zugang zur Motilität gewinnen, aber nicht zu allem Sekundärprozeßdenken, das später mit der Ich-Kontrolle der Motilität einhergeht. Wissen Sie, das Verbrechen aus Leidenschaft, wie man es nennt, ist eine Tat, die ohne den Nutzen der Ich-Tätigkeit ausgeführt wird. Der Terminus besagt, die Leidenschaft, der Impuls, habe eine solche Größenordnung angenommen, daß jegliche Überlegung außer der der unmittelbaren Erfüllung außer acht bleibt. Das ist es, was ich meinte, aber es ist nie verstanden worden. Man dachte, mein Hinweis auf die angeborene Feindschaft des Ichs gegenüber den Trieben habe einen moralischen Aspekt, aber es gibt dabei gar keinen moralischen Aspekt. Es gibt ein einfaches Beispiel, dem man in der Analyse ständig begegnet, wenn man zum Beispiel feststellt, wie Denken beim Verkehr den Orgasmus behindert. Das ist nicht die Zeit zum Denken, nicht der Ort zum Denken, und was den Impuls angeht, ist Denken ganz überflüssig.
SANDLER: Dann haben die Funktionsweisen des einen Systems und die des anderen nicht dieselben Ziele oder Interessen.
FREUD: Das ist eine der Schwierigkeiten, nämlich daß die verschiedenen Persönlichkeitsbereiche ganz unterschiedliche Ziele anstreben. Natürlich möchten wir zum harmonischen Funktionieren gern, daß sie zusammenkommen und den besten Weg zu einer friedlichen Koexistenz finden. Manchmal geschieht das, aber sehr oft tun sie das nicht.
SANDLER: Würden Sie sagen, daß es richtig verstanden ist, wenn man sagt, das Ich habe nichts gegen Triebwünsche einzuwenden, solange sie sich benehmen und keinen Ärger machen? Man hat ja aus der Vorstellung von der Feindschaft des Ichs entnommen, das Ich lehne generell die Erfüllung von Triebzielen ab. Ich meine aber, Sie haben ganz klargemacht, daß das Ich mit diesen Zielen einverstanden ist, solange sie keine Bedrohung darstellen.
FREUD: Ja. Sie können es auch anders herum ausdrücken. Die Triebregung hat nichts gegen das Ich, ist dem Ich gegenüber nicht

feindselig, solange das Ich sich damit zufrieden gibt, den Impuls zu unterstützen. Doch in dem Augenblick, wo das Ich zum Hindernis und zum Nachteil wird, entsteht zwischen den beiden Feindschaft.

Zweite Sitzung

SANDLER: Wir haben letztes Mal über die Angst des Ichs vor den Trieben diskutiert, und ob sich darin eine angeborene Feindschaft gegenüber den Trieben widerspiegele. Sicherlich können wir so etwas wie eine Vorsichtshaltung seitens des Ichs gegenüber allem sehen, was auf der Seite der Triebe stürmisch oder drängend ist, weil das Ich befürchtet, es könne überwältigt werden, noch ehe es Zeit gefunden hat zu prüfen, ob der Impuls überwältigend ist oder nicht. Es ist da eine Art Wachsamkeit vor Angriffen. Das Ich möchte zuerst sehen, was da im Gange ist, ehe es die Anforderungen eingeht, die an es gerichtet werden. Möchten Sie dem etwas hinzufügen, Miss Freud?
FREUD: Nun, man kann hinzufügen, daß seitens des Ichs nicht immer nur Befürchtungen erlebt werden. Manchmal gibt es auch ein Gefühl der Entspannung, der Behaglichkeit, wenn das Ich lockerlassen und sich dem Es überlassen kann, wie zum Beispiel beim Einschlafen. Ich erinnere mich, es gab damals einen deutschen Roman, der viel Beachtung fand. Er hieß »Ferien vom Ich«. Er hatte nichts mit Psychoanalyse zu tun, aber er beschrieb eine Art von Sanatorium, in das die Leute gingen, um Ferien vom Ich zu machen. Es war ein sehr behaglicher Aufenthaltsort, weil der Sekundärvorgang abgelegt wurde und all das, was vom Über-Ich her in das Ich gelangt, und auch alle anderen Forderungen nach Aufschub waren, nun, waren in Ferien. Man kann es also von zwei Seiten her betrachten.
SANDLER: Sie haben hier einen wichtigen Gedanken eingebracht, nämlich daß die Ich-Strukturen und -Funktionen zeitweilig ohne Schaden abgelegt werden können, vorausgesetzt, daß von außen her eine bestimmte Sicherheit vermittelt ist.
FREUD: Sicherheiten, daß man sie wieder an ihre richtige Stelle einsetzen kann.
SANDLER: Es gibt also unter bestimmten Umständen vom Ich her eine Erlaubnis zu regredieren.
FREUD: Natürlich bietet die Tagtraumfantasie für das Ich beson-

dere Bedingungen, denn obwohl der Sekundärvorgang beibehalten wird, kommt sie in so vielen Hinsichten dem Primärvorgang nahe und läßt die Triebansprüche zu.

SANDLER: Aber es gibt immer noch eine Zensur.

FREUD: Es gibt immer noch eine Zensur.

HELLMAN: Der Unterschied liegt darin, daß das Ich sich seiner Kontrolle über die Beendigung des Tagtraums sicher bleibt. Die Angst vor Kontrollverlust wird damit verringert.

SANDLER: Die Tagtraumfantasie trägt außerdem das Merkmal der Unwirklichkeit. Man bleibt sich bewußt, daß es nur eine Einbildung ist, die von der Realität unterschieden werden kann.

FREUD: Wir haben kürzlich viel über Orgien gehört. Die Orgie ist ja letztlich ein absichtliches Abwerfen der Ich-Kontrollen, das nicht von Angst begleitet ist. Wir wissen, daß es bei manchen Drogenerlebnissen ähnlich ist.

SANDLER: Sie meinen, weil sie die Kontrollen des Ichs außer Kraft setzen?

FREUD: Es geschieht angstfrei und mit einem Gefühl von großer Erleichterung, wenn das Ganze nicht so weit geht, daß Angst erweckt werden muß. Wir können vielleicht Alkoholismus, Drogengebrauch und Orgien zusammen als Beispiele nehmen, um zu zeigen, daß das, was bei Lockerung der Ich-Kontrollen entsteht, ein Lustgefühl sein kann und nicht Angst sein muß.

HELLMAN: Man sollte das nicht verallgemeinern. Ich meine, es findet dabei eine bewußte Entscheidung statt, sich auf etwas einzulassen, was dann aber geschieht, führt tatsächlich oft in Angst und Panik. Wir sehen das manchmal bei Leuten, die LSD nehmen. Das Erlebnis, ohne Kontrolle zu sein, kann von einem bestimmten Punkt an zutiefst erschreckend sein.

SANDLER: Dieses ganze Gebiet hat sich durch die Frage nach der Feindschaft des Ichs gegenüber dem Es aufgetan. Offenkundig gibt es Zustände, bei denen jede so geartete Feindschaft schwindet. Vielleicht ist es nur das Bedürfnis, am Realitätsprinzip festzuhalten, das einen zwingt, sich unter Kontrolle zu behalten, um das Gefühl zu wahren, daß man auf einem höheren Niveau funktioniert. Vielleicht läßt ein solches Bedürfnis nach Erhaltung des Ich-Funktionierens das entstehen, was wie ein angeborener Vorbehalt oder Ängstlichkeit des Ichs gegenüber Triebansprüchen aussieht. Würde das dazu passen? Es sieht doch so aus, als könne das Ich nach

Suspendierung bestimmter Ich-Strukturen unter bestimmten Bedingungen ganz gut mit dem Es auskommen, geradeso wie in der frühen Kindheit.

FREUD: Doch es verliert dann die meisten seiner Eigenschaften, und das ist ein hoher Preis dafür.

SANDLER: Man könnte vielleicht sagen, daß dann Ich und Es als ein vereinter Apparat funktionieren, als ein kombiniertes System.

FREUD: Mit dem Es in Kontrolle, nicht dem Ich. Es entsteht dann die Frage, ob das Es die Motilität oder die Denkprozesse beherrscht. Das ist ein sehr interessantes Untersuchungsgebiet, und es wird im Buch gar nicht berücksichtigt.

SANDLER: Ein Freund von mir hatte ein interessantes Erlebnis, das hier einschlägig sein könnte. Er verwendete ein paar Pilze aus seinem Garten für ein Essen, doch waren es keine Speisepilze, sondern sie enthielten irgendwelche halluzinogene Substanzen. Die ganze Familie fing an zu halluzinieren. Mein Freund hatte einen schweren akuten Angstanfall, der speziell durch seinen Wunsch ausgelöst wurde, die Arme um den Hals des ihn im Hospital betreuenden Arztes zu werfen und ihm einen dicken Kuß zu geben. Dies löste akute homosexuelle Angst aus, und er geriet in heftige Panik. Das ist nun ganz anders als bei jemandem, der absichtlich LSD genommen hat, der weiß, daß jemand bei ihm ist und auf ihn aufpaßt, und so freiwillig seine Kontrollen gelockert hat und sich dabei gut aufgehoben weiß. Das verweist wieder auf ein Ich, das unter ganz bestimmten Bedingungen dazu bereit sein kann, die Kontrolle dem Es zu überlassen, wie Sie sagen würden, und da keinerlei Anzeichen für Feindschaft gegenüber den Trieben zu erkennen sind.

FREUD: Ja. Wissen Sie, »angeborene Feindschaft« ist vielleicht nicht die beste Formulierung, weil sie alles dem Ich anlastet. Wenn wir sagen würden, das Ich sei für das Es fremdes Territorium, dann wäre das viel besser. Das Es fühlt sich dann im Gebiet des Ich unbehaglich, weil die Bedingungen dort nicht so sind, wie es sie eigentlich möchte.

SANDLER: Ich muß jetzt fragen, wie das Es sich unbehaglich fühlen kann, wenn Fühlen die Sache des Ich ist!

FREUD: Nun, wenn Sie sich vorstellen, daß ein Wunsch vom Es her das Ich betritt, mit der einzigen Absicht, Befriedigung zu finden, weil das ja sein Wesen ist, und wenn Sie das nun etwas personifizieren, um es einfacher zu machen, dann sagt das Ich: »Warte noch, wir wollen erst einmal überlegen, was dabei herauskommt. Vielleicht ist es gar nicht so klug, diese Befriedigung zu finden.« Wenn wir dann weiter personifizieren, würde der Wunsch sagen: »Was geht denn mich das an? Ich weiß, was ich will.« Der Es-Wunsch würde sich im Ich sehr unbehaglich fühlen, weil es für ihn fremdes Gebiet ist. Wenn wir dem Es eine Stimme gäben, würde es sagen, es wolle ja nur eine Abfuhr. Aber dann wird es aufgehalten, ermahnt, es wird aufgefordert, etwas zu tun, was gar nicht seinem Wesen entspricht, nämlich die Folgen zu bedenken.

SANDLER: Vielleicht meinen Sie, Miss Freud, es *sollte* sich unbehaglich fühlen!

FREUD: Nun, wenn es fühlen *könnte*, würde es sich unbehaglich fühlen. Wenn man beide personifiziert, dann würde man über ihre Beziehung zueinander sprechen.

SANDLER: Natürlich ist es ganz nützlich, wenn man Ich, Es und Über-Ich personifiziert, aber es läßt doch eine ganze Reihe von Fragen entstehen. Zum Beispiel ist da die Frage, die wir schon früher berührt haben, nämlich, ob das Es oder das Ich die Lust fühlt, wenn das Ich das Es darin unterstützt, Befriedigung zu finden. Wir könnten stundenlang darüber argumentieren und zu keinem Ergebnis kommen, wenn wir außer acht lassen, daß Ich und Es nur theoretische Konzepte sind, die sich auf verschiedene Aspekte der Tätigkeit des gesamten seelischen Apparates beziehen. Wenn wir bedenken, daß wir uns dabei auf Konzepte beziehen, ist es recht nützlich, zu personifizieren. Wir können dann zum Beispiel von Feindschaft des Ichs dem Es gegenüber sprechen, die durch die Vorstellung von einer angeborenen Freundschaft des Ichs mit dem Es aufgewogen wird und die es veranlaßt, geeignete und befriedigende Abfuhrwege für Triebwünsche zu finden. Wir könnten dann sagen, daß das Es dem Ich sehr viel Lust vermitteln kann! Überdies gibt es noch all die nicht-sinnlichen Lusterlebnisse, die das Ich aus seinem gelungenen Funktionieren bezieht.

FREUD: Ja. Natürlich, wenn Ich und Es harmonisch zusammenarbeiten, ist schwer zu sagen, welcher Anteil an der Lust zum Ich gehört und welcher zum Es, weil alle ineinander übergehen.

TYSON: Ich habe eine Frage zum Entwicklungsaspekt der Triebangst. Es scheint sich um eine Angst zu handeln, die erst nach einer gewissen Entwicklung der Ich-Strukturen entstehen kann, und ich frage mich, ob sie schon im frühesten Entwicklungsalter vom Kleinkind als Angst erlebt werden kann, wenn die ersten Ich-Strukturen gerade erst aufgebaut werden.

FREUD: Ich denke, die Situation ist vor und nach Bildung dessen, was wir einen Charakter nennen, eine andere. Charakter ist ein mehr oder minder dauerhaftes Gleichgewicht zwischen, sagen wir, Es und Ich, mit einem Gleichgewicht zwischen den beteiligten Quantitäten, mit einer mehr oder minder dauerhaften Art der Beziehung zueinander. Wenn dann etwas eintritt, das dieses Gleichgewicht stört – eine Schwächung der einen Seite oder eine Verstärkung der anderen zum Beispiel –, dann entstehen Angst und Unbehagen. Andererseits, also vor der Bildung des Charakters, besteht wahrscheinlich eine stärkere Tendenz, die laufenden Vorgänge zu verändern. Beim ganz kleinen Kind können Es-Wünsche momentan auftreten, und das Ich hat ganz wenig zu sagen. Zu einem anderen Zeitpunkt kann das Ich bei der Kontrolle der Triebimpulse ziemlich streng sein. Die Situation verändert sich ständig, bis sich eine dauerhafte und habituelle Weise zur Herstellung von Gleichgewicht zwischen den verschiedenen Instanzen entwickelt hat.

BERGER: Kann man nicht sagen, es gebe im Ich ein Bedürfnis, nicht nur die Triebregungen, sondern auch die Affekte zu kontrollieren? Man sieht so oft bei Kindern starke Abwehr gegen traurige Gefühle, und wenn man sie analysiert, findet man Angst vor dem Weinen, Angst, sich in Tränen aufzulösen.

FREUD: Es kann Abwehr geben, die verhindert, daß Affekte ein bestimmtes Niveau im Erleben erreichen. Aber hier treffen wir erneut den gleichen Widerspruch an, den wir schon zuvor erörtert haben. Für die meisten Individuen gibt es auch eine Lust daran, sich einer überwältigenden Emotion zu überlassen, sei sie nun lustvoll oder auch nicht. Es gibt also beide Aspekte. Zu viel kann erschrecken, aber Lockerung der Kontrollen kann auch erleichternd sein. Wir sagen oft, es sei erleichternd, wenn jemand, der sehr traurig ist, zu weinen anfangen kann. Auch Lachen kann eine Erleichterung sein. Der Affekt übernimmt die Regulierung.

BERGER: Um auf Ihre Bemerkung zur Orgie zurückzukommen, Miss Freud, gibt es da nicht einen Punkt, an dem manche Leute Angst bekommen, sie könnten verrückt werden?

FREUD: Das hängt vom Einzelnen ab. Mich hat es immer sehr interessiert, daß der Zuschauer, der an der Orgie nicht teilnimmt, derjenige ist, dem es in mancher Hinsicht am schlechtesten geht. Während die Beteiligten betrunken werden oder unter dem Einfluß von Drogen stehen, gilt das für den Zuschauer nicht. Der sieht vom Standpunkt seines intakt funktionierenden Ichs den Verlust der Ich-Kontrolle bei anderen, und das kann sehr ängstigend und sehr unbehaglich sein. Bei den an der Orgie Beteiligten kann sicherlich eine persönliche Angst vor dem Verrücktwerden wachgerufen werden, wenn eine solche vorhanden ist. Solche Leute würden sich aber vermutlich sehr davor hüten, sich auf orgiastische Lust einzulassen.

SANDLER: Vielleicht sprechen wir von verschiedenen Arten von Orgien. Heute denken Leute dabei gewöhnlich an sexuelle Orgien, und da mag die Gefahr nicht so sehr Verrückheit als vielmehr die Versuchung der Perversion sein. Auch der Zuschauer mag die Situation von einem voyeuristischen Gesichtspunkt her genießen, möglicherweise mehr, als wenn er selbst teilnehmen würde. Mir scheint, daß es dabei verschiedene Arten von Gefahr gibt und daß verschiedene Leute auch verschiedene Ängste gegenüber dem Sich-gehen-lassen haben.

HELLMAN: Wir haben noch nicht vom Orgasmus und von den Schwierigkeiten gesprochen, die Patienten damit haben. Wir können von ihnen sehr viel lernen. Wir alle kennen den Fall der Frau, die ein Muster an der Zimmerdecke auszählen muß, um nicht von der sexuellen Erregung fortgerissen zu werden.

ROSENFELD: Wenn wir von Erwachsenen sprechen, die fürchten, überwältigt oder verrückt zu werden, weil sie die Stärke ihrer Triebe oder Affekte nicht kontrollieren können, ist das dasselbe, was das kleine Kind erlebt, wenn es etwas nicht bewältigen kann, weil sein Ich noch relativ schwach ist? Der Erwachsene, der Angst vor Überwältigung hat, hat doch sicherlich Angst vor einer Wiederbelebung seines Kindheitserlebnisses, überwältigt zu werden.

FREUD: Aber was wiedererlebt wird, war in der Kindheit nicht auf dieselbe Weise ängstigend.

ROSENFELD: Ich dachte an das Kind in einer Situation, in der kein abgrenzendes, schützendes und bergendes Objekt anwesend war und das Kind infolgedessen ungeheure Angst erlebte, überwältigt zu werden.

FREUD: Wir haben von Kindern in der Klinik noch andere Beispiele. Ich meine Kinder, deren Ich schwach entwickelt und deren Impulskontrolle sehr unsicher ist. Das wenige, was sie haben, ist ihnen sehr kostbar. Sie sind ganz unfähig, sich an irgendwelchen Spielen mit Lust zu beteiligen, wie etwa an Fantasiespielen, in denen Ich-Funktionen außer Kraft gesetzt werden. Sie können einen Namenswechsel im Verlauf des Spiels nicht zulassen, weil sie das Gefühl haben, sie könnten dabei ihre Persönlichkeit verlieren, was bedeutet, daß sie an ihren unsicheren Ich-Funktionen festhalten. Jede Situation, die die Funktionstüchtigkeit ihres Ichs einschränkt, kann für sie nicht anders als ängstigend sein.

ROSENFELD: Hat das nicht mit der Unsicherheit ihrer Selbst-Objekt-abgrenzungen zu tun? Wenn diese Abgrenzungen schwach sind und bedroht werden, können sich solche Kinder nicht erlauben, auf Fantasiespiele einzugehen, auch keinen Erwachsenen mitmachen zu lassen, weil das für sie fast eine Verwirklichung dessen bedeutet, was normalerweise nur gespielt ist.

SANDLER: Ich denke, wir müßten zwischen zwei Arten der Bedrohung unterscheiden. Einmal gibt es Bedrohungen mit spezifischem Inhalt, in denen eine Gefahrensituation enthalten ist, die das Kind sich bildlich vorstellen kann, und die als Erinnerungen und Fantasien des Kindes analysiert werden können. Es gibt aber auch Bedrohungen, die Sie offenbar in diesem Kapitel meinen, Miss Freud, die einfach Bedrohungen durch Überwältigtwerden sind, unspezifische Bedrohungen, die für das kleine Kind deswegen so verheerend sein können, weil sie mit einem furchbaren Kontrollverlust verbunden sind. In dem Augenblick jedoch, wo eine fantasierte Gefahrensituation auftritt, haben wir es mit etwas völlig anderem zu tun. Wenn wir also mit dem drohenden Verlust von Abgrenzungen konfrontiert sind, müssen wir fragen, ob es sich hierbei um eine relativ fundamentale Angst vor Desintegration handelt oder um eine Fantasie von etwas, das für dieses besondere Kind eine spezifische Bedrohung darstellt, entweder aufgrund seines Bildes von der Wirklichkeit oder aufgrund seiner Fantasien.

FREUD: Ich hatte dabei eine primitivere Angst im Sinn, eine primäre Angst vor Desintegration.

SANDLER: Wäre diese Angst ähnlich der traumatischen Situation, völlig passiv überwältigt zu werden, dem Erleben sogenannter automatischer Angst?

FREUD: Ja.

SANAI: Wenn junge Leute sich einer radikalen Gruppe anschließen und die Gesellschaft ablehnen, können sie eine neue Vaterfigur übernehmen, und ihr Über-Ich funktioniert dann anders. Aber dadurch schaffen sie sich eine neue Außenwelt und nehmen tatsächlich die Außenwelt auch ganz anders wahr. Sie können sich dann bei dem, was die Gruppe von ihnen verlangt, ganz sicher fühlen, ohne Angst vor Kontrollverlust gegenüber gerade den Impulsen oder Handlungen, die zuvor als bedrohlich erlebt worden waren.

FREUD: Ja, und wir sehen dann eine völlige Umkehrung der Haltungen gegenüber sexuellen Aktivitäten, gegenüber Schmutz, Gewalt, und so weiter. Aber das ist eine Veränderung im Ideal und von daher eine Veränderung des Konflikts, der die Abwehr hervorruft.

SANDLER: Miss Freud, Sie sprechen sowohl vom Bedürfnis des Ichs nach Synthese als auch vom Verlangen des Ichs nach einer Übereinstimmung der in ihm vorhandenen Regungen (47, 250). Ich möchte gerne fragen, ob Sie das Bedürfnis nach Synthese als eine Wesenseigenschaft des Ichs ansehen oder als eine Fähigkeit des Ichs – mit anderen Worten, als etwas, das das Ich nach Bedarf betätigen kann. Es gab eine Tendenz, von der synthetischen Funktion des Ich so zu sprechen, als sei es eine Art Drang nach Synthese oder ein Bedürfnis nach Synthese, während es sich meinem Gefühl nach mehr um eine Fähigkeit zur Synthese handelt, die das Ich einsetzt, um reibungsloser funktionieren zu können. Wenn kein Bedarf danach ist, dann glaube ich nicht, daß das Ich Synthesen vollzieht. Es gibt so viele widersprüchliche Überzeugungen und Haltungen, die wir nicht zusammenbringen, weil wir gar nicht müssen. Nur dann, wenn wir mit einem Widerspruch konfrontiert sind, der Mißbehagen verursacht, machen wir von unserer Fähigkeit zur Synthese Gebrauch. In Anbetracht der Tatsache, daß Sie die etwas mehrdeutige Wendung »das Bedürfnis des Ichs nach Synthese« gebraucht haben, möchten Sie vielleicht etwas dazu sagen.

FREUD: Auf einem internationalen Kongress vor noch nicht langer Zeit brachte Charles Brenner einen sehr guten Beitrag über unsere Überschätzung der synthetischen Funktion. Er stellte klar, daß es die Funktion wohl gibt, daß aber nicht allzuviel Gebrauch davon gemacht wird und wir eigentlich viele Widersprüche tolerieren können. Ich war davon sehr beeindruckt, weil es zutrifft, daß wir eine sehr hohe Meinung von der Tendenz zur Synthese haben. Wir erwarten, daß der wohlfunktionierende ausgeglichene Erwachsene vollen Gebrauch von seiner synthetischen Funktion mache, und es ist sehr interessant, darauf hingewiesen zu werden, daß Leute auch

zurechtkommen, ohne das zu tun. Ich vermute, was ich an dieser Stelle des Kapitels gesagt habe, war wirklich zu optimistisch. Ich habe angenommen, daß Leute auch das tun, was sie tun sollten.
SANDLER: Wenn Sie »Notwendigkeit von Synthese« statt »Bedürfnis nach Synthese« gesagt hätten, wäre das vielleicht besser gewesen.
FREUD: Ich habe das deutsche Wort Bedürfnis gewählt, und »need« könnte eine irreführende Übersetzung sein. Aber dahinter stand der Gedanke, daß ein gut funktionierendes Ich auch Synthesen herstellen sollte. Doch in Wirklichkeit kann das Ich auch ganz gut ohne das auskommen.
SANDLER: Wie macht es das, Miss Freud?
FREUD: Es ist einfach ein weniger gutes Ich. Nehmen Sie etwa die Vorstellung, ein ernsthafter Wissenschaftler müsse auch Atheist sein. Es gibt viele Wissenschaftler, die es nicht sind.
SANDLER: Vermutlich denken wir an unterschiedliche Ebenen. Denkt man an die mikroskopische psychische Funktionsebene, die für Tätigkeiten wie die Wahrnehmung gilt, dann könnte kein Ich überleben, wenn das Kind nicht seine Fähigkeit zur Synthese nutzen würde.
FREUD: Natürlich, was Sie sagen, ist ganz klar. Das Kind würde dann schizophren, das heißt in viele kleine Stücke zerspalten, die nicht zusammenpassen. Aber Sie sprechen hier von der grundsätzlichen Synthese. Auf einer höheren Ebene können viele Widersprüche verbleiben.
SANDLER: Doch nur in dem Maße, als jemand adäquat funktionieren kann, ohne solche Widersprüche aufzulösen.
FREUD: Doch ohne die fundamentale Integration kann die Person nicht gut funktionieren, denn sie könnte kein Selbstgefühl und kein Identitätsgefühl entwickeln.
BERGER: Vielleicht ist die Fähigkeit des Ichs zur Synthese eines der Instrumente, die es verwendet, um die harmonische Übereinstimmung zu erreichen, von der Sie sprechen, Miss Freud.
SANDLER: Das könnte zu der Vorstellung führen, daß die synthetische Funktion oder die Synthesetätigkeit eine Art gutes oder lustvolles Gefühl entstehen läßt. Das wäre natürlich etwas anderes als zu behaupten, es gäbe einen Trieb oder ein Bedürfnis zur Synthese, aber glücklicherweise ist es nicht unsere Aufgabe, den Gedanken eines solchen Triebes oder eines solchen Bedürfnisses zu beweisen oder zu widerlegen.

FREUD: Nur eine Bemerkung dazu. Ich halte es für sehr gefährlich, eine Fähigkeit als einen Trieb zu bezeichnen, weil das Anlaß zu Verwirrung gibt.
SANDLER: Wenden wir uns nun der Frage der Harmonie zu, und ich hätte Sie gerne gefragt, Miss Freud, ob Sie es im Sinne eines reibungslosen Funktionierens des Apparates meinen oder ob Sie sich dabei auf ein *Gefühl* von Harmonie beziehen. Ich frage das, weil für mein Verständnis ein solches Gefühl von großer Bedeutung ist. Gefährdungen eines solchen Gefühls können ein wichtiges Motiv für das Funktionieren des Ichs abgeben und zur Entwicklung aller möglichen Methoden führen, die zum Schutz dieses guten Gefühls dienen sollen, das meiner Ansicht nach mit harmonischer Ich-Tätigkeit einhergeht.
FREUD: Ich möchte sagen, es kommt dem Gefühl von Sicherheit am nächsten, über das Sie geschrieben haben, dem Gefühl, daß alles in Ordnung ist.
SANDLER: Vielleicht noch etwas mehr als Sicherheit, eine Art von lustvollem Wohlbefinden?
FREUD: Genau. Es ist Wohlbefinden. Es ist das Gefühl, daß alles gut läuft.
SANDLER: Ich denke, das hat vielerlei Mitbedeutungen, denn wir können dann sagen, das Ich wehre etwas ab, um das Gefühl von Harmonie und Wohlbefinden zu bewahren, und das Ich stelle Synthesen her, wenn mangelhafte Synthese das Harmoniegefühl beeinträchtigt. Harmonie ist natürlich nicht dasselbe wie Synthese.
FREUD: Noch eine Anmerkung zur Übersetzung. Die englische Fassung sagt, das erwachsene Ich benötigt (requires) eine gewisse Harmonie, im deutschen Original aber heißt es, das Ich verlangt (demands) sie. Es gibt keine so vollkommene Übersetzung, daß die gedanklichen Feinheiten hinter den Worten wiedergegeben werden. Wir haben immer gesagt, die besten Übersetzungen seien die japanischen, weil wir sie nicht prüfen können.

Dritte Sitzung

LOPEZ: Ich frage mich, ob die Vorstellung eines Triebes zur Synthese voriges Mal nicht zu leicht abgetan wurde. Nunberg hat darauf verwiesen, daß eine Ausdrucksform der synthetischen Funktion des Ichs das Bedürfnis nach Kausalitätszuschreibung ist und daß dieses Bedürfnis zwar kein Trieb sei, aber dieselbe zwingende Kraft habe. Er sagte dann weiter, wir könnten annehmen, das Bedürfnis nach Kausalität sei ein sublimierter Eros-Abkömmling im Ich. Noch weiter sagte er, die Tendenz zur Vereinigung von zwei Wesen, die wir im Es bemerken, zeige sich im Ich als Tendenz zur Vereinigung von Vorstellungen, Gedanken und Erinnerungen. Es gibt eine Reihe von Untersuchungen, die auf Tendenzen im Individuum verweisen, zum Beispiel Neugier, die eine triebhafte Qualität besitzen. Kann man das nicht als Beleg für so etwas wie einen Trieb zur Synthese heranziehen?

SANDLER: Ich glaube nicht, daß die Existenz von Verhaltensmotiven wie Neugier ein Beleg für einen Trieb zur Synthese darstellt, wenn auch niemand bestreiten würde, daß es im Individuum außer den Trieben noch andere motivierende Kräfte gibt. Und wenn ich für mich selbst sprechen darf, ich finde Freuds Spekulationen über den Eros als allgemeine Tendenz zum Vereinigen nicht sehr überzeugend. Ich vermute, daß Nunbergs Vorstellung einer bindenden, vereinigenden Tendenz im Ich als eine Sublimierung des Eros ein Überbleibsel aus jenen Tagen ist, als praktisch alles Verhalten als triebdeterminiert betrachtet und verstanden wurde. Ich denke vielmehr, wenn man es mit widersprüchlichen Zuständen zu tun hat, die das Harmoniegefühl des Ichs beeinträchtigen, und das Ich deswegen die Widersprüche oder die Ambiguität lösen muß, dann kann der Drang, die Fähigkeit zur Synthese einzusetzen, sehr stark und von zwingender Art sein. Wenn indessen die Widersprüchlichkeiten das Wohlbefinden der Person nicht stören, dann wird sie den Drang oder das Bedürfnis zur Synthese nicht spüren. Auf der anderen Seite trifft es sicherlich zu, daß das Kleinkind neben der Neugier offenbar einen Erkundungsdrang besitzt, der sich etwa darin ausdrückt, daß es Dinge auseinandernimmt und wieder zusammensetzt, und wir wissen, daß das beim Aufbau seiner Welt eine wichtige Rolle spielt. Beim kleinen Kind sieht das sicher so aus, als habe das die Qualität irgendeines Dranges, aber im übrigen meine ich, das Herstellen von Synthesen sei etwas, das dem Kind aufgezwungen wird, um sich der Realität anzupassen.

FREUD: Ich möchte es auf eine andere Weise ausdrücken, überhaupt nicht im Sinne von Trieb. Wenn wir vom Bedürfnis nach Synthese sprechen, so tue ich es mehr in dem Sinne, wie Edward Bibring von den verschiedenen Tendenzen im Menschen gesprochen hat; eine davon ist die Tendenz zur Vollendung seiner Entwicklung, eine Tendenz, zur nächsten Phase zu kommen. Wenn es eine Tendenz gibt, sagen wir zur Vollendung der Ich-Entwicklung auf dem bestmöglichen Funktionsniveau, bei gegebenen angeborenen Möglichkeiten im Individuum, dann wäre die synthetische Funktion außerordentlich wichtig. Ohne Gebrauch der synthetischen Funktion kann es kein richtiges Ich geben, sondern statt dessen entsteht ein gespaltenes oder schizophrenes oder untaugliches Ich, wenn die synthetische Funktion auf irgendeine Weise geschädigt ist. Ich betrachte also das Bedürfnis mehr in dem Sinne, als würde das Ich gewissermaßen sagen: »Ich muß diese spezielle Fähigkeit einsetzen, um dieses spezielle Ziel zu erreichen.«

SANDLER: Das bringt nun die Frage nach dem Bedürfnis auf, die Funktionen und Fähigkeiten zu betätigen, wenn sie einmal in entwickelter oder auch embryonaler Form vorhanden sind. Wie Sie gezeigt haben, Miss Freud, gibt es zwar eine Tendenz der Funktionen, sich auf speziellen Wegen zu entwickeln, aber eine solche Tendenz, wie Sie sie verstehen, ist kein Trieb. Was Sie aber zur Betätigung der synthetischen Funktion gesagt haben, gilt vermutlich auch für die anderen Ich-Fähigkeiten, die wir bis jetzt noch gar nicht näher betrachtet haben.

BERGER: Es muß viele Tendenzen geben, die wir Ich-Bedürfnisse nennen können und die eine deutliche Drangqualität haben, beginnend etwa mit der Intoleranz von Mehrdeutigkeit, die Intoleranz von etwas, das das Ich nicht in Einklang bringen kann. Man kann das bei Kindern sehr gut sehen, wenn das Kind Fragen stellt, um die Lücken in seinem Verständnis und seiner Wahrnehmung zu schließen.

FREUD: Sie beschreiben jetzt die synthetische Funktion in Aktion, denn ehe es die Fähigkeit zur Integration und Synthese gibt, stört es das Kind gar nicht, gegensätzliche und widersprüchliche Dinge zu erleben.

BERGER: Genau. Die Störung der Harmonie im Ich läßt das Bedürfnis entstehen, und dieses mobilisiert dann die synthetische Funktion.

SANDLER: Ich denke, es ist wichtig, daß Funktionen und Fähigkeiten, die dranghaft mobilisiert werden können – etwa um Wohlbefinden und Sicherheit zu erhalten –, nicht mit Trieben verwechselt werden. Solche Funktionen können aussehen, als seien sie triebhaft, aber es sind vielmehr relativ automatische Umgangsweisen mit Angst und Unlust. Eine Hauptbedrohung des Harmoniegefühls, die wir fortwährend erleben, ist der Zug zur Regression, der Zug zum Funktionieren auf einem einfacheren Niveau. Wir würden dem alle nur zu gern folgen, wenn es nicht normalerweise zu bedrohlich wäre. Regression würde zu viel geringerer Integration und Synthese führen, und wir bekommen dann gewöhnlich Angst und begegnen der regressiven Bewegung durch Einsatz von Mitteln wie der synthetischen Fähigkeit und noch vieler anderer Funktionen.

HELLMAN: Ich denke, der Gebrauch von Fähigkeiten wie der synthetischen Funktion steht in engem Zusammenhang mit dem Bedürfnis, die Angst vor dem Nicht-verstehen-Können abzuwehren, die Gefahr, von chaotischen und unzusammenhängenden Erlebnissen überwältigt zu werden.

SANDLER: Das ist ganz wichtig, wir sind nämlich eben jetzt aus dem Grunde keine faselnden Irren, weil es für uns zu traumatisch wäre, das zuzulassen. Wir bleiben also beim Funktionieren auf einem höheren Niveau. Keine Synthese herzustellen und nicht zu integrieren, ist enorm bedrohlich.

FREUD: Was Sie gesagt haben, gilt für alle Funktionen. Immerhin gibt es einen Grund dafür, weshalb sich das Ich aus dem Es heraus entwickelt oder weshalb sich das Es-Ich in zwei verschiedene Teile trennt, und es gibt einen Grund für das Ich, seine Integrität erhalten zu wollen. Wenn es in uns eine Tendenz gibt, das Sekundärprozeß-Funktionieren im Ich aufrechtzuerhalten, dann müssen alle dafür notwendigen Ich-Funktionen mehr oder minder intakt gehalten werden. Die beste Betrachtungsweise dafür ist der Vergleich des Ichs mit dem Es und dem Primärprozeß-Funktionieren oder mit Träumen oder bestimmten psychotischen Zuständen, man kann sich dann vorstellen, was geschehen würde, wenn das Sekundärprozeß-Niveau nicht beibehalten würde.

SANDLER: Wie Frau Dr. Hellman schon gesagt hat, wir würden erschreckt und vom Chaos überwältigt werden, weil es außerordentlich bedrohlich ist, den Kontakt zur Realität aufzugeben.

FREUD: Es wäre interessant, dieselben Gedanken auf die Gedächtnis-Funktion anzuwenden. Sie wissen, wie verloren wir uns fühlen würden, wenn plötzlich etwas mit dieser Funktion passierte, und wir müßten mit der Außenwelt oder der inneren Welt ohne jegliche

Erinnerung davon umgehen, was zuvor geschehen war. Ich habe immer die Geschichten interessant gefunden, in denen Leute mit Gedächtnisverlust geschildert werden und die ihre totale Angst und Desorientiertheit und ihre Unfähigkeit beschreiben, mit ihrer Umwelt zurechtzukommen. Wir könnten einmal versuchen, das für jede Ich-Funktion herauszuarbeiten; wir würden dann sehr klar erkennen, wie nützlich es ist, ein funktionierendes Ich zu haben!
SANDLER: Vielleicht ist es manchmal aber auch eine ziemliche Last.
FREUD: Trotzdem, ich meine, auf die Dauer ist es von Vorteil.
SANDLER: Vermutlich hat sich unsere Diskussion auf die synthetische Funktion zentriert, weil ihr in bestimmtem Sinne eine zentrale Stellung eingeräumt worden ist. Sie ist immer als eine besondere Funktion des Ichs herausgestellt worden.
FREUD: Ich mußte an etwas im Zusammenhang mit Gedächtnis denken. Wir haben die Empfehlung gehört, die Dr. Bion in unserer psychoanalytischen Gesellschaft vorgetragen hat, nämlich, man sollte die Analysenstunde jedes Patienten beginnen, ohne sich an irgend etwas zu erinnern, was vorausgegangen war, um sich geistige Frische und Objektivität für die Aufnahme neuen Materials zu sichern. Wenn man das tun könnte, würde man sich völlig desorientiert fühlen, so, als hätte man den Kontakt zu sich selbst verloren!
SANDLER: Die Empfehlung enthält den Gedanken, man könne nicht nur bewußte Erinnerungen beiseite lassen, sondern auch viele Funktionen des unbewußten Ichs, Funktionen, die automatisch die Strukturierung unserer Wahrnehmungen bewirken.

Wir kommen nun zur Frage von Konflikt zwischen gegensätzlichen Tendenzen wie Homosexualität und Heterosexualität, Passivität und Aktivität (47, 250). Ich bin mir nicht klar, ob Sie hier speziell echte innere Konflikte im Es meinen, Miss Freud. Für mich entsteht eine gewisse Schwierigkeit, nämlich wenn es nicht das Ich gäbe und die ganzen Ich-Funktionen, über die wir gesprochen haben, dann könnte das Es leicht die gegensätzlichen Strebungen miteinander vereinbaren, von denen sie sprachen. Ich denke, vom Gesichtspunkt des Es gibt es keinen wirklichen Konflikt.
FREUD: Natürlich, weil es im Es keine Synthesefunktion gibt. Es gibt kein Bedürfnis, gegensätzliche Triebregungen zur Harmonie miteinander zu bringen, und aller Konflikt fängt erst dann an, wenn ihre Entwicklung an dem Punkt angelangt ist, wo diese Dinge im Ich aufeinanderprallen.

Sandler: Ich freue mich sehr, daß Sie klarstellen, daß innerer Konflikt zwischen zwei gegensätzlichen Es-Strebungen eigentlich ein Konflikt innerhalb des Ichs ist. Man könnte sagen, es bringe das Ich in den Konflikt, welche der beiden Strebungen es unterstützen sollte.
Freud: Ich hatte mir nie gedacht, daß das mißverstanden werden könne, weil doch die Existenz gegensätzlicher Strebungen im Es zu den Voraussetzungen für das Verstehen des Es gehört. Wir wissen das von Träumen und von der Kindesentwicklung, ehe die Ich-Entwicklung ein bestimmtes Niveau erreicht hat. Der Zusammenstoß kann nur auf der Ebene des Ichs, innerhalb des Ichs, erfolgen.
Sandler: Vielleicht sollte man anmerken, daß das Ich die Fähigkeit hätte, gegensätzliche Strebungen von der Art, wie wir sie besprochen haben, ganz leicht miteinander zu vereinbaren, wenn es nicht so etwas wie das Schuldgefühl gäbe. Es könnte zum Beispiel Kompromißlösungen zwischen Homosexualität und Heterosexualität, Passivität und Aktivität und so weiter finden. Beim normalen Sexualverkehr etwa befriedigt die Identifizierung mit dem Partner gewöhnlich die unbewußten homosexuellen Aspekte der eigenen Bisexualität. Das ist ganz normal, eine Weise, wie das Ich Aussöhnung und Befriedigung zweier gegensätzlicher Strebungen finden kann (und oft findet).
Freud: Aber die ganze psychoanalytische Therapie gründet auf der Tatsache, daß eine Versöhnung zweier gegensätzlicher Strebungen nur dann erfolgen kann, wenn sie ins Bewußtsein gebracht werden. Warum sollten wir uns so viel Mühe geben, sie bewußtzumachen, wenn sie doch zum Harmonieren miteinander gebracht werden können, solange sie noch unbewußt sind? Es ist eine Grundannahme der analytischen Therapie, daß es Konflikt nur im bewußten Ich gibt.
Sandler: Nicht im unbewußten Ich?
Freud: Ja, Sie haben recht. Es wäre besser, wenn man sagen würde, daß es im Primärprozeß-Funktionieren keinen Konflikt gibt, wohl aber im Sekundärprozeß-Funktionieren. Die Frage wird dann zweitrangig, ob der Konflikt ganz bewußt, vorbewußt oder was sonst sei.
Sandler: Der Konflikt kann das Bewußtsein erreichen oder auch nicht, je nachdem, ob er auf die eine oder andere Weise gelöst wurde, noch ehe er an die Oberfläche gelangt. Wenn der Konflikt

vorbewußt erledigt worden ist, dann erreicht nur seine Lösung das Bewußtsein, aber es kann doch sicher sowohl bewußten als auch unbewußten Konflikt geben? Vielleicht weiß man gar nicht, daß man in Konflikt gewesen ist, weil die Lösung unbewußt gefunden wurde – vielleicht eine Lösung mittels Einsatzes der Abwehrmechanismen.

FREUD: Wissen Sie, was geschieht, läßt sich am leichtesten am Beispiel von Liebe und Haß im Verlauf der kindlichen Entwicklung zeigen. Sie wissen, wie die beiden Strebungen zu Beginn koexistieren können, ehe es die synthetische Funktion des Ichs gibt. Dann kommt die nächste Stufe, auf der Liebe und Haß noch immer Seite an Seite existieren, doch der Haß wird vom Ich abgewiesen, weil er bedeutet, das geliebte Objekt töten zu wollen, und es dann nicht mehr da ist, wenn es wieder gebraucht wird. Das ist eine niedrige Konfliktebene, doch dann wird eine höhere Ebene erreicht, auf der das Ich sagt, es sei verboten, eine geliebte Person zu hassen, und Liebe und Haß seien ganz unvereinbar miteinander, nicht wegen ihrer Folgen, sondern wegen ihres gegensätzlichen Wesens.

SANDLER: Miss Freud, Sie fahren in diesem Abschnitt fort und sagen: »Wenn die Triebbefriedigung sich in diesen Fällen trotz des Einspruchs von Über-Ich oder Außenwelt durchsetzen könnte, so würde zwar primär Lust, sekundär aber durch die nachfolgenden Schuldgefühle . . ., die die Außenwelt entsendet, Unlust entstehen.« Sie fügen hinzu: »Die Abwehr der Triebbefriedigung aus diesen beiden Motiven entspricht also dem Realitätsprinzip. Sie hat vor allem die Absicht, diese sekundäre Unlust zu vermeiden« (48, 250/51). Das Realitätsprinzip hat also wesentlich mit dem Schutz des Ichs vor Schmerz zu tun, vermutlich auch mit der Erhaltung eines Harmoniegefühls im Ich. Wenn das Ich vor dem Verlust des Wohlbefindens geschützt werden soll, muß die Realität beachtet werden.

FREUD: Ich habe da die Definition des Realitätsprinzips einbezogen, wie wir sie damals übernommen hatten. Ganz einfach gesagt, das Realitätsprinzip ist ein modifiziertes Lustprinzip, eine Weise, sich vor Unlust zu schützen, indem der Realität Rechnung getragen wird.

SANDLER: Ich habe den Eindruck, daß hier eine leichte Akzentverschiebung vorliegt. Die Betonung liegt weniger auf den realen Auswirkungen, wenn man dem Lustprinzip folgt, sondern mehr auf den Gefühlszuständen – Schmerz oder Unlust –, die entstünden, wenn die Realität nicht berücksichtigt würde.

FREUD: Eigentlich ist es schrecklich einfach. Auf der einen Seite gibt es das Lustprinzip, was bedeutet, das Individuum denkt: »Ich fühle mich gut, wenn ich das tue«, und auf der anderen Seite gibt es das Realitätsprinzip, das sagt: »Aber danach werde ich mich schlecht fühlen, aus dem oder jenem Grunde.« Der Grund, weshalb wir vom Realitätsprinzip sprechen, ist der, daß der Realität Rechnung getragen wird.

SANDLER: Beruht das Realitätsprinzip dann nicht auf dem Bedürfnis, sowohl Schmerz zu vermeiden, als auch ein gutes Gefühl im Ich zu bewahren, wobei die Berücksichtigung der Realität gegenüber der Regulierung des Gefühlzustandes des Ichs sekundär ist? Ich möchte gerne den Zusammenhang mit dem Gefühl des Wohlbefindens verdeutlichen.

FREUD: Ist es nicht eigentlich dasselbe? Es ist so, als sagte das Ich: »Ich fühle mich gut, außer wenn ich mich schlecht fühle, und ich vermeide es, mich schlecht zu fühlen, dann kann ich mich weiterhin gut fühlen«.

SANDLER: Wir kommen nun zur Affektabwehr. Hier gibt es möglicherweise ein Problem, weil der Affekt sowohl als Triebabkömmling als auch als Abwehrmotiv betrachtet wird. Ist denn das Motiv nicht immer auf den Affekt bezogen, der den Trieb begleitet? Wenn der Wunsch nicht einen schmerzlichen Affekt entstehen ließe, so gäbe es, wie mir scheint, keine Motivierung für Abwehr.

FREUD: Ja, ich denke, genau so habe ich es gemeint. Wenn Sie den Text anschauen, dann sehen Sie, daß er besagt, es gebe zwei Motive für unsere Abwehr gegen den Affekt. Das eine ist die enge Verbindung zwischen dem Affekt und dem Trieb, dem er angehört; wenn wir dem Trieb mißtrauen und ihn abweisen, weisen wir gleichzeitig auch den Affekt zurück. Der andere Grund bringt uns wieder zu Lust oder Unlust. Denn insofern die Affekte unlustvoll oder schmerzlich sind, wehren wir sie ab.

SANDLER: Haben Sie nun auch Angst zu den Affekten gerechnet?

FREUD: Natürlich. Wie Sie sehen können, heißt es im Text: »Wo das Ich gegen den Triebvorgang nichts einzuwenden hat, sich also von dieser Seite her kein Grund für Abwehr des Affektes ergibt, dort entscheidet das Ich seine Einstellung zum Affekt rein nach dem Lustprinzip. Es begrüßt den lustvollen Affekt und verteidigt sich

gegen den peinlichen« (49, 251). Und Angst ist ein Unlustaffekt, der ein Motiv für Abwehr liefert, ganz nach dem Lust-Unlust-Prinzip.
SANDLER: Ich glaube, ich verstehe. Auf der einen Seite gibt es Affekte wie sexuelle oder aggressive Erregung, die mit der Triebregung verbunden sind, und die Abwehr gegen das Erleben der Erregung wird vom Inhalt des Wunsches und den mit der Erregung verbundenen Fantasien bestimmt. Auf der anderen Seite gibt es das Affektkriterium von Schmerz oder Unlust, das das Ich veranlaßt, die Abwehr gegen den speziellen Impuls einzuleiten, der das unlustvolle oder unbehagliche Gefühl entstehen läßt.
FREUD: Ja. Als ich es schrieb, erschien das Ganze mir viel einfacher. Ich hatte mir vorgestellt, daß der Trieb abgewiesen werden könne, selbst wenn er Lust hervorrufen würde, denn es werde ihm gar nicht erst erlaubt, so weit vorzudringen. Der Trieb wird abgewehrt, und somit wird auch die Lust abgewiesen. Auf der anderen Seite können wir es auch mit einem ganz respektablen Impuls zu tun haben, gegen den es von irgendwoher Einwände gibt, doch da er Schmerz oder Unlust führt, muß er deshalb ebenfalls abgewiesen werden. Das kann eine übermäßige Vereinfachung sein, und ich glaube, wir würden es heute anders ausdrücken, vermutlich präziser. Damals dachten wir in Begriffen von Trieb, Angst, einigen weiteren Affekten, Lustprinzip und Realitätsprinzip. Ich bin nicht einmal sicher, ob wir damals wirklich schon in Begriffen von Signalangst gedacht haben – wahrscheinlich nicht, doch jetzt wissen wir von Signalangst, Signalgefühle anderer Arten, und wir haben mehr Theorie der Affekte, als es damals der Fall war. Das könnte der Unterschied sein.
SANDLER: Würden Sie sagen, Miss Freud, daß wir eigentlich nicht so sehr die Affekte selbst abwehren, sondern vielmehr die Triebregungen, um zu verhindern, daß sich die Unlustaffekte entwickeln können, um sie aufzuhalten, ehe sie das Bewußtsein erreichen.
FREUD: Ja, wir wehren Unlust ab, und das gilt auch für die Angst.
SANDLER: Ein kleinerer Punkt. In Zusammenhang mit den Affekten, die abgewehrt werden, sagen Sie: ». . . das Ich darf ihn keinesfalls unentstellt empfinden« (48, 251). Meinen Sie hier Ich im Sinne von Bewußtsein?
FREUD: Ja.
SANDLER: Später in diesem Kapitel beginnen Sie mit der Diskus-

sion von Gesichtspunkten für die psychoanalytische Therapie mit den Worten: »Diese Übersicht über die Abwehrvorgänge zeigt uns gleichzeitig die verschiedenen möglichen Angriffspunkte für die analytische Therapie in voller Deutlichkeit« (50, 253). Sie sprechen dann vom Rückgängigmachen des Abwehrvorgangs, um so den abgewehrten Triebregungen oder Affekten von neuem Zutritt zum Bewußtsein zu erzwingen, und sagen, der analytische Vorgang »... überläßt es dann Ich und Über-Ich, sich auf einer besseren Basis mit ihnen zu verständigen« (50, 253). Vermutlich würde dies durch die vernünftigere Sichtweise erleichtert, die das Ich nun gegenüber dem Wiederauftauchen der infantilen Vergangenheit einnehmen kann, und daraufhin würde ein Vorgang des Durcharbeitens folgen.

FREUD: Natürlich hat auch bei Kindern inzwischen eine Reifung des Ichs stattgefunden. Dasselbe gilt für Erwachsene, da das reifere erwachsene Ich ganz anders in der Lage ist, mit den Impulsen umzugehen, als es das Ich des Kindes war.

SANDLER: Sie gebrauchen die Worte: »der Konflikt (ist) ein wirklich innerpsychischer« (50, 253); vielleicht könnten Sie das verdeutlichen.

FREUD: Ich meinte damit, der Einfluß der Außenwelt sei hier ausgeschlossen, es finde etwas innerhalb der Persönlichkeit statt. Im Unterschied zur Neurose des Erwachsenen gibt es in der infantilen Neurose immer noch ein Quantum von Realangst, sie ist also nicht gänzlich innerpsychisch. Ich wollte beides einander gegenüberstellen.

SANDLER: Könnten Sie etwas mehr über das Ertragen von Schmerz sagen? Die Entwicklung der Schmerztoleranz wäre vermutlich Teil der normalen Entwicklung.

FREUD: Sicherlich erwarten wir, daß in der normalen Entwicklung ein Kind von Jahr zu Jahr Schmerz besser ertragen kann, ohne gleich in Panik zu geraten oder sofort Abwehrmechanismen ins Spiel zu bringen. Wir erwarten nicht, daß das ganz kleine Kind in dieser Hinsicht über irgendwelche Schmerztoleranz verfügt.

SANDLER: Sie sagen, es sei Aufgabe der Erziehung, das Kind bessere Schmerztoleranz zu lehren, doch ich glaube, es gibt einige Analytiker, die diese Auffassung für falsch halten.

FREUD: Sie meinen, sie lehren ihre Kinder nicht, daß Schmerz oder Unlust ertragen werden müsse. Die Erwartungen der Umwelt spielen hier eine große Rolle. Wir alle kennen überängstliche

Eltern, die jede Quelle von Unlust sofort beseitigen möchten, damit das Kind ihr nicht ausgesetzt wird. Aber das macht es dem Kind nicht möglich, selbst Methoden zur Bewältigung zu entwickeln, und man kann dann einem Achtjähigen begegnen, der auf jegliche Unlust so reagiert, als sei er erst ein Jahr alt. Wir begegnen dem häufig. Vielleicht hätte ich »Aufziehen« statt »Erziehung« (»education«) sagen sollen. Die Außenwelt spielt dabei eine sehr wichtige Rolle.

SANDLER: Ich denke, wir sollten die Analytiker dazu ermutigen, ihren Kindern ohne Schuldgefühle zu sagen: »Also, damit wirst du schon fertig werden müssen.«

FREUD: Wissen Sie, es gibt Analytiker, die es einfach nicht fertigbringen, ihre Kinder zum Zahnarzt zu schicken. Sie haben ihrem Kind nie ein Verständnis dafür vermittelt, daß Unlust ertragen werden muß, daß man sie bewältigen muß.

SANDLER: Miss Freud, vielen Dank.

Zweiter Teil

Beispiele für die Vermeidung von Realunlust und Realgefahr (Vorstufen der Abwehr)

6 Die Verleugnung in der Fantasie

Zu Beginn dieses Kapitels weist Anna Freud darauf hin, daß alle bisher entdeckten Abwehrmethoden dazu dienen, dem Ich in seinem Kampf mit den Trieben zu helfen, und daß sie durch Triebangst, Realangst und Über-Ich-Angst motiviert werden. Außerdem »(ist) auch der einfache Kampf widersprechender Triebregungen miteinander ... imstande, Abwehr auszulösen« (55, 257). In allen Konflikten (sei es mit dem Es, dem Über-Ich oder der Außenwelt) sträubt sich das Ich dagegen, ein Stück des eigenen Es zu akzeptieren; das Veränderliche in dieser Situation sind jedoch die *Motive* für die Abwehrtätigkeiten des Ichs. Alle Abwehrmaßnahmen zielen letztlich darauf ab, das Ich zu sichern und vor dem Erleben von Unlust zu schützen. Diese Unlust entsteht nicht nur durch gefährliche Triebreize, sondern auch aus Quellen in der Außenwelt. Je wichtiger die Außenwelt als Lustquelle und Interessengebiet ist, um so größer sind die Möglichkeiten, Unlust von ihr zu erfahren. Aufgrund der Unreife des Ichs und seiner Abhängigkeit von der Außenwelt versucht es auf vielerlei Weisen, sich vor der Unlust und den Realgefahren zu schützen.

Unter dem Gesichtspunkt der Psychoanalyse der Neurosen hatte sich in der Vergangenheit die Beobachtung vor allem auf den inneren Kampf zwischen Trieb und Ich gerichtet. Die Abwehr des infantilen Ichs gegen »Realunlust« »in direkter Gegenwehr gegen die Eindrücke aus der Außenwelt« (56, 258) ist normal, nicht pathogen; sie ist daher nicht das eigentliche Objekt der klinischen Untersuchung.

Anna Freud zitiert Freuds Fall des kleinen Hans zur Veranschaulichung von Abwehrvorgängen, die gleichzeitig nach innen und nach außen gerichtet sind. Die ödipalen Konflikte und Kastrationsängste veranlaßten den kleinen Hans, Verschiebung, Verwandlung ins Gegenteil und Regression als Abwehrmechanismen einzusetzen. Daraufhin verschwanden seine inzestuöse Liebe zur Mutter und seine Feindseligkeit dem Vater gegenüber aus seinem Bewußtsein. Das Symptom machte es ihm möglich, mit seiner Kastrationsangst zurechtzukommen. In der Analyse wurden die Abwehrmechanismen wieder rückgängig gemacht, woraufhin eine Heilung seiner Neurose eintrat. Doch auch danach blieben die seelischen Vorgänge des kleinen Hans noch gestört. Er mußte mit der Realität zurechtkommen, daß sein Körper (und besonders sein Penis) kleiner als der seines Vaters war, der auch weiter Rivale blieb. Außerdem beneidete er Mutter und kleine Schwester um das Vergnügen bei der Körperpflege. Man kann nun kaum erwarten, daß ein Fünfjähriger die Unlust auf sich nehmen kann, die ihm aus diesen Versagungen erwächst. Zwei Tagträume ließen aber dann erkennen, daß Hans eine Wunscherfüllung in der Fantasie gefunden hatte, ein Genitale wie der Vater zu besitzen und Kinder zu haben, an denen er dasselbe Vergnügen wie die Mutter haben konnte. Mit Hilfe der Fantasie setzte er sich mit der Realität auseinander, ähnlich wie es ihm in der Neurose gelungen war, sich mit dem Es auseinanderzusetzen. Hans verleugnete die Realität mit Hilfe seiner Fantasie. Erst dann konnte er sie anerkennen.

Die Verschiebung der Aggression und Angst vom Vater auf das Pferd beim kleinen Hans ist ein normaler Vorgang und braucht nicht pathogen zu sein. Anna Freud zitiert den Fall eines siebenjährigen Jungen, der eine Reihe von Fantasien entwickelte, in denen er einen zahmen Löwen besaß. Er konnte diese Fantasien unter Verleugnung der schmerzlichen Realität so einsetzen, daß sie nicht in eine Neurose führten. Ein zehnjähriger Junge hatte intensive und ausgedehnte Tagträume, gefährliche wilde Tiere zu zähmen, und es konnte gezeigt werden, daß er seine Fantasien gebrauchte, um eine unliebsame Wirklichkeit abzuwehren, wobei an diesem Vorgang eine Reihe von Abwehrmechanismen beteiligt waren. Dieselben Mechanismen finden sich auch in Geschichten, die Kinder erzählen, ebenso in Volks- und Kindermärchen und in der Kinderliteratur. In allen kommt die Lust durch die volle Umkehrung der Realsituation wieder zustande. Wie Anna Freud es ausdrückt: »Das Ich des Kindes sträubt sich dagegen, ein Stück unliebsamer Wirklichkeit zur Kenntnis zu nehmen. So wendet es sich erst einmal von der Realität ab, verleugnet sie und ersetzt das Unerwünschte bei sich durch die Vorstellung vom umgekehrten Sachverhalt. So wird der böse Vater in der Fantasie zum schützenden Tier, das ohnmächtige Kind zum Beherrscher mächtiger Vaterfiguren« (63, 266). Das ist ein normaler Mechanismus in der Kindheit, doch wenn er im späteren Leben als eine Wahnvorstellung erscheint, ist er Ausdruck schwerer psychischer Erkrankung. Das Geschehen bei psychotischen Wahnbildungen zeigt uns, warum die Verleugnung realer Angst- und Unlustquellen nicht weitgehender genutzt werden kann. Solche Verleugnung steht im Widerspruch zu der wichtigen und hochgeschätzten Funktion der Realitätserkenntnis und Realitätsprüfung, doch in der frühen Kindheit wirkt der Widerspruch noch nicht als Störung.

Bei Erwachsenen besitzt der Tagtraum mehr spielerische Qualität, seine ursprüngliche Abwehrfunktion gegen Realängste ist vermindert. Die Realitätsprüfung ist stärker geworden und es gibt weniger Toleranz für Widersprüchlichkeiten. Die Fantasie wird nicht mehr so hochgeschätzt, aber wenn die Fantasie eine größere Besetzung erfährt, kann sie unvereinbar mit der Wirklichkeit werden. Wenn also beim Erwachsenen ein Trieb ins Ich durchbricht und halluzinatorische Wunscherfüllung findet, dann bedeutet das eine Psychose. Verleugnung in der Fantasie als Versuch, eine Neurose zu vermeiden, setzt das Individuum unter abnorme Spannung, besonders in der Beziehung des Ichs zur Realität.

Die Diskussion

SANDLER: Im allerersten Abschnitt des Kapitels, Miss Freud, weisen Sie zunächst darauf hin, daß die Abwehrmethoden durch die drei Hauptarten von Angst motiviert werden, und setzen dann hinzu: »Auch der einfache Kampf widersprechender Triebregungen miteinander ist imstande, Abwehr auszulösen« (55, 257). Vielleicht können Sie das noch klarer machen.
FREUD: Wir sollten anfügen »sobald sie das Ich erreichen«.
SANDLER: Vermutlich steht dann solcher Konflikt in Beziehung zu einer der drei hauptsächlichen Angstquellen, ebenso auch zum Bedürfnis des Ichs, seine eigene Integrität zu schützen.
FREUD: Ja, der Konflikt ist immer im Ich.
SANDLER: Im zweiten Abschnitt, wo es um Entwicklungswege der Erforschung der Abwehrmethoden geht, sagen Sie: »In allen diesen Konfliktsituationen sträubt sich das Ich dagegen, ein Stück des eigenen Es zu akzeptieren. Das Abwehrende und das Abgewehrte bleiben also jedesmal konstant, die variablen Faktoren sind die Mächte, unter deren Druck das Ich die Abwehrreaktionen ausführt« (55, 257). Könnten Sie das näher ausführen?
FREUD: Ich glaube, ich wollte hier besonders hervorheben, daß das,

was das Individuum verwirft und aus seinem Bewußtsein verbannen möchte, Teil des eigenen Selbst ist; aus dem Grunde heißt es hier »des eigenen Es«. Es bedeutet wirklich vom Es, das ein Teil von einem selbst ist. Das ist alles, was ich damit meinte.
SANDLER: Haben Sie »Ich« im Sinne des Individuums, der Person selbst gemeint?
FREUD: Nein. Ich gebrauchte es im gleichen Sinne, wie wir es heute tun, als die psychische Instanz, die die Abwehr einsetzt. Der ganze Vorgang ist für das Ich deswegen so schwierig, weil es etwas ausschließen möchte, was für das Ich als Instanz kein Fremdkörper ist. Das Wort »institution« im zweiten Satz (der englischen Fassung) des Zitates ist schlecht übersetzt. Ich meinte die *"agency"* im Psychischen, was wir auf deutsch *Instanz* nennen.
SANDLER: Ist es immer der Kampf zwischen Ich und Es, um den es in der Abwehr geht? Träfe es zu, wenn man sagen würde, daß Sie in diesem Kapitel die Auffassung erweitert haben, die Abwehr richte sich immer nur gegen die Triebregungen?
FREUD: Ja. Später sage ich, das Ziel sei immer die Sicherung des Ichs und die Ersparung von Unlust, und damit meine ich alle peinlichen Affekte.
SANDLER: Vielleicht können Sie etwas zu der Wendung »entlehnt ihr seine Liebesobjekte« sagen, in dem Satz »Es (das Ich) steht in engem Kontakt mit der Außenwelt, entlehnt ihr seine Liebesobjekte, holt sich aus ihr die Eindrücke, die seine Wahrnehmung aufnimmt und sein Verstand verarbeitet« (55, 257/58).
FREUD: Ich meine eigentlich, das Ich entnimmt der Außenwelt seine Liebesobjekte.
SANDLER: Wenn Sie dann fortfahren und den kleinen Hans erörtern, Miss Freud, sprechen Sie von seiner Liebe zur Mutter und der damit zusammenhängenden Eifersucht und aggressiven Einstellung zum Vater, die wiederum mit der zärtlichen Liebe zum ihm in Konflikt geriet. Hier bietet sich eine gute Gelegenheit, auf die Frage der Ambivalenz zurückzukommen, denn nicht alle gemischten Gefühle bedeuten Ambivalenz. Wir wissen, daß wir von Ambivalenz erst nach einem bestimmten Zeitpunkt in der Entwicklung sprechen können, wenn das Kind beginnt, Beziehungen zum sogenannten Ganzobjekt aufzunehmen, und weiß, daß es dieselbe Person ist, für die es gleichzeitig Liebe und Haß empfindet. Natürlich beschreiben Sie hier einen Ambivalenz*konflikt*, und man kann fra-

gen, wie es kommt, daß das Kind dafür nicht so leicht eine Lösung finden kann wie bei anderen Konflikten. Sie sagen, Miss Freud, das sei so aufgrund der Stärke seiner Gefühle zu dieser Zeit, so daß das Kind sich wirklich in seinen ambivalenten Einstellungen zum Vater hin und her gerissen fühlt.

FREUD: Auch deswegen, weil die negative Gefühlsseite des Kindes ganz direkt zu seinen Todeswünschen führt. Es wird dann zu einer Angelegenheit, die Person zu töten, die es gleichzeitig liebt. Für einen solchen Konflikt bietet sich natürlich keine einfache Lösung an.

SANDLER: Jedenfalls keine leichte Lösung.

FREUD: Keine leichte Lösung, nein. Es muß also eine der beiden Seiten verdrängt werden.

SANDLER: Wenn Sie davon sprechen, Miss Freud, daß die Kastrationsangst des Kindes geweckt werde, so wäre es vielleicht besser zu sagen: wiedererweckt. Ich erwähne das nur deswegen, weil die Arbeit in den vergangenen Jahren an der Klinik gezeigt hat, daß die Kastrationsangst in der phallisch-narzißtischen Phase auftritt, die stattfindet, ehe die ödipale Dreieckssituation kommt.

FREUD: Ja.

SANDLER: Der nächste Punkt ist eine Frage zu dem Sachverhalt, daß Sie hier den Terminus Realangst im Sinne eines bewußten Erlebens des Kindes gebrauchen, während Sie ihn zuvor überwiegend im Sinne der *realen* äußeren Angstquelle benützten. Hier sagen Sie nämlich, Realangst sei die Angst, die das Kind so erlebt, oder glaubt, sie sei durch etwas in der Außenwelt erweckt worden. Das Kind externalisiert seine Kastrationsangst, die zwar früher Realangst gewesen sein mag, aber danach war sie es sicherlich nicht mehr.

FREUD: Es dachte, sie sei real, und daher war es für das Kind Realangst, also objektive Angst, gleichviel, ob dies nun wirklich zutraf oder nicht.

BERGER: Wir haben immer noch ein Problem, weil Sie zwar die Kastrationsängste als Realangst bezeichnen, aber solche Ängste doch mit der Projektion der eigenen unbewußten Wünsche des kleinen Jungen zusammenhängen können. Das ist verschieden von den anderen Beispielen für Realangst, die Sie anführen, wo es in der Wirklichkeit etwas gibt, das das Kind sozusagen zu Recht fürchtet.

FREUD: Ich glaube nicht. Wenn Sie daran denken, wie es das Kind empfindet, dann ist es eine Gefahr, die ihm von der Außenwelt her droht. Es glaubt, daß jemand kommen wird und ihm etwas antut. Wäre es ein Konflikt, sagen wir, mit seiner Weiblichkeit, die seine Männlichkeit bedroht, dann ist seine Weiblichkeit nicht eine Quelle von Realangst.

BERGER: Sie erweitern also die Idee der Realangst, daß sie nicht nur das umfaßt, was dem Beobachter als real erscheint, sondern auch das, was für das Kind wie eine objektive Quelle von Angst aussieht.

FREUD: Ja, es ist Angst, die als von außen kommend gesehen wird.

SANDLER: Ich glaube, wir müssen hier vorsichtig sein, Miss Freud, denn gewöhnlich würden wir nicht etwas als Realangst bezeichnen, das infolge von Projektion oder Externalisierung einer inneren Angst als von außen kommend erlebt wird. Wir müßten hinzufügen, daß es als von außen kommend *erlebt* wird, und das haben Sie gerade getan. Sie haben sehr überzeugend dargestellt, daß es für das Kind Angstquellen gibt, die zuvor von den Analytikern eher vernachlässigt worden waren und die sich auf tatsächliche Bedrohungen begründen. Vielleicht gab es einen böswilligen Elternteil, vielleicht tatsächliche Kastrationsandrohungen, die dem Kind gemacht wurden, etwa von einem Kindermädchen. Oder das Kind könnte den *Struwwelpeter* zu einer Zeit gelesen haben, wo es besonders anfällig war.

FREUD: Wenn man es ein bißchen dehnt, könnte man sagen, das Kind hat Angst vor dem Vater. Den Vater gibt es als Realität. Was den Ödipuskomplex angeht, ist der Vater real im Besitz der Mutter, und das heißt, er ist der wirkliche Rivale. Was das Kind also als eine Bedrohung seiner Männlichkeit vom Vater her erlebt, ist etwas Reales, auch wenn der Vater nie gesagt hat: »Wenn du dies oder das tust, schneide ich dir den Penis ab.« In dem Sinne ist es für das Kind real, also ist es Realangst.

SANDLER: Was geschieht, wenn das Kind seinen eigenen Wunsch projiziert, den Vater zu kastrieren?

FREUD: Das ist etwas anderes. Und darauf wurde hier nicht eingegangen. Natürlich wissen wir, daß der Vater gar nicht im Weg sein muß oder daß er der gütigste Mensch auf der Welt sein kann, aber dennoch braucht das Kind eine Figur, auf die es seine Aggression und seine Kastrationswünsche projizieren kann, und es betrachtet deswegen den Vater als Kastrator.

Sandler: Aber das erlebt es immer noch als Realangst.
Freud: Es erlebt das immer noch als von außen kommend, ja.
Berger: Ich glaube, das ist eine Ausweitung des Begriffs der Realangst, weil wir sie jetzt vom Gesichtspunkt des Kindes her betrachten.
Sandler: Wir könnten hier ein Risiko eingehen, wenn wir das Konzept zu sehr erweitern, Miss Freud, denn Sie haben an einer früheren Stelle im Buch eine sehr feine Unterscheidung zwischen den verschiedenen Angstquellen vorgenommen, und wenn wir jetzt die Endergebnisse einer Abwehr wie der Projektion mit einbeziehen, dann können wir Gefahr laufen, die frühere Klärung wieder aufzuheben. Natürlich kann man sagen, die Ängste des Kindes seien oft eine Mischung von seinen Fantasien und Externalisierungen und der Realität, und das alles zusammen trage zur Schaffung einer besonderen Angstquelle bei. Was Sie aber wohl im Sinne hatten, Miss Freud, war eine Unterscheidung der primären Bedrohungen durch die Triebe, das Über-Ich und die Außenwelt, ohne dabei die nachfolgenden Veränderungen einzubeziehen, die als Resultate von Abwehr entstehen. Es ist klar, daß wir vorsichtig sein müssen, wenn wir von der Kastrationsangst des Kindes in der ödipalen Phase sprechen, denn da handelt es sich nun um eine Angst, die ursprünglich Realangst war, zu der dann aber infolge der Abwehr des Kindes gegen die eigenen Aggressionswünsche Externalisierungen hinzugekommen sind. Wir sollten auf irgendeine Weise zwischen Angst, die der Außenwelt *zugeschrieben* wird, und Angst, die ihre tatsächliche *Quelle* in der Außenwelt hat, unterscheiden.
Hurry: Als Freud erstmals darüber schrieb, sah er die Angst eigentlich nicht als das Ergebnis von Abwehr, sondern vielmehr als Ergebnis der Gedanken des Kindes zu dieser Zeit.
Sandler: Vom Standpunkt des primitiven kindlichen Denkens würde das Talionprinzip Kastrationsängste zu Realangst machen. Doch vom Standpunkt der eigenen projizierten sadistisch-aggressiven Wünsche des Kindes wäre es nicht Realangst. Ich denke, wir messen heute der kindlichen Vorstellung, es müsse zu einer Vergeltung kommen, als vorherrschendem oder einzigem Merkmal der Kastrationsangst weniger Gewicht bei. Ich weiß nicht, was Sie dazu meinen, Miss Freud.
Freud: Mir gefällt diese Formulierung. *Wir* wissen, daß der Vater es nicht getan hätte, aber das Kind wußte es nicht. Das Kind nahm

es als die Wirklichkeit, und dieses Element der Kastrationsangst war Realangst.
SANDLER: Das ist es, was uns beschäftigt, daß solche Ängste, und ebenso phobische Ängste, die vom Individuum her als außerhalb seiner selbst festgelegt sind, unter die Überschrift von Realangst kommen könnten.
FREUD: Sicherlich nicht.
SANDLER: Wir haben eine Grundlage für eine Unterscheidung, wenn wir differenzieren zwischen Elementen der eigentlichen Realangst und Angstquellen, die aus Abwehrgründen der Außenwelt zugeschrieben werden.
BERGER: Was meinten Sie, Miss Freud, als Sie von den »Methoden, deren seine Neurose sich bedient« sprachen, die Verschiebung erwähnten und dann »die *Verwandlung* der Bedrohung des Vaters in ihr Gegenteil, nämlich in die Angst, von ihm bedroht zu werden« (56, 259)? Meinten Sie hier den Vorgang der Verwandlung ins Gegenteil, der in der Projektion impliziert ist, oder meinten Sie eine andere Form von Umkehrung als Abwehrmethode?
FREUD: Es ist eine Wendung gegen die eigene Person. Statt dem Vater zu drohen, fühlt das Kind sich durch den Vater bedroht, es hat die Bedrohung also gegen sich selbst gewandt.
EDGCUMBE: Und die Rollen umgekehrt.
FREUD: Umkehrung ist nur ein anderes Wort, das dafür gebraucht wird.
SANDLER: Würde Projektion besser dazu passen?
FREUD: Man könnte auch das nehmen.
SANDLER: Weil das der Sinn ist, in dem wir heute gewöhnlich Projektion gebrauchen, während Umkehrung auf Affektumkehrung oder Rollenumkehrung beschränkt ist. Ist ein feindseliger Affekt darin enthalten, und wird er mittels Externalisierung bewältigt, so daß es erscheint, als käme er gegen das Subjekt selbst gewendet zurück, dann neigen wir dazu, von Projektion zu sprechen, wenn auch, wie wir gesehen haben, der Terminus auf vielerlei Weisen gebraucht wird.
FREUD: Ja, man könnte Projektion sagen, aber das Wichtigste dabei ist, daß man den Vorgang richtig versteht.
SANDLER: Bei Ihrer Beschreibung des kleinen Hans, Miss Freud, zeigen Sie deutlich, wie er die phobische Angst als ein Symptom behielt. Er erlebte dabei die Angst als von außen kommend, konnte

dann aber Wege zur Vermeidung der äußeren Situation finden. Das machte es ihm möglich, eine viel schlimmere Bedrohung zu kontrollieren, etwa die Bedrohung, überwältigt zu werden, oder die Kastration. Ich möchte auf die phobische Angst als eine Angst hinweisen, die so aufgebaut ist, daß sich das Individuum davor mittels Vermeidung schützen kann. Wie wir wissen, spielt sich das auf einer ganz anderen Ebene als die Signalangst ab, dem unbewußten inneren Anzeiger irgendwelcher Bedrohungen.

BERGER: Sie würden also sagen, daß die Angst, die als Signal erlebt wurde, nun Anlaß zum Aufbau einer phobischen Reaktion wurde, um das volle Erleben einer Bedrohung von innen her zu vermeiden?

SANDLER: Ja. Wir haben in der Klinik die Erfahrung gemacht, daß es Kinder mit Ich-Defekten der einen oder anderen Art gibt, die ihre Signalangst nicht auf dem Niveau eines Signals halten können und dann Anfälle von Angst erleben. Sie werden dann von Angst und dem panischen Gefühl überflutet, sich nicht mehr zusammenhalten zu können. Es scheint ein ganzes Kontinuum von der Signalangst bis hin zur Überflutung mit automatischer Angst zu geben. Aber all das ist etwas völlig anderes als die Angst des phobischen Kindes, das eine Angstsituation herstellt, die es ihm eben gerade möglich macht, eine äußere Situation zu vermeiden, die die innere Gefahr repräsentiert, welche zu Abwehrzwecken nach draußen verlegt wurde. Es braucht die phobische Angst, um sich mittels Vermeidung schützen zu können.

FREUD: Aber schafft es sie sich denn wirklich? Verschiebt es sie nicht nur? Der kleine Hans wollte seine Beziehung zum Vater retten, und die Rettung gelang ihm. Aber an seiner Stelle schuf er sich einen anderen Feind, mit dem er zu kämpfen hatte, nämlich das Pferd. Die Angst folgte dann der Verschiebung vom Vater auf das Pferd, so daß er nun den Vater für sich haben kann, aber kein Pferd. Um das Pferd meiden zu können, muß er zu Hause bleiben, doch viel schlimmer wäre es, wenn da nicht das Pferd wäre und er zum Beispiel unfähig sein würde, sich im gleichen Raum wie der Vater aufzuhalten, weil er dann Anfälle von Angst oder Panik bekäme.

SANDLER: Sie bringen einen interessanten Gedanken herein, Miss Freud, wenn Sie andeuten, es könne sich um dieselbe Angst handeln. Ich zögere etwas, sie als eine Verschiebung anzusehen, weil mir scheint, daß das unbewußte Ich hier in aktiver Weise ein Symptom aufbaut. Es mag sein, daß das Ich die Verschiebung *gebraucht*, die Angst für seine eigenen Zwecke aktiv verlagert. Das Kind stellt also eine Angstsituation her, statt in Panik zu geraten, wann immer bedrohliche Wünsche oder Strafbedrohungen in ihm auftauchen. Ich betrachte den Aufbau der phobischen Situation als ein aktives Vorgehen seitens des unbewußten Ichs.

Freud: Was sie beschreiben, paßt meiner Meinung nach sehr viel besser zur Schulphobie, weil wir wissen, daß die Angst ihren Ort im Elternhaus und in der Familie hat und die Schulphobie eine Weise des Umgehens mit dem eigenen bedrohlichen Wunsch ist, die Mutter anzugreifen. Sie stellt eigentlich Angst vor dem Tod der Mutter dar, Angst vor dem Wunsch, die Mutter zu töten. Das Kind kann dann die Mutter nicht allein lassen, weil es befürchtet, das könnte geschehen, und es kann deshalb nicht in die Schule gehen. Als nächstes wird die Gefahrensituation in die Schule verlagert, was aber nicht eine Verschiebung der Angst bedeutet, die das Kind zu Hause erlebte. Was gewöhnlich dann in der Szene erscheint, ist ein bedrohlicher Lehrer, häufiger noch ein anderes Kind, das Angst macht. Um die Gefahr zu vermeiden, muß das Kind nun zu Hause bleiben, um die Mutter zu schützen, was ja seinen früheren Wunsch darstellt. Für mein Gefühl ist das aber nicht das gleiche, was in der Tierphobie geschieht, in der das Tier mehr der unmittelbare Nachfolger des Elternteils ist, mit dem der eigentliche Kampf stattfindet. Sie können sehen, daß ich im nächsten Abschnitt, wo ich von der Analyse der Phobie des kleinen Hans spreche, sage, sie werde »besprochen, ermäßigt und als irreal erkannt« (57, 259). Das heißt, die Realität wurde aus der Realangst entfernt, so daß das Kind den Vater nicht mehr als Bedrohung empfindet.

Sandler: Vermutlich würde es für eine Bewältigung nicht ausreichen, wenn man zeigte, daß die Angst keine objektive Grundlage hat. Das Kind müßte dann dazu fähig sein, die Tatsache zu ertragen, daß es auch feindselige Gefühle gegenüber dem Vater hat.

Kennedy: Es würde auch akzeptieren müssen, daß sein Vater größer und stärker ist. Ist das nicht auch ein Aspekt von dem, was sie immer betonen, Miss Freud?

Freud: Ja.

Kennedy: Ja, doch wie kann man die Angst so leicht mildern? Ich meine, der Vater bleibt doch weiterhin größer und stärker.

Freud: Ich meine, es würde sich erweisen, daß das Kind in seinen

Vorstellungen die Angst enorm übersteigert hat. Es gibt zwar eine Gefahr, und das macht es zur Realangst, aber so groß ist sie nun auch wieder nicht.

SANDLER: Sie meinen, der kleine Hans müßte sich klar werden, daß sein Vater keine bösen Absichten hat. Ich denke vielmehr, der kleine Hans müßte erkennen, daß seine *eigenen* bösen Absichten schließlich gar nicht solche Macht besitzen.

FREUD: Die eigentliche Absicht in diesem Teil des Kapitels war zu zeigen, einmal, wie viele Abwehrmechanismen bei einer spezifischen phobischen Störung gebraucht werden, und sie so durchzugehen, wie man es in der Analyse tun würde. Aber in diesem speziellen Kapitel wollte ich auch zeigen, was am Ende verbleibt. Was verblieb, war etwas viel Normaleres, Kindgemäßeres, wirksam aber noch immer defensiv, nämlich die beiden Fantasien, die dem kleinen Hans halfen, eine unliebsame Wirklichkeit zu ertragen (58, 260).

SANDLER: Und der vorangehende Teil des Kapitels ist in bestimmtem Sinne eine Präambel.

FREUD: Eine Präambel, die aber nicht sagen will, daß der kleine Hans am Ende so vernünftig ist und sagt: »Nun, ich bin eben klein und er groß, aber vielleicht werde ich eines Tages auch erwachsen und so groß sein wie er, so ist es halt bei Kindern.« Überhaupt nicht. Sie soll zeigen, daß er jetzt zwei hübsche Fantasien hat, die Trost und Behagen bieten. »Ich bin eine Mutter« und »ich bin ein Vater«, und wir geben uns damit zufrieden, es so zu belassen, weil es schließlich so ist, wie Kinder fühlen. Wir haben kürzlich einen interessanten Fall gesehen, wo ein kleiner achtjähriger Junge sich mit Fantasien tröstete, um mit der realen Situation eines sehr unglücklichen Elternhauses zurechtzukommen, mit einem psychotischen Vater, den er liebte. Die Krankheit des Vaters wird verleugnet, und er wird so dargestellt, als ginge es ihm ständig besser, daß er großartig sei und viele Dinge tun könne. Die Fantasien trösten den Jungen, aber man kann natürlich fragen, was für Aussichten ein solches Kind hat, dessen Leben in dem Alter auf Verleugnung in der Fantasie aufgebaut ist.

SANDLER: Da stellt sich die Frage, ob das Kind nur Verleugnung in der Fantasie gebraucht oder ob es auch andere Methoden entwickelt, sich zu trösten oder abzuwehren. Immerhin haben wir alle ein reges Fantasieleben, das uns hilft, von unliebsamer Realität absehen zu können. Insgesamt sind das vorbewußte Fantasien, gelegentlich wohl auch bewußte, aber sie beherrschen unser Leben nicht in derselben Weise wie beim Kind, das sich in die Fantasie zurückzieht. Das bringt uns nun zu der wichtigen Frage des Namens, den Sie diesem Mechanismus gegeben haben. Ist der Mechanismus ein Sonderfall von Verleugnung oder Ableugnen, oder ist diese Verleugnung Folge des Rückzugs in der Fantasie? Vom deskriptiven Gesichtspunkt gelingt es natürlich dem Kind, nicht an etwas zu denken, das schmerzlich ist, und sich mit etwas anderem zu trösten, so daß es mittels der Fantasie eine Verleugnung erreicht, aber diese Verleugnung erfolgt nicht in der Fantasie.

FREUD: Nein, es bedeutet Verleugnung mittels der Fantasie. Wissen Sie, wenn ich von dem Jungen mit dem zahmen Löwen berichte (58f., 261f.), sage ich, daß er sich mit dieser Fantasie genußvoll zu unterhalten pflegte, womit nicht gemeint ist, daß er sein Leben in der Fantasie verbrachte, sondern nur, daß sie ihm das Leben angenehmer machte.

SANDLER: Wir müßten dann hinzusetzen, Miss Freud, daß Fantasien Lust hervorrufen können, die ein Gegengewicht zum Schmerz bildet. Selbst wenn sich das Kind nicht gänzlich vortäuschen kann, es gebe die unliebsame Wirklichkeit nicht, kann es zu einem gewissen Grade den Schmerz dieser Erkenntnis beseitigen, indem es sich einer lustvollen Fantasie hingibt.

FREUD: Ich muß gestehen, daß ich damals von den Tierfantasien fasziniert war und immer bedauert habe, daß wir sie nicht gesammelt haben, denn sie sind wirklich wunderbar. Die Fantasie des Jungen, der einen zahmen Löwen hat, gefällt mir ganz besonders. Es ist eindeutig ein Löwe, aber er verkleidet ihn als einen Menschen. Das heißt, daß die gefährliche Person im Löwen wiedererscheint, nur sind es jetzt die anderen Leute, die sich fürchten müßten, wenn sie wüßten, daß diese Person in Wirklichkeit ein Löwe ist.

KENNEDY: Es ist interessant, wie sich diese spezielle Abwehr so ganz von der beständigen Verleugnung unterscheidet, der wir so oft begegnen. Wir sollten vielleicht die Weise, wie Tagträume dazu verwendet werden können, um einer schmerzlichen Wirklichkeit zu entkommen, mit etwas anderem als Verleugnung bezeichnen. Das Kind mag erkennen, was geschieht, aber es tröstet sich, schafft sich ein gutes Gefühl, kann etwas genießen. Es ist so ganz eine Betätigung der Latenzzeit.

FREUD: Es waren Latenzkinder, die ich beschrieb. Das Kind mit dem Löwen war sieben, und es war ein recht unterhaltsamer Junge. Vermutlich hat er in gewisser Weise gewußt, was er tat, also daß er mit seiner Fantasie spielte. Als er einmal bei mir war und ganz mit seiner Löwengeschichte beschäftigt, ging mein Vater durch unser gemeinsames Wartezimmer, da nickte der kleine Junge mir zu und sagte mit Blick auf meinen Vater: »Auch so ein Löwe.« Er wußte es also und wußte es auch wieder nicht, aber er benützte seine Fantasie, um sich das Leben angenehmer zu machen.
SANDLER: Ich glaube, das Überwiegen von Tierfantasien dürfte sich geändert haben. Ich habe den Verdacht, daß heutzutage Fußballer und Supermen und andere Fernseh-Helden die Stelle der Tiere in den Fantasien der Kinder eingenommen haben.
FREUD: Heute sind es Fernsehmonster, Weltraumkreaturen, während es damals das war, was die Kinder im Zirkus sehen konnten und wovon sie in ihrem Märchen hörten. Sie stammten aus anderen Quellen.
SANDLER: Natürlich sind es heute auch Gauner, Detektive, Cowboys und Indianer. Ein interessantes Thema.
FREUD: Für mich war es faszinierend. Denken Sie an das Kind, das nicht ins Bett gehen konnte ohne seinen Hund, der es beschützen sollte, das aber dann nicht einschlafen konnte, weil der Hund es ja beißen könnte. Der Wechsel vom Beschützer zum Angreifer ging ganz leicht vonstatten. Das alles hängt mit dem enormen Interesse der Kinder an großen Tieren zusammen. Lehrer, die kleinere Kinder unterrichten, wissen sehr gut, daß man im Naturkundeunterricht ihr Interesse erwecken kann, wenn man anfängt, von den großen und gefährlichen Tieren zu sprechen. Die Klasse ist dann ganz dabei; wenn man aber von Katzen und Hunden oder von Insekten spricht, dann ist es recht schwierig. Wir haben uns noch zu wenig damit beschäftigt, wie Kinder sich für die großen und gefährlichen Tiere engagieren können.
SANDLER: Am Ende des Kapitels, Miss Freud, befassen Sie sich mit dem Unterschied zwischen der Fantasie des Kindes und den Wahngebilden Erwachsener (63/64, 266). Könnten Sie noch mehr zu dieser Unterscheidung sagen?
FREUD: Ich würde sagen, daß es im Laufe der Entwicklung eine Veränderung im Ziel des Tagtraumes oder in der Funktion des Tagtraumes gibt, der immer mehr zu einer angenehmen, harmlosen

Begleiterscheinung des Alltaglebens wird. Das geschieht, wenn das Ich reifer wird und die Realitätsprüfung größere Bedeutung gewinnt. Zuvor kann die Fantasie eine viel wichtigere Rolle als Vorläufer der Abwehr spielen. Für mich ist die Frage, wo die Grenze zwischen beiden liegt. Haben wir zu Besorgnis Anlaß, wenn etwa ein Achtjähriger sich zu sehr auf sein Fantasieleben verläßt? Oder halten wir es für unbedenklich, wenn bis zum Ende der Latenzzeit Fantasien in diesem Ausmaß vorhanden sind? Wir wissen, daß es bis zum Alter von fünf ganz in Ordnung ist, und wir wissen auch, daß Kinder schon in diesem Alter zwischen Fantasie und Wirklichkeit unterscheiden, aber sie kümmern sich nicht allzusehr um diese Unterscheidung. Sie wissen, daß die Fantasie nicht real ist, aber sie ist ihnen doch sehr wichtig. Es gibt da das wunderbare Beispiel in den Winnie-the-Pooh-Büchern, wo Winnie am Tisch sitzt und sich in alle möglichen Rollen hineinfantasiert. Er ist Matrose und er ist Soldat, er fliegt in der Luft und ergeht sich in allen möglichen Größenfantasien. Aber am Ende sagt er ganz traurig: »Und dann bilde ich mir ein, ich sei nur ich selbst.« Das ist schmerzliche Rückkehr in die Wirklichkeit. Ich habe Kinder bis zum Pubertätsalter gekannt, die ihre Tagträume beibehielten, in Form einer sogenannten Fortsetzungs-Geschichte, ein Thema, für das ich mich einmal sehr interessiert habe. In einem Fall, an den ich denken muß, traten nicht weniger als zweiundzwanzig Personen im Tagtraum auf, jede mit eigenen Merkmalen, eigenem Schicksal und eigenen Beziehungen zu den anderen. Das reale Leben des Kindes war davon überhaupt nicht beeinflußt, doch es konnte von der Wirklichkeit wieder zur Fortsetzungsgeschichte des Tagtraums zurückkehren, ohne daß ihm irgend etwas davon verlorengegangen war.

Sandler: Aber sicherlich liegt die Frage der Pathologie in den anderen Dingen, die das Kind tut oder nicht tut? Fantasie als solche ist nicht pathologisch, aber wir haben wohl Anlaß zu Besorgnis, wenn anderes sich dann nicht entwickelt oder wenn sich pathologische Strukturen bilden. Man macht sich natürlich Sorgen, wenn das Kind seine ganze Zeit mit Tagträumen verbringt, aber ich stelle mir vor, daß normalerweise die Tagträume vorbewußt werden und Abkömmlinge in sublimierten Tätigkeiten oder anderen Formen von Interessen und Aktivitäten bilden.

Freud: Es sollte in Wirklichkeit eine Frage der Quantität sein. Wenn Tagträume zu stark besetzt werden, können wir erwarten,

daß die Besetzungen an anderer Stelle fehlen. Das ist ausführlich besprochen worden, als wir den imaginären Begleiter erörterten. Natürlich haben wir Menschen mit elaborierten Tagträumen nicht genügend untersucht, weil dann, wenn sie zur Analyse kommen, gewöhnlich ihr Leben bereits dadurch beschädigt ist, daß ihre Aufmerksamkeit immer nur ihren Tagträumen gegolten hatte.
SANDLER: Das Entscheidende scheint mir zu sein, in welchem Ausmaß sich das Kind bewußt von der Außenwelt zurückzieht, wenn es sich in bewußte Fantasien verliert. Das unterscheidet sich deutlich von der Situation, in der das Kind viele vorbewußte Fantasien hat, oder wenn es die Fähigkeit behält, seine Fantasien beiseite zu lassen und sich wieder der Realität zuzuwenden. Mir scheint, der entscheidende und möglicherweise pathologische Aspekt ist das Aufgeben der Realität.
FREUD: Ja, an der Klinik sehen wir oft Kinder mit dem Problem, daß es in der Schule sitzt und tagträumt und nicht lernen kann. Aber wie ist es mit denjenigen Kindern, die sehr lebhaft tagträumen können, und bei denen sonst alles intakt geblieben ist? Ich habe nie herausbekommen, wie sie das machen.
KENNEDY: Ich glaube, nur ganz wenige Kinder erzählen uns wirklich von den Tagträumen, die ganz ich-gerecht sind. Die Tagträume stören nicht, und das Kind hat das Gefühl, das sei sein Privatleben und nur seine eigene Angelegenheit.

7 Die Verleugnung in Wort und Handlung

Anna Freud setzt in diesem Kapitel ihre Erörterung der Verleugnung fort. Sie weist darauf hin, daß das kleinere Kind auch bei intakter Realitätsprüfung die Freiheit hat, »hinwegzuleugnen, was ihm an der Wirklichkeit mißfällt« (65, 269), und sich mit dieser Möglichkeit nicht nur auf das Vorstellungs- und Fantasiegebiet beschränkt, sondern auch entsprechend handelt. Das kindliche Ich »benutzt die verschiedensten Dinge der Außenwelt, um seine Umkehrungen auch darzustellen« (65/66, 269). Die Verleugnung der Wirklichkeit ist ein starkes Motiv im kindlichen Spiel, besonders im Rollenspiel. Es ist leichter, sich eine lustvolle Fantasiewelt aufzubauen, führt sie aus, als die tatsächliche Wirklichkeit zu verarbeiten.

Erwachsene kehren im Umgang mit Kindern gerne die realen Tatsachen um, sagen zum Beispiel zu einem kleinen Kind, es sei doch ein großer Junge. Sie gebrauchen solche Realitätsverkehrung, um das Kind zu trösten. Auch viele Geschenke, die Kinder bekommen, enthalten dieselbe Verleugnung und helfen dem Kind, sich vorzustellen, daß es schon erwachsen sei. Erzieher haben das Problem, wieweit sie das Kind zur Verarbeitung der Wirklichkeit anhalten sollen und wieweit sie ihm gestatten können, sich von der Wirklichkeit abzuwenden und sich in die Fantasiewelt zu begeben.

Erwachsene erwarten vom Kind, daß es den Übergang von der Realitätsverleugnung im Spiel zu realitätsgerechter Tätigkeit leicht und reibungslos vollzieht. Sie erwarten, daß es in der Lage ist, rasch vom Fantasiespiel abzulassen und das zu tun, was von ihm verlangt wird. Das Fantasiespiel muß Spiel bleiben und darf nicht zu einem Zwang werden, eine Neigung, die sich bei einem kleinen Mädchen zeigte, das sehr unglücklich über seinen fehlenden Penis war und das dadurch verleugnete, daß es gelegentlich die Röcke hob und exhibierte. Es forderte so die anderen Menschen auf, etwas an ihm zu bewundern, das nicht vorhanden war. Ein anderes Kind hätte sein Bedürfnis weiter wegverschieben können, etwa auf ein Interesse an schönen Kleidern oder auf turnerische Leistungen. Der kleine Löwenbändiger des letzten Kapitels griff immer mehr auf die Verleugnung in der Fantasie zurück, um seine wachsende Kastrationsangst zu bewältigen, und er mußte alles um sich herum immer stärker herabsetzen. Er mußte sich ständig lustig machen und wurde darin zunehmend zwanghaft, so daß er sich nur noch beim Scherzen angstfrei fühlen konnte. Ähnlich war es bei einem kleinen Jungen, der sich den Hut seines Vaters aufsetzte, sich daran klammerte und sich weigerte, ihn im Haus wieder abzusetzen. Ein solches Verhalten unterscheidet sich von dem des Kindes, das nur den Gernegroß spielen möchte. Das Kind, das den Hut überallhin mitgenommen hatte, stopfte dann seine eigene Mütze in den Latz seiner Lederhose, um so die Hände frei zu haben. Er steckte sie dorthin zurück, wie Anna Freud bemerkt, wohin sie ursprünglich gehört hatte.

Die beschriebenen Verhaltensweisen sind keine Zwangshandlungen im eigentlichen Sinne. Was wir sehen, ist eine Abwehrmaßnahme gegen eine versagende Außenwelt, nicht gegen einen Triebwunsch. Die Verleugnung macht es dem Ich möglich, einen peinlichen Eindruck aus der Außenwelt nicht zur Kenntnis zu nehmen. Solche Realitätsverleugnung kann in der Fantasie oder in der Handlung durch Umkehrung der Tatbestände verstärkt werden, und sie unterscheidet sich darin von der Weise, wie Reaktionsbildungen bei den eigentlichen Zwangsneurosen aufrechterhalten werden. In dem, was Anna Freud hier beschreibt, muß das Kind ständige Beweise dafür erbringen, daß das Gegenteil der Realität zutreffe, und wenn seine Beweisführungen in Frage gestellt werden, erlebt das Ich Angst und Unlust.

Wenn das Ich heranreift, wird es für die Verleugnung schwierig, neben der Realitätsprüfung zu bestehen. Die Reifung verlangt weitere Einschränkung der Verleugnung in Wort und Handlung. Beim Fantasieren ist das Kind souverän; wenn es aber seine Fantasien darstellen möchte, braucht es dazu eine Bühne in der Außenwelt, auf der dies stattfinden kann, und so sind ihm Grenzen dadurch gesetzt, inwieweit seine Umgebung seine Darstellung toleriert. Das Urteil der Außenwelt über die Abnormalität solcher Tätigkeiten hängt vom Grad ihrer Auffälligkeit ab. Das Kind, das überall den Hut aufhatte, galt als sonderbar, aber als es später einen Bleistift in der Tasche trug, wurde es als normal angesehen. Das Tragen des Bleistifts bot nun ebenso Schutz wie sein früheres Tun, aber es war jetzt sozial gebilligt. Wenn die Außenwelt die spezifischen

Schutzmaßnahmen eines Kindes nicht billigt, kann es zu einem inneren Konflikt kommen, aus dem schließlich neurotische Erscheinungen hervorgehen können. Anna Freud warnt jedoch: »Es wäre ... gefährlich, den Versuch einer Verhütung der infantilen Neurosen etwa auf solche Nachgiebigkeit gegen die Verleugnungen aufzubauen« (73, 277).

Die Diskussion

Sandler: Das ist ein sehr klares Kapitel, doch es gibt eine Reihe von Punkten, die wir diskutieren könnten. Sie beginnen den ersten Satz, Miss Freud, mit den Worten: »Das kindliche Ich hat immerhin durch mehrere Jahre die Freiheit, bei intakter Realitätsprüfung hinwegzuleugnen, was ihm an der Wirklichkeit mißfällt« (65, 269). Vermutlich kommt es erst zu einem bestimmten Punkt in der Entwicklung dazu, daß das Bedürfnis nach Realitätsprüfung mit dem Gebrauch von Verleugnung in Konflikt gerät. Es hat den Anschein, daß beide eine Zeitlang miteinander koexistieren können. Haben Sie das gemeint, Miss Freud?
Freud: Ja, das Kind verleugnet, indem es etwas vortäuscht, und das ist schließlich nicht dasselbe wie es selbst zu glauben.
Sandler: Später im Kapitel sagen Sie, das kindliche Ich weigere sich mit Hilfe der Verleugnung, »den peinlichen Eindruck aus der Außenwelt zur Kenntnis zu nehmen« (70, 274). Sind Sie der Ansicht, daß Verleugnung sich immer auf die Wahrnehmung der Außenwelt bezieht, während Verdrängung und andere Abwehrformen der Wiederbelebung von Wünschen, Erinnerungen und damit verbundener Affekte gelten, die aus der Vergangenheit stammen und von innen her entstehen?
Freud: Damals fand ich eine solche Unterscheidung nützlich, denn wenn wir von Verleugnung innerer Reize sprechen würden, wo wäre dann die Abgrenzung gegenüber der Verdrängung?
Sandler: Man betrachtet die Verdrängung als Mobilisierung einer Gegenkraft, oder in Energiebegriffen einer Gegenbesetzung. Enthält auch die Verleugnung in gleicher Weise eine Gegenkraft?
Freud: Nein, aber wir könnten sagen, die Vortäuschung wirke sich gegenüber dem verleugneten Tatbestand ebenso aus wie die Gegenbesetzung auf den verdrängten Inhalt.
Sandler: Das ganze Kapitel über, Miss Freud, haben Sie Verleug-

nung nicht lediglich im Sinne des Ignorierens peinlicher Tatbestände verwendet, sondern so, daß dabei eine Umkehrung der Tatsachen stattfinde. Früher neigten wir dazu, Verleugnung als etwas zu betrachten, bei dem man sich unbewußt vormacht, daß etwas nicht vorhanden sei, und nicht, daß sein *Gegenteil* zutreffe, denn das würde mehr als einen bloßen Entzug der Aufmerksamkeit bedeuten. Vielleicht sollten wir Verleugnung von Skotomisierung unterscheiden, von der Schaffung eines blinden Flecks mit dem Resultat, daß ein Stück Wirklichkeit einfach nicht gesehen wird.

FREUD: Wir sollten die Bedeutung des Wortes Verleugnung beachten. Wenn man etwas leugnet, was jemand sagt, dann weist man nicht nur ab, was er sagt, sondern man impliziert, daß das Gegenteil richtig sei. Jemand sagt, es sei falsch, was der andere sagt, das Gegenteil sei richtig. Anders als bei Laforgues Idee der Skotomisierung – ich kann mich an die Argumente sehr gut erinnern – wird bei der Verleugnung etwas zunächst wahrgenommen und dann beseitigt.

SANDLER: Nach Ihrer Betrachtungsweise ist die Verleugnung erst gelungen, wenn sie durch etwas anderes ersetzt worden ist, eine Fantasie oder eine Handlung oder ähnliches.

FREUD: Ja.

SANDLER: Mir ist immer etwas unbehaglich dabei gewesen, wenn man Verleugnung einfach als Entzug der Aufmerksamkeit betrachtet hat. Wir wissen, wenn wir versuchen, die Aufmerksamkeit eines Kindes auf etwas zu lenken, das es nicht wahrhaben will, dann wird das von ihm nicht nur einfach ignoriert, sondern es tut dann etwas anderes, was seine Idee, die unangenehme Sache gebe es überhaupt nicht, verstärkt. Es ist behauptet worden, man müsse nur die Aufmerksamkeit des Kindes auf das lenken, was es verleugnet, dann werde es das ganz leicht wahrnehmen können, doch wir wissen, daß das in Wirklichkeit nicht geschieht. Zumindest unter dem klinischen Gesichtspunkt enthält Verleugnung eine Art Widerstand beim Kind oder beim Erwachsenen, etwas zu sehen, was man nicht sehen will.

FREUD: Wir können das daran sehen, wie die Welt der Erwachsenen mit dem Wunsch des Kindes nach Verleugnung gemeinsame Sache macht. Wir sagen zum Kind nicht: »Du bist kein kleiner Junge.« Wir sagen vielmehr: »Was bist du doch schon für ein großer Junge«, was bedeutet, daß wir das Großsein direkt an die Stelle des

Kleinseins setzen, das ihm mißfällt. Wir sagen nicht: »Das wird dir nicht schlecht schmecken«, sondern: »Das ist ganz gut, versuch mal.« Auf diese Weise schließen wir uns dem Kind darin an, wie es unangenehme Tatbestände verleugnet.

SPRINCE: Wenn wir sagen, daß sich die Verleugnung nur auf die reale Außenwelt beziehe, heißt das dann nicht auch, daß das Kind, das etwa sagt: »Ich bin nicht glücklich«, wenn es unglücklich *ist*, keine Verleugnung gebraucht? Das ist doch sicherlich eine Verleugnung seines Gefühlszustandes. Sagen wir, daß sich Verleugnung nicht auf Affekte beziehe, weil sie nur die Außenwelt betreffe?

SANDLER: Ich stelle es mir so vor: wenn der Affekt für das Kind eine Realität ist und es an seine Stelle etwas anderes setzt, dann zeigt es die Art Umkehrung, die Miss Freud hier als Verleugnung beschrieben hat, und dann wäre der Terminus angebracht. Ihre Frage geht aber dahin, wo wir die Grenze zur äußeren Realität ziehen sollen. Wenn wir sagen, Gefühle seien ein Teil der Realität, dann folgt daraus, daß wir Verleugnung auch auf subjektive Erlebnisse wie das Angstgefühl anwendbar ansetzen müssen. Wir begegnen hier einigen ziemlich schwierigen Problemen mit dem Realitätskonzept.

BERGER: Wir sehen bei ganz kleinen Kindern oft eine magische Beseitigung der Realität. Auch bei psychotischen Kindern sieht man das. An einem düsteren Tag mag sich so ein Kind vor der Dunkelheit draußen fürchten und angesichts des Lichts im Haus fest behaupten: »Es ist Morgen, es ist Morgen.« Das ist nicht nur eine Verleugnung der Dunkelheit, sondern ein Stück Magie, ein Wegzaubern dessen, was ihm als Abend erscheint. Es würde als ein Beispiel zu dem passen, was Sie über die Substituierung in der Verleugnung gesagt haben, Miss Freud, weil hier die unlustvolle Dunkelheit zur Morgendämmerung gemacht wird.

SANDLER: Es wäre wohl an der Zeit, daß sich einmal jemand die ganze Gruppe der »Umkehrungs«-Abwehrformen vornähme, denn viele unserer Unterscheidungen sind ziemlich willkürlich. Wenn wir an die Definition der Verleugnung denken, die wir verwendet haben, dann würde die Vorstellung von der Affektumkehr auch zu der Situation passen, wo jemand, der Angst hat, die Angst durch Erregung oder Hochgefühl ersetzt. Die sogenannte Affektumkehrung ist in diesem Kontext dasselbe wie Affektverleugnung. Dann aber gibt es auch die Person, die etwas tut, was eine äußere Angst-

quelle verleugnet, und das ist nicht dasselbe wie Affektumkehrung. Vermutlich müssen wir den Kontext beachten, in dem wir einen speziellen Terminus verwenden. Ich denke, Miss Freud sprach im Kontext der Außenwelt, der Realität außerhalb der Person selbst.
FREUD: Ja, wenn das Kind magisches Denken verwendet, dann tut es das auf der Grundlage einer Verleugnung der realen Tatbestände. Das magische Denken wird dann hinzugefügt. Wir könnten also entweder sagen, es sei Teil der Verleugnung, oder, es verstärke die Verleugnung.
SANDLER: Ich fand es bestechend, daß Sie sagten, die Verleugnung sei ein Vorläufer der Abwehr, Miss Freud, und das erscheint sehr sinnvoll, wenn wir die Verleugnung einfach als Entzug der Aufmerksamkeit von etwas Unlustvollem oder Bedrohlichem bezeichnen. Würden wir aber nicht dem Mechanismus den vollen Status einer Abwehrform verleihen, wenn wir ihn so verwenden, wie Sie es hier getan haben?
FREUD: Als ich die Verleugnung einen Vorläufer von Abwehr nannte, war meine Vorstellung die, daß das Kind das Abwehren von Reizen aus der Innenwelt auf der Grundlage seiner Erfahrungen im Umgang mit der Außenwelt erlernt. Wenn es einmal die Erfahrung der Verleugnung von Außenreizen gemacht hat, dann wird dadurch die Verdrängung dessen, was aus der Innenwelt kommt, sehr erleichtert. Das war meine Vorstellung.
SANDLER: Wenn wir Abwehr in einem weiten Kontext betrachten – und Sie selbst waren es, Miss Freud, die als erste den Gedanken der Abwehr so verallgemeinerte, daß auch Formen von Abwehr der Außenwelt einbezogen wurden – dann hätten wir eine sehr gute Basis dafür, die Verleugnung als Abwehrform im vollen Sinne des Terminus zu bezeichnen, als einen Abwehrmechanismus gegenüber der Außenwelt.
FREUD: Ja. Wenn wir die Abwehr der Außenwelt mit einbeziehen, dann müssen wir die Verleugnung als Abwehrmechanismus betrachten. Es ist interessant zu sehen, wie sich die Verleugnung mit magischem Denken verbinden läßt, und wir können dann auch fragen, wann aus Verleugnungen Lügen werden.
SANDLER: Ebenso auch aus Rationalisierungen. Vielleicht sollten wir uns eine Entwicklungslinie vorstellen.
FREUD: Ja, das wäre interessant.
SANDLER: Es ist auch interessant, daß die Art Abwehrtätigkeit, die

Sie in diesem Kapitel beschreiben, etwas anderes ist als das, was wir normalerweise unter Agieren verstehen. Es ist nicht die Art Tätigkeit, in der ein von innen kommender unbewußter Wunsch im Handeln statt im Bewußtsein Ausdruck findet. Was Sie hier beschreiben, ist mehr als ein defensiver Gebrauch der Aktionen, um etwas Peinliches und Unlustvolles zu beseitigen. Es ist nicht die Inszenierung eines unbewußten Wunsches.

FREUD: Auf deutsch müßte es *handeln* heißen und nicht *agieren*.

SANDLER: In vielen Beispielen, die Sie angeführt haben, Miss Freud, haben Sie veranschaulicht, wie das Kind sich die Illusion schaffen kann, es sei stark oder erwachsen. Die Realität fügt ihm eine narzißtische Wunde zu, ein Gefühl von Unzulänglichkeit, und die Fantasien und Reaktionen des Kindes, die Verleugnungen, die Sie beschreiben, zeigen auf, wie das Kind seine narzißtische Versorgung wiederherstellt, sein Wohlbefinden wiedergewinnt und sich mittels Identifizierung mit den Erwachsenen ein lustvolles Gefühl verschafft.

FREUD: Aber natürlich ist es auch die Furcht der Erwachsenen, den Narzißmus des Kindes zu verletzen, die sie bei der Erziehung des Kindes zu vielen solchen Vortäuschungen mittels Umkehrungen veranlaßt. Um dem Kind nicht weh zu tun, schließt man sich den Methoden des Kindes an, was auf Dauer für das Kind nicht hilfreich ist.

SANDLER: Aber bis zu einem gewissen Punkt muß es für das Kind doch sehr nützlich sein.

FREUD: Es ist für das Kind angenehm. Die Frage ist aber, ob es die Anpassung des Kindes an die Realität fördert, die es schließlich irgendwann leisten muß.

SANDLER: Aber geben wir dem Kind nicht ein Gefühl von Sicherheit, wenn wir dann und wann Methoden wie Vortäuschung und Umkehrung gebrauchen?

FREUD: Das tun wir, aber es ist eine falsche Sicherheit. Das sehr kleine Kind braucht sie, doch die Frage ist, wie lange. Manchmal wird die Wirklichkeit zu spät eingebracht, und das Kind ist mittlerweile daran gewöhnt, sich mit Vortäuschungen zu trösten.

MASON: In einem guten Kindergarten achtet man darauf, daß nicht zu viel von solcherlei Vortäuschen stattfindet. Ich muß dabei an Kinder denken, denen immer die Babyrolle lieber ist als das Erwachsenen sein. Man macht sich bei ihnen Sorgen.

Edgcumbe: Wenn wir an eine Situation denken, in der ein unlustvoller äußerer Tatbestand zu verringertem Selbstwertgefühl oder Angst geführt hat, sind dann nicht Realitätsverleugnungen und Affektverleugnung alternative Möglichkeiten des Umgangs mit einer solchen Situation? Einerseits gibt es die Möglichkeit, die Realität zu verleugnen und dafür etwas Angenehmeres einzusetzen, das gute Gefühle aufkommen läßt. Doch es gibt auch die Alternative, bei der die Realität akzeptiert wird, aber mit ihr verknüpfte Gefühle verleugnet werden. Ich frage mich, ob man die Affektverleugnung als eine spätere Entwicklung ansehen soll, die gebraucht wird, wenn es nicht mehr möglich ist, die Realität zu verleugnen, weil dies den eigenen Realitätssinn zu sehr belasten würde. Könnte man sich hier eine entwicklungsmäßige Abfolge vorstellen, in der eine Bewegung von der Verleugnung der äußeren Realität hin zum Akzeptieren der äußeren Realität stattfindet, doch mit Verleugnung des Affekts, der dabei entstanden ist?
Freud: Ich denke ja, denn solange die Realitätsverleugnung stattfindet, kann der Affekt nicht auftreten. Wenn sie nicht mehr funktioniert, entsteht der Affekt, und dann muß er verleugnet werden. Ich werde an etwas erinnert, was mein Vater sagte, und was Sie vermutlich kennen, als er davon sprach, wie wir unsere Kinder erziehen. Er sagte, wir geben ihnen eine Karte von den italienischen Seen und schicken sie zum Nordpol.
Berger: Es gibt noch eine andere Seite dessen, was man tut, wenn man versucht, mit dem Kind die Verleugnungstechnik mitzumachen. Das Kind könnte die Heuchelei in unserem Tun bemerken und dann nicht mehr den Wunsch haben, groß und klug zu sein. Es möchte zum Beispiel lieber ein Baby sein.
Freud: Das kommt sehr häufig vor, wenn das Kind krank ist und ihm eine Spritze oder eine Medizin gegeben werden soll. Kinder nehmen es sehr übel, wenn die Mutter die schlechtschmeckende Medizin mit etwas Süßem kaschieren will, und werden von da an der Mutter mißtrauen. Sie werden dem Süßen und Guten mißtrauen, denn wer kann wissen, was sich dahinter verbirgt. Die umgekehrte Methode, die meines Erachtens die richtige ist, wäre zu sagen: »Das schmeckt sehr schlecht, aber . . .« Ich denke, das Kind wird dann den Erwachsenen mehr achten und sich sicherer fühlen.
Sandler: Wir sind uns sicher alle darüber einig, daß solche Tricks

der Eltern, denen das Kind unweigerlich auf die Schliche kommt, wie etwa zu sagen, es täte nicht weh, wenn es dann doch weh tut, für die Entwicklung des Kindes nur schädlich sein können. Doch die Arten von Verleugnung im Handeln, die Sie in diesem Kapitel beschrieben haben und an denen die Eltern teilnehmen, indem sie dem Kind »erwachsene« Geschenke machen, können seinem Narzißmus enorm hilfreich sein. Es kann später im Leben ein Gefühl magischer Identifizierung erleben, wenn es Abzeichen und Uniformen trägt, ebenso bei seinen symbolischen Identifizierungen mit bewunderten Vorbildern. Ich denke, man kann das zum Teil direkt auf die früheren Verleugnungstechniken mittels des von Erwachsenen initiierten Erwachsen-Spielens zurückverfolgen. Ein Kind, dem solche Dinge nicht vermittelt werden, leidet vermutlich auch in seiner Entwicklung.

FREUD: Ja, so ein Kind wird zu früh in die Realität gedrängt. Es ist sehr schwer zu sagen, wann der richtige Zeitpunkt für die Kinder ist, die mit der Vorstellung aufwachsen, alle Erwachsenen seien nette Leute, gute Onkels und Tanten, um sich klar zu werden, daß das nicht so ist. Irgendwann muß das Kind das zur Kenntnis nehmen. Es gibt tausenderlei Arten, wie man die kindliche Verleugnung seiner Kleinheit und seiner Begrenztheiten mitmacht, wie man sie fortsetzt.

KENNEDY: Ich möchte gerne noch einmal auf Rose Edgcumbes Votum zurückkommen. Wenn es einen Entwicklungsschritt von der Realitätsverleugnung zur Affektverleugnung gibt, könnten wir dann nicht auch sagen, die Verleugnung in der Fantasie stelle einen weiteren Schritt dar? Die Fantasie tritt an die Stelle des Handelns, es wird also eine unlustvolle Realität durch eine lustvolle Fantasie ersetzt. Auch da gibt es eine Abfolge.

SANDLER: Wenn wir hier von einer Entwicklungslinie sprechen wollen, sollten wir auch etwas beachten, das für alle Entwicklungslinien gilt, daß nämlich die vorangegangenen Schritte nicht verschwinden – vielmehr kommen die späteren Ebenen zu den früheren hinzu. Was wir als Entwickslungslinie bezeichnen, ist eigentlich eine Art entwicklungshafter Verzweigung. Wir könnten also die Verleugnung der äußeren Realität als etwas ansehen, das schon früh einsetzt; zu einem bestimmten Zeitpunkt könnte dann die Affektverleugnung möglich werden, die für das Kind schwieriger und komplizierter ist, und es könnte dann beide Methoden je nach Be-

darf gebrauchen. Mit der Entwicklung von Denken und Fantasie könnte es dann auch die Verleugnung in der Fantasie verwenden, die anspruchsvoller ist als die Verleugnung durch Handlung. Nebenbei in diesem Zusammenhang, ich bin mir gar nicht sicher, daß die Verleugnung in der Fantasie nach der Affektverleugnung kommt. Ich glaube nicht, daß wir eine Entwicklungslinie von der Verleugnung im Handeln über Affektverleugnung zu Verleugnung in der Fantasie postulieren können.
FREUD: Die Fähigkeit, ohne Handeln vorzutäuschen, kommt in der Entwicklung später als das Vortäuschen durch Handlung, das einen Gegenstand für die Handlung benötigt, gewöhnlich ein Spielzeug. Später kann dieses Mittel beiseite gelassen werden, und die Verleugnung kann in der Fantasie stattfinden. Der Dreijährige im Kindergarten, der spielt, er sei ein Polizist, braucht dazu einen Helm. Der Achtjährige dagegen, der in der Fantasie ein Polizist ist, braucht dazu keinen Helm mehr.
SANDLER: Er kann ja auch ein Polizist in Zivil sein!
EDGCUMBE: Er braucht auch nicht hinter anderen Kindern herzulaufen, er kann einfach dasitzen und es sich ausdenken.
SANDLER: Es gibt da etwas, das man manchmal bei sehr kleinen Kindern sehen kann, und ich frage mich, ob Sie das auch unter Verleugnung einordnen würden. Ich erinnere mich an ein zehn Monate altes Kind, das auf dem Boden krabbelte, seinen Kopf anstieß, einen Moment weinte, und dann absichtlich noch einmal seinen Kopf gegen das Stuhlbein stieß. Man denkt dabei natürlich sofort an aktive Bewältigung eines passiv erlittenen schmerzhaften Erlebnisses, doch in bestimmtem Sinne ist es auch wie eine Verleugnung, eine Umkehrung, wie wenn das Kind sagen würde: »Ich bin nicht derjenige, der der Umgebung ausgeliefert ist.«
BURLINGHAM: Ich denke, sein Interesse an dem Geschehenen veranlaßt es, das nochmal zu machen.
FREUD: Und ebenso der Wunsch nach Bewältigung. Es ist beides zugleich.
BURLINGHAM: Ich glaube aber nicht, daß es eine Verleugnung ist.
BERGER: Es beunruhigt mich ein bißchen, daß wir die Tatsache aus den Augen verlieren könnten, daß wir von einer Abwehrform sprechen. In allen Fantasien gibt es eine Verleugnung, und wenn wir von Verleugnung in der Fantasie reden, dann müßten wir meines Erachtens versuchen, diese von der Verleugnung zu unterscheiden,

die es im gewöhnlichen lustvollen Fantasieren aller Kinder gibt. Sonst müßten wir ja alle Fantasien als Abwehr betrachten.
SANDLER: Wir haben hier eine reale Schwierigkeit, weil uns Fantasien sicherlich helfen, von unlustvoller Wirklichkeit abzusehen, und weil in den kindlichen Fantasien die narzißtische Befriedigung vielleicht den wichtigsten Faktor bildet, außer der Befriedigung von Triebwünschen. Ich denke, Miss Freud, daß Sie hier den Gedanken einer Abwehr gegen narzißtische Verletzungen hereingebracht haben, ohne das ausdrücklich so zu sagen. Wir wissen, wie wichtig das in unserer klinischen Arbeit ist, und wie wichtig es ist, nicht jede Abwehr als Abwehr eines Triebwunsches anzusehen. Aber das stellt uns vor das Problem, die Verleugnung in der Fantasie als Abwehrmechanismus von der gewöhnlichen tröstenden befriedigenden Rolle der Fantasie abzugrenzen. Vermutlich läßt sich da keine klare Linie ziehen.
FREUD: Vermutlich würden wir es Abwehr nennen, wenn das Kind eine solche Verleugnung in der Fantasie oder in der Handlung in größerem Umfang vornimmt, auf Kosten seiner Bewältigung der realen Welt.
SANDLER: Sie verwenden in diesem Kapitel das Wort »Verarbeitung« (68, 272), Miss Freud, in der Schilderung des kleinen Mädchens, das mit dem unlustvollen Vergleich zwischen sich und seinen Brüdern zurechtkommen muß. Ich möchte fragen, wie Sie das gemeint haben.
FREUD: Vermutlich eine Lösung dafür finden zu müssen, damit fertig zu werden. Mit dem deutschen Wort *Verarbeitung* war gemeint, daß das Kind sein Problem auf konstruktive Weise bewältigen müsse. »Es zu assimilieren« könnte den Sinn treffend wiedergeben.
SANDLER: Die ganze Frage zur Verwendung von Verleugnung im Umgang mit dem Penisneid ist interessant wegen dessen Universalität, sogar bei kleinen Mädchen, die nie Jungen oder Tiere gesehen haben. In einer Fußnote verweisen Sie auf Rados Auffassung vom »Wunschpenis« als einer halluzinatorischen Reproduktion des Penis durch das kleine Mädchen. Man könnte sich fragen, ob nicht im angeborenen neurologischen Plan des Körperschemas sowohl für Jungen als auch für Mädchen ein Penis vorgesehen ist.
FREUD: Das ist eine interessante Idee.
SANDLER: In diesem Kapitel geben Sie dafür Beispiele, wie Exhibi-

tionismus zu Abwehrzwecken verwendet wird, und die Frage von abwehrbedingtem versus triebbedingtem Exhibitionismus ist für die Analyse besonders interessant. Sie beschreiben das Bedürfnis des kleinen Mädchens nach Tröstung und seine abwehrbedingte Aufforderung »Schau unter meinen Rock!« oder »Schau mich an!«, um das Gefühl zu verleugnen, kastriert zu sein. Ich meine, wir haben da klar genug den Triebaspekt vom Abwehrapsekt solcher Handlungen unterschieden. Wir wissen, wie oft Kinder exhibitionistisch werden, wenn sie die Aufmerksamkeit der Eltern verloren haben (etwa wenn ein Geschwister zur Welt gekommen ist), und wie wir uns irren können, wenn wir das nur als triebbedingt betrachten. Wie bringen wir das zusammen?
FREUD: Wissen Sie, das ist im Zusammenhang mit der Masturbation viel diskutiert worden. Man kann Masturbation als eine Triebbefriedigung betrachten, doch sie bedeutet für den Jungen auch eine Bestätigung, daß er intakt ist, daß der Penis funktioniert. Das ist eine triebbestimmte, das andere eine defensive Verwendung, und für den Exhibitionismus gilt dasselbe.
SANDLER: Wir können vielleicht sagen, daß das Kind seine natürlichen exhibitionistischen Regungen sich im Dienste der Abwehr nutzbar macht. Vom technischen Standpunkt her ist das sehr wichtig, denn es hat Auswirkungen auf das, was wir deuten. Vieles von dem, was als triebbedingter Exhibitionismus aufgefaßt worden ist, scheint mir im wesentlichen abwehrbedingt zu sein.
FREUD: Aber doch nicht in der phallischen Phase.
KENNEDY: In den Hampstead Nurseries gab es ein kleines Mädchen, das auch von Ihnen besprochen wurde, Miss Freud. Sie benahm sich sehr exhibitionistisch, legte sich abends vor dem Zubettgehen auf den Boden, die Beine gespreizt, und forderte die Jungen auf, sie anzuschauen oder mit ihr zu spielen. Dann entwickelte sie einen akuten Penisneid und wollte ihre Genitalien nicht mehr vorzeigen. Sie blieb weiterhin sehr exhibitionistisch, hörte aber auf, die Genitalien selbst zur Schau zu stellen.
FREUD: Ich erinnere mich aber noch daran, daß sie jedesmal, wenn ich zur Nursery kam, auf mich zulief und sagte: »Komm und schau mein Sonntagskleid an.« Oder sie zeigte etwas vor, was sie am Finger trug, und auf das sie stolz war.
SANDLER: In der phallischen Phase geht sicherlich, wie Sie gesagt haben, Miss Freud, beides miteinander Hand in Hand.

Freud: Vor allem aber geht es um die Rückversicherung, daß da nichts defekt ist.
Sandler: Sie sagen in diesem Kapitel, Miss Freud, die Verleugnung könne »nur so lange verwendet werden, als sie neben der Realitätsprüfung bestehen kann, ohne sie zu zerstören« (71, 275). Ich frage mich, wie weit die Verleugnung im normalen Leben aufgegeben wird. Mich hat zunehmend beeindruckt, daß wir als Analytiker gar nicht leicht die erfolgreichen Verleugnungen unserer Patienten erkennen, wenn wir nicht aus unabhängigen Quellen davon erfahren. Man erkennt dann erst, wie viel der Patient aus der Analyse herausläßt. Offensichtlich bleibt die Fähigkeit zur Verleugnung erhalten, und sie muß wohl ein nützlicher Anpassungsmechanismus sein, auch beim Erwachsenen. Ich frage mich, in welchem Maße der Gebrauch von Verleugnungen im Erwachsenenleben beschränkt wird. Die Fähigkeit zu verleugnen bleibt sicher erhalten.
Freud: Die Fähigkeit bleibt erhalten. Wissen Sie, in unserem alltäglichen Umgang mit anderen Menschen empfinden wir ihre Realitätsverleugnung als außerordentlich störend. Wir merken, daß es schrecklich schwer ist, jemanden von etwas zu überzeugen, das er verleugnet hat, oder ihn zur Änderung seines Verhaltens zu bringen, wenn er Verleugnung benützt. Wir beklagen uns dann und sagen: »Es ist einfach unmöglich, mit diesem Menschen zurechtzukommen, er hat keinen Sinn für die Wirklichkeit.« Es bedeutet, daß sein Tun unangepaßt ist, oder vielmehr, daß es von anderen als unangepaßt empfunden wird.
Sandler: Doch innerpsychisch ist es manchmal eine sehr gelungene Anpassung.
Freud: Sehr gelungen, aber nur, wenn die Person in ihrer Welt die einzige ist.
Sandler: Offensichtlich ist eine gute Anpassung für den einen keine gute Anpassung für den anderen.
Berger: Natürlich ist Verleugnung nur in beschränktem Maße eine gute Anpassung. Wenn man etwa krank ist und die Schwere der Krankheit verleugnet, dann ist das keine ökonomische Anpassung.
Sandler: Doch für das Hier-und-jetzt ist es eine gute Anpassung, gerade für den Moment, ohne längerfristige Perspektive. Was im Moment eine gute Anpassung darstellt, mag auf längere Sicht keine gute Anpassung sein.
Freud: Das erklärt natürlich auch, warum Kindern Verleugnung

so leichtfällt, weil sie ja keine längerfristige Sichtweise einnehmen. Für die Zwecke des Hier-und-jetzt ist die Verleugnung ein sehr nützlicher Mechanismus.

MASON: Mich beschäftigt, wie Verleugnung im Handeln in die Persönlichkeit eingefügt werden kann. Ich erinnere mich an ein kleines Mädchen, das bei mir in Behandlung war und einen starken Penisneid hatte, als es drei Jahre alt war. Sie hob in der Zeit immer wieder ihre Kleider hoch und sagte: »Ich habe einen.« Nach Beendigung der Behandlung kam sie gut voran, war in ihrer Arbeit erfolgreich und wurde schließlich Modell. Für mein Gefühl gründete sich dies auf dieselbe Art der Verleugnung.

FREUD: Andererseits werden Menschen, die im Erwachsenenleben ausgiebigen Gebrauch von Verleugnung machen, von der Realität sehr bedroht, wenn sie unmittelbar mit ihr konfrontiert sind. Die Wirklichkeit verträgt sich nicht mit ihrer Bewältigungsweise, und sie leiden sehr darunter.

SANDLER: Wenn Sie auch schon zwanghafte Verleugnungstätigkeit von eigentlichem Zwangsverhalten unterschieden haben, Miss Freud, hätte ich doch gerne gewußt, ob Sie sagen würden, der Drang zur Verleugnung, wie Sie ihn in diesem Kapitel beschrieben haben, habe einen zwingenden Charakter.

FREUD: Ja, so war es eigentlich gemeint. Es ist kein Drang, aber es hat die Qualität von Drängendem, Forderndem.

SANDLER: Könnten Sie noch den letzten Satz des Kapitels näher ausführen, wo Sie sagen: »Das Ich erwirbt sich, wo der Mechanismus über Gebühr gebraucht wird, Auswüchse, Sonderbarkeiten, Eigenheiten, die sich – wenn die Zeit der primitiven Leugnungen endgültig abgelaufen ist – nur schwer wieder rückbilden lassen« (73, 277). »Auswüchse« (excrescences) klingt nicht nach den Worten, die Sie sonst verwenden, Miss Freud.

FREUD: Das deutsche Wort lautet *Auswüchse*, das eigentlich »outgrows« bedeutet. *Sonderbarkeiten* sind »eccentricities«, *Eigenheiten*, jedoch persönliche Eigenarten, vielleicht besser »peculiarities« als »idiosyncrasies«. Ich meine damit, daß sich dieser besondere Mechanismus in die Struktur der Erwachsenenpersönlichkeit einfügen läßt, wenn wir uns damit abfinden, daß diese Persönlichkeit dann in einem ganz beträchtlichen Maße entstellt wird.

SANDLER: Ja, man kann vielleicht bei einem Politiker oder einem Bigotten oder bei jemand, von dem wir sagen würden, er habe ein verzerrtes Ich, den Gebrauch der Verleugnung erkennen. Ich meine die Sorte polemisierender, massenaufhetzender Politiker. Die Verleugnung geht über in Lügen und Verfälschungen.

KENNEDY: Vielleicht glauben sie selbst nicht, was sie sagen.

SANDLER: Oh doch, das tun sie. Ich weiß nicht, wie das mit der Vorstellung von einem Hochstapler zusammenhängt, aber ich glaube, es hat etwas damit zu tun. Er gibt sich als groß aus, doch er fühlt, daß er klein ist. Dann ist die Frage, ob er glaubt, was er sagt, oder nicht. Ich vermute, viele Hochstapler glauben es nach einer Weile tatsächlich.

KENNEDY: Ist das nicht ziemlich dasselbe, was Verleugnung beim Kind bedeutet? Das Kind sieht etwas und behauptet, das gebe es nicht, und wir können sagen, daß es das zu einem Moment halbwegs glaubt, doch im nächsten Moment wieder zur Wirklichkeit zurückgebracht werden kann.

FREUD: Beim Erwachsenen wäre es viel mehr verfestigt. Beim Kind ist es ein Pendeln zwischen Fantasie und Wirklichkeit, zwischen Verleugnung und Realisierung, es ist viel beweglicher. Wenn der Erwachsene ein Großteil seines Lebens auf Verleugnung aufbaut, dann muß er sehr fest bauen. Nebenbei, viele Kinder, besonders Heranwachsende, beklagen sich in dieser Hinsicht über ihre Eltern. Sie sagen, sie könnten ihren Eltern nicht beibringen, die Wirklichkeit zu sehen, sie würden ständig verleugnen, alles zu sehr durch die rosa Brille betrachten und so weiter.

SANDLER: Manchmal führen die Eltern ebenso Klage über das Kind! Doch zur Frage, ob Hochstapler und Demagogen das glauben, was sie sagen, oder nicht, ist vielleicht von Bedeutung, daß das Ich im Laufe seiner Entwicklung nicht lernt, die Realität mit einem Etikett zu versehen, sondern vielmehr bestimmte Erlebnisse mit dem Etikett »unwirklich« zu kennzeichnen. Wenn das Ich also nicht besonders aufmerksam ist oder wenn es in bestimmter Weise verführt wird, dann wird das Etikett der Unwirklichkeit zeitweilig entfernt, und es wird alles als Wirklichkeit behandelt, wie es einmal ganz zu Anfang beim Kind geschah. Wir müssen uns anstrengen und darauf achten, Dinge als unwirklich zu kennzeichnen.

TYSON: Gelegentlich begegnet man Menschen, die unentwegt optimistisch und hoffnungsfroh sind, bei denen man sich fragt, wie sie das machen. Muß man das als eine Abwehr betrachten?

FREUD: Ja, gerade so wie der Komödiant, der eigentlich depressiv ist, von der Abwehr der Affektumkehrung lebt.

8 Die Ich-Einschränkung

Anna Freud zeigte im Vorangegangenen, daß Verleugnung vom Kind in Situationen gebraucht wird, wo es sonst keine Möglichkeit hat, einem unlustvollen Eindruck von außen zu entgehen. Wenn das Kind älter wird, findet es Wege zur Vermeidung solcher Eindrücke, und es besteht dann kein Bedürfnis nach Verleugnung mehr. Dem Ich steht es frei, »es gar nicht auf das Zusammentreffen mit der gefährlichen äußeren Situation ankommen zu lassen« (73, 279). Das ist die im Folgenden besprochene »Ich-Einschränkung«.

Anna Freud beschreibt nun einen kindlichen Patienten, der mit Situationen, in denen er sich in Konkurrenz mit der Analytikerin erlebte, so umging, daß er auf die betreffende Tätigkeit verzichtete. Er konnte es nicht ertragen, seine eigene Leistung mit der des anderen zu vergleichen; er vermied dies durch Aufgeben der Tätigkeit und verlor sein Vergnügen und sein Interesse daran. Gleichzeitig begann er, sich mit anderen Tätigkeiten zu befassen, bei denen er sich überlegen fühlte, und verweilte dabei lange Zeit. »Er schränkt seine Ich-Funktionen ein, zieht sich, sehr zum Schaden seiner Entwicklung, von allen äußeren Situationen zurück, die ihm die am meisten gefürchtete Unlust präsentieren können« (74f., 356f.). Es scheint viele intelligente Kinder zu geben, die sich nicht in die bekannten Kategorien von Lernstörungen einordnen lassen, die aber die Teilnahme an Beschäftigungen vermeiden, bei denen ihre Leistungen mit denen anderer Kinder verglichen werden können. Solche Vergleiche setzen in ihren Augen ihre eigene Arbeit herab, und sie entwickeln eine Abneigung dagegen, den Versuch zu wiederholen. Im Ergebnis bleiben sie darum »untätig, wollen sich an keinen Platz und an keine Beschäftigung binden und begnügen sich damit, den andern bei der Arbeit zuzuschauen« (75, 281). Anna Freud stellt diese Form des Rückzugs den neurotischen Hemmungen gegenüber, bei denen bestimmte harmlose Ich-Tätigkeiten in Beziehung zu früheren sexuellen Impulsen geraten sind, die abgewehrt wurden. Weil die Ich-Tätigkeiten sexualisiert wurden, müssen sie nun abgewehrt werden. Die Ich-Einschränkung unterscheidet sich aber von derlei Hemmungen, denn Kinder, die ihre Arbeitsfähigkeit infolge der Ich-Einschränkung aufgegeben haben, können sie wiedergewinnen, wenn die äußeren Bedingungen verändert werden. Bei neurotischen Hemmungen ist das nicht der Fall. Man kann einen völligen »Umschwung« einer Ich-Einschränkung in Fällen beobachten, wo Kinder in der Schule nicht lernen können, im privatem Nachhilfeunterricht jedoch sehr gut vorankommen, weil keine Vergleiche ihrer Arbeit mit der anderer stattfinden.

Einschränkungen der beschriebenen Art, die das Ich sich auferlegt, erfolgen jedoch nicht nur mit der Absicht, eine schmerzliche Erkenntnis von eigener Unterlegenheit zu vermeiden. Es kann auch andere Gründe dafür geben, etwa Angst vor der Aggression, die sich aus dem Neid der Konkurrenten entwickeln könnte. Anna Freud schildert den Fall eines kleinen Jungen, der ein guter Fußballspieler war, aber Angst vor den größeren Jungen bekam, weil sie neidisch und aggressiv werden könnten. Seine Freude am Sport verging, und indem seine sportlichen Leistungen nachließen, vermied er die Situation, die seine Kastrationsangst geweckt hatte. Gleichzeitig entwickelte er seine literarischen Fähigkeiten. Sie erwähnt weiter ein zehnjähriges Mädchen, das mit großen Erwartungen zu ihrer ersten Tanzgesellschaft ging und sich dabei in den hübschesten Jungen verliebte. Sie entwickelte eine Fantasie heimlicher Zusammengehörigkeit, doch machte der Junge beim Tanz eine spöttische Bemerkung über ihre Ungeschicklichkeit. Das war eine schockartige Beschämung für sie, die sie veranlaßte, nun Gesellschaften zu meiden und ihr Interesse an Kleidern und Tanzen zu verlieren. Dann jedoch wandte sie sich intellektuellen Tätigkeiten zu und erwarb sich auf einem längerem Umweg so doch die Anerkennung der Jungen. Obwohl sich später ergab, daß ihre Enttäuschung beim Tanz die Wiederholung eines früheren traumatischen Erlebnisses war, so galt ihre Flucht doch dieser Realsituation, die ihr intensive Unlust verursacht hatte.

Anna Freud weist darauf hin, daß sich bei der neurotischen Hemmung die Abwehr gegen die Umsetzung einer verpönten inneren Triebregung in Handlung richtet. Wenn sich auch die Hemmung scheinbar auf die Außenwelt bezieht, sind es doch die inneren Vorgänge, vor denen die Person sich fürchtet, wie man es auch bei den Phobien findet. Im Gegensatz dazu werden bei der Ich-Einschränkung unlustvolle Außenwelteindrücke vermieden, die in der Gegenwart entstehen, weil sie ähnliche frühere Eindrücke wieder aufleben lassen könnten. Während sich bei der Hemmung das Ich gegen die eigenen inneren Vorgänge wehrt, ist bei der Ich-Einschränkung die Abwehr gegen Außenreize gerichtet. Bei der Hemmung findet ein ständiger Kampf gegen einen Triebwunsch statt, in dem viel Energie verausgabt wird, und die Verbindung des unbewußten Wunsches mit der Verhinderung seiner Ausführung bleibt fortbestehen. Eine solche Verbindung gibt es bei der Ich-Einschränkung nicht. Wichtig ist nicht, was die Handlung repräsentiert oder symbolisiert, sondern ob sie Lust oder Unlust erzeugt. Lassen die Tätigkeiten Unlust oder Angst entstehen, dann hält das Ich nicht mehr am Wunsch nach ihrer Ausführung fest. Es können dann ganze Bereiche aufgegeben werden, und das Ich »wirft die Aktivität nach schlechten Erfahrungen in möglichst entgegengesetzte Richtungen« (80, 287).

Die Ich-Einschränkung ist keine Form von Neurose, sondern ein normales Entwicklungsphänomen. Nur wenn sie zu stark ausgebildet worden ist, führt sie zu Entwicklungsstörungen. Anna Freud meint, daß moderne Erziehungsmethoden, die dem Kind sehr viel Handlungsfreiheit, insbesondere in der Wahl seiner Beschäftigungen und Interessen lassen, fehlgeleitet sein könnten, weil sie die kindliche Bereitschaft zur Vermeidung von Unlust unterschätzen. Kinder würden in vielen Fällen, wo sie nicht durch äußere Forderungen geführt werden, ihre Beschäftigungen nur auf der Grundlage der Absicht von Unlustvermeidung auswählen. Das Resultat der Wahlfreiheit ist dann »nicht Persönlichkeitsentfaltung, sondern Ich-Verarmung« (81, 288).

Das kindliche Ich schützt sich gegen die Ausbildung einer Neurose, indem es Angstentwicklung durch Ich-Einschränkung aufhält, sich aber als Folge davon selbst deformiert. Doch Menschen, die Ich-Einschränkung gebrauchen, können sich mit Angstsituationen konfrontiert sehen, wenn sie aus äußeren Gründen gezwungen sind, ihre Lebensführung zu ändern. Ein solcher Entzug des Angstschutzes durch Ich-Einschränkung kann dann zum aktuellen Anlaß für Neurosenbildung werden.

Anna Freud fährt fort und weist darauf hin, wie die Außenwelt die Entwicklung fördern, aber auch Hemmungen oder Symptome beim Kind bewirken kann, je nachdem sie Möglichkeiten zu Ich-Einschränkungen verringert oder vermehrt. Sie beschreibt schließlich, wie Eltern ihre Kinder vor Angst zu schützen suchen, indem sie deren Beschäftigung einschränken, was bewirken kann, daß keine Symptome entstehen. »Man muß ein solches Kind erst seinem Schutz entziehen, ehe der Umfang seiner Symptome sich objektiv beurteilen läßt« (82, 289).

Die Diskussion

Sandler: Die Unterscheidung zwischen neurotischer Hemmung und Ich-Einschränkung, die wir im Kapitel 3 diskutierten, ist in diesem Kapitel ganz klar getroffen worden. Am Anfang sagen Sie, Miss Freud: »Die Methode der Leugnung mit daraufgesetzter Fantasie vom Gegenteil wird in Situationen verwendet, in denen der peinliche Außenweltseindruck unentrinnbar ist« (73, 279). Wir müssen also bei der Verleugnung wie bei den anderen bisher diskutierten Abwehrmechanismen annehmen, daß bereits eine unbewußte Wahrnehmung von etwas Peinlichem oder Bedrohlichem stattgefunden hat, eine Art Vor-Wahrnehmung, eine unterschwellige oder unbewußte Wahrnehmung. Auf irgendeiner Ebene hat die Person von dem Kenntnis erlangt, was sie abwehrt. Geschieht das auch bei Ich-Einschränkungen? Ich frage dies deshalb, weil die Person offensichtlich auf irgendeiner Ebene entscheidet, Situationen zu vermeiden, die ihr aus diesem oder jenem Grunde mißfallen.
Freud: Die Ich-Einschränkung gilt dem Unlustaffekt, der durch ein äußeres Erlebnis hervorgerufen wird. Der Gedanke dabei ist, daß es für ein Kind, das einmal die Erfahrung gemacht hat, daß ein solcher Affekt aufkommen kann, am einfachsten ist, sich nicht noch einmal auf die gleiche Situation einzulassen. Das hatte ich im Sinn, als ich sagte, es sei keineswegs ein neurotischer Mechanismus, sondern eigentlich einer von den Mechanismen, die uns dabei helfen, unsere verschiedenen Persönlichkeiten aufzubauen. Vom frühesten Alter an gibt es eine mehr oder minder automatische Vermeidung des Unlustvollen, und warum *sollten* wir denn überhaupt Unlusterlebnisse haben? Das Ich hat das Gefühl, es gebe doch anderes, was man statt dessen tun könnte.
Sandler: Das scheint mir besonders relevant für die wichtige Unterscheidung zwischen phobischer Vermeidung und Ich-Einschränkung zu sein.
Freud: Wissen Sie, ich hatte damals große Schwierigkeiten, anderen diesen Unterschied verständlich zu machen. Sie wollten das gar

nicht verstehen. Sie meinten, ich würde etwas zerstören, was ein sehr gutes analytisches Konzept war, nämlich die Idee der phobischen Vermeidung. Nun sieht eine Ich-Einschränkung anfangs tatsächlich der phobischen Vermeidung ganz ähnlich, doch dann ist die entscheidende Frage, was in der Phobie vermieden wird. Wir wissen, das Vermiedene ist eine innere Situation, ein innerer Drang, der nach außen projiziert, nach außen verschoben und dann in der Außenwelt vermieden wird.

SANDLER: Und als Ergebnis muß dann die Phobie lebendig gehalten werden, damit sie ihre Aufgabe erfüllen kann. Die Person muß ständig mit ihr beschäftigt sein, doch bei der Einschränkung des Ichs, wie Sie sie beschrieben haben, ist das nicht der Fall.

FREUD: Ja, der Wunsch muß lebendig bleiben, damit es die phobische Vermeidung geben kann. Bei der Ich-Einschränkung jedoch ist es eine äußere Situation, die den Unlustaffekt entstehen läßt. Die Situation kann vermieden und die Tätigkeit aufgegeben werden, und die Situation ist dann nicht speziell besetzt wie bei der Phobie. Im Laufe der Zeit wird dann der Wunsch nach der betreffenden Tätigkeit ganz aufgegeben und die Besetzung auf etwas anderes gelenkt. Das ist aber ganz anders als beim phobischen Vorgang, bei dem die Besetzung fest an der vermiedenen Tätigkeit oder Situation haften bleibt, und ebenso fest muß eine Gegenbesetzung an ihrer Stelle verbleiben.

SANDLER: Das hat technische Bedeutung, Miss Freud, besonders wenn wir in der analytischen Arbeit den Entwicklungsgesichtspunkt einnehmen. Ich habe zur Zeit einen Patienten, der seit seiner Geburt an einer Schilddrüsen-Unterfunktion leidet. Er war bei vielen Ärzten in Behandlung und hat eigentlich nie etwas gearbeitet. Er hatte schon viel Therapie, doch scheint ganz klar, daß seine fehlende Arbeitsbereitschaft keine neurotische Ursache hat. Er konnte einfach nie ein Interesse für Arbeit entwickeln, und jegliche Analyse unter dem Gesichtspunkt phobischer Vermeidung oder Angst vor Erfolg oder ähnlichem ist ganz unangemessen. Sein fehlender Enthusiasmus für Arbeit scheint mir in keiner Weise neurotisch zu sein.

FREUD: Seine Aufmerksamkeit war vermutlich auf den Körper gerichtet.

SANDLER: Ja, ganz sicher, und gleichfalls auf die Beziehung zu seiner Mutter. Er ist sicher ein sehr gestörter Mensch, doch seine

Probleme sind wohl das Endergebnis einer Ich-Einschränkung aufgrund der körperlichen Krankheit und der Überfürsorglichkeit seiner Mutter.

FREUD: Ja, wissen Sie, es ist furchbar schwer, anderen diesen Unterschied klar zu machen.

SANDLER: Es lohnt sich vielleicht zu erwähnen, daß die phobische Vermeidung, von der wir sprechen, zu einer besonderen Gruppe irrationaler Ängste gehört, bei denen ein ständig wiederkehrender innerer Wunsch externalisiert ist und dann die gefürchtete Situation ständig vermieden werden muß. Leider ist es üblich geworden, jede irrationale Furcht als Phobie zu kennzeichnen, was viel Verwirrung geschaffen hat. Es gibt Ängste, die Phobien genannt werden, bei denen die betreffende Person in Angst gerät, wenn sie sich in bestimmten Situationen vorfindet, doch anders als bei den eigentlichen Phobien ist sie nicht an diese Situation fixiert. Solche Ängste sehen zwar aus wie Phobien, aber sie haben nicht die Funktion einer Repräsentanz eines unbewußten Wunsches in externalisierter Form, so daß die Person sich nicht ständig mit der Gefahr beschäftigen muß. Könnte jedoch phobische Vermeidung bestimmter Situationen dieser Art schließlich eine Ich-Einschränkung bewirken?

FREUD: Ja, aber mit der Ich-Einschränkung bleibt auch keine Angst mehr zurück, sie ist also keine phobische Vermeidung. Das Ich zieht sich von der ängstigenden Situation zurück, und dem Kind ist sie dann gleichgültig geworden. Das kann man an meinem Beispiel von dem kleinen Jungen und dem Fußballspielen sehen. Zuerst geriet er auf dem Fußballplatz in Angst, dann verlor er sein Interesse am Fußballspielen und wandte sich einer gänzlich anderen Seite seines Lebens zu. Es gab keine Angst vor Fußball mehr, vielmehr fragte er sich, warum denn andere gerne Fußball spielen würden. Für ihn war das langweilig.

SPRINCE: Was würde geschehen, wenn ein solches Kind gezwungen würde, Fußball zu spielen?

FREUD: Es würde ziemlich schlecht spielen.

SPRINCE: Es hätte vermutlich keine Angst mehr dabei, weil die Aggression nicht mehr auf die gleiche Weise damit verknüpft wäre.

SANDLER: Ich denke, wir müßten sagen, es gäbe zumindest ein leichtes Angstsignal!

FREUD: Nun, er bekäme vermutlich wieder Angst vor Verletzungen.

Berger: Wenn Sie sagen, das Ergebnis der Ich-Einschränkung sei nicht neurotisch, dann ist mir klar, was Sie meinen. Der kleine Junge zum Beispiel, der nicht mit Ihnen im Zeichnen konkurrieren wollte, zog sich aus der Beschäftigung zurück, und ich meine, daß dann das Sichzurückziehen zu einem Muster werden und eine Persönlichkeit entstehen lassen kann, die auf Vermeidung oder Einschränkung aufgebaut ist. Auch wenn sie nicht unbedingt neurotisch sein muß, wäre es doch eine Persönlichkeitsstörung.
Freud: Ich habe bereits den Jungen erwähnt, der die Lust am Fußballspielen verlor. Er ist heute Professor für Literaturwissenschaft und in seiner Tätigkeit sehr erfolgreich.
Berger: Dann haben Sie in Ihren Beispielen mehr Einzelphänomene als Muster von Persönlichkeitsentwicklungen beschrieben?
Freud: Eigentlich nicht. Ich habe beschrieben, wie dieser spezielle Mechanismus für unterschiedliche Richtungen der Ich-Entwicklung verantwortlich sein kann.
Kennedy: Zum Beispiel, ob aus dem Jungen ein Fußballer oder ein Literaturprofessor wird?
Freud: Ja. Irgendwann im Leben muß das ja entschieden werden, und dieses besondere Erlebnis kann dabei ausschlaggebend sein. Der Junge war keinesfalls schwächlich. Wäre da nicht seine Kastrationsangst gewesen, hätte er vermutlich keine Angst vor dem Fußballspielen bekommen. Er hatte aber die übliche Kastrationsangst, und sie wurde ausschlaggebend für die Richtung, in die sich seine Interessen wandten. Er war ein kräftiger kleiner Bursche und hätte ein guter Fußballer sein können, aber er war auch intellektuell begabt. Auf dem einen Gebiet trat Angst auf, so daß sein Ich sagte: »Warum soll ich mich dem aussetzen? Ich kann auch etwas anderes tun.«
Sandler: Ich denke, man kann unterscheiden zwischen den Auswirkungen von Ich-Einschränkungen, die ein Individuum veranlassen, sich in eine Richtung statt in eine andere zu entwickeln, wie bei dem Jungen, von dem wir gesprochen haben, und solchen, die die Tätigkeiten des Individuums so reduzieren, daß es zu einer Störung der Persönlichkeitsentwicklung kommt, zu einer Ich-Verzerrung, Einengung oder Verarmung. Im ersten Fall würden wir nicht sagen, bei dieser Person sei, vom psychopathologischen Standpunkt betrachtet, etwas nicht in Ordnung, im zweiten Fall aber wäre unser Eindruck der einer schweren Persönlichkeitsstörung.

Freud: Ja. Wenn so jemand auf einem anderen Gebiet wieder der Angst begegnet und sich erneut zurückzieht, verbleiben ihm vielleicht keine Wahlmöglichkeiten mehr. Ich dachte, daß es früh im Leben für das mehr oder weniger normale Kind eigentlich viele Wahlmöglichkeiten gibt, wie es seine Libido verteilen will. Die Wahlentscheidungen werden von Geschehnissen der Art bestimmt, wie ich sie schon beschrieben habe.
Sandler: Wir müßten dann wohl noch anfügen, Miss Freud, daß die Gesellschaft manche Tätigkeiten als obligatorisch oder wesentlich betrachtet, und wenn diese statt unwesentlicher Tätigkeiten eingeschränkt werden, kann das Kind eine neurotische Störung entwickeln und dann zur Behandlung überwiesen werden. Grundsätzlich aber handelt es sich um dieselben Vorgänge.
Freud: Ja.
Hellman: Ich denke, wir müssen das verdeutlichen, wenn wir Leute wegen ihrer Kinder beraten, die bestimmte Beschäftigungen aufgegeben haben, daß die Ich-Einschränkung per se nichts Pathologisches ist.
Freud: Dort, wo es potentiell pathologisch ist, gibt es keinerlei Hinweise, daß sich das Kind auf einem anderen Gebiet hervortut; es gibt da keine Verlagerung libidinöser Interessen von einem Gebiet auf ein anderes.
Sandler: Unsere Kriterien für Pathologie bei Kindern sind so sehr sozial eingebunden und so in die elterlichen Störungen eingebettet, daß wir die Kinder oft erst dann überwiesen bekommen, wenn das Kind ein aktuelles Problem hat, das es in Konflikt mit seiner Umgebung bringt, etwa wenn es Prüfungen in der Schule nicht besteht und so weiter. Wenn die Eltern Analytiker sind, dann kann natürlich das Gegenteil geschehen!
Freud: Wir sollten dabei nicht vergessen, daß die Kinder, auf die Sie sich gerade beziehen, auch neurotisch gehemmt sein können und nicht unbedingt ich-eingeschränkt. Wir müssen das voneinander unterscheiden.
Sprince: Ich frage mich, was wohl die Vorläufer der Ich-Einschränkung sein mögen. Was bringt manche Kinder dazu, sich einzuschränken, andere aber, den Versuch zu machen, die bedrohliche Situation zu bewältigen?
Freud: Vermutlich haben sie unterschiedliche Einstellungen zur Angst, neigen zum Rückzug statt zu versuchen, ihr standzuhalten.

SANDLER: Sie berühren dieses Thema auch, Miss Freud, wenn Sie von den Kindern sprechen, denen es gestattet wird, sich aus den Schulaktivitäten zurückzuziehen. Die Einstellungen der Erwachsenen in der Umgebung des Kindes entscheiden weitgehend darüber, ob der Rückzug gestattet wird, ob Nachhilfe angeboten wird oder ob ein Wechsel des Lehrers oder der Schule angestrebt wird. Nach dem, was Sie gesagt haben, kann das weitreichende Auswirkungen auf das Kind haben, insofern wir es nicht mit einer neurotischen Hemmung, sondern mit einem Rückzug vor etwas zu tun haben, das Angst oder Unlust hervorruft.
COUCH: Ich habe mich gefragt, ob wir nicht zwischen Ich-Einschränkung und Einschränkung von Ich-Tätigkeiten unterscheiden sollten. Eine bloße Einschränkung von Aktivitäten wie zum Beispiel Fußballspielen bedeutet ja nicht, daß das Ich in seinem Denken in diesem Bereich eingeschränkt ist. Es kann sich um einen Rückzug aus der manifesten Betätigung handeln, nicht aber um ein Erlöschen jeglichen Interesses daran.
FREUD: Sie haben ganz recht, doch wir müssen uns auch daran erinnern, daß damals der Terminus Ich weitgehend als Synonym für das Selbst gebraucht wurde, und hier hatte ich eigentlich den Gedanken, daß das Wechseln zwischen Ich-Tätigkeiten unterschiedliche Persönlichkeiten entstehen lassen kann. Aber Sie haben ganz recht damit, daß ich hier Einschränkung von Tätigkeiten und nicht des Ichs als Ganzem meinte.
SANDLER: Man könnte jedoch anfügen, wenn das Kind sich von einer bestimmten Tätigkeit zurückzieht – sagen wir einmal, von der Mathematik – dann werden sich infolge des Aufgebens seine mathematischen Kenntnisse nicht weiter entwickeln. Und im Lichte dessen, was Sie sagten, Miss Freud, ist das keine Hemmung, sondern ein Mangel, der aufgrund einer Einschränkung entstanden ist. Das scheint mir von einem praktischen, technischen Standpunkt her wichtig für die Arbeit mit Kindern und mit Erwachsenen zu sein.
FREUD: Mir schien damals die wichtigste Unterscheidung darin zu bestehen, daß im Falle der Hemmung der Wunsch fortbesteht, selbst wenn er nicht zur Ausführung kommt und nicht befriedigt werden kann. Während bei dem, was ich als Ich-Einschränkung bezeichnete, der Wunsch praktisch aufgegeben wird.
SANDLER: Ich nehme an, man kann diese Einschränkung auch später bei Dingen wie Abneigung gegen bestimmte Speisen sehen.

Wenn man dem Kind keinen Tapioka-Pudding vorsetzt, oder was sonst ihm nicht schmeckt, dann gibt es kein Problem. Wenn der Pudding nicht da ist, kommt auch keine Angst auf.

FREUD: Wenn es nicht einen heimlichen Wunsch nach Tapioka-Pudding gibt!

SANDLER: Als ich eben auf die technische Bedeutung unserer Vorstellungen über die Ich-Einschränkung hinwies, dachte ich daran, wie leicht man in die Falle des genetischen Fehlschlusses gerät, indem man annimmt, Dinge wie Abneigungen gegen bestimmte Speisen repräsentierten immer einen abgewehrten Wunsch oder eine Phobie, die auch noch in der Gegenwart lebendig sind. Das kann uns manchmal zu einer völlig falschen Deutung verleiten, wenn wir es mit einer strukturellen Veränderung, einem Verkümmern des Interesses oder mit einem bestimmten Charakterzug zu tun haben. Wir sehen dabei, daß jemand nur dann, wenn er in die angsterweckende Situation versetzt wird, tatsächlich Angst bekommt und sich zurückzieht, selbst wenn an den genetischen Wurzeln der Angst oder Vermeidung noch andere Wünsche und Konflikte beteiligt gewesen sein mögen. Ich steuere damit auf den Gedanken zu, daß es auch Ich-Einschränkungen gibt, die von Hemmungen oder Phobien ausgegangen sind, aber dann sozusagen autonom wurden.

FREUD: Sicher ist es ganz richtig, was Sie sagen, doch ich meine, es sei viel zu gewinnen, wenn wir die Abgrenzungen beachten. Mir schien die Unterscheidung wichtig, daß in dem einen Falle der Wunsch vorhanden ist und zugleich eine dauerhafte Gegenbesetzung aufrechterhalten wird, während sich im anderen Falle die Persönlichkeit von der unlustvollen Tätigkeit fortentwickelt hat.

SANDLER: Die von Ihnen gemachte Unterscheidung kommt in diesem Kapitel sehr gut heraus. Es war erfrischend zu lesen.

FREUD: Für mich auch.

SANDLER: Im Anfang des Kapitels sagen Sie, Miss Freud: »Statt den peinlichen Eindruck wahrzunehmen und nachträglich durch Besetzungsentzug zu entwerten, steht es dem Ich ja frei, es gar nicht auf das Zusammentreffen mit der gefährlichen äußeren Situation ankommen zu lassen« (73, 280). Meinen Sie mit »Besetzung« (cathexis) Aufmerksamkeitsbesetzung oder Libidobesetzung?

FREUD: Ich meine die Libidobesetzung. Es heißt im Deutschen *Besetzung*, was Aufladen mit Energie bedeutet. Ich meinte aber eigentlich den Affekt, die Gefühlsbesetzung.

SANDLER: Wir sagen manchmal, etwas werde nicht besetzt, und meinen damit eine Mischung von Aufmerksamkeits- und Interessenentzug seitens des Ichs und einen Abzug der Triebbesetzung. Wenn wir von Gefühlsbesetzung sprechen, meinen wir damit sicher mehr als Besetzung mit Triebenergie.
FREUD: Ja.
SANDLER: Etwas später in diesem Kapitel sprechen Sie von einem kindlichen Patienten, der den Spaß an einer Beschäftigung verlor und sie dann aufgab. Doch im Kontrast dazu konnte er sich stark in Aktivitäten engagieren, bei denen er sich Ihnen gegenüber als überlegen erleben konnte (74, 280). Ist das nicht auch Verleugnung im Handeln, wie Sie sie im vorigen Kapitel beschrieben haben, Miss Freud?
FREUD: Nein, es ist nicht dasselbe, denn wir können hier einen Vermeidungsmechanismus erkennen, der für die Entwicklung des Kindes sehr nachteilig ist. Es bedeutet, daß er sich aus einer Situation nach der anderen zurückzieht wegen seiner Unfähigkeit zu konkurrieren, und am Ende bleibt ihm nur noch ganz wenig übrig.
SANDLER: Er unternimmt hier also nicht etwas, um etwas anderes dadurch beiseitezuschieben. Sie betonen hierbei nicht die Ersetzung der einen Tätigkeit durch die nächste.
FREUD: Nein. Zuwendung zu anderen Tätigkeiten, die ihm Vergnügen machen, ist keine Abwehr. Er sucht sie nur deswegen auf, weil er sich dabei nicht bedroht fühlt. Was das Kind aufgab, waren diejenigen Tätigkeiten, in denen es nicht der Beste sein konnte.
HELLMAN: Interessant ist daran, daß dieses Kind kein Vegnügen aus der Tätigkeit selbst bezieht, sondern eigentlich nur am Gewinnen interessiert ist.
SANDLER: Ich denke, wir sollten erwähnen, daß der Rückzug, der in der Ich-Einschränkung stattfindet, nicht dasselbe wie »aufgeben« ist, das Aufgeben von Tätigkeiten, wie wir es bei depressiven Personen sehen. Bei der Ich-Einschränkung wendet sich das Kind von einer Tätigkeit ab, kann aber bei etwas anderem sehr viel Energie entwickeln, das ihm Befriedigung bietet.
FREUD: Ja, nur gilt das nicht für jedes Kind. Das ist der Grund dafür, daß ich hier den Vorgang in zwei Teile gliederte. Zunächst ist da der Mechanismus des Rückzugs von dem, was Unlustgefühle hervorruft, und dann kann es Kompensierungen geben. Wer nur den ersten Schritt geht, wird geschädigt, nicht im Sinne einer Neu-

rose, sondern in seiner Entwicklung. Er hat viele Möglichkeiten normaler Entwicklung abgeschnitten. Dann gibt es die anderen, die auch den zweiten Schritt vollziehen. Die Libido, die sie von einer Tätigkeit abgezogen haben, wird auf etwas anderes verschoben. Eine Art Kompensation, könnten wir sagen. Solche Kinder werden nicht geschädigt, sondern sie werden gut auf einem anderen Gebiet. Dennoch haben sie einen Teil ihres Lebens abgeschnitten. Es wäre ja ganz schön, am Wochenende Fußball zu spielen und während der Woche Literaturprofessor zu sein. Es wäre schön, eine allseitige Entwicklung zu nehmen, und die Frage lautet: Warum eigentlich nicht? Warum sollten wir uns nicht auf beiden Seiten entwickeln, in körperlicher und in geistiger Hinsicht? Wir hatten das Beispiel von dem zehnjährigen Mädchen, das sich zurückzog, als es bei seiner ersten Tanzgesellschaft ein Schockerlebnis gehabt hatte, das aber danach eine sehr gute und gescheite Schülerin wurde. Wäre es nicht schön gewesen, wenn sie auch hätte zum Tanzen gehen können? Das ist der Grund, warum ich es Ich-Einschränkung genannt habe.

SPRINCE: Es gibt doch wohl auch Grenzen dessen, was man tun kann, die auf Realitäten beruhen. Man kann nicht immer alles tun, und deswegen sucht man sich daher die Dinge aus, in denen man gut ist. Bedeutet das Ich-Einschränkung?

HELLMAN: Denken wir nicht dann an Ich-Einschränkung, wenn ein ganzer Bereich weggefallen ist?

KENNEDY: Wir müssen die Auswirkungen der jeweiligen Kultur auf die gesamte Persönlichkeit in Betracht ziehen und welche Rolle die Ich-Einschränkung dabei spielt. Ich erinnere mich, als wir vor noch gar nicht langer Zeit über die Wahl der Phobie sprachen, wurde erwähnt, daß jemand, der in England lebt und Angst vor dem Bergsteigen hat, die für ihn bedrohliche Situation sehr leicht vermeiden kann. Wenn er aber eine Agoraphobie hat oder in London Angst vor Benutzung der Untergrundbahn, dann kann das sein Leben ziemlich erschweren. Ich denke, es gibt etwas Ähnliches auch bei der Ich-Einschränkung. Es ist wichtig zu wissen, wie sich die Einschränkung auf das Gesamtfunktionieren der Person auswirkt, um die Struktur der Einschränkung selbst verstehen können.

SANDLER: Ja, es ist wie mit dem Tapioka-Pudding. Es gibt Kulturen, da gibt es ihn gar nicht, und eine Ich-Einschränkung, ihn zu essen, läßt da keine Probleme aufkommen.

KENNEDY: Man kann Tapioka-Pudding leicht vermeiden, doch wenn man fünfzig verschiedene Dinge nicht essen kann, dann geht das nicht mehr leicht. Dann ist es keine Ich-Einschränkung mehr, sondern ein Symptom.
SANDLER: Die Frage, was wir als ein Symptom bezeichnen, ist ein anderes Problem, und dazu ein großes.
ROSENFELD: Ich denke, wir sollten auch nicht vergessen, welchen Einfluß die elterliche Wahl des Lebensstiles und die Identifizierung des Kindes mit den speziellen Ansprüchen und Interessen der Eltern hat. Auch das trägt zur Bevorzugung bestimmter Tätigkeiten gegenüber anderen beim Kinde bei.
FREUD: Das Buch handelt von den Beziehungen zwischen Ich und Es einerseits und von den Abwehrmechanismen andererseits. Die Abwehr wird als die Möglichkeiten beschrieben, die das Kind hat, um mit etwas umzugehen, das bereits durch Imitation, Internalisierung, Konflikt oder gutes Einvernehmen mit den Eltern, Bewunderung für sie und so weiter beeinflußt worden ist.
BERGER: In der klinischen Praxis begegnen wir natürlich solchen Kindern nicht, wie Sie sie in diesem Kapitel geschildert haben. Viel häufiger haben wir Kinder mit zusätzlichen Problemen, die sich aus der Ich-Einschränkung ergeben haben.
FREUD: Ja. Der Junge, von dem ich sprach, kam nicht in die Analyse, weil er nicht Fußball spielen konnte, sondern aus ganz anderen Gründen. Im Laufe seiner Analyse wurde mir jedoch sehr deutlich, warum ein Rückzug aus dem Bereich körperlicher Betätigungen und eine enorme Zuwendung zum geistigen Gebiet stattgefunden hatte. Diese Entdeckung war ein Nebenergebnis der Analyse.
SANDLER: Miss Freud, Sie nehmen in diesem Kapitel Bezug auf Kinder, die sich aus Beschäftigungen zurückziehen und sich benehmen, »als wären sie eingeschüchtert«. Sie sagen: ». . . schon der bloße Vergleich ihrer Leistungen mit denen der anderen genügt, um ihnen ihre Arbeit zu entwerten. Aus dem Mißlingen einer Aufgabe oder eines Materialspiels beziehen sie eine dauernde Abneigung gegen die Wiederholung des Versuchs. Sie bleiben darum untätig, wollen sich an keinen Platz und keine Beschäftigung binden und begnügen sich damit, den anderen bei der Arbeit zuzuschauen« (75, 281).

Ich finde es interessant, daß Sie hier etwas antizipiert haben, was wir heute in vergröberter Form beobachten können, nämlich die störenden Kinder, die in der Schule sehr aggressiv und störend reagieren, wenn sie sich erniedrigt fühlen, wenn ihr Selbstwertgefühl vermindert ist, weil ihnen etwas mißlang oder weil sie kritisiert oder beschämt wurden. Diesen Kindern wird es dann nicht langweilig, sondern sie fangen an zu stören, aber sie sind dennoch den Kindern sehr ähnlich, die Sie beschrieben haben. Sie lehnen die Beschäftigung heftig ab, als würden sie sagen: »Euer dummes Zeug interessiert mich überhaupt nicht!«

FREUD: Das führt zu stärkerer Einschränkung des Ichs als die neurotische Hemmung.

SANDLER: Ich möchte gerne eine Bemerkung zur Sexualisierung einer Tätigkeit machen, die ja dazu führt, daß die Tätigkeit zum Ziel der Abwehrmaßnahmen des Ichs wird und in der Folge eine Hemmung entsteht. Es lohnt sich, wenn man daran denkt, daß es sich bei einer solchen Sexualisierung ja nicht um dieselben sexuellen Regungen oder Wünsche handeln muß, die einmal für die Entwicklung der Tätigkeit oder Fertigkeit förderlich waren, die nun affiziert worden ist. Die sexuellen oder aggressiven Wunschfantasien, die an ihrer Entwicklung beteiligt waren, brauchen nicht dieselben zu sein, die später von dieser Tätigkeit Besitz ergreifen, wodurch dann die Hemmung bewirkt wird. Wir haben es also nicht unbedingt bei der Entwicklung einer Hemmung mit einer Wiederholung oder einer Regression auf der ursprünglichen Entwicklungslinie zu tun, sondern vielmehr, wie Hartmann aufgezeigt hat, mit einer neuen Sexualisierung oder Aggressivierung, nachdem die Aktivität bereits eine relative Autonomie erlangt hat. Ein gutes Beispiel dafür, das oft zitiert worden ist, betrifft die Weise, auf die Masturbationswünsche in das Spielen eines Musikinstruments abgelenkt werden können. Später kann dann das musikalische Können eine Hemmung erleiden, weil es nun die Bedeutung annimmt, etwa einen Rivalen zu attackieren und umzubringen oder einen Aspekt ödipaler Wünsche zu erfüllen. Wenn wir dann annehmen, es handle sich um die ursprüngliche Wunschfantasie, um die es bei der späteren Sexualisierung gehe, fallen wir wieder dem genetischen Fehlschluß zum Opfer.

Ich habe nun eine Frage, die sich auf Ihre Aussage bezieht, ». . . das Kind der Latenzperiode kann die Aufgabe der Angst- und Unlustvermeidung noch höher stellen als direkte oder indirekte

Triebbefriedigung« (81, 287f.). Könnten Sie das bitte etwas mehr ausführen, Miss Freud?
FREUD: Es soll besagen, daß Kinder der Vorlatenzzeit, also jünger als fünf Jahre, immer der Triebbefriedigung den Vorzug geben. Doch später, wenn sie ihre Triebe schon mehr beherrschen können, kann ihr Verhalten auch von dem Bedürfnis bestimmt werden, Angst und Schmerz zu vermeiden, und das kann ihnen viel wichtiger werden als Triebbefriedigung. Als ich das so schrieb, versuchte ich zu verdeutlichen, daß von einem bestimmten Alter an die Wahlfreiheit, die der Erzieher dem Kind anbieten mag, zu einer Ich-Verarmung führen kann. Dem Kind ist die Unlustvermeidung wichtiger, und es zieht sich dann von den Tätigkeiten zurück. Ich dachte dabei eigentlich an Schulkinder, wissen Sie. In der Pubertät beobachten wir dann nochmals eine Veränderung. Worauf es mir ankam, hatte damit zu tun, daß uns Kinder an fortschrittlichen Schulen, denen die Möglichkeit geboten ist, sich auf vielseitige Weise zu entwickeln, oft in Erstaunen versetzen. Sie wollen sich nur mit einer Sache beschäftigen, und diese Sache ist dann oft nicht das, was sie am liebsten haben, sondern was für sie am sichersten ist. Hier können wir Dr. Sandlers »Sicherheitsprinzip« erkennen. Sie sind dann sicher vor Angst und Unlust, vor Konkurrenz, Eifersucht und so weiter. Es ist ein wesentliches Argument gegen die Idee der »freien Schule«. Freie Schulen können ganz in Ordnung sein, aber sie können auch eine höchst einschränkende Wirkung auf die Art von Kindern haben, von denen ich gesprochen habe.
SANDLER: Ihre letzte Ausführung in diesem Kapitel (81, 288) zur Rolle der Umgebung beim Entstehen von Störungssymptomen ist sehr wichtig, denn sie zeigt uns, daß ein Symptom gänzlich latent bleiben kann, bis etwas geschieht, das es ans Licht bringt, oder vielmehr das bewirkt, daß eine persönliche Idiosynkrasie des Kindes zu einem Symptom wird.
FREUD: Man sieht es bei Essenseigenheiten. Die Mutter mag den Essensbeschränkungen, Essensängsten oder wie immer man das nennen will, völlig stattgeben. Sie erscheinen dann nicht als Störungen, weil das Kind die Situation unter seiner Kontrolle hat. Es gibt so lange kein Problem, bis dem Kind das Essen vorgesetzt wird, das es vermieden hat, und dann läßt sich feststellen, wie stark es eingeschränkt oder gehemmt ist.
KENNEDY: Das ist ein sekundärer Konflikt, der sich sehr von dem

unterscheiden kann, was ursprünglich durch die Ich-Einschränkung vermieden wurde.

FREUD: Der Konflikt wird dem Kind nun aufgezwungen, während ihm zunächst der Konflikt durch die Ich-Einschränkung im Zusammenspiel mit der Umwelt erspart geblieben war.

Dritter Teil

Zwei Beispiele für Abwehrtypen

9 Die Identifizierung mit dem Angreifer

In der Einführung zum Thema der Identifizierung mit dem Angreifer sagt Anna Freud, die Abwehrgewohnheiten des Ichs seien verhältnismäßig leicht durchschaubar, wenn sie einzeln gebraucht werden und nur gegen eine spezielle Gefahr Verwendung finden. Es ist aber nicht so leicht, wenn Abwehrvorgänge sich kombinieren oder wo die Abwehr alternierend gegen innere und äußere Kräfte gebraucht wird. Beide Probleme gelten für den Identifizierungsvorgang, der als Faktor in der Über-Ich-Bildung zur Bewältigung des Trieblebens dient. Die Identifizierung ist aber auch »eines der wichtigsten Mittel im Umgang mit den angsterregenden Objekten der Außenwelt« (85, 379). Anna Freud erinnert daran, daß Aichhorn einmal über einen Jungen berichtete, der die Gewohnheit hatte, Grimassen zu schneiden, was seine ganze Schulklasse zum Lachen bringen konnte. Aichhorn entdeckte, daß der Junge damit nicht etwa den Lehrer verspottete, sondern daß die Grimassen des Jungen »nichts anderes sind als ein verzerrtes Abbild der Gesichtszüge des ärgerlichen Lehrers«; wenn der Junge einem Tadel des Lehrers ausgesetzt war, »bewältigt (er) seine Angst durch unwillkürliche Nachahmung des Zornigen«. Die Imitation des Lehrers geschah unbewußt, doch sein Grimassieren diente »der Angleichung oder Identifizierung mit dem gefürchteten Objekt der Außenwelt« (85/86, 293/94).

Anna Freud erinnert auch an das kleine Mädchen, das sie in ihrem 7. Kapitel erwähnt hatte, das seine Angst, im Dunkeln durch das Vorzimmer der Wohnung zu gehen, dadurch zu bewältigen versuchte, daß es im Durchgehen sonderbare Bewegungen machte, die es für die Bewegungen eines Gespenstes hielt und sich damit vortäuschte, sie sei selbst der Geist, dem sie begegnen könnte. Solche Verhaltensweisen gibt es auch in den Geisterbeschwörungen und religiösen Zeremonien primitiver Zeiten. Man kann sie auch bei Kinderspielen beobachten, in denen eine Identifizierung mit einem gefürchteten Objekt stattfindet. Doch die Nachahmung eines solchen Objekts ist nur ein Einzelaspekt eines komplexeren Vorgangs. Ein sechsjähriger Junge kam zur Analysenstunde, nachdem ihm der

Zahnarzt bei einer Zahnbehandlung weh getan hatte. Seine Verstimmung ließ er an verschiedenen Gegenständen im Zimmer aus; er schnitt ein großes Stück Schnur in kleine Stückchen, wandte sich dann den Bleistiften zu, die er spitzte und dann die Spitzen wieder abbrach. »Seine Identifizierung betrifft nicht die Person seines Gegners, nur dessen Aggression« (86/87, 295). Ein anderes Mal erschien derselbe Junge, nachdem er sich verletzt hatte, als er bei einem Bewegungsspiel dem Sportlehrer in die vorgestreckte Faust gelaufen war. Am Tag darauf kam er mit Säbel und Pistole als Soldat aufgemacht. Damit ahmte er nicht die Person des Lehrers nach, gegen den er am Vortag gerannt war, auch nicht dessen Aggression. Vielmehr waren seine maskulinen Waffen Symbole für die männliche Stärke des Lehrers, die dem Kind dabei halfen, sich mit dem erwachsenen Mann zu identifizieren. Auf diese Weise konnte er sich »gegen narzißstische Beschädigungen und Unfälle (verteidigen)« (87, 380/81).

Die Beispiele veranschaulichen, wie ein Kind ein Attribut des Angstobjektes introjiziert und auf diese Weise sein eben vorgefallenes Angsterlebnis »verarbeitet«. Identifizierung oder Introjektion verbindet sich mit der Darstellung des Angreifers, und das Kind »verwandelt ... sich gleichzeitig aus dem Bedrohten in den Bedroher« (88, 296). Anna Freud verknüpft dies mit der Schilderung Freuds in *Jenseits des Lustprinzips*, wie ein Kind sein passives Erleben in ein aktives umwandelt, um so seine Angst zu bewältigen. Freud bezieht sich speziell darauf, wie die ängstigende Untersuchung durch einen Arzt später im Spielen zur Bewältigung des ängstigenden Ereignisses umgekehrt wird. Anna Freud weist darauf hin, daß der beschriebene Umwandlungsprozeß sich auch auf ein antizipiertes ängstigendes Ereignis beziehen kann. Ein kleiner Junge pflegte überstark an der Klingel seines Pflegeheims zu läuten und machte dann dem Hausmädchen Vorwürfe, daß sie so langsam sei. Was dabei geschah, war, daß er nach dem Läuten Angst vor Vorwürfen bekam, er habe rücksichtslos geläutet, und nun überfällt er selbst das Mädchen mit Anklagen, ehe sie noch die Möglichkeit hat, ihre Vorwürfe gegen ihn zu richten. Seine Aggressivität entsprach hier der Stärke seiner Angst, und er wandte seine Aggression gegen die Person, von der er Aggression erwartete. Anna Freud zitiert dann einen weiteren Fall eines fünfjährigen Jungen, der in starke Angst geriet, als sich die Analyse seinen Masturbationsfantasien näherte. Er verfiel in wilde Aggression, schlug mit einer Rute um sich, hantierte mit Küchenmessern, und Mutter und Großmutter fühlten sich von ihm bedroht. All dies war keine Enthemmung seiner Männlichkeit; »er hat nur Angst« (89, 298).

Identifizierung mit dem Angreifer ist eine übliche Zwischenstufe in der normalen Über-Ich-Entwicklung. Durch Identifizierung mit der elterlichen Strafdrohung vollzieht das Kind einen wichtigen Schritt in der Bildung des Über-Ichs, indem es die Kritik anderer internalisiert. Durch wiederholte Verinnerlichung von Eigenschaften der Erzieher gewinnt das Kind Material zur Ausstattung seines Über-Ichs. Doch »die verinnerlichte Kritik wird noch nicht sofort in Selbstkritik umgewandelt« (90, 299). Es findet eine neue Entwicklung statt. Auf die Identifizierung mit dem Angreifer folgt, wie Anna Freud es beschreibt, »der aktive Angriff auf die Außenwelt« (90, 299). Diese wird an einem Jungen veranschaulicht, der durch Identifizierung mit dem Angreifer seiner Mutter heftige Vorwürfe macht, insbesondere sich über ihre Neugier beklagt. Es ergab sich dann, daß es nicht die Neugier seiner Mutter war, sondern seine eigene, deren Bewältigung ihm größte Schwierigkeiten bereitete. Er hatte die Rollen völlig vertauscht, das befürchtete Bösesein der Mutter übernommen und ihr dafür seine Neugierde zugeschrieben.

Eine andere Patientin beklagte sich über Geheimnistuerei der Analytikerin. Doch sie hatte selbst bewußt etwas verborgen, etwas sehr Persönliches unterdrückt und deswegen eine Verurteilung befürchtet. Sie wehrte dies dadurch ab, indem sie der Analytikerin Geheimnistuerei vorwarf.

Die Beispiele lassen eine Zwischenstufe in der Über-Ich-Entwicklung erkennen, in der äußere Kritik verinnerlicht wird, das Vergehen jedoch externalisiert wird. Die Identifizierung mit dem Angreifer »ergänzt sich durch ein anderes Abwehrmittel, durch Projektion der Schuld«; Anna Freud bezeichnet dies als »eine Art Vorstufe der Moral« (92, 383). Danach wendet sich die Strenge des Über-Ichs nach innen, und gewöhnlich wird das Individuum dann anderen gegenüber weniger intolerant. Mit diesem Entwicklungsschritt muß das Ich indessen die Unlust der Selbst-Kritik und des Schuldgefühls ertragen. Manche Individuen gelangen nie zur nächsten Stufe, »sie bleiben . . . in der Selbstwahrnehmung der eigenen Schuld besonders aggressiv gegen die Außenwelt« (93, 302). Anna Freud meint, das Mißlingen der Entwicklung von Fremdkritik zur

Selbstkritik könnte auch »einem verkümmerten Ansatz zur Ausbildung melancholischer Zustände entsprechen« (93, 302). Sie bemerkt, »Das Über-Ich benimmt sich in solchen Fällen gegen die Außenwelt ähnlich schonungslos wie das Über-Ich der Melancholie gegen das eigene Ich« (93, 302). Identifizierung mit dem Angreifer kann auch eine Zwischenphase in der Entwicklung zu paranoiden Zuständen sein, mit denen sie den Projektionsmechanismus gemeinsam hat.

Identifizierung und Projektion sind normale Ich-Tätigkeiten, und das Ergebnis ihrer Verwendung hängt davon ab, auf welches Material sie gerichtet wurden. Die spezielle Kombination beider in der Identifizierung mit dem Angreifer ist nur dann normal, solange das Ich sich ihrer zur Bewältigung der Angst vor äußerer Autorität bedient. Die gleiche Abwehrtätigkeit wird pathologisch, wenn sie in das Liebesleben übertragen wird. Auch der Ehemann, der seine eigenen Impulse zur Untreue auf seine Frau verschiebt und dann ihr Vorhaltungen macht, introjiziert ihre Vorwürfe und projiziert ein Element des eigenen Es. Er wehrt dabei nicht nur ihre Aggression ab, sondern auch eine Erschütterung der Liebesbindung an den Partner als Ergebnis seiner eigenen Untreuewünsche. Das Resultat ist »projizierte Eifersucht« (94, 303). Die Projektion kann mit anderen Mechanismen kombiniert sein, wenn sie zur Abwehr homosexueller Regungen gebraucht wird. Die Verkehrung von Liebe in Haß kann die Entwicklung von paranoiden Wahngebilden zur Folge haben. Bei der Abwehr heterosexueller wie homosexueller Liebesregungen wird die Auswahl des Ansatzpunktes für die Projektion, wie Freud sich ausdrückte, »durch das Wahrnehmungsmaterial bestimmt, welches die gleichartigen unbewußten Regungen des anderen Teiles verrät«.

Die Analyse der Identifizierung mit dem Angreifer »kann uns . . . auch für die Unterscheidung zwischen Angst- und Aggressionsausbrüchen in der analytischen Übertragung zu Hilfe kommen« (94, 303). Die Analyse von Aggression, die auf einer Identifizierung mit der vermeintlichen Kritik des Analytikers beruht, kann die Aggression nur dann mildern, wenn die Strafangst und die Über-Ich-Angst ermäßigt worden sind. Abreagieren der Aggression hat hier keine Wirkung.

SANDLER: Wir sind zu einem Kapitel gekommen, das berühmt wurde und großen Einfluß hatte. Es wäre für uns nützlich, es im Lichte der damaligen Zeit zu betrachten, in der es geschrieben wurde. Weiterhin müssen wir in unserer Diskussion auch das Problem der Beziehung zwischen der Identifizierung mit dem Angreifer zur Projektion und zu anderen Umkehrungsformen erörtern. Zunächst aber gibt es ein oder zwei Punkte, die noch etwas Klärung brauchen, ehe wir voll in die Diskussion eintreten. Zu Beginn des Kapitels sagen Sie, daß manche Abwehrmechanismen »isoliert gebraucht werden und nur im Kampf mit einer speziellen Gefahr Verwendung finden« (85, 293). Die Annahme ist doch wohl richtig, daß Sie »speziell« nicht hinsichtlich des *Inhaltes*, sondern hinsichtlich der spezifischen *Quelle* der Gefahr meinen?

FREUD: Ja.

SANDLER: Der nächste Punkt betrifft Ihre Verwendung der Idee von inneren und äußeren Konflikten, und es ist wohl klar, daß Sie mit inneren ganz allgemein Konflikte zwischen unterschiedlichen Teilen des seelischen Apparates meinen, und vermutlich würden wir heute sagen, daß dazu auch die sogenannten internalisierten Konflikte gehören.

FREUD: Ja, natürlich.

SANDLER: Äußerer Konflikt ist also mit der Idee der Realangst verbunden, Angst vor dem, was tatsächlich von der Außenwelt her geschehen könnte.

FREUD: Ja.

SANDLER: An etwas späterer Stelle sprechen Sie von dem Jungen, der den Ärger des Lehrers nachahmt und dessen Gesicht beim Aussprechen tadelnder Worte nachmacht, und sagen, der Junge ahme den Zornigen unwillkürlich nach, obwohl die Nachahmung von ihm nicht erkannt werde. Sie sagen dann: »Das Grimassieren dient hier also der Angleichung (assimilating himself) oder Identifizierung mit dem gefürchteten Objekt der Außenwelt« (86, 294). Vielleicht könnten Sie uns etwas mehr dazu sagen, was Sie mit »assimilating himself« meinten.

FREUD: Das deutsche Wort lautet *Angleichung*. Das Kind wird wie der Lehrer. »Assimilating himself« ist eine recht ungeschickte Übersetzung. Aber wissen Sie, mein bestes Beispiel für diesen Vorgang stand mir damals noch nicht zur Verfügung. Es kam später in den Hampstead Nurseries von einem kleinen Mädchen mit einem jüngeren Bruder, der sich so vor Hunden fürchtete, daß sie zu ihm sagte: »Sei *du* Hundchen, dann wird kein Hund dich beißen.« Das ist ein perfekter Ausdruck für diesen Vorgang.

SANDLER: Sie kommen dem mit dem Beispiel von dem kleinen Mädchen nahe, das zu seinem kleinen Bruder sagt, er brauche sich im Vorzimmer nicht zu fürchten. Er müsse nur spielen, er sei selber der Geist, der ihm begegnen könne. Aber dreht das Kind die Dinge herum, indem es die Rollen umkehrt, oder gleicht es sich nur in bestimmtem Sinne dem Geist an? Sagt es, mit anderen Worten, »Wenn ich auch zur Sippe der Geister gehöre, dann werde ich nicht angegriffen«?

FREUD: Sie wissen, daß es da das Beispiel in Kiplings *Dschungelbuch* gibt, wo Mogli die Zauberformel – man könnte sagen die Abwehrformel – beigebracht wird, die ihn schützen soll, wenn er durch den Dschungel geht. Wenn er einem gefährlichen Tier begegnet, soll er rufen: »Wir sind vom gleichem Blut, Du und ich«, und dann kann ihm nichts passieren. Das ist die Angleichung oder die Annäherung an das Wesen des Angreifers oder so zu werden wie der Angreifer.

SANDLER: Es hört sich genau so wie Ihre Beschreibung der Identifizierung mit dem Angreifer an. Doch mir scheint es ganz anders zu sein als bei dem Kind, das Angst vor dem Zahnarzt hat und dann mit seinem kleinen Bruder Zahnarzt spielt.

FREUD: Das ist Wendung von passiv in aktiv. Was ich beschreibe, ist mehr eine Identifizierung. Aber beides liegt nahe beieinander. Wissen Sie, beim Zahnarzt würde es Ihnen wenig nützen, den Zahnarzt zu spielen. Aber beim Hund und bei den wilden Tieren wirkt es offensichtlich sofort.

SANDLER: Bei all dem müssen wir unterscheiden zwischen der Umkehrung der Aggression in der Identifizierung mit dem Angreifer und der Art von Identifizierung, die einen wichtigen Teil der normalen Kindesentwicklung darstellt, bei der sich das Kind zunehmend mit den starken – man könnte sagen, aggressiven – Aspekten der Eltern identifiziert. Da ist es nicht eine Form von Angstbewältigung, bei der jemand anderes zum Hilflosen gemacht wird.

FREUD: Ja. Doch Identifizierung mit dem Angreifer ist keine Umkehrung. Wenn der Junge Angst vor dem Hund hat, dann heißt Identifizierung mit dem Hund nicht, daß er den Hund beißt. Es bedeutet, daß er selbst auch ein Hund ist, und daher wird ihn kein Hund beißen.

HELLMAN: Ich erinnere mich an ein Kind, das jedesmal bellte, wenn ihm auf der Straße ein Hund begegnete. Das hat auch diese Bedeutung.

FREUD: Es ist derselbe Mechanismus.

SANDLER: Sicher bewältigt es seine Angst, und wir können dessen sicher sein, weil wir sehen, wie die Identifizierung zur Abwehr gebraucht wird. Vermutlich bezieht das Kind daraus aber auch eine bestimmte narzißtische Befriedigung, oder auch eine Befriedigung seines Gefühls, etwas bewältigen zu können. Ich bin mir nicht sicher, daß so etwas dabei regelmäßig geschieht, aber ich kann mir vorstellen, daß manche Kinder einen zusätzlichen Gewinn aus der Identifizierung mit dem Angreifer beziehen. Ich denke dabei wieder an das Kind, das der Therapeutin einen »Schuß« gab, weil es Angst hatte, selbst »Schüsse« zu erhalten – Spritzen, die es bei früheren Gelegenheiten im gleichen Krankenhaus bekommen hatte. Das scheint mir doch recht verschieden von dem zu sein, was Sie beschreiben, Miss Freud.

FREUD: Ja, aber Sie sprechen jetzt von der Wendung von passiv in aktiv.

SANDLER: Aber wenn Sie sagen, das sei Wendung von passiv in aktiv, dann meinen Sie doch wohl, es sei eine Form der Identifizierung mit dem Angreifer, welche die Komponente passiv in aktiv mitenthält. Es ist doch sicher nicht einfach nur der Mechanismus der Wendung von passiv in aktiv, oder doch?

FREUD: Nun, der Mechanismus kommt dem sehr nahe, aber die Identifizierung mit dem Angreifer braucht nicht bis zur Wendung von passiv in aktiv zu gehen. Das Kind macht sich zum Aggressor, um sich zu schützen, aber es muß deswegen noch nicht seine Aggression auf den früheren Angreifer richten. Das ist es, worin sich die Identifizierung mit dem Angreifer unterscheidet.

KENNEDY: Mir fällt ein Kind aus den Kriegskindergärten ein, das sich auf unseren Spaziergängen vor Hunden fürchtete. Als wir einmal gerade heimgekehrt waren, spielte sie Hund und erklärte dazu: »Ich bin Hundi, dann beißt mich Hundi nicht.« Das Beispiel legt nahe, daß der Mechanismus das Kind nur vor Angst schützt, nicht aber etwas ist, das auf einen Angriff hinausläuft. Der Zahnarzt ist jemand, der einen angreift, und das ist etwas anderes.

SANDLER: Würde es einem Kind, das am nächsten Tag zum Zahnarzt soll und davor Angst hat, nicht helfen, mit seiner aktuellen Angst besser fertig zu werden, wenn es mit dem kleinen Bruder das Zahnarztspiel macht? Würde es da nicht mit seiner Angst umgehen, auch wenn das dann nicht mehr wirksam ist, sobald es Zeit ist, zum Zahnarzt zu gehen?

FREUD: Es besteht kein Zweifel, daß Identifizierung mit dem Angreifer und Wendung von Passivität in Aktivität sehr nahe beieinander liegen, aber sie sind dennoch nicht gleichbedeutend.

SPRINCE: Miss Freud, könnten Sie etwas zu den Unterschieden sagen zwischen dem Kind, das den bedrohlichen Lehrer nachahmen muß, und dem Kind, das bewußt spielt, es sei ein Geist? Würden Sie beiden die gleiche Überschrift geben?

FREUD: Wir würden ihnen die gleiche Überschrift geben. Der Unterschied liegt im Stärkegrad der Angst, dem Automatischen der Reaktion, dem Ausmaß, zu dem das Kind seine Reaktion gewohnheitsmäßig werden läßt und so weiter. Das kleine Mädchen, das damals erst vier oder fünf Jahre alt war und seinem Brüderchen den Rat gab: »Sei du Hundchen, und kein Hund wird beißen«, hatte das, glaube ich, von seiner Mutter. Ihre Mutter hat sie sicherlich angebellt, und das kleine Mädchen selbst war ein ziemlich scharfzüngiges Kind.

SANDLER: Ich denke, wir sollten hinzusetzen, Miss Freud, daß wir legitimerweise von Identifizierung mit dem Angreifer sprechen können, wenn sie sich in der Fantasie abspielt. Vermutlich ist das doch ihre größte Domäne, nicht wahr? Ein Kind in einer angsterregenden Situation hat sehr oft Fantasien, an denen die Mechanismen beteiligt sind, von denen wir sprachen, und das ist anders als bei der Verleugnung in der Fantasie.

FREUD: Es ist interessant, es mit anderen Mechanismen oder mit den Maßnahmen zu vergleichen, die Kinder zur Angstbewältigung verwenden. Ich erinnere mich an einen kleinen Jungen in Analyse, der etwa fünf oder sechs war und sich sehr vor meinem Elsässer fürchtete. Er machte sich aber nicht selbst zum Hund und bellte ihn auch nicht an. Er sagte mir aber einmal, daß er nun wisse, wenn er von der Eingangstür an dem Hund ständig zulächle, dann würde der ihn nicht anbellen. Das bedeutet eine Besänftigung, etwas ganz anderes als die Identifizierung mit dem Angreifer.

SPRINCE: Es ist interessant zu überlegen, wie die beiden Mechanismen unterschiedliche spätere Formen der Pathologie vorbereiten können. Das besänftigende Kind nimmt eine ganz andere Entwicklung als das Kind, das sich mit dem Angreifer identifiziert.
SANDLER: Identifizierung mit dem Angreifer kann sich auch in der Form von Identifizierung mit dem Über-Ich-Introjekt zeigen. Man kann mit ihm und mit seiner Angst vor ihm sehr wohl so umgehen, indem man sich gegen andere wendet und sie attackiert. Es ist nicht ganz dasselbe wie die Identifizierung mit dem ängstigenden Objekt, aber es ist das gleiche wie etwa bei einem Kind, das sich mit einem tadelnden Elternteil identifiziert und dann seinen kleinen Bruder für genau das tadelt, weswegen es sich selbst schlecht fühlt. Wäre das dann Identifizierung mit dem Angreifer? Ich glaube, Sie haben es Projektion von Schuld genannt, Miss Freud. In der Nursery haben wir es oft beobachten können. Ein Kind, das sich getadelt fühlt, weil es etwas Ungezogenes getan hat, geht hin und kritisiert ein anderes Kind dafür.
FREUD: Es ist mehr eine Externalisierung. Der böse Teil wird externalisiert, und der gute Teil kann dann den bösen Teil kritisieren, der einem anderen zugeschoben wurde.
SANDLER: Aber es geschieht auf der Grundlage der Identifizierung mit einer Autoritätsfigur.
FREUD: Nun, diese Identifizierung ist schließlich ein Teil des Über-Ichs.
HELLMAN: Ich denke, an den vielen Beispielen erkennen wir eine Zwischenstufe zum Über-Ich hin, das tatsächlich von innen her wirkt.
SANDLER: Ich habe etwas Bedenken dagegen, die Identifizierung mit dem Angreifer oder ähnliche Mechanismen bestimmten Stufen zuzuordnen. Man kann den Mechanismus sogar dann beobachten, wenn das Über-Ich hoch entwickelt ist. Manche Leute, die unter schweren Schuldgefühlen leiden, identifizieren sich mit ihren Über-Ich-Introjekten und greifen andere Leute genau wegen der Dinge an, deretwegen sie sich selbst schuldig fühlen.
FREUD: Ich stelle hier nur den Gebrauch der Identifizierung in diesem Zusammenhang in Frage. Was ich meine, ist die allgemeine Erfahrung, daß Kritik an anderen so viel leichter ist als Kritik an sich selbst. Bei manchen Menschen bleibt das ihr Leben lang so, andere lernen ihre Selbstkritik zu ertragen. Wir sollten uns das vermutlich

in Begriffen einer Entwicklungsstufe vorstellen, denn kleine Kinder sind ja nicht selbstkritisch.

Hellman: Ich dachte dabei an die Entwicklungsstufe, auf der Kinder wohl versuchen, brav zu sein, aber es nicht können; sie nehmen sich Süßigkeiten, die anderen Kindern gehören, wissen dabei ganz gut, daß es unrecht ist, aber sie tun es trotzdem. Das Vergehen wird dann so lange nach außen verlegt, bis sie einen Punkt in ihrer Entwicklung erreichen, an dem der Kontrollversuch gelingt, wenn er auch noch eine Zeitlang ab und zu mißlingt.

Freud: In der Kinderanalyse haben wir uns oft gefragt, zu welchem Zeitpunkt Kinder genug Vertrauen zu ihrer Analytikerin gefaßt haben, um ihr zu gestehen, daß sie Unrechtes getan haben. Sie wissen ja, wie das anfängt. Wenn ein Kind erzählt, daß das Kind neben ihm auf der Schulbank etwas ganz Schlimmes getan hat, dann ist das nur noch ein Schritt bis zu dem Eingeständnis, was sie selbst Schlimmes getan haben. Es gibt also einen allmählichen Übergang von der Anklage anderer wegen schlimmer Dinge bis hin zum Eingeständnis, daß man sich selbst im Unrecht befinde.

Sandler: All das ist mit der Frage verknüpft, in welchem Maße das Gewissen von der Person als Teil ihrer selbst erfahren wird, oder als eine innere Stimme, die in bestimmter Weise von ihr unabhängig ist, ihr fremd ist. Wenn sich jemand von einer solchen Stimme kritisiert fühlt, kann er damit etwa in der Weise einer Identifizierung mit dem Angreifer umgehen. Möglicherweise ist die Weise, wie man sich gegenüber den eigenen Über-Ich-Introjekten verhält, von Zeit zu Zeit Schwankungen unterworfen, vielleicht variiert sie auch von Individuum zu Individuum.

Freud: Und es kann auch, wie Ilse Hellman sagte, eine Zwischenstufe geben, wenn die Stimme anfängt, zur eigenen zu werden, ihr aber noch nicht viel Gehör geschenkt wird.

Sandler: Dann gibt es das Problem, wessen Stimme die Stimme des Gewissens ist. Ist es die eigene Stimme des Kindes oder die Stimme der introjizierten Autorität? Wir können sagen, die Stimme sei zunächst die eigene des Kindes, wie bei dem Kind, das sich auf die Finger schlägt und »böse« zu sich sagt. Dann aber können wir fragen, ob dies dissoziiert und als Teil des Introjekts erlebt wird. Oder ist es die Erinnerung an die Stimme der Eltern, die wieder vernommen wird?

Couch: Ich habe eine Frage zur Ähnlichkeit zwischen dem, womit sich das Kind identifiziert, und der realen Natur der Person oder des Objekts, vor dem sich das Kind ängstigt. Wenn das Kind angesichts des kleinen Hundes Superman wird, handelt es sich da nicht um eine Identifizierung mit der erschreckenden Macht des Objekts und nicht um eine Nachahmung der Art des Objektes selbst?

SANDLER: Ich denke, daß Miss Freud wohl dem gerecht geworden ist, wenn sie meint, es gebe beide Arten der Identifizierung mit dem Angreifer. Vielleicht müssen wir uns bei diesem Mechanismus Unterformen vorstellen, denn es könnte ja gut sein, daß solche Kinder, die bei ihren Handlungen den Inhalt ihrer Angst nicht preisgeben, sich sehr von denen unterscheiden, die sich mit dem identifizieren, wovor sie sich fürchten.

FREUD: Sicher gibt es da alle möglichen Abstufungen.

SANDLER: Es stellt sich langsam heraus, daß wir es hier mit einer ganzen Klasse von Phänomenen zu tun haben, die unter die Überschrift der Identifizierung mit dem Angreifer fallen. Könnten wir uns einer Textstelle zuwenden, die sich ziemlich früh in diesem Kapitel findet? Sie sprechen da vom »primitiven Ich« (86, 294) und berühren anscheinend hier das Problem, ob man primitive Gesellschaften mit dem primitiven Kind gleichsetzen kann. So, wie Sie hier den Ausdruck »primitives Ich« gebrauchen, ist es doppeldeutig.

FREUD: Wie heißt es auf deutsch?

HELLMAN: *Das primitive Ich.*

SANDLER: Vielleicht stimmten damals die Analytiker der Auffassung zu, daß es für die verschiedenen Gesellschaftsformen ebenso eine Entwicklungslinie gebe wie für das Individuum. Diese Ansicht wird heute nicht mehr allgemein als gültig betrachtet. Man findet zwar in vielen primitiven Gesellschaften magische Praktiken, aber wir finden sie ebenfalls in unserer eigenen Gesellschaft. Um aber zum Votum von Mr. Couch zurückzukommen, Miss Freud, Sie sagen tatsächlich über das Kind, das »Zahnarzt« spielte: »In seinem Benehmen ist das Bild des Arztes gar nicht mit enthalten. Seine Identifizierung betrifft nicht die Person des Gegners, nur dessen Aggression« (87, 295).

CAMPBELL: Ich denke, das Kind identifiziert sich auch mit der Distanz in der Beziehung. Der Vater oder der Zahnarzt sind viel größer und stärker, und das Kind stellt daher eine ebenso große Distanz her, indem es zum Superman wird oder so etwas.

SANDLER: Man könnte sagen, daß der Junge, der die Schnur in Stücke schneidet, Bleistifte abbricht, sie wieder spitzt und erneut abbricht, gar nicht Zahnarzt spielt, auch nicht den Zahnarzt darstellt. Wenn man aber seine unbewußte Fantasie anschaut, was der Zahnarzt mit ihm machen könnte, dann sind wir nicht weit von einer Identifizierung mit dem kastrierenden Angreifer entfernt.
FREUD: Ja, nur macht er es nicht mit dem Zahnarzt. Das war es, was ich hervorheben wollte.
SANDLER: Ich denke, man könnte in der Analyse aus dem, was das Kind tut, einen Hinweis darauf bekommen, was es beunruhigt. Im Beispiel des Zahnarztspielens tat das Kind etwas mehr, als sich nur mit der Macht des Zahnarztes zu identifizieren. Es kommt darin auch ein symbolisierter Inhalt zur Erscheinung.
FREUD: Wissen Sie, wir unterscheiden zwischen dem Kind, das sich mit der Aggression des Angreifers identifiziert, nicht aber mit dem Angreifer selbst, und dem Kind, das sich mit dem Angreifer selbst identifiziert. Wenn sich das Kind mit der Aggression des Angreifers indentifiziert, dann findet es vielleicht, daß es das sozusagen noch besser kann. Das kostet es nichts.
SANDLER: Bei Kindern, die sich mit gefährlichen Hunden oder Löwen identifizieren, um ihre Angst zu bewältigen, gibt es vermutlich eine Vorgeschichte, die die Wahl beeinflußt. Vielleicht Zoobesuche.
FREUD: Ich erinnere mich, wie in den Hampstead Nurseries die Mütter zu kommen pflegten und ihre zweijährigen Kinder zum Sonntagsspaziergang abholten, mit ihnen zu Madame Toussaud's oder in den Zoo gingen. Als einmal so eine kleine Zweijährige zurückkam und wir sie fragten, wie ihr die Tiere im Zoo gefallen hätten, sagte die Mutter: »Sie hat versucht, den Löwen Angst zu machen.« Das hieß, daß sie vor dem Löwenkäfig selbst zum Löwen wurde. Sie drehte die Dinge einfach völlig um. Statt selbst erschreckt zu sein, stellte sie sich vor, die Löwen würden erschrecken.
SANDLER: Da Sie dieses Beispiel anführen, Miss Freud, sollten wir hier vielleicht den Unterschied zwischen dem von Ihnen Beschriebenen und solchen kontraphobischen Mechanismen herausstellen, bei denen sich jemand ständig in Gefahr begeben muß, um seine Angst zu bewältigen. Das ist anders als bei dem Kind, das auf eine Gefahrensituation durch Identifizierung mit dem Angreifer reagiert.
FREUD: Wenn es zu einer gewohnheitsmäßigen Reaktion wird, würden wir es vermutlich als kontraphobisch bezeichnen.

SANDLER: Mich hat am kontraphobischen Verhalten immer so beeindruckt, daß die Person die Angstsituation selbst aufsucht.
FREUD: Weil sie sich ständig beweisen muß, daß sie keine Angst hat; das trifft auf diese Kinder natürlich nicht zu.
SANDLER: Und bei den Kindern, die sich mit dem Angreifer identifizieren, ist es mehr eine innere Angstquelle als bei der kontraphobischen Person.
FREUD: Ja.
SANDLER: An etwas späterer Stelle des Kapitels sagen Sie, Miss Freud, »Das Kind introjiziert etwas von der Person des Angstobjektes und verarbeitet (assimilates) auf diese Weise ein eben vorgefallenes Angsterlebnis« (88, 296). Könnten Sie wieder klären, was Sie mit »assimilates« in diesem Zusammenhang meinen?
FREUD: Ich meinte, daß es mit der Angst zurechtkommt oder sie meistert. Auf deutsch heißt es *verarbeitet.*
SANDLER: Etwas später sagen Sie, »(das Kind) verwandelt . . . sich gleichzeitig aus dem Bedrohten in den Bedroher« (88, 296). Ich möchte hierzu für das Protokoll eine kleine Anmerkung machen. Das Kind wird natürlich nicht zur Person des Bedrohers, es wird *wie* die Person des Bedrohers. Die Abgrenzung zwischen sich und der anderen Person geht dabei nicht verloren. In der Umgangssprache sagen wir natürlich oft, jemand werde zu einem anderen, wenn man eigentlich meint, er werde »wie der andere«.
FREUD: Oder man eignet sich die Eigenschaft des Objektes oder einen Aspekt des Objektes an.
SANDLER: Wenn ein Ich-Defekt vorliegt und die Abgrenzungen nicht leicht aufrechterhalten werden können, besonders bei psychotischen oder Borderline-Kindern, kann man eine Vermischung des Selbst und der anderen Person beobachten. Das muß dann etwas ganz anderes sein als bei der Identifizierung mit dem Angreifer, die einen viel höher organisierten Abwehrmechanismus darstellt. Es muß immer ein Intervall geben, und sei es auch nur kurz, in dem das Angstsignal auftritt. Sie haben das in Zusammenhang mit dem Kind zum Ausdruck gebracht, Miss Freud, das Angst vor den Vorwürfen wegen seines rücksichtslosen Läutens bekam.
FREUD: An diesem Beispiel kann man auch einen ganzen Vorgang bis zu seinem logischen Abschluß beobachten, nämlich daß der Angreifer zum Angegriffenen und der Angegriffene zum Angreifer

wird. Er endet mit einer Umkehrung der Rollen, und wir können natürlich nicht entscheiden, ob das nun Wendung von passiv in aktiv oder Identifizierung mit dem Angreifer sei. Man kann es sich aussuchen.

SANDLER: Mir scheint, es muß dabei immer irgendwie eine Rollenumkehrung mit dem Angreifer stattfinden, als notwendige Bedingung für die Identifizierung mit dem Angreifer. Wir haben da immer noch die Frage, woher die Aggression stammt, wenn das aggressive Verhalten eines Kindes Abwehrcharakter hat. Wessen Aggression ist es, wenn wir es mit einer Identifizierung mit dem Angreifer zu tun haben? Sprechen wir von einer Aggressionsreserve, die dem Ich zur Verfügung steht? Sehen wir die Mobilisierung eines Aggressionstriebes? Ich frage das, weil Sie herausgestellt haben, daß »die aggressive Aktivität des Kindes keiner Enthemmung seiner Triebregungen entspricht« (89, 298).

FREUD: Nein, es ist keine Triebaggression. Ich glaube nicht, daß ich mich mit der Frage beschäftigt hatte, woher sie überhaupt komme. Das Kind ist eigentlich nicht aggressiv, sondern ängstlich, aber es ist ein ängstliches Kind, das Aggression mobilisieren kann, sobald es Angst hat, und sie leistet ihm zur Bewältigung seiner Angst gute Dienste. Woher es sie allerdings mobilisiert, war damals offengelassen worden.

SANDLER: Etwas weiter im Text sagen Sie über denselben Jungen: »Er hat die Aggression der Erwachsenen, vor denen er sich schuldig fühlt, introjiziert . . .« (89, 298). Sie meinen wahrscheinlich, er habe den Erwachsenen nachgeahmt, und dabei den Terminus Introjektion mehr in einem deskriptiven Sinne als im strikteren technischen Sinne gebraucht.

FREUD: Wir haben natürlich die Termini Identifizierung und Introjektion völlig gleichbedeutend verwendet. Ich sage hier im Text, daß er die passive gegen die aktive Rolle eintauschte. Das heißt, daß er beim Wechsel zur aktiven als Ersatz für die passive Rolle die Aggression nachahmte.

SANDLER: Ich möchte gerne klargestellt haben, daß es nicht die elterliche Aggression als solche ist, die introjiziert wird. Vielleicht käme »identifiziert« dem näher, was gemeint war, besonders im Hinblick darauf, daß wir heute beide stärker unterscheiden.

FREUD: Er eignet sie sich an, würde ich sagen. Er benützt sie, aber es ist eigentlich nicht seine eigene.

Sandler: Sie meinen, er eignet sich die Vorstellung an, doch er muß wohl seine eigene Aggression verwenden.
Freud: Nun, wenn er keine Aggression zu seiner Verfügung hätte, könnte er sie auch nicht einsetzen. Aber wir haben in der Klinik das Beispiel eines Jungen, der wirklich schlimme aggressive Dinge anstellt, wo wir meinen, es sei eine Reaktion auf oder eine Identifizierung mit der Aggression seines Vaters. Der Vater ist nicht nur ihm gegenüber aggressiv, sondern auch gegenüber seiner Mutter, besonders wenn er betrunken ist. Was ist es nun? Ist es das Verhalten des Vaters, das die eigene Aggression des Kindes weckt, so daß es dann diese gewalttätigen Handlungen begeht? Oder erweckt der Vater in dem Jungen ein solches Ausmaß von Angst, daß es nur noch durch Mobilisierung der eigenen Aggression bewältigt werden kann? Das sind ganz schwierige Fragen, und wir würden wohl sagen, die therapeutischen Aussichten seien besser, wenn es sich um Nachahmung der Aggression seines Vaters handelt, als wenn es das eigene höchst aggressive Wesen ist. Ich möchte aber sagen, daß das unbeantwortete Fragen sind.
Sprince: Vermutlich kann man es auf dieselbe Weise betrachten wie die sexuelle Erregung eines verführten Kindes. Wenn das Kind viele aggressive Erlebnisse hat, noch ehe es in der Lage ist, sie zu ertragen, wird es vielleicht seine eigenen aggressiven Triebe früher mobilisieren, als es normalerweise der Fall wäre.
Sandler: Ich denke, wir müssen auch die Tatsache mit in Rechnung stellen, daß es zwar letztlich die eigene Aggression ist, vor der das Kind solche Angst hat und die es auf den Angreifer projiziert hat, doch dürfen wir daraus nicht ableiten, daß die Aggression, die es als Bestandteil seiner Abwehr mittels Identifizierung mit dem Angreifer verwendet, dieselbe Aggression sei, die es zuvor projiziert hat. Wir müssen hier die entwicklungsmäßige Schichtung der seelischen Organisation des Kindes berücksichtigen.
Freud: Wissen Sie, als wir während des Krieges in den Hampstead Nurseries die Kinder besprachen, kam sehr oft die Frage auf, wie wir sie lehren könnten, ihre Aggression zu beherrschen, wenn sie sehen mußten, daß alle um sie herum aggressiv waren. Die Soldaten und die Piloten waren aggressiv.
Hellman: Und bekamen noch Medaillen dafür.
Freud: Ja, Aggression war sozusagen an der Tagesordnung, und Kinder konnten eigentlich nicht zwischen der großen Aggression in

der Außenwelt und der kleinen Aggression bei sich selbst unterscheiden. Ich erinnere mich, wie eines unserer Kinder an einem Haus in einer der Straßen vorbeiging, die völlig ausgebombt worden war. Es schaute das zerstörte Haus an und sagte: »Böse, böse.« Es gab für das Kind keinen Unterschied zwischen dem, was es selbst kaputt machte, und dem, was andere zerstörten.

HELLMAN: Ich erinnere mich, wie einer der kleinen Jungen vor dem zerbombten Marie-Curie-Hospital sagte: »Ich nicht gemacht.«

FREUD: Vielleicht gibt es bei all diesen Fällen keine ausreichende Unterscheidung zwischen der eigenen Aggression des Kindes und der Aggression in der Außenwelt.

SANDLER: Auch noch kein genügend entwickeltes Über-Ich, das das Kind in die Lage versetzen könnte, die Schuld den Feinden im Krieg zuzuordnen.

FREUD: Ein anderes Beispiel gab es in dem Haus auf dem Lande, wohin wir evakuiert worden waren. Eines der Kinder schrieb an seine Pflegeeltern in Amerika über den letzten Bombenangriff in Essex, und es diktierte, »aber es war ein lieber Deutscher, er hat die Bombe nicht auf unser Haus geworfen«. Diese Definition von Aggression ist vielleicht ziemlich egozentrisch, aber ich hoffe, Sie bringen all das in einer Arbeit über Aggression!

SANDLER: Wir werden unser Bestes tun. Gegen Ende dieses Kapitels machen Sie eine Feststellung, die viel diskutiert wird, nämlich daß die Identifizierung mit dem Angreifer ein Vorläufer des Über-Ichs sei, eine Stufe in seiner Entwicklung (90, 298). Wenn man das liest, kommt es einem ganz klar vor, doch fünf Minuten später ist es wieder unklar. Wenn man darüber nachdenkt, bekommt man das Gefühl, daß da etwas fehlt, was eigentlich dazugehörte. Natürlich versteht man, daß Kritik an sich selbst, oder Kritik zunächst an einem anderen und dann an sich selbst, ein Vorläufer des Gefühls sein kann, vom eigenen Über-Ich kritisiert zu werden. Doch es gibt so viele Zwischenfragen. Trifft es zu, daß Ihre Auffassung von der Über-Ich-Bildung zu der Zeit, als Sie das Buch schrieben, besagte, es begründe sich auf Identifizierung, und daß das Über-Ich ein Aspekt des Selbst sei, der sich herausdifferenziere? Meines Erachtens liegen die Probleme darin, wie das Gefühl, kritisiert zu werden, in Selbstkritik umgewandelt wird.

FREUD: Nun, wissen Sie, man darf das nicht allzu wörtlich nehmen. Natürlich sagte ich, die Identifizierung mit dem Angreifer sei ein

Aspekt der Über-Ich-Bildung, aber wir wissen sehr wohl, daß das nicht alles ist, denn was von dem nach außen Gerichteten auf einen selbst zurückgelenkt wird, wird später wieder der Außenwelt angefügt. Aber diese Frage habe ich hier nicht behandelt. Ich sage, der Vorgang des Umgangs mit Aggression oder Kritik von außen kann – und Sie sehen, daß ich mich hier nicht allzusehr festlege – sozusagen das Material liefern, das das Über-Ich dann bei seiner Aufbautätigkeit verwendet. Es ist wie bei Vögeln, die für ihren Nestbau kleine Stückchen Stroh sammeln. Mehr ist es nicht. Aber wenn das über längere Zeit hin geschieht, sammelt sich eine Menge beim Kind an, und der nächste Schritt ist dann, daß das zwar nun da ist, aber noch nicht wirksam, weil es eigentlich noch keine Kritik an dem übt, was das Kind selbst tut. Das ist dann ein weiterer Schritt, der nur ganz allmählich stattfindet, denn es ist eine recht schmerzhafte Aufgabe, die innere Institution oder Instanz, die im Aufbau begriffen ist, nun wirklich auf die inneren Vorgänge statt auf die Außenwelt anzuwenden.
SANDLER: Sie haben also aus vielen Vorgängen ein spezifisches Element herausgegriffen, also die Identifizierung mit dem Angreifer oder die Identifizierung mit der erwarteten Kritik, und begrenzen ihren Fokus auf deren spezielle Rolle?
FREUD: Ja.
SANDLER: Sie beschränken also den Vorgang auf das, was Sie eben genannt haben, nämlich daß es in bestimmter Weise kleine Stücke und Teile von Mechanismen und Inhalten gibt, die das Rohmaterial für die spätere Gewissenskritik und nebenbei auch noch anderes bildet.
FREUD: Ja.
HELLMAN: Damals wurde beträchtlicher Wert auf die Rolle der Objektbeziehung gelegt, weil die Angst vor Liebesverlust eine zentrale Stellung besaß. Ich glaube, wir müssen die gesamte Entwicklung des Über-Ichs in Begriffen der Entwicklung von Objektbeziehungen sehen und die anschließende Internalisierung der Mutter und die Errichtung der inneren Beziehung als etwas betrachten, das nicht davon abhängt, ob man gut oder böse ist. Mit anderen Worten, die Über-Ich-Entwicklung hängt von der Angst ab, man werde die Liebe der Mutter verlieren, wenn man nicht genau das tut, was sie sagt, und ich denke, daß allmählich alle Kritik zusammen mit den guten Aspekten der Mutter verinnerlicht wird.

Sandler: Ich glaube, daß zu der Zeit, als Miss Freud das schrieb, die Rückhalt bietenden, liebevollen Aspekte des Über-Ichs nicht hervorgehoben wurden. Freud führte das Konzept vom Über-Ich nach dem ersten Weltkrieg ein, und der aggressive Aspekt nahm ihn ganz in Anspruch.
Freud: Das trifft natürlich für die Abwehrvorgänge zu. Sie wurden von der Angst vor dem motiviert, was das Über-Ich tun könnte. Wenn jedoch das Kind keine Kritik an sich selbst übt und sich nicht um Liebesverlust kümmert, dann kann der gesamte Vorgang des Aufbaus einer inneren kritischen Instanz verzögert werden.
Sandler: Dann wird also der Umgang mit der Kritik von außen durch Identifizierung mit den kritisierenden Eltern zu einem Teil der Ich-Entwicklung und kristallisiert sich schließlich irgendwie im Über-Ich, auch wenn da noch andere Faktoren beteiligt sind.
Freud: Ja. In Form einer sehr oberflächlichen Behauptung könnte man sagen: »Was sollte das Über-Ich denn anderes sein als Identifizierung mit dem Angreifer?«
Berger: Es enthält auch eine Identifizierung mit dem Wohltäter.
Freud: Das ist ein anderer Aspekt des Über-Ichs.

Zweite Sitzung

Sandler: Wir sind immer noch bei der Identifizierung mit dem Angreifer. Mein erster Punkt bezieht sich auf das Beispiel des kleinen Jungen, der seine eigene Neugier der Mutter zuschrieb (90/91, 299/300). Wir würden alle darin übereinstimmen, daß er seine Neugier auf die Mutter projizierte, doch Sie sprechen in diesem Fall von Rollenumkehr, Miss Freud. Sie sagen: »Der Austausch ist hier ein vollkommener. Er übernimmt das Bösesein der Mutter und schreibt ihr dafür seine Neugierde zu« (91, 299/300). Sie meinen damit offenbar noch mehr als Projektion, denn Sie fügen seine Annahme hinzu, die Mutter sei böse, was vermutlich Ihr Grund dafür ist, daß Sie dies im Kapitel über Identifizierung mit dem Angreifer anführen. Hätte er einfach seine Neugier der Mutter zugeschrieben, dann wäre es wohl nur Projektion gewesen.
Freud: Er läßt sie die Böse sein und übernimmt die Rolle der Kritik.
Sandler: Es ist also sowohl eine eindeutige Projektion als auch zugleiche eine Identifizierung mit der Mutter.

Freud: Es bedeutet, daß sich der Junge die Vorwürfe der Mutter aneignet. Er übernimmt sie.
Sandler: Das ist nun besonders interessant, denn es gibt offenbar eine viel engere Verbindung zwischen Rollenumkehr und Projektionsmechanismus, als wir uns vorgestellt hatten. Wir sehen hier eine Kombination von Identifizierung und Projektion, die noch weitere Kommentare verdient. Wir neigen dazu, die Rollenumkehr etwas weiter zu fassen, etwa wenn wir sehen, daß eine Person, die bemuttert werden möchte, selbst eine bemutternde Rolle einnimmt. Ich meine damit, daß sie zwar ihr Bedürfnis auf jemand anderen projiziert und den mit der erwünschten bemutternden Person identifiziert, aber das nicht unbedingt mit der Mutter selbst macht. Es kann auch jemand anderes sein.
Kennedy: Wir sehen das manchmal, wenn die Therapeutin als Patient behandelt wird und das Kind die Rolle der Therapeutin einnimmt.
Freud: Aber wirkliche Rollenumkehr bedeutet, daß die Plätze vertauscht werden. Es geschieht, wenn Kinder Pferd und Reiter spielen: »Jetzt bist *du* das Pferd und *ich* der Reiter.«
Sandler: Aber nein, Miss Freud, denn das würde ja heißen, daß das Pferd der Reiter sein möchte.
Freud: Nun, so ist es doch, wenn zwei Kinder die Plätze tauschen. Sie kehren die Rollen um. Meistens ist es nicht Pferd und Reiter, sondern ein Kutscher – der Kutscher und das Pferd, und dann werden im Spiel die Rollen getauscht. Wer erst Pferd war, wird jetzt Kutscher. Man macht das nicht mit einem wirklichen Pferd, aber die Kinder machen es so. Ich habe immer die Ansicht vertreten, daß das unter Kindern ein sehr gesundes Spiel ist. Wenn aber eines davon an seine Rolle fixiert bleibt und immer das Pferd sein muß, das angetrieben wird und die Peitsche bekommt und dem Kutscher gehorchen muß, dann ist das ein schlechtes Zeichen. Es muß sich davon frei machen, indem es die Rollen umkehrt.
Sandler: Vielleicht gibt es dazu eine Parallele im Sex-Spiel von Kindern, wenn sie sagen: »Jetzt bist du Mammi und ich Papi.«
Freud: Ja, auch Mammi und Baby.
Berger: Sie haben das in einem Kapitel über Identifizierung mit dem Angreifer angeführt, Miss Freud, aber es ist ein anderer Mechanismus.
Freud: Wie Sie sehen können, versuche ich in diesem Kapitel mit

einigen Komplikationen zurechtzukommen. Es gibt Varianten dieser Vorgänge. Sie sind nicht alle gleich.

SANDLER: Ich denke schon, daß dieses Beispiel hierher gehört, nicht wegen der Projektion der Neugier, sondern, wie Sie hervorgehoben haben, wegen der Übernahme der Vorwürfe der Mutter. Man könnte also sagen, die besondere Rollenumkehr gehöre zur allgemeinen Klasse der Identifizierungen mit dem Angreifer. Um nun zu einem anderen Punkt zu kommen: Etwas weiter sagen Sie, Miss Freud, »Sie introjiziert den fantasierten Vorwurf und wendet ihn aktiv gegen die Person der Analytikerin zurück« (91, 300). Nur der Genauigkeit halber möchte ich wieder anmerken, daß wir das heute nicht mehr Introjektion nennen würden, sondern vielmehr eine Identifizierung mit dem fantasierten Vorwurf.

FREUD: Was ich damit meinte, habe ich bereits gesagt: sie übernimmt den Vorwurf.

SANDLER: Später sagen Sie in Zusammenhang mit der Zwischenstufe in der Über-Ich-Entwicklung: »In demselben Augenblick, in dem die Kritik nach innen verlegt wird, verschiebt sich das Vergehen in die Außenwelt« (92, 301). Das würde bedeuten, daß der Mechanismus der Identifizierung mit dem Angreifer durch eine andere Abwehrmaßnahme ergänzt werden kann, nämlich durch die Projektion oder Externalisierung der Schuld. Könnten Sie noch etwas mehr erläutern, was Sie mit Projektion der Schuld gemeint haben? Wir gebrauchen den Terminus, wie ich meine, für eine Methode, sich der eigenen Schuldgefühle zu entledigen, indem man jemand anderen anklagt oder eine andere Person zur Schuldigen macht. Zu Beginn des nächsten Kapitels kommen Sie noch einmal darauf zurück.

FREUD: Ich spreche hier eigentlich von einem Entwicklungsphänomen. Wenn das Kind anfängt, die elterliche Kritik zu internalisieren, dann haben wir das Gefühl: »Gut so, jetzt wird es sich wohl angemessen benehmen«, doch dann gibt es bei dem sich entwickelnden Kind erst einmal ein ausgesprochenes Zögern, einen inneren Konflikt zu erkennen und an seinen Folgen zu leiden. Wir haben es nun mit innerer Kritik zu tun, und das Kind fragt sich, was es tun kann, um den glücklichen Zustand des Freiseins von Schuldgefühlen noch zu verlängern. Es verschiebt dann die schulhafte Handlung nach draußen und ist dann fast so gut dran wie früher. Es hat dann keinen inneren Konflikt, und die Erkenntnis, daß der Konflikt innen ist, bildet sich erst ganz allmählich und sehr langsam. Ich glaube, das vollzieht sich langsamer, als wir gewöhnlich glauben, und wir können sehen, wie sich das Kind dagegen mit allen Mitteln wehrt, die ihm zur Verfügung stehen. Eines davon besteht darin, sich zu sagen: »Nun gut, ich sehe ein, daß man das nicht tun sollte, aber ich tue es ja gar nicht, jemand anderer tut es.«

SANDLER: Es gibt manche Menschen, die inneren Konflikt jeglicher Art nicht ertragen können und ihr ganzes Leben lang Konflikt externalisieren.

FREUD: Das bedeutet, daß das allmähliche Akzeptieren von innerem Konflikt eine der Entwicklungslinien sein sollte, die ich aufgestellt habe. Wir sprechen jetzt von einer Zwischenstufe, auf der das Kind schon weiß, was unrecht ist, aber es ungeschehen macht, weil es nichts davon wissen will, daß es etwas Unrechtes getan hat.

SPRINCE: Sie würden heute nicht mehr das Wort »Projektion« verwenden, oder doch?

SANDLER: Wenn man Projektion so definiert, daß man etwas bei sich selbst Unerwünschtes einem anderen zuschreibt und dann erlebt, daß es auf einen selbst gerichtet sei, dann ist das wohl eine sehr enge Definition und stellt vielleicht eine idiosynkratische Verwendungsweise dar, die in der Klinik gängig ist. Wir gebrauchen sie in diesem engen Sinne und verwenden den Terminus »Externalisierung« für alle anderen Formen von »Nach-außen-Verlegen«. Es gibt aber tatsächlich eine allgemeine Verwendungsweise von Projektion . . .

FREUD: Ja. In die Außenwelt projizieren.

SANDLER: . . . die ganz legitim ist, natürlich, wenn auch ein bißchen verwirrend. Es braucht keine unerwünschte Regung daran beteiligt zu sein, die von außen wieder auf einen zukommt, sondern es kann sich auch darauf beziehen, daß andere Menschen etwas tun, was wir bei uns verleugnen. Projektion oder Externalisierung von Schuld unterscheidet sich jedoch ziemlich von anderen Formen der Projektion. Wenn wir von Projektion sprechen, so ist das sehr klar, wenn wir sie in bezug auf eine Vorstellungsrepräsentanz verstehen, aber Projektion von Schuld ist nicht die Projektion eines Gefühls, das die Person erlebt, sondern vielmehr eine Externalisierung von Verantwortlichkeit. Was da geschieht, ist keine Projektion von schlimmen Schuldgefühlen, sondern sie werden beseitigt, indem die Verantwortung dafür externalisiert wird.

Freud: Oder daß man die verbotene Handlung tatsächlich begangen hat.
Sandler: Ja, mir geht es darum, daß es nicht ein Affekt ist, der projiziert wird.
Freud: Nein, keineswegs.
Sandler: Wir haben zweifellos große Probleme mit Definitionen in diesem Bereich. Wir haben zum Beispiel versucht, ein sehr enges Konzept der Projektion abzutrennen, dasjenige, das das »reflexive« Element enthält. Aber dann verbleibt uns »Externalisierung« als ein wirklich sehr weit gefaßter Terminus. Man kann Schuld externalisieren, auf die gerade besprochene Weise – eigentlich Externalisierung von Verantwortung. Man kann einen Aspekt von sich selbst in jemand anderen externalisieren, ohne daß dies Projektion im engeren Sinne bedeutet, weil er nicht auf einen selbst zurück gewendet wird. Man kann ein Introjekt externalisieren, so daß jemand in der Außenwelt als die kritisierende Autorität erlebt wird. Ja, wir könnten sagen, jede der größeren psychischen Instanzen kann externalisiert werden, wie Miss Freud ausgeführt hat. Wir stehen also vor dem Problem, daß der Sammelbeutel für Externalisierungen immer größer wird, je stärker wir die Definition von Projektion einengen. Wir haben an der Klinik etliche Versuche gemacht, damit zurechtzukommen, aber keiner ist wirklich gelungen.
Freud: Nur eine Anmerkung zur Projektion von Affekten. Ärger wird sehr häufig anderen zugeschrieben, und es gibt auch die Fälle, wo wir meinen, der andere fühle sich uns gegenüber schuldig, doch das ist etwas ganz anderes als das, was wir gewöhnlich als Projektion von Schuld verstehen. Hier wird ein aktuelles Gefühl dem anderen zugeschrieben, und das unterscheidet sich sehr davon, dem anderen ein eigenes Vergehen zuzuschreiben.
Sandler: Dann muß wohl die Projektion von Schuld etwas genauer definiert werden.
Freud: Jedenfalls wird hier das Schuldgefühl nicht projiziert, das Schuldgefühl wird vielmehr vermieden.
Sandler: Sie sagen in diesem Kapitel, Miss Freud, »Das Wüten gegen den Schuldigen in der Außenwelt dient (dem Ich) als Vorläufer und Ersatz des Schuldgefühls« (92, 301). Diese Empörung wird noch stärker, wenn die Person nahe dran ist, die eigene Schuld wahrzunehmen, und Sie sagen, diese Zwischenphase sei eine Art

Vorstufe in der Entwicklung der Moral. Sie sagen dann weiter: »Die wirkliche Moral beginnt, wenn die verinnerlichte Kritik als Über-Ich-Forderung auf dem Boden des Ichs mit der Wahrnehmung des eigenen Vergehens zusammentrifft. Die Strenge des Über-Ichs wendet sich von da an nach innen statt nach außen, die Intoleranz nach außen ermäßigt sich damit« (92, 301/302). Ich weiß, wir haben schon darüber gesprochen, aber mir ist noch immer die Bedeutung Ihrer Aussage nicht klar, daß die wirkliche Moral beginne, wenn die internalisierte Kritik im Über-Ich mit der Wahrnehmung der eigenen Fehler durch das Ich zusammentreffe.

FREUD: Ja, es gibt höchst moralische Leute – ich meine damit hypokritische Moral –, die sich darüber empören, was andere Leute tun, und völlig ignorieren, daß sie es selbst tun. Aber viele moralische Leute bleiben natürlich auf dieser Stufe. Erst der nächste Schritt läßt die echte Moral entstehen, nämlich die Wahrnehmung, daß ich es selbst bin, die das tut, und ich es auch selbst bin, die das kritisiert. Ich dachte, gerade dieser Abschnitt sei gut gelungen!

SANDLER: Aber die übrigen hier haben damit einige Schwierigkeiten. Mir scheint es wirklich ein gewaltiger Sprung von der von Ihnen beschriebenen Phase zu sein, in der die Person ihre eigene Empörung projiziert (oder vielmehr externalisiert), um das Gefühl zu beseitigen, etwas Unrechtes getan zu haben, bis hinüber zum Stadium der echten Moral. Es muß da noch weitere Phasen geben, und die Beziehung der einen zur anderen ist noch gar nicht klar, wenigstens mir noch nicht. Zum Beispiel müßte auch das Gefühl, Unrecht getan zu haben, das in Gegenwart der Eltern vorhanden ist, eine Vorstufe der Über-Ich-Entwicklung sein. Das Schuldgefühl ist dann nicht das entscheidende Element in der Über-Ich-Entwicklung. Mir scheint vielmehr, es sei die Internalisierung der Autorität.

FREUD: Wir nennen es nicht Schuld, sondern Angst, oder vielleicht Scham, oder Angst vor Liebesverlust, ehe es zum Schuldgefühl wird. Wir gebrauchen den Terminus Schuld nur dann, wenn wir vom Über-Ich sprechen. Aber das Gefühl wird allmählich verinnerlicht, auch wenn es immer noch mit dem Außenobjekt verbunden ist, und dort verbleibt, wenn es externalisiert worden ist. Wenn wir es von der Entwicklung her betrachten, gibt es viele sehr moralische kleine Kinder. Ich würde sagen, sogar moralische Krabbelkinder, aber ihre Empörung richtet sich immer auf das, was ein anderer tut. Kleinkinder mit Schuldgefühlen gibt es meiner Meinung nach nicht. Nicht im echten Sinne des Wortes.

SANDLER: Sie bestehen also darauf, daß der Terminus Schuld mit innerem Konflikt verbunden sein müsse, mit dem Über-Ich.

FREUD: Ich denke, es ist die gängige Bedeutung.

SANDLER: Meine Frage wäre dann, ob das gleiche Gefühl schon vorhanden sein kann, ehe eine echte Über-Ich-Introjektion stattgefunden hat, wenn aber noch immer die Eltern die Autoritätspersonen sind. Vom Entwicklungsgesichtspunkt her frage ich mich, ob das identische Gefühl nicht schon früher da sein kann als die eigentliche Über-Ich-Bildung. Ich erinnere mich noch daran, als ich im ersten Ausbildungsjahr am Institut war und wir die Institutsseminare noch in Ihrem Hause hatten, fragte ich Sie einmal, wie das mit meinem Hund sei, der sich gerne aufs Bett legte, aber wenn er jemanden kommen hörte, ging er vom Bett herunter und zog den Schwanz ein. Ich fragte Sie damals, ob der Hund nicht Schuldgefühle habe. Und Sie antworteten, er habe keine Schuldgefühle, aber ein Bewußtsein davon, etwas Unerwünschtes getan zu haben.

FREUD: Die entscheidende Frage wäre – wie würde der Hund sich fühlen, wenn niemand hereinkäme? Ich denke, er würde sich ganz behaglich fühlen. Das bedeutet, wenn es keine Angst vor Entdekkung gibt, wenn Gewißheit herrscht, daß niemand bemerkt, was man Unrechtes getan hat, ehe also die volle Verinnerlichung stattgefunden hat, fühlt sich das Kind auch nicht schuldig. Es schämt sich vielleicht, aber schuldig fühlt es sich nur in Entsprechung zum Grade der Internalisierung.

SANDLER: Wenn ich noch ein bißchen beharren darf, meine Vorstellung ist, daß die Umwandlung von Strafangst oder Angst vor Liebesverlust in ein Gefühl, unrecht getan zu haben, schon stattfinden kann, ehe wir dieses Gefühl als »Schuld« bezeichnen können, aber der Affekt der gleiche sein kann. Ich meine, es ist eine besondere Art von unlustvoller Angst, die wir erleben, wenn wir das Gefühl haben, etwas Unrechtes getan zu haben, aber schon vor der Über-Ich-Bildung, wenn uns eine strafende Autorität entgegenkommt.

BERGER: Ich stimme mit Ihnen überein, denn es gibt offenbar eine Phase, wo das Kind sich zwar unbehaglich fühlt, aber noch immer das tut, von dem es weiß, daß es das nicht soll. Das ist deswegen besonders wichtig, weil manche psychotischen Kinder hier steckenbleiben. Ich erinnere mich an ein achtjähriges Mädchen, das irgendwelchen Schmutz vom Boden aufhob und sagte, »Du sollst keinen Schmutz essen« und es dann in seinen Mund schob. Der nächste Schritt ist vermutlich das Wissen darum, daß man das nicht darf und auch nicht tut, aber dazu kam es bei diesem Mädchen nicht. Aus dem Grunde meine ich, daß es eine Phase vor der vollen Verinnerlichung der elterlichen Autorität gibt.

SANDLER: Ich bin selbst nicht so weit gegangen, das als eine gesonderte Phase anzusetzen, sondern als eigentlich etwas sehr Einfaches. Der Dreijährige, der ein schuldbewußtes Gesicht macht, wenn er ertappt worden ist, das anders aussieht, als wenn er ein erschrockenes Gesicht macht, scheint mir denselben Affekt zu erleben wie den, den wir später dann Schuld nennen.

FREUD: Aber betrachten wir es nicht deswegen als ein schuldbewußtes Gesicht, weil ein Erwachsener in der gleichen Situation sich schuldig fühlen würde?

HELLMAN: Neulich haben wir über einen Heranwachsenden gesprochen, der von seinen homosexuellen Wünschen weiß und gewissermaßen seinen Analytiker anfleht, um sich seiner Hilfe zu versichern, diese Wünsche unter Kontrolle zu behalten. Er hat das Gefühl, was er tun möchte, sei unrecht, aber gleichzeitig weiß er, daß er sich auf seine eigene Beherrschung nicht verlassen kann. Er braucht eine Person der Außenwelt, um sichergehen zu können, daß es nicht passiert. Der nächste Schritt wird dann sein, so hoffen wir, daß er es nicht mehr wünscht, daß er spürt, er kann sich beherrschen, und daß er die äußere Person dazu nicht mehr braucht, daß sich das alles zusammenschließt. Es erinnert mich so sehr an die kleinen Kinder, die mir sagen, ich sei daran schuld, daß sie die ganzen Süßigkeiten aufgegessen hätten, denn ich sei doch ein paar Minuten nicht im Zimmer gewesen. Wäre ich da geblieben, dann wäre das nicht geschehen. Das Kind weiß, daß es sich noch nicht beherrschen kann.

FREUD: Ich erinnere mich an ein kleines Mädchen, das in einem Wutausbruch seiner Mutter vorwarf, sie sei daran schuld, daß sie sich beim Spielen mit der Schere geschnitten habe. Sie hielt der Mutter vor, sie hätte wissen müssen, daß man kleine Kinder nicht mit scharfen Scheren spielen läßt.

SANDLER: Ja, es kann Wut sein, aber es könnte auch ein Vorwurf sein – die Externalisierung oder Projektion von Schuld, von der wir gesprochen haben.

FREUD: Aber das Kind sagte, die Mutter hätte es daran hindern müssen, etwas zu tun, was es nicht tun sollte.
KENNEDY: Ich muß auch an kleine Kinder denken, die oft spüren, daß sie unrecht getan haben, aber das auf vielerlei Weisen abwehren. Da ist zum Beispiel das Kind, das sich etwas genommen hat, was es nicht durfte, das dann kommt und sagt, es habe es gar nicht genommen. Es deckt sich auf bestimmte Weise ab, doch es ist ein Hinweis, daß es ein Wissen um das Unrechte des Handelns gibt. Ich weiß nicht, wie wir das bezeichnen könnten.
SANDLER: Es ist natürlich schwierig, einen Gefühlszustand zu definieren. Die Worte, die wir dazu benützen, passen nie ganz richtig, und wir rätseln daran, wie die Gefühle des Kindes sein könnten. Wir vermuten, es gibt ein Bewußtsein von unrechtem Handeln, das ein Schuldgefühl sein kann oder auch nicht, ehe es das Über-Ich gibt und die Autorität noch ganz mit den Eltern verbunden ist. Ich denke, das Kind muß ein ganz ähnliches Gefühl haben wie später, wenn es sich schuldig fühlt.
FREUD: Man kann es auch noch anders betrachten. Ehe ein wirksames Über-Ich vorhanden ist, versucht das Kind mit allen Mitteln, der Kritik der Eltern zu entgehen. Es tut etwas in deren Abwesenheit, verbirgt seine Handlungen vor ihnen, es kann sogar versuchen, sie zu besänftigen, indem es etwas anderes gesteht. Es kann versuchen, sie zum Lachen zu bringen, und so weiter. Alle diese Manöver werden mit dem Über-Ich noch einmal wiederholt.
SPRINCE: Ich frage mich, ob nicht das Kind, ehe es Schuldgefühle hat, beschämende Situationen erlebt, die nicht mit Schuld verknüpft sind. Scham vielleicht in dem Sinne, daß man unfähig ist, seine Impulse zu beherrschen.
FREUD: Ja, und es gibt ein Gebiet, wo man das sehr gut studieren kann. Es ist die Beziehung des Kindes zu seinen eigenen Exkrementen. Wir wissen, wie schwierig es ist, das Kind davon abzubringen, seine Körperprodukte als etwas sehr Schönes und Wertvolles zu betrachten, und es dahin zu führen, Abscheu oder Gleichgültigkeit zu empfinden. Aber was immer man beim Kind erreichen kann, es gelingt nur, wenn andere Leute zugegen sind. Das Kind (und vielleicht sogar der Erwachsene, wenn er allein ist) hat eine gänzlich andere Einstellung zu seinen Körperprodukten. Das ist ein interessanter Aspekt der Problematik der Schuldgefühle, die wir gerade diskutiert haben.

SANDLER: Und man kann hinzufügen, daß wir sogar nach Aufbau des Über-Ichs die gleiche Art Scham erleben können, ein schlechtes Gefühl, das abhängig ist von der Anwesenheit der anderen Person, oder davon, daß andere wissen, was man gedacht oder getan hat. Ich glaube, es gibt eine Art Schuldgefühl, das an die Anwesenheit anderer Leute gebunden ist, auch nach der vollen Ausbildung des Über-Ichs. Natürlich können wir auch noch ein beschämendes Über-Ich haben, was die Dinge noch komplizierter macht. Ich hatte gestern einen Patienten, der mir gestand, daß er etwas Unrechtes tun wolle, was ganz trivial war. Er sagte, es sei ein Gefühl von Scham gewesen, das ihn davon abgehalten habe. Mit fortschreitender Arbeit in der Stunde wurde klar, daß es nicht einfach um eine Abhängigkeit von der Präsenz anderer Leute ging, sondern daß er eine besondere Art von Gewissen hat, das ihm zu sagen scheint: »Es ist in Ordnung, solange niemand anderer davon erfährt.« Etwas ganz anderes, als sich vor anderen beschämt zu fühlen.
FREUD: Ja, es gibt vielerlei Arten von Gewissen.
SANDLER: Manche Leute haben zum Beispiel das Gefühl, daß etwas zu Hause nicht ganz in Ordnung sei, aber die Nachbarn sollten davon nichts erfahren. Das kann als Teil des Über-Ichs internalisiert werden.
PUTZEL: Gibt es nicht eine enorme Entwicklung des Über-Ichs in der Adoleszenz, in der ein Teil der Auflehnung des Heranwachsenden gegen die Normen der Erwachsenen involviert ist? Es beschäftigt sie sehr, was wirklich recht und was unrecht sei, was sie akzeptieren können und was nicht. Ich meine, die Autonomie des Über-Ichs hänge zu einem gewissen Grade vom Ausgang dieser Phase des adoleszenten Ringens ab. Mir scheint, wir können nicht sagen, sein Aufbau werde in der früheren Kindheit abgeschlossen.
FREUD: Ja, das ist sehr kontrovers, denn in der Adoleszenz begegnet man einer Art Gruppengewissen, so daß etwas innerhalb der Gruppe der Heranwachsenden ganz in Ordnung sein kann, in den Ansichten außerhalb der Gruppe dagegen nicht. Ein sehr kompliziertes Problem.
SANDLER: Kompliziert auch deswegen, weil man bei Heranwachsenden und Erwachsenen auch sehen kann, was vom infantilen Über-Ich verblieben ist. Gleichzeitig aber werden das ganze Leben über Ideale gebildet, die der Person narzißtische Zufuhr bieten können, die sonst vom Über-Ich her kommen müßte. Sie kann auch

von der Gruppe her kommen, und es gibt dann sozusagen komplementäre äußere Über-Ichs, die die Strenge des früheren Über-Ichs mildern. Für mein Gefühl bleibt jedoch die wesentliche Struktur der Kindheit bestehen, und was es sonst noch gibt, wird ihr hinzugefügt, das zuvor Geschaffene können wir aber nicht ungeschehen machen. Aber können wir von einem grundsätzlichen Standpunkt aus annehmen, daß Veränderungen möglich sind? Sie haben in Ihrem Buch von 1927 darauf hingewiesen, Miss Freud, daß das Über-Ich von Lehrern und anderen Erziehern beeinflußt werden kann. Ich glaube nicht, daß Sie diese Aussage später zurückgenommen haben, oder doch, Miss Freud?
FREUD: Nein.
SANDLER: Der nächste Punkt für unsere Diskussion bezieht sich auf den folgenden Absatz: »Es ist möglich, daß manche Individuen auf dieser Zwischenstufe der Über-Ich-Bildung stehenbleiben und die Verinnerlichung des Vorgangs nie ganz zustande bringen. Sie bleiben dann in der Selbstwahrnehmung der eigenen Schuld besonders aggressiv gegen die Außenwelt. Das Über-Ich benimmt sich in solchen Fällen gegen die Außenwelt ähnlich schonungslos wie das Über-Ich der Melancholie gegen das eigene Ich. Es könnte sein, daß solche Hemmungen der Über-Ich-Entwicklung auch einem verkümmerten Ansatz zur Ausbildung melancholischer Zustände entsprechen« (93, 302).

Würden Sie das heute noch auf dieselbe Weise sehen, Miss Freud? Ich könnte mir vorstellen, Sie würden sagen, daß in den Fällen von Leuten, die sich so aggressiv gegenüber anderen benehmen, zwar eine vollständige Verinnerlichung stattgefunden haben kann, aber das Ausmaß ihres Schulderlebens sei viel zu stark, um es ertragen zu können, so daß es dann zu dem weiteren Schritt der Externalisierung komme. Das wäre etwas ganz anderes als ein Steckenbleiben in einer Vor-Phase der Über-Ich-Bildung. Ich halte es für möglich, daß wir es hier mit einem späteren Mechanismus zu tun haben, der hinzukommt, wenn das Schuldgefühl wirklich unerträglich geworden ist. Im nächsten Abschnitt weisen Sie dann darauf hin, daß die Identifizierung mit dem Angreifer einerseits einer Vorstufe der Über-Ich-Bildung entspreche, andererseits aber auch eine Zwischenphase der Entwicklung zu paranoiden Zuständen bilde. Vermutlich wäre das dann mit Projektion und dem Gefühl des Verfolgtwerdens verbunden. Sehen Sie die Identifizierung mit dem

Angreifer noch immer als eine Zwischenphase in der Entwicklung der Paranoia an? Oder meinen Sie, wenn man all diese Dinge nach ihrem Kompliziertheitsgrad ordnen würde, dann müßte man die Identifizierung mit dem Angreifer irgendwo in der Mitte unterbringen, ohne daß das notwendigerweise bedeuten müßte, daß sie ein Vorstadium in der Entwicklung der Paranoia darstelle?
FREUD: Nein, das meine ich nicht. Ich meine nur, weil der Projektionsmechanismus in dieser Zeit ziemlich großzügig gebraucht wurde, könnte es bei einer weiteren Intensivierung schließlich zu einem paranoiden Zustand kommen, weil dann vieles projiziert und dann als von außen her kommend erlebt wird.
SANDLER: Ich denke, es lohnt sich festzuhalten, daß Sie damit nicht gemeint haben, ein Frühstadium in der Entwicklung einer paranoiden Erkrankung sei die Identifizierung mit dem Angreifer, denn wenn das so wäre, müßte es erheblich mehr paranoide Personen geben. Und Sie sagen dann ja auch im nächsten Satz, daß Identifizierung und Projektion normale Ich-Tätigkeiten sind.
FREUD: Ja.
SANDLER: Gegen Ende des Kapitels sprechen Sie vom Mechanismus der Umkehrung, Miss Freud, insbesondere im Sinne der Verkehrung von Liebe in Haß (94, 303). An früheren Stellen sprachen Sie von Rollenumkehr und von Umkehrbarkeit bei den Trieben. Liebe und Haß sind natürlich komplexer als sexuelle oder aggressive Wünsche, und ich würde gerne wissen, ob Sie zwischen Sexualität und Aggression einerseits und Lieben und Hassen andererseits unterscheiden wollten, wobei die letzteren mehr von einer Objektbeziehung enthalten. Wollten Sie einfach nur andere Worte verwenden, weil Sie gerade von Sexualität und Aggression gesprochen hatten? Oder wollten Sie damit auf etwas Spezielles hinweisen?
FREUD: Ich meinte den Wechsel von Liebe zu Haß, nicht von Sexualität zu Aggression.
BERGER: Eine sogenannte Affektumkehrung.
FREUD: Ja.
SANDLER: Das unterscheidet sich doch sehr von den anderen Arten von Umkehrung.
FREUD: Im Deutschen schrieb ich *Verkehrung ins Gegenteil.* Es bedeutet mehr die Ersetzung eines Affekts durch einen anderen.
SANDLER: Bei den Entwicklungsphasen der Paranoia gibt es etwas, was ich nie klar verstanden habe. Ich meine die Schritte von »ich

liebe ihn« zu »ich liebe ihn nicht« und dann »ich hasse ihn« oder »er liebt mich nicht, er haßt mich«. Hier bleibt für mich etwas unerklärt, und es ist mir bisher noch nicht möglich gewesen, dasjenige genau zu bezeichnen, was da im Vollzug dieser vollständigen Ersetzung durch das Gegenteil fehlt.

FREUD: Dafür gibt es im normalen Alltagsleben sehr viele Beispiele, ganz besonders bei Adoleszenten und Präadoleszenten. Ich erinnere mich an eine junge adoleszente Patientin, die zu mir ins Zimmer kam und sagte, sie sei im Wartezimmer, auf der Treppe oder auf der Straße wieder einem ihr absolut verhaßten Mann begegnet. Sie brachte es kaum fertig, an ihn zu denken. Er lasse in ihr sofort wilden Haß entstehen. Es hatte aber die Bedeutung, daß sie sich durch ihn sexuell erregt fühlte. Sie mochte ihn, aber sie mußte ihre Liebesgefühle abwehren, und es blieb nur Haß übrig. Auch bei Kindern trifft man das recht häufig. Die unwillkommenen Liebesgefühle zeigen sich in Form von Haß.

SANDLER: Ich glaube, ich kann mich jetzt etwas genauer ausdrükken. Haßt nicht das Mädchen in Ihrem Beispiel seine eigenen Gefühle und wendet dann den Haß gegenüber sich selbst in Haß gegenüber dem Objekt?

FREUD: Nun, man kann das Wort Haß dafür verwenden, aber man könnte auch sagen, sie mißbillige ihre eigenen Gefühle oder sie fühle sich wegen ihrer Gefühle schuldig. Sie weist sie von sich ab. So könnte man es ausdrücken. Sie erkennt die Bedeutung dieses Objekts an, aber weil sie ihre positiven Gefühle nicht zulassen kann, bringt sie sie in deren Gegensatz zum Ausdruck.

SANDLER: Und dann ist es, deskriptiv gesprochen, eine Verkehrung von Liebe in Haß. Es ist ja etwas ganz Typisches für Heranwachsende, z. B. für ein Mädchen, zu sagen: »Ich hasse ihn, ich hasse ihn«, und wir alle wissen sehr gut, daß sie an dem Jungen interessiert ist.

FREUD: Ja, es gibt ihr auch Sicherheit, ihren Haß so zu betonen, denn solange sich das Mädchen noch nicht sicher sein kann, daß auch der Junge an ihr interessiert ist, muß sie sich vor der narzißtischen Kränkung schützen.

SANDLER: Würden Sie noch den letzten Satz in diesem Abschnitt etwas erläutern, Miss Freud, in dem Sie sagen, das Ich lasse sich in der Auswahl des Ansatzpunktes für die Unterbringung seiner eigenen unbewußten Regungen durch das Wahrnehmungsmaterial be-

stimmen – und hier zitieren Sie Ihren Vater – »welches die gleichartigen unbewußten Regungen des anderen Teiles verrät« (94, 303). Könnten Sie etwas ausführen, was Sie in diesem Zusammenhang meinten?
FREUD: Ja. Ich meinte, je normaler der Mensch ist, bei dem sich das zuträgt, um so eher wird er sich andere Menschen oder Eigenschaften in der Außenwelt aussuchen, bei denen es eine gewisse rationale Grundlage für eine Externalisierung gibt, die er dann benützt, aber sie kommt nicht bei jemand zustande, der überhaupt nicht dazu paßt. Doch schon das geringste Zeichen, daß die andere Person sich gut dazu eignen würde, ihr dieses Gefühl zuzuschreiben, wird ihn veranlassen, den Mechanismus ausgiebig einzusetzen.
SANDLER: Ja, und das ist natürlich eine ganz große Schwierigkeit, die wir bei Paranoiden haben, daß immer ein Körnchen Wahrheit in dem liegt, was sie sagen.
FREUD: Und das ist auch der Grund, warum die Behauptungen paranoider Menschen so verletzend sind, weil sie meistens irgend etwas Wahres getroffen haben.

10 Eine Form von Altruismus

Anna Freud beginnt das Kapitel mit dem Hinweis, daß die Projektion die Vorstellungsrepräsentanz gefährlicher Triebregungen aus dem Zusammenhang des Ichs beseitige. Sie sei darin der Verdrängung ähnlich, insofern beide die Wirkung haben, die Wahrnehmung des Triebvorgangs zu verhindern; andere Abwehrvorgänge dagegen beeinflussen den Triebvorgang selbst. Die Projektion gleiche auch darin der Verdrängung, daß sie aus allen Angstquellen gespeist werden kann.

Kleine Kinder gebrauchen die Projektion, um ihre Handlungen und Wünsche, wenn sie gefährlich werden, von sich abzuweisen und die Verantwortung dafür bei anderen unterzubringen, die zu »Prügelknaben« gemacht oder wegen der Missetaten angeklagt werden. Anna Freud bemerkt dazu: »In beiden Fällen distanziert es [das Ich] sich vom neuen Täter und benimmt sich äußerst intolerant bei seiner Beurteilung« (95, 306).

Aber der Projektionsmechanismus verursacht nicht nur Störungen der menschlichen Beziehungen, er kann sie auch festigen. Dies geschieht vermittels einer »normale[n] und unauffälligere[n] Form von Projektionen«, einer Art »altruistische[r] Abtretung« eigener Triebregungen an andere Menschen (96, 306). Ein Beispiel dafür bildet der Fall einer Erzieherin, die sich seit ihrer Kindheit schöne Kleider und viele Kinder gewünscht hatte und sich dies in ihren Fantasien ausmalte. Daneben wollte sie auch alles besser als ihre älteren Spielgefährten machen und dafür bewundert werden. Als Erwachsene wirkte sie bescheiden und anspruchslos. Zur Zeit der Analyse war sie noch unverheiratet, kinderlos und in ihrer Kleidung sehr ärmlich. Sie zeigte kaum Neid oder Ehrgeiz, und es lag nahe anzunehmen, daß ihre Wünsche durch Reaktionsbildungen ersetzt worden waren, die sich auf ihr gesamtes Triebleben erstreckten. In der Analyse wurde dann aber deutlich, daß sie ihre eigenen sexuellen Wünsche damit befriedigte, »das Liebesleben ihrer Freundinnen und Berufskolleginnen mit positivem Interesse zu verfolgen« (97, 307). Sie zeigte ein gesteigertes Interesse daran, daß ihre Freundinnen schöne Kleider tragen, Gefallen finden und Kinder haben. Auch war sie »ehrgeizig für ihre männlichen Liebesobjekte, deren berufliche Laufbahn sie auch mit gestigertem Interesse verfolgt« (97, 307); wie Anna Freud es ausdrückt, »Sie lebt mit anderen Menschen mit, statt selber etwas zu erleben« (97, 307).

Ihre Analyse zeigte dann, daß sie ein strenges Über-Ich entwikkelt hatte, das ihr die Durchsetzung der eigenen Wunschregungen unmöglich machte. Ihre männlichen Ehrgeizfantasien und ihre weiblichen Wünsche verfielen der Verpönung, doch statt verdrängt zu werden, fanden sich für jede dieser Regungen »Ersatzpersonen in der Außenwelt, bei denen sie sich unterbringen lassen« (97, 308). Sie projizierte ihre verbotenen Triebregungen auf geeignete andere Menschen, doch statt sich dann von diesen zu distanzieren, identifiziert sie sich mit ihnen. Was sie tat, hatte einen egoistischen Sinn, doch »die Bemühung um die Triebbefriedigung dieser anderen ergibt ein Verhalten, das wir altruistisch nennen müssen« (98, 308). Die Entwicklung dieser Einstellungen ließ sich auf Vorfälle in ihrer Kindheit zurückverfolgen, bei denen sie auf die Enttäuschung ihrer eigenen Wünsche so reagiert hatte, daß sie sich dafür einsetzte, daß ein anderes Kind an ihrer Stelle befriedigt wurde.

Eine andere junge Frau, die in besonders guter Beziehung zum Schwiegervater stand, reagierte auf den Tod der Schwiegermutter, indem sie bei der Aufteilung des Kleidernachlasses sich weigerte, auch nur ein einziges Kleidungsstück für sich selbst anzunehmen, doch einen Mantel als Geschenk für eine ärmere Kusine bestimmte. Als jedoch die Schwester der Verstorbenen den Pelzkragen von dem Mantel abtrennen und für sich selbst behalten wollte, geriet sie in namenlose Wut. Die Analyse zeigte, daß sie durch Schuldgefühle gehindert war, etwas aus dem Besitz der Schwiegermutter anzunehmen, weil das eine Befriedigung ihres Wunsches bedeutet hätte, beim Schwiegervater deren Stelle einzunehmen. Nach dem Verzicht auf ihren Wunsch war sie enttäuscht, konnte aber dann seine Erfüllung mittels ihrer Kusine erreichen. Ihr Über-Ich konnte mit dem Wunsch erst dann einverstanden sein, als es sich nicht mehr um den eigenen Wunsch der Patientin handelte.

An vielen weiteren Beispielen ließe sich die Kombination von Projektion und Identifizierung für Abwehrzwecke aufzeigen. Die Leistung dieses Abwehrvorgangs ist eine doppelte. Das Individuum kann »wohlwollende Anteilnahme« an der Triebbefriedigung des Nebenmenschen zeigen und dabei indirekt die eigene genießen. Das befreit gleichzeitig die mit der Erfüllung von Triebwünschen verbundene Aktivität und Aggression, so daß diese zur Befriedigung scheinbar fremder Wünsche eingesetzt werden kann. »Der bekannteste Vertreter dieses Typus ist der öffentliche Wohltäter, der einer Gruppe von Menschen mit voller Aggression und Aktivität Geld abfordert, um eine andere Gruppe damit zu beschenken« (101, 311/312). Ein ähnlicher Vorgang vollzieht sich beim Attentäter, »der im Namen der Unterdrückten an einem Unterdrücker einen Mord verübt« (101, 312). Das Objekt der Aggression bleibt immer der Vertreter jener Autorität, der in der infantilen Zeit den Triebverzicht erzwungen hat.

Spezifische Merkmale begünstigen die Auswahl geeigneter Objekte für solche Projektionen. Eines davon ist die Wahrnehmung der verpönten Regung bei einem anderen Menschen. Gewöhnlich wurde das Objekt einmal beneidet, und durch Verschiebung der Wünsche auf Objekte, die sie besser erfüllen können, wird die altruistische Abtretung »zur Methode, mit der sich ... narzißtische Kränkung überwinden läßt« (101, 312). Das letztere spielt häufig eine Rolle, wenn ein Mädchen sich einen Mann wählt, für den es sich mit ihrem ganzen Ehrgeiz einsetzen kann, zu dem es aber keine wirkliche Objektbeziehung herstellen kann. Eltern verhalten sich oft auf dieselbe Weise egoistisch und altruistisch, wenn es um ihre Wünsche in bezug auf die Leistungen ihrer Kinder geht.

Nach einer Schilderung von Rostands *Cyrano de Bergerac* als ein ausgezeichnetes Beispiel für altruistische Abtretung erörtert Anna Freud diese in Zusammenhang mit der Todesangst. Man kann Todesangst dadurch bewältigen, daß man gesteigerte Besorgnis um die Sicherheit der Liebesobjekte entwickelt, auf die die eigenen Triebwünsche verschoben worden sind. Es wäre falsch, zu vermuten, sie sei das Ergebnis abgewehrter Todeswünsche aus einer verdrängten Rivalität. Es scheint vielmehr, »daß das eigene Leben nur so weit als wertvoll und erhaltenswert gilt, als Möglichkeit zur Triebbefriedigung darin enthalten ist« (103/104, 315). Wenn die Triebe an fremde Personen abgetreten worden sind, wird deren Leben wertvoller als das eigene.

In einer längeren Fußnote verweist Anna Freud auf die Ähnlichkeit zwischen altruistischer Abtretung und den Entstehungsbedingungen der männlichen Homosexualität. Der Homosexuelle »überträgt seinen Anspruch darauf, von der Mutter geliebt zu werden, auf einen jüngeren Bruder, der vorher sein Neidobjekt war« (104, 315). Man kann dem anfügen, daß die Lust am Schenken und Helfen bei der altruistischen Abtretung in sich selbst eine Triebbefriedigung darstellt. Passivität wird in Aktivität verkehrt und die narzißtische Kränkung durch ein Machtgefühl überwunden, »die passiv erlebte Versagung durch die aktive Beglückung des andern wieder wettgemacht« (104, 315). Schließlich wirft Anna Freud die offenbleibende Frage auf, ob es auch wirkliche altruistische Beziehungen zum Mitmenschen gebe; sie meint, es sei sicher, daß Projektion und Identifizierung nicht der einzige Weg zu scheinbar altruistischem Verhalten sind. Ein anderer Weg führe über den Masochismus.

Die Diskussion (Erste Sitzung)

SANDLER: Wir können von der Annahme ausgehen, daß es deskriptiv gesehen verschiedene Formen von Altruismus gibt und daß wir ihn nicht als eine angeborene Tendenz des Individuums betrachten können. Mit anderen Worten, was Sie hier beschreiben, Miss Freud, ist eine besondere Form von Betätigung, die das Resultat, das Ergebnis einer Reihe von Umformungen darstellt. Ist das richtig?
FREUD: Ja, Sie meinen, niemand ist ein geborener Altruist.
SANDLER: Es *wird* auch niemand aus Herzensgüte zum Altruisten.
FREUD: Nein, vielmehr aus der Schlechtigkeit seines Herzens.
SANDLER: Ich wundere mich oft über Menschen, die sich ganz ihrer Arbeit für andere hingeben – etwa die hervorragende Sekretärin, nach der wir immer suchen. Bei manchen dieser Qualitäten ist so viel Hingabe dabei, daß man sich fragen kann, was eigentlich der Unterschied zwischen dieser Art von Arbeitseinsatz und Masochismus ist.
FREUD: Ich glaube, es gibt letzten Endes eine sehr enge Beziehung zum Masochismus.
SANDLER: Ganz am Anfang des Kapitels sagen Sie, Miss Freud, der Projektionsmechanismus beseitige »die Vorstellungsrepräsentanz gefährlicher Triebregungen aus dem Zusammenhang des Ichs« (95, 305). Sie sagen weiter, daß er darin von allen Abwehrvorgängen der Verdrängung am ähnlichsten sei. Wir können wohl annehmen, daß Sie hier »Ich« auf das Bewußtsein beziehen, doch ich frage mich, ob es nicht viele andere Mechanismen gibt, die ebenfalls die Verbindung zwischen der Vorstellung und dem dahinter liegenden Wunsch aufheben. Ich kann Ihren Gedanken auch in bezug auf die

Verschiebung eines Aggressionswunsches verstehen, wo es beim eigenen Wunsch bleibt, aber das Objekt gewechselt wird. Der Wunsch ist akzeptiert, wenn das Objekt verschoben worden ist. Doch im Lichte unserer früheren Diskussionen: würde nicht ein Mechanismus wie etwa Verkehrung ins Gegenteil ebenfalls eine Beseitigung des Zusammenhangs bedeuten, wie Sie es beschrieben haben?
FREUD: Das ist ziemlich einfach. Bei der Verdrängung oder bei der Projektion verändern wir nicht den Triebvorgang; er bleibt in Wirklichkeit derselbe. Wir verändern vielmehr nur die Wahrnehmung oder das Gefühl, daß er zu unserem Selbst gehört. Bei Abwehrvorgängen wie der Verkehrung ins Gegenteil oder der Wendung gegen die eigene Person, bei denen etwas in sein Gegenteil umgewandelt wird – zum Beispiel passiv in aktiv, Liebe in Haß –, wird dagegen der Triebvorgang selbst verändert.
SANDLER: Und bei einem Mechanismus wie Affektisolierung – würden Sie auch da eine Beseitigung des Zusammenhangs sehen?
FREUD: Nun, dort gibt es die Trennung von Vorstellung und Affekt.
SANDLER: Meine Schwierigkeit ergab sich aus der Tatsache, daß Sie Ich im Sinne der Selbst-Repräsentanz gebrauchen und von einer Identifizierung mit der Triebregung sprechen.
FREUD: Ja. Ich hatte dabei eigentlich die Projektion im Sinn. Der Betreffende sagt: »Ich habe nichts gegen Aggression, solange ich nicht selbst derjenige bin, der aggressiv ist. Jemand anderes kann aggressiv sein.« Die Triebregung verändert sich nicht.
SANDLER: Es ist eine Dissoziierung des eigenen Selbst von dem Wunsch.
FREUD: Ja.
SANDLER: Wenn wir uns vorstellen, daß etwas von unserer Selbstrepräsentanz dissoziiert wird, dann müssen wir an die Konfusion denken, die es beim Konzept der Innenwelt im Unterschied zur Außenwelt beim Kind gibt, weil es sich Kenntnis des Außen erwirbt, die dann einen Teil seiner Repräsentanzenwelt bildet. Die Abgrenzungen zwischen innen und außen werden dann in der Welt des Kindes erst allmählich hergestellt. Wenn Sie also sagen, bei der Verdrängung »wird die beanstandete Vorstellung ins Es zurückgewiesen, die Projektion verlegt sie statt dessen in die Außenwelt«, so bedeutet das vermutlich bei der Projektion, daß der unerwünschte Inhalt von der Selbstrepräsentanz auf die Repräsentanz der Außen-

welt verschoben wird, auf eine äußere Person. In diesem Sinne ist Projektion eine Form von Verschiebung.

FREUD: Wird es dadurch nicht komplizierter, als es zu sein braucht? Das Gefühl des Individuums ist: »Das bin nicht mehr ich, sondern die Person da draußen in der Außenwelt.« Das Gefühl sagt nicht: »Es ist eine Repräsentanz dieser Person«, sondern: »Es ist die Person.«

SANDLER: Ja, so lautet natürlich die Überzeugung der Person. Es tut mir leid, daß ich so pedantisch bin ...

FREUD: Und daß ich so simplifiziere ...

SANDLER: Es wäre wohl besser, einfach zu sagen, daß es bei der Projektion das Gefühl ist, daß der Inhalt der Außenwelt angehört und nicht einem selbst.

FREUD: Ich weiß, was Sie meinen, und Sie wissen, was ich meine. Es ist nur eine andere Art, es auszudrücken. Und ich meine, so wie ich es ausdrücke entspricht es tatsächlich dem Gefühl der Person, bei der dieser Vorgang stattfindet; sie hat nicht das Gefühl, sie habe etwas einer inneren Objektrepräsentation zugeschrieben. Das Gefühl sagt: »Das bist du, nicht ich.«

SANDLER: Ebenso wie das Gefühl, daß etwas außerhalb von sich selbst Wahrgenommenes zur Außenwelt gehört.

FREUD: Ja, und so ist es doch, oder nicht?

SANDLER: Es ist eine sehr gute Hypothese, daß es sich so verhält! Doch es ist wirklich stichhaltig, daß alles, was wir wissen, aus Repräsentanzen besteht, und auf der Grundlage unserer Erfahrung haben wir eine Aufteilung nach innen und außen vorgenommen, die uns sehr gute Dienste leistet, weil sie mit unserer hypothetischen äußeren Wirklichkeit übereinstimmt. Doch ich meine, wir sollten jetzt nicht darüber argumentieren, Miss Freud.

BERGER: Vielleicht doch, es ist doch ein grundsätzliches Problem.

FREUD: Für mich hört es sich an wie das, was der deutsche Philosoph sagte: »Glücklicherweise ist bei den Katzen der Schlitz im Fell genau an der Stelle, wo die Augen sitzen.«

SANDLER: Ich verstehe, was Sie meinen, Miss Freud.

FREUD: Glücklicherweise stimmt die innere Repräsentanz mit dem Objekt in der Außenwelt überein, wenn unsere Realitätsprüfung intakt ist. Wenn die Realitätsprüfung beeinträchtigt ist, dann ist das anders.

SANDLER: Das berührt einen Punkt, auf den ich kommen möchte.

Wenn wir in Begriffen von Repräsentanzen denken, können wir die Folgen des Zusammenbruchs psychotischer Patienten innerhalb dieses Bezugsrahmens verstehen, oder die Probleme psychotischer Kinder, deren Abgrenzungen durcheinandergeraten sind. Es veranlaßt uns, die Entwicklung dieser Dinge etwas genauer anzuschauen, so daß wir auch dem gerecht werden können, was Sie selbst hervorgehoben haben, nämlich daß es keine Projektion geben kann, ehe nicht eine Abgrenzung von Selbst und Objekt stattgefunden hat. Diese Abgrenzung erfolgt natürlich innerpsychisch im Kind. Bei der Verdrängung ist es nun so, wie Sie es ausgedrückt haben, daß die Verdrängung die Triebregung aus dem Bereich des bewußten Erlebens hinausverweist, und wir können sagen, daß die Projektion den Wunsch dorthin hinausverweist, was für die Person Außenwelt ist. Ich glaube wirklich, daß es möglich ist, sehr viel über die Abwehr in Begriffen dessen zu sagen, was die Abwehr bei den seelischen Repräsentanzen bewirkt.
FREUD: Vermutlich ja.
SANDLER: Sie erwähnen in diesem Kapitel die Auffassung der englischen analytischen Schule, daß Projektion schon sehr früh auftreten kann. Wir wissen, daß die englische Schule auf ganz un-englische Weise mit Melanie Klein begonnen hat.
FREUD: Ja, völlig richtig. Zu der Zeit, als sie anfing, wurde sie nicht als die Kleinianische Gruppe bezeichnet. Es gab die Britische Gesellschaft, die Englische Gesellschaft. Ich versuchte, dieses Buch unpolemisch zu halten, und es gibt darin nur ganz wenige Stellen, wo ich die Kontroversen berühre. Ich tue es in diesem Kapitel, weil nach unserer Auffassung, wie Sie gerade gesagt haben, Projektion erst dann stattfinden kann, wenn die Trennung zwischen äußerer und innerer Welt vollzogen ist. Bei den Kleinianern wird sie dagegen als einer der frühesten Mechanismen betrachtet, und als ich den Versuch einer Chronologie machte, setzte ich sie ziemlich spät an.
SANDLER: Sie sagen, Miss Freud, »Dem Ich des kleinen Kindes in der ganzen ersten Infantilperiode (›throughout the earliest period of development‹, Text der englischsprachigen Ausgabe von 1966, Anm. d. Übers.) ist der Gebrauch von Projektionen jedenfalls natürlich« (95, 434/35). In der früheren Ausgabe (von 1937, Anm. d. Übers.) heiß es »infancy« statt »development« und in der ursprünglichen deutschen Ausgabe *Infantilperiode.*
FREUD: Ich meinte hier nicht das erste Lebensjahr. Ich meinte die

Kindheit. Das erste Lebensjahr spielte damals noch keine so große Rolle.

SANDLER: Während wir heute die ersten Lebenswochen meinen, wenn wir erste Infantilperiode sagen.

FREUD: Ja, das hat sich ziemlich geändert.

SANDLER: Vielleicht könnten Sie etwas zur chronologischen Entwicklung der Projektion sagen, Miss Freud. Läuft sie parallel mit der Entwicklung der Abgrenzungen und geht sie vielleicht aus der fluktuierenden Konfusion hervor, wie sie das Kind erlebt, so daß möglicherweise die Projektion und deren Berichtigung zu einem Baustein der Abgrenzungen wird? Wir könnten dann sagen, daß die beiden als Entwicklungsschritte Hand in Hand gehen.

FREUD: Ich halte mich sehr an die Sprache des Kindes, denn was man über das vorsprachliche Kind sagt, läßt sich so schwer beweisen. Entsprechend der Entwicklung des Spracherwerbs – nun, ich würde das Alter von achtzehn Monaten als frühesten Zeitpunkt ansetzen. Gemeint ist das, was wir das »Toddler«-Alter nennen, achtzehn Monate bis zweieinhalb Jahre. Das Bedürfnis des Kindes, immer anderen die Schuld zu geben, ist schon sehr früh da, aber wir erfahren eigentlich kaum etwas darüber, ehe das Kind sprechen kann.

SANDLER: Ich vermute, manche würden es schon früher ansetzen, und ich würde gerne wissen, was Sie von der Hypothese halten, ohne Projektion könne es keine sekundäre Identifizierung geben – ich meine nicht primäre Identifizierung oder Verschmelzung oder etwas Ähnliches –, denn die beiden sind wirklich nur zwei Seiten einer Medaille. Wo es sekundäre Identifizierung geben kann, muß es auch möglich sein, zu projizieren, denn bei der Identifizierung wird eine Eigenschaft des Objekts in die eigene Selbstrepräsentanz übernommen, und bei der Projektion geschieht das Umgekehrte. Wenn wir also die beiden zusammennehmen, dann könnte vielleicht die Beobachtung, daß solche Identifizierungen stattgefunden haben, uns Hinweise dafür bieten, daß auch Projektion stattfinden kann, denn sie sind sich in der Form so ähnlich, nur eben verschieden in ihren Richtungen. Wenn das alles zutrifft, darf man meines Erachtens erwarten, daß diese Vorgänge gegen Ende des ersten Jahres auftreten.

FREUD: Nur daß wir eben keinen Beweis dafür haben, solange das Kind nicht sprechen kann. Vielleicht trifft es zu, vielleicht auch nicht.

SANDLER: Ich dachte an das neun Monate alte Kind, das die Mutter füttert – ich weiß, das ist kein ganz einfaches Beispiel –, aber man sieht da schon sehr früh ein absichtliches Nachahmen des Objekts. Mein Gedanke ging dahin, daß man sich vielleicht von diesem Zeitpunkt an vorstellen könnte, daß dem Objekt Dinge zugeschrieben werden, die einem bei sich selbst mißfallen.
FREUD: Wenn Sie es von einem theoretischen Gesichtspunkt aus betrachten, ohne vom Kind selbst irgendwelche Bestätigung zu haben, könnten Sie sagen, daß Hinausbefördern oder Verleugnen von allem, was Unlust bereitet, aus welchen Gründen auch immer, eine ganz frühe Tendenz sei. Es wird etwas hinausbefördert, also aus dem Selbst, doch erst dann, wenn die Grenzen zwischen Selbst und Objekt errichtet worden sind, kann das Objekt als geeigneter Ort angesehen werden, um dort das Hinausbeförderte zu deponieren. Es muß aber eine logische Verbindung zwischen einer Handlung und ihren Folgen geben, zwischen einer Handlung und den Unlustgefühlen, die durch die Handlung hervorgerufen wurden. Denn das ist der Grund, aus dem das Kind seine Wünsche beseitigen will, ebenso auch die Vorstellung, daß der Wunsch etwas Verbotenes ist. Ich möchte das nicht zu früh ansetzen. Natürlich können wir es in unserer Phantasie irgendwo in der Entwicklung festlegen. Die Frage ist nur, ob wir es auch beweisen können. Überdies würden wir heute vermutlich alles, was im Buch Projektion genannt wird, als Externalisierung bezeichnen. Nur gab es eben damals diesen Terminus noch nicht.
SANDLER: Das führt uns direkt zum nächsten Punkt, Miss Freud. Sie sagen, die Projektion verursache »Störungen der menschlichen Beziehungen durch die Erzeugung von projizierter Eifersucht und die Hinausverlegung von Aggressionen« (96, 306). Könnten Sie das etwas erläutern? Meinen Sie damit, daß wir dann anfangen, uns gegenüber diesen anderen Menschen irrational zu verhalten, und dies dann zu einer Störung unserer Beziehungen führt, oder meinen Sie damit noch mehr?
FREUD: Ich meinte etwas viel Einfacheres. Wir können andere Leute sicher nicht besser leiden, wenn sie zum Träger dessen geworden sind, was uns an uns selbst mißfällt. Sie werden dadurch unangenehm, anstößig, und wir können sie nicht ausstehen.
SANDLER: Unsere guten Beziehungen zu ihnen werden also durch das gestört, was wir in sie projiziert haben.

FREUD: Ja, so habe ich es gemeint.

SANDLER: Wenn Sie dann weiter sagen, sie könne auch andere Wirkungen haben und uns zur Herstellung »wichtiger positiver Bindungen« (96, 306) befähigen, dann beziehen Sie sich, denke ich, speziell auf die altruistische Abtretung.

FREUD: Ja.

SANDLER: In letzter Zeit ist viel von projektiver Identifizierung und Empathie die Rede gewesen, und vielleicht kann man sich fragen, ob der normale Projektionsvorgang – im Unterschied zu seiner Verwendung als Abwehr – zusammen mit der Identifizierung etwas Positives zur Ausbildung unseres empathischen Verstehens anderer Menschen beiträgt. Wir stellen uns gewöhnlich Projektion als ein Mittel vor, mit dem wir etwas loswerden können, weil es uns bei uns selbst ein schlechtes Gefühl macht. Könnte aber nicht auch etwas anderes als aggressive Wünsche projiziert werden und uns auf der Basis der Erfahrung, wie es uns selbst ergeht, auch verstehen helfen, wie es anderen Menschen ergeht?

FREUD: Ja, aber wenn es sich um die Projektion unerwünschter Regungen wie aggressive Impulse handelt oder um verbotene sexuelle Regungen, dann externalisieren wir mit diesen zusammen auch unsere Einwände gegen diese Regungen.

SANDLER: Sie meinen also jetzt speziell den Abwehrmechanismus Projektion, nicht den allgemeineren Vorgang. Ich meine, Freud hat zwischen Projektion als Abwehr und als einer allgemeinen Tendenz unterschieden.

FREUD: Ja, das tue ich hier auch, denn sie trägt sicherlich zum Aufbau von Beziehungen bei. Zuerst erscheint jedoch die Kritik an anderen, die wir in Zusammenhang mit dem letzten Kapitel diskutiert haben. Die Selbstkritik wird auf andere übertragen. Es entsteht also keine Empathie. Empathie kann es erst werden, wenn wir in andere externalisieren, was uns bei uns selbst gefällt. Das ist der Unterschied zwischen der Projektion dessen, was uns an uns selbst mißfällt, und der Form von Altruismus, die ich hier erörtere.

BERGER: Externalisiert man denn tatsächlich das, was einem bei sich selbst gefällt? Bezieht sich die Form von Altruismus, von der Sie sprechen, auf das, was diesen Menschen an sich selbst gefällt, oder ist es nicht vielmehr das, was sie sich wünschen? Wenn man von Externalisierung als Abwehr spricht, was wäre dann der Zweck des Externalisierens?

Freud: Ich glaube, das kann ich beantworten. Der Wunsch als solcher gefällt einem schon, aber man wagt nicht, ihn sich selbst zu erfüllen. Aus diesem Grunde wird er externalisiert. Weil man zusammen mit dem Wunsch auch einen starken Drang nach seiner Erfüllung externalisiert, nur erfolgt diese dann gänzlich über eine andere Person.
Sandler: Die Idee der Projektion hat natürlich vielerlei Verzweigungen. Von der Bedeutung als Abwehrmechanismus abgesehen, versteht ein Kind in einem Alter, in dem es sehr egozentrisch ist, das Verhalten anderer Menschen so, wie es das eigene Verhalten versteht. In bestimmtem Sinne können wir das als eine Form von Externalisierung bezeichnen, auch wenn es sich von der üblichen Bedeutung von Externalisierung sehr unterscheidet.
Freud: Ich erinnere mich an einen kleinen Jungen, der einfach nicht verstehen konnte, warum Erwachsene, die Geld hatten und es nach eigenem Belieben ausgeben konnten, nicht alles für Süßigkeiten ausgaben, die er sich selbst damals am meisten wünschte.
Sprince: Ich erinnere mich, daß jemand zu einem kleinen Patienten sagte: »Wenn du dich selbst so gern haben kannst, wirst du auch mich gern haben können.« Ist das nicht Externalisierung von guten Selbstaspekten?
Sandler: Wenn man »gute Selbstaspekte« sagt, dann heißt das vermutlich Anteile, die man akzeptieren kann, die erwünschten Teile oder andere Eigenschaften, die einem gefallen oder die man als gut erlebt. Aber es gibt natürlich auch Selbstaspekte, die sich zwar gut anfühlen, aber auch zu Angst Anlaß geben, so daß sie sich dann schlecht anfühlen. Das ist dann schon ein Problem.
Kennedy: Es würde zu einem Konflikt kommen.
Berger: Die Frage lautet doch, ob ein Aspekt des eigenen Selbst für jemanden akzeptabel ist oder nicht. Ist er es, würde man ihn dann externalisieren wollen?
Sandler: Wie verhält sich das wohl in Situationen, wenn jemand wie zwanghaft anderen seine Meinungen aufdrängen will? Vermutlich zeigt sich darin Angst, die eigene Meinung könnte nicht richtig sein, so daß eine Bestätigung von außen gebraucht wird, oder ein Bedürfnis, alle anderen aus irgendwelchen Gründen kontrollieren zu wollen, oder etwas Ähnliches. Es gibt Leute, die sich heftig darüber erregen können, wenn es ihnen nicht gelingt, andere von der Richtigkeit ihrer eigenen Meinung zu überzeugen.

FREUD: Das ist etwas ganz anderes.
SANDLER: Vielleicht handelt es sich mehr um einen Versuch, Bestätigung zu bekommen, als um eine Projektion. Es gibt hier etwas, zu dem ich gerne Ihre Kommentare hören würde, Miss Freud. Bei dem ersten Fall, den Sie in diesem Kapitel schildern, der Frau, die sich ganz in der Anteilnahme am Schicksal der Familie verausgabte, in der sie als Erzieherin tätig war, sagen Sie, die Analyse ihrer infantilen Beziehungen zu ihren Eltern hätte gezeigt, daß »ein früher Triebverzicht, der das Über-Ich mit besonderer Strenge ausstattet, ... ihr die Durchsetzung der eigenen Wunschregungen unmöglich (gemacht habe)« (97, 308). Wir können hier annehmen, daß die Unterdrückung ihrer aggressiven Wünsche zur Bildung eines strengen Über-Ichs beitrug. Sie beschreiben dann weiter, wie sie für ihre sexuellen und ehrgeizigen Wünsche in der Außenwelt Ersatzpersonen fand. Es gibt anscheinend unterschiedliche Formen der altruistischen Abtretung, und Sie haben hier eine davon sehr klar dargestellt. Doch ich möchte Sie bitten, etwas zur Beziehung der hier beschriebenen Vorgänge zur Rollenumkehr zu sagen und zu der Rolle, die die Identifizierung dabei spielt. Sie verweisen in diesem Kapitel auf Paul Federns Begriff der ›teilnehmenden Identifizierung‹. Offensichtlich handelt es sich bei diesen Vorgängen um mehr als nur Projektion.
FREUD: Es wäre viel besser, wir würden den Terminus Projektion fallenlassen und nur noch von Externalisierung sprechen. Mir ging es hier eigentlich um den Kontrast zwischen solchen Menschen, die mit dem Verbot ihrer eigenen Wünsche durch ein strenges Über-Ich auf diese besondere Weise umgehen, und denen, die den entgegengesetzten Weg wählen, nämlich alle anderen Menschen in der Außenwelt mit ähnlichen Wünschen zu verurteilen, weil sie es nicht ertragen können, zuzusehen, wie verbotene Wünsche erfüllt werden. In diesen Fällen wird der innen erlebte Über-Ich-Einspruch auf alle Menschen draußen ausgedehnt, die damit zu Sündenböcken gemacht werden. Bei der hier beschriebenen Form von Altruismus gebraucht jedoch die Person Wünsche in der Außenwelt dazu, die eigenen Wünsche zu repräsentieren, und statt sie zu verurteilen, kann sie sie erfüllen. Für mich ist dies das eigentlich Wichtige – das Individuum wendet sich nicht gegen die Erfüllung, solange es sich dabei nicht um die eigene Person handelt, und sein Über-Ich (das etwa Exhibitionismus streng verurteilt) sagt: »Bei der anderen

Person ist das ganz in Ordnung, da ist es schön.« Daher leitet sich das Mitgenießen ab.
Sandler: Dieser Mitgenuß wird vermutlich durch Zuschauen erreicht.
Freud: Ja, und durch Identifizierung.
Sandler: Die Identifizierung mit der Ersatzperson verhindert also den Einspruch des Über-Ichs, weil man sich ja nicht selbst den Wunsch erfüllt. Wir müssen aber anfügen, daß sich das auf einer unbewußten Ebene abspielt, so daß die Wunscherfüllung nicht bewußt per Identifizierung als zum Selbst gehörig erlebt wird.
Freud: Ja. Wie bei allen diesen Abwehrmanövern braucht es eine ganze Reihe von Abwehrmechanismen, um das Ergebnis zustande zu bringen. Ich finde daran so interessant, daß bei jedem Schritt dieses Vorgangs das Ganze sich in sein Gegenteil verkehren kann, in die negative Richtung. Die Person draußen, die nun Träger, sagen wir, eines exhibitionistischen Wunsches ist, könnte heftig beneidet werden, und die Person, deren Wunsch es ursprünglich war, könnte von Neid und Eifersucht verzehrt werden. Sie könnte dann sagen: »Wenn ich keine schönen Kleider haben kann, dann soll auch niemand anderes sie haben.« Während die Altruistin in meinem Kapitel fühlt, daß jedermann oder speziell eine bestimmte Person (oder vermutlich mehr als nur eine Person) schön gekleidet sein sollte, und sie genießt es. Dasselbe galt auch für den Kinderwunsch meiner Patientin und für ihre Wünsche nach beruflichen Erfolgen. Man könnte also sagen, es sei Flucht vor Neid. Ich glaube aber nicht, wenigstens nicht aufgrund dessen, was ich in der Analyse gesehen habe, daß es von Neid ausgeht und eine Abwehr des Neides darstellt. Ich halte es für eine weitere Möglichkeit, wie man mit der Situation umgehen kann, daß ein anderer etwas hat, was man selbst nicht hat.
Sandler: Gehört der Mechanismus, den Sie in dieser Form der altruistischen Abtretung dargestellt haben, nicht tatsächlich zu einer viel umfangreicheren Gruppe von Einstellungen, für die der Altruismus nur ein Beispiel ist? Ich dachte dabei an eine Bekannte, die von Zeit zu Zeit eine Diätkur machte, um abzunehmen, und die dann fast unter dem Zwang steht, anderen reichlich Essen vorzusetzen. Für sie ist das in bestimmter Weise befriedigend, aber ich glaube nicht, daß man es als Altruismus bezeichnen könnte.
Freud: Es ist ein Ersatzgenuß.

SANDLER: Und wie unterscheidet sich das vom Altruismus vermittels einer Ersatzperson?
FREUD: Altruismus braucht immer die Ersatzperson. Er richtet sich gewöhnlich nicht auf eine einzige Person, denn er wird ein Charakterzug, was bedeutet, daß er dann auf eine größere Zahl von Menschen ausgedehnt ist. Erinnern Sie sich an das kleine Mädchen, über das wir kürzlich sprachen, die bei jedem Fernsehprogramm, das ihr gefällt, darauf besteht, daß ihre Schwestern zuschauen? Ich dachte, es sei wirklich ein Beispiel für Altruismus beim Kinde. Aber jemand sagte: »Oh nein, sie ist nur herrschsüchtig.« Nun, Altruisten sind herrschsüchtig, weil das Drängen, das gewöhnlich hinter der Erfüllung eigener Wünsche steht, nun für die Erfüllung der Wünsche der anderen Person eingesetzt wird. Und die Wünsche müssen auf ganz bestimmte Weise erfüllt werden, nämlich so, wie der Altruist oder die Altruistin sie für sich selbst erfüllt haben möchte. Und bekanntlich ist ja die Herrschsucht der sogenannten Wohltäter sprichwörtlich, und es gibt dabei alle Abstufungen, bis hin zu jenen unerträglichen Leuten, die anderen genau vorschreiben, was sie tun sollen, um glücklich zu sein. Herrschsucht ist also meines Erachtens ein Merkmal des Altruismus, sie kann ganz niedrig gehalten oder auch sehr ausgeprägt sein. Der Altruist kann ein sehr angenehmer Mensch sein, doch wenn sein Kontrollbedürfnis zunimmt, kann er höchst unangenehm werden.
BERGER: Die Art Menschen, die Sie beschreiben, war uns vor dem Krieg auf dem Kontinent recht vertraut. Gewöhnlich waren es ältere Frauen, die sich an wohlhabendere Familien banden und die ihr Leben ersatzweise über das Leben der Kinder in der Familie führten, die versuchten zu bestimmen, mit wem sie Umgang haben, wie sie sich kleideten, mit wem sie ausgingen und so weiter. Manche waren Näherinnen, andere Erzieherinnen, aber was sie auch immer waren, sie schufen für sich ein Plätzchen in der Familie.
FREUD: Wissen Sie, mit all dem verbinden sich noch weitere Aspekte – die Ersatzlust, die masochistische Übergabe der eigenen Wünsche an andere, und besonders das Gefühl: »Ich bin nicht gut genug, ich verdiene das nicht, andere verdienen es.« Man kann das zurückverfolgen auf zwei Formen, in denen Mädchen den Penisneid bewältigen. Bei der einen entwickelt sich das Mädchen dahin, daß es nicht ertragen kann, die ersehnte Männlichkeit nicht zu besitzen, es haßt deswegen die Männer, der Mann wird verbal kastriert und

zerstört. Die andere ist der Frauentyp, der den eigenen Ehrgeiz über die Männlichkeit des Mannes befriedigt, und das ist etwas ganz anderes. Man kann das sehr deutlich in den unterschiedlichen Frauentypen des öffentlichen Lebens erkennen.
KENNEDY: Neid muß dabei eine ganz entscheidende Rolle spielen.
FREUD: Sie ist ganz entscheidend, und die Frage müßte lauten: Wird der Neid beim Altruismus völlig umgangen, oder handelt es sich um eine Abwehr des Neides? Ich erinnere mich, daß einer der Fälle, die ich in diesem Kapitel geschildert habe, ein sehr besitzergreifendes, eifersüchtiges kleines Mädchen war, das dann den Weg zum Altruismus fand. Bei den anderen war der Neid entweder nicht bewußt oder nicht bemerkbar.
SANDLER: Ja, oder er wurde mittels Kontrolle vermieden.
FREUD: Ja.
SANDLER: Vermutlich ist er im Hintergrund immer vorhanden.
KENNEDY: Man kann ihn bei ganz kleinen Kindern in einer ganz spezifischen Situation beobachten – manche sind zufrieden, wenn sie als Zuschauer an etwas teilhaben können, andere dagegen brauchen die aktive Beteiligung. Man kann so etwas schon sehr früh beobachten, schon im zweiten Lebensjahr. Es gibt Kinder, die gerne zuschauen, während andere sich langweilen, wenn sie nur dabei zuschauen dürfen, was ältere Kinder oder Eltern da tun; sie wollen es eigentlich lieber selbst tun.
FREUD: Eine dritte Alternative besteht darin, ein Mensch zu werden, der andere dabei unterstützt, ihre Absichten zu verwirklichen. Das wäre dann das altruistische Stadium. Ich muß sagen, als ich das damals schrieb, war ich von all diesen Verschiedenheiten ganz fasziniert.
SANDLER: Beim Lesen des Kapitels ist diese Faszination bei uns allen wieder lebendig geworden, denn wir neigten schlicht zu der Ansicht, wirklichen Altruismus gebe es gar nicht, es sei eine Reaktionsbildung, und wir hatten die Details Ihrer Darstellungen vergessen. Die daran beteiligten Mechanismen sind außerordentlich wichtig. Ich denke an die Einsetzung eines Stellvertreters, die wir vor Jahren den »Sabbath-Goy«-Mechanismus genannt hatten.
FREUD: Aber der mußte die verbotenen Beschäftigungen übernehmen, hatte einen geringeren Status; das trifft für diese Menschen nicht zu. Wir sprachen von den Frauen, die auf unterschiedliche Weisen mit dem Penisneid umgehen, aber man kann das auch bei

Männern beobachten. So können etwa Männer, die lehren, unterschiedliche Beziehungen zu jüngeren Kollegen oder Studenten haben. Da gibt es diejenigen, die sich durch die Jüngeren sehr bedroht fühlen und dann die Bedrohung durch Zorn oder eine andere Reaktion abwehren. Dann gibt es aber auch diejenigen, denen es große Freude macht, jüngeren Studenten dabei zu helfen, ihre Ziele zu erreichen. Ich erinnere mich, daß zum Beispiel Ernst Kris mit viel Freude daran teilnahm, wenn einer seiner jungen Leute Erfolg hatte. Das war altruistische Lust. Doch die nächste Frage ist nun, wieviel von all dem Abwehrvorgänge gegen Ressentiments, Wut, Angst oder Neid sind.
BERGER: Es gibt eine andere Art Altruismus, einen auf Reaktionsbildung aufgebauten Pseudo-Altruismus.
FREUD: Da handelt es sich um etwas ganz anderes.
SANDLER: Die Unterscheidung zwischen der von Ihnen beschriebenen Form von Altruismus, Miss Freud, und der Reaktionsbildung ist ein wichtiger Punkt. Es gibt weiterhin die Unterscheidung zwischen der Reaktionsbildung, die in den Charakter eingefügt ist, und einer Haltung, die mehr oder weniger als bewußte oder vorsätzliche Pose eingenommen wird. Ich nenne das die Zucker- und die Saccharin-Reaktionsbildungen.
FREUD: Ich spreche von der Zucker-Reaktionsbildung. Ich meine damit diejenige, die in den Charakter eingebaut wurde. Ein hübsches Beispiel dafür findet sich in dem Schumann-Lied Frauenliebe und -leben. Die Braut bittet liebevoll ihre jüngeren Schwestern, ihr beim Ankleiden für ihren Festtag behilflich zu sein. Das hat eigentlich die Bedeutung, sie sollten sie nicht beneiden, sollten nicht ihre Stelle einnehmen wollen, sondern alle Wünsche, selbst die Braut zu sein, beiseite lassen, um ihr zu helfen.
SANDLER: Im letzten Satz der Fußnote ganz am Ende des Kapitels sagen Sie: »Ein anderer, leicht zu verfolgender Weg zum selben Ziel kann zum Beispiel über die verschiedenen Formen des Masochismus führen« (104, 315). Könnten Sie etwas näher ausführen, wie Sie das mit dem Masochismus meinten?
FREUD: Mit dem Hinweis auf Masochismus meinte ich, daß es Menschen gibt, die masochistisch eine sehr geringe Meinung von sich selbst haben, so daß ihr Gefühl sagt, sie seien nicht gut genug dafür, das zu bekommen, was sie sich wünschen; das würden nur bessere Menschen verdienen. Es sieht genau so aus wie die altru-

istische Reaktion, doch es beruht auf einer masochistischen Einstellung zu sich selbst.

SANDLER: Und man sollte es auch nicht altruistisch nennen, allenfalls in lose deskriptivem Sinne, denn gewöhnlich ist es von enormen Ressentiments gegenüber dem anderen begleitet, wenn das auch unbewußt bleiben kann.

SPRINCE: Ich möchte noch einmal auf den Punkt mit der Diätkur von vorhin zurückkommen. Ich hatte große Verständnisschwierigkeiten bei zwei anorektischen Patientinnen, die das Bedürfnis haben, alle anderen unmäßig zu füttern. Sie sagen, sie seien für das Essen nicht gut genug, und andere sollten es haben; sie vermitteln dabei aber das Gefühl, daß sie dabei leiden müßten. Es ist wohl ein masochistisches Element in ihrer Lust enthalten, anderen beim Essen zuzuschauen, aber sie können sich nicht gestatten, selbst zu essen.

SANDLER: Bei Anorektikern muß man die Tatsache berücksichtigen, daß sie gewöhnlich eine latente bulimistische Neigung haben und der Essensdrang dann auf andere Personen externalisiert worden ist.

FREUD: Ich muß in dem Zusammenhang daran denken, daß Max Eitingon vor vielen Jahren den Fall eines schweren Alkoholikers berichtet, den er analytisch behandelte. Zu einem bestimmten Zeitpunkt sah es ganz so aus, als hätte der Patient seine Sucht in den Griff bekommen und mit dem Trinken aufgehört. Aber der Patient pflegte nun nachts aufzustehen und seiner Katze Wasser hinzustellen. Der Durst war also wohl da, aber er war auf die Katze verschoben worden, und er mußte ihn dort stillen.

SANDLER: Ich muß an den köstlichen Cartoon denken, wo der schlaftrunkene Vater mitten in der Nacht sich wieder zum Bett schleppt und zu seiner Frau sagt: »Ihre Puppe hat Durst gehabt.«

Zweite Sitzung

SANDLER: Wenn man auf das Kapitel über Altruismus zurückblickt, zeigt sich noch eine ganze Reihe von Dingen, auf die wir noch nicht näher eingegangen sind. Zunächst einmal, Sie sagen im Hinblick auf die Aggressivität des Altruisten, Miss Freud, ». . . die Leistung dieses Abwehrvorgangs ist eine doppelte. Er sichert nicht nur, wo er auftritt, das Wohwollen des Individuums für die Triebbefriedigung des Nebenmenschen und gestattet dadurch indirekten Triebgenuß trotz Über-Ich-Verbots; er befreit gleichzeitig die gehemmte Aktivität und Aggression, die der Sicherung der ursprünglichen Wünsche dienen sollten« (100, 311). Ich habe nicht verstanden, was Sie damit meinten.

FREUD: Es ist einfach. Wenn man etwas nicht haben kann, was man sich wünscht und selbst genießen möchte, weil es durch einen inneren Konflikt verboten wird, so kann doch wenigstens jemand anderes es bekommen, und man kann es dort vermittels dessen genießen, was Sie als Ersatzgenuß bezeichnen – und das lohnt sich sicherlich. Aber das ist noch nicht alles. Gleichzeitig setzt dieser Vorgang Aggression frei oder schafft für sie einen Ausgang. Ich meinte damit, daß das Individuum sein oder ihr ursprüngliches Triebziel aggressiv erreichen möchte: »Ich will es, ich werde es bekommen, und ich werde gegen jeden ankämpfen, der es mir verweigert.« Wird die Wunscherfüllung unmöglich und verboten, so wird auch die Aggression unmöglich und verboten, aber nun, auf dem Wege des Altruismus, kann man mit derselben Aggression, mit derselben Energie für die Wunscherfüllung einer anderen Person kämpfen. Man hat also sowohl die libidinöse Ersatzlust als auch die Möglichkeit zur Aggressionsabfuhr. Es ist eigentlich erstaunlich, daß nicht viel mehr Menschen Altruisten sind!

SANDLER: Wollen Sie dann damit sagen, ein Nutzen der Aggression bestehe darin, die Erfüllung nichtaggressiver Triebwünsche zu sichern? Das ist sehr interessant.

FREUD: Es ist eine Verwendungsweise der Aggression.

SANDLER: Nur um das klarzumachen – die Aggression, auf die Sie sich hier beziehen, ist Aggression, die dem Individuum zur Verfügung steht und die es normalerweise auch zur Befriedigung aller Arten von Wünschen einsetzen würde, wenn es sie nicht abwehren müßte. Das wirft einiges Licht auf das Problem der Aggression, denke ich.

FREUD: Es ist ganz offenkundig. Ich kann Ihnen dazu ein gutes Beispiel geben, das mir gerade gestern begegnete. Nebenbei gesagt, so etwas ist immer suspekt. Wissen Sie, Stekel war in der Wiener Gesellschaft dafür bekannt, daß er immer gerade an diesem Morgen einen Patienten gehabt hatte, der genau das brachte, was jemand anderes eben beschrieb. Wir nannten ihn immer Stekels Mittwochspatienten. Aber jedenfalls hatte ich gestern ein klinisches Beispiel von einer jungen Patientin, die schwere Schuldgefühle bekommt, wenn sie mit ihren Eltern um Erfüllung ihrer Lebenswünsche streitet. Sie hat reichlich Gelegenheit, mit ihren Eltern zu streiten, aber sie fühlt sich deswegen auch immer sehr schuldig. Plötzlich aber brach aus ihr in der Analyse mit heftigem Affekt der folgende Satz hervor: »Ich wollte, ich wäre ein Neger oder ein amerikanischer Indianer, dann könnte ich richtig kämpfen, um diese Menschen zu befreien.« Das hieß: kämpfen ohne Schuldgefühle, und auf eine ichgerechte und Über-Ich-gerechte Weise ihre ganze Aggression gegen die Autoritäten freisetzen, die sie sonst in Schach halten muß. Ich glaube, wenn sie die Disposition dazu hätte, dann würde sie wohl eine Altruistin sein. Jetzt ist sie aber eine Egoistin. Aber um auf Ihre Frage zurückzukommen, ich meine, es sei doch immer offenkundig gewesen, daß Aggression in den Dienst libidinöser Befriedigung treten kann.

SANDLER: Für uns war es sehr nützlich, daß Sie es so formuliert haben, denn wir haben immer dazu tendiert, von libidinösen und aggressiven Wünschen zu sprechen und sie so zu behandeln, als gingen sie einfach parallel, wodurch unser ganzes Bemühen um das Aggressionskonzept keineswegs leichter wurde. Es trägt viel zur Klärung bei, wenn man sagt, eine ihrer Funktionen bestehe darin, die Befriedigung aller Arten von anderen Wünschen gewaltsam durchzusetzen.

FREUD: Wissen Sie, man kann das in der älteren Literatur finden, wenn das Innenleben von »Wohltätern« geschildert wird. Ich meine damit Leute, die sehr aktiv damit befaßt sind, Gutes zu tun, zugleich jedoch in der Verfolgung ihrer Ziele äußerst aggressiv werden können. Ich glaube, in der Psychoanalyse hat man immer die Auffassung vertreten, daß sie dabei die Aggression befriedigen oder vielmehr zugunsten anderer einsetzen, die ursprünglich zum eigenen Nutzen verwendet werden sollte.

SANDLER: Man sieht so etwas natürlich in Vereinigungen von Antivivisektionisten oder Gegnern der Parforcejagd, in der Gesellschaft zur Verhinderung von Tierquälerei und so weiter. Ihre Mitglieder benützen in der Verfolgung ihrer Ziele manchmal höchst aggressive Mittel.

FREUD: Ja. Es gibt da das berühmte Beispiel von der Lehrerkonferenz zum Thema der körperlichen Bestrafung. Die Diskussion darüber nahm so hitzige Formen an, daß es zu Schlägereien kam.

SANDLER: Beim Lesen dieses Kapitels fiel mir auf, daß Sie den Ausdruck »narzißtische Kränkung« (»narcissistic mortification« in der englischen Übersetzung, Anm. d. Übers.) (101, 312) gebrauchen, der bekanntlich dann später sehr oft verwendet worden ist, aber ich fragte mich, ob Sie ihn hier eingeführt haben könnten. War das ein von Ihnen geprägter Terminus? Natürlich gibt es bei Freud und bei Abraham die Vorstellung einer narzißtischen Verletzung.
FREUD: Auf deutsch heißt es *narzißtische Kränkung*, das ich ins Englische wahrscheinlich mit »narcissistic hurt« übersetzt hätte. Es handelt sich um dasselbe.
SANDLER: Es ist interessant, wie manche Wörter durch Übersetzung Eingang in die Literatur finden können, denn »mortification« (auch »Demütigung«, Anm. d. Übers.) hat eine etwas andere Bedeutung als »hurt« (»Verletzung«, Anm. d. Übers.).
FREUD: Es bedeutet eine Verletzung, die zugleich demütigend ist. Etwas, das den Stolz verletzt, ist eine Demütigung.
SANDLER: Bei Ihrer Eröterung der altruistischen Abtretung unter dem Aspekt der Todesangst weisen Sie darauf hin, daß der Altruist im Augenblick der Gefahr keine wirkliche Besorgnis für das eigene Leben verspürt. Sie sagen: »[Er] kennt aber statt dessen eine gesteigerte Besorgnis und Angst um das Leben seiner Liebesobjekte« (103, 314). Wir verstehen nun Ihren Gedankengang sowohl hinsichtlich der Einsetzung eines Stellvertreters als auch hinsichtlich der Besorgnis um das Objekt. Auf der anderen Seite haben wir diese Art von Besorgnis und Angst um andere oft unter dem Titel der Reaktionsbildung behandelt. Könnten Sie etwas mehr dazu sagen?
FREUD: Nun, das ist natürlich etwas ganz anderes. Reaktionsbildung ist eine Abwehr von feindseligen Wünschen gegenüber der anderen Person. Was ich aber hier beschrieben habe, ist eine Art Identifizierung mit dem anderen auf der Grundlage gemeinsamer Triebwünsche. Identifizierung ist noch nicht einmal das richtige Wort, doch in dem Augenblick, wo man seine wichtigsten Wünsche an einen anderen abtritt, ist man selbst und der andere in bestimmter Weise ein und derselbe. Man muß dann natürlich das Leben des anderen beschützen, um selbst am Leben zu bleiben. Oder vielmehr verwandelt sich die Besorgnis um das eigene Leben in Besorgnis um das Leben des anderen. Darin ist überhaupt nichts Feindseliges. Ich weiß nicht, ob alle hier mit *Cyrano de Bergerac*

vertraut sind. Wie man diesem Kapitel auch noch anmerkt, war ich überaus beeindruckt von der faszinierenden Darstellung der altruistischen Abtretung an den Rivalen aufgrund dessen besserer körperlicher Erscheinung. Es war eine Zeitlang eines meiner Lieblingsschauspiele. Christian, also der Rivale Cyranos um die Gunst einer Frau, ist gutaussehend, während Cyrano selbst häßlich ist. Er verhilft dem gutaussehenden Mann, der ihn selbst reprsäsentiert, die Frau zu gewinnen, die er liebt. Es kommt dann natürlich zu einem tragischen Ende, als Christian im Kampfe fällt und stirbt. Es ist ein schönes Bild davon, was mit altruistischer Abtretung gemeint ist und worauf sie sich gründet. Ich konnte Cyrano de Bergerac einmal auswendig – ich kann es heute noch rezitieren, es ist eine herrliche Sprache und ein wunderbares Schauspiel.

BERGER: Wir haben den Unterschied zwischen Altruismus und Reaktionsbildung geklärt. Sollte man nicht aber auch die Rolle des Masochismus in all dem beachten? Ich habe das Gefühl, daß die Altruisten, von denen Sie sprechen, nicht unbedingt masochistische Altruisten sind, denn wie Sie gezeigt haben, beziehen sie daraus eine Menge Ersatzbefriedigung, was bei Masochisten nicht der Fall ist. Es gibt den altruistischen Wohltäter, den Reaktionbildungs-Wohltäter und vermutlich auch einen masochistischen Wohltäter, der daraus keine Ersatzbefriedigung, sondern ein Gefühl der Demütigung bezieht.

FREUD: Ich würde sagen, die altruistische Person wird nicht masochistisch, weil sie ihre eigenen Wünsche auf Grund innerer Konflikte nicht erfüllen kann. Doch das bringt sie nicht zum Genießen ihres Leidens oder ihrer Versagung. Sie sucht nach einem Ersatz und findet ihn darin, anderen bei der Erfüllung von deren Wünschen zu helfen. Es ist also eine Abwendung vom Masochismus.

SANDLER: Das führt uns zu der meines Erachtens wichtigsten Frage in diesem Zusammenhang zurück. Es ist die Frage, wie ein Triebwunsch zum Beispiel Befriedigung über einen Stellvertreter finden kann. Es muß da eine unbewußte Fantasie geben, in der das Objekt mit dem Selbst gleichgesetzt wird und zwar so, daß dann eine ausreichende Befriedigung tatsächlich stattfinden kann. Was heißen muß, daß die Wahrnehmung eines bestimmten Geschehens die Befriedigung herbeiführt. Das unterscheidet sich aber erheblich vom Grundmodell der Triebbefriedigung, die an Reizung von

Zonen und an Abfuhr gebunden ist, und daraus ergeben sich faszinierende Fragen.

FREUD: Es ist natürlich nicht so wie bei der hysterischen Identifizierung und erfordert ein recht hohes Niveau der Ich- und Über-Ich-Entwicklung, damit es diesen Verlauf nehmen kann. Aber ich stimme zu, das ist ein sehr interessantes Studienobjekt.

SANDLER: Es stellt uns vor das Problem, wie die Triebe Befriedigung erlangen, wenn wir einen Bezugsrahmen verwenden, in dem wir sagen, der Triebwunsch werde zunehmend mit Triebspannung ausgestattet, und dann erfolge durch eine bestimmte Handlung eine Spannungsverminderung. Hier sehen wir jedoch eine Minderung des Triebdrucks vermittels einer Ersatzrepräsentation, und das hätte gewaltige Implikationen für unsere Theorie der Triebbefriedigung.

FREUD: In der altruistischen Abtretung sehen wir eine sehr verfeinerte Form von Triebbefriedigung. Ich meine verfeinert in dem Sinne, daß Ich und Über-Ich sehr viel damit zu tun haben. Betrachtet man aber die aggressive Seite, so zeigt sich da wenig Verfeinerung, weil die Aggression sich gleichbleibt, und dabei kann es sich um recht primitive Aggression handeln, nur eben im Dienste einer anderen Person.

SANDLER: Es gibt natürlich auch die Fälle, in denen jemand andere Menschen als Mittel der eigenen Aggression einsetzt, als deren Werkzeuge, und da haben wir es mit einer andersartigen Situation zu tun.

FREUD: Das sind keine Altruisten. Wir haben gerade in der Klinik einen Fall gehabt, wo ein sehr schüchterner und scheinbar gar nicht aggressiver Junge seinen Bruder zum Ausdruck seiner Aggression und seiner antisozialen Neigungen benützt. Das ist etwas ganz anderes.

SANDLER: Der Gedanke einer ersatzweisen oder symbolischen Befriedigung läßt sich mit der Sublimierung verknüpfen, und vielleicht würde uns ein Verständnis, wie sie zustande kommt, zu weiteren Einsichten verhelfen, wie eine sublimierte Tätigkeit, ebenso wie eine befriedigende Tätigkeit einer anderen Person Triebbefriedigung bringen könnte.

FREUD: Aber bei der altruistischen Abtretung bleibt der ursprüngliche Wunsch im Grunde unverändert. Er wird nicht abgelenkt, nicht zunichte gemacht. Er bleibt genau derselbe, wie man es etwa am Beispiel des Cyrano de Bergerac sehen kann. Der Wunsch ist, von dieser Frau geliebt zu werden. Er bleibt für ihn und für den Stellvertreter der gleiche.

SANDLER: Ich denke, es gibt zwei Schulrichtungen in der Auffassung von Sublimierung. In der einen stellt man sich vor, daß der Wunsch verändert wurde, die an ihm beteiligten Energien umgewandelt worden seien, während bei der anderen angenommen wird, der Wunsch sei weiterhin lebendig geblieben, jedoch unbewußt, und daß er in verhüllter Form befriedigt wird, vielleicht in sehr verfeinerter Form. Im zweiten Falle bestünde größere Ähnlichkeit zu der ersatzweisen Befriedigung in Form des von Ihnen beschriebenen Altruismus oder zu symbolischer Befriedigung.

FREUD: Beim Altruismus haben wir es nicht mit etwas Symbolischem zu tun. Es ist einfach so, daß ein anderer Mensch den nichtsymbolisierten Genuß hat.

SANDLER: Mich plagt immer noch das Problem, wie man für sich selbst mittels eines Stellvertreters zu einer Spannungsminderung kommt.

FREUD: Und es gibt auch noch die Frage, warum man eigentlich so brav sein sollte, wenn man gar nichts davon hat. Ich meine, es muß doch für diesen enormen Verzicht eine Belohnung geben!

SANDLER: Wir können wohl sagen, daß dabei eine ganze Menge befriedigt wird. Ich denke dabei besonders an Beherrschung und Kontrolle. Dann ist da auch die Feindseligkeit bei altruistischen Menschen, manchmal gegenüber ihren Schützlingen, manchmal gegenüber Leuten, die ihren Schützlingen im Wege zu stehen scheinen. Dann gibt es ja noch einen anderen Verlauf, den dieser Vorgang nehmen kann. Das Ganze kann ein bißchen schiefgehen, und die Aggression richtet sich dann nicht mehr gegen die versagende Person oder den Aggressor, sondern gegen den Stellvertreter und zwingt ihn zu bestimmten Handlungen. Das ist der Punkt, an dem der Altruismus entgleist.

BERGER: Aber meinen Sie nicht, daß es eine enorme Menge an Befriedigung in der Fantasie geben muß und daß die Identifizierung mit dem Objekt vermutlich in eine Fantasie eingewoben ist? Wenn wir wieder an die Erzieherin denken, sie könnte doch zweierlei Fantasien haben. In der einen genießt sie durch die andere Person viel Ersatzbefriedigung, doch sie könnte ebenfalls Fantasien haben, in denen mütterliche Gefühle Erfüllung finden.

FREUD: Was uns vor die Frage stellt, weshalb sie gerade diesem Kind gegenüber mütterlich empfindet, durch das sie sich selbst repräsentiert fühlt, denn der Mutterinstinkt sollte allen Kindern gelten. Es gibt so viele Schattierungen dabei.

SANDLER: Eines Tages müssen wir in den Griff bekommen, was die Kleinianer mit dem Konzept der projektiven Identifizierung zu fassen versuchen. Und ich denke, wir sollten uns gut merken, daß Sie 1936 im Zusammenhang mit dem Fall der Erzieherin sagten: »Ihr Triebgenuß besteht dadurch im Mitgenuß der Triebbefriedigung anderer, der ihr durch Projektion und Identifikation ermöglicht wird« (98, 308). Und in der Fußnote zu dieser Bemerkung verweisen Sie auf Paul Federns Begriff der »teilnehmenden Identifizierung«. Könnten Sie uns noch etwas über Ihre Gedanken zu diesem Thema sagen?

FREUD: Ich kann Ihnen sagen, warum ich diese Fußnote eingesetzt habe: Weil zu der Zeit Ernst Kris solche Fußnoten machte. Er sagte mir: »Denken Sie daran, an dieser Stelle Federn zu zitieren.« Ich fragte darauf: »Ja, was soll ich denn zitieren?« Es gab mir dann das Zitat. Ich kann mich also nicht mehr erinnern.

Vierter Teil

Abwehr aus Angst vor der Triebstärke (dargestellt am Beispiel der Pubertät)

11 Ich und Es in der Pubertät

Anna Freud verweist in diesem Kapitel auf das Interesse an den psychischen Veränderungen in der Pubertät und auf die Gegensätzlichkeiten, die im Seelenleben des Jugendlichen auftreten. Er ist »im stärksten Maße egoistisch, betrachtet sich selbst als den Mittelpunkt der Welt ... und ist doch wie nie mehr im späteren Leben opferfähig und zur Hingabe bereit. Er formt die leidenschaftlichsten Liebesbeziehungen, bricht sie aber ebenso unvermittelt ab, wie er sie begonnen hat« (107, 319). Er »wechselt zwischen begeistertem Anschluß an die Gemeinschaft und unüberwindlichem Hang nach Einsamkeit« (107, 319). Er kann sich blind einem Führer unterwerfen, aber auch sich trotzig gegen alle Autorität auflehnen. Er ist »eigennützig und materiell gesinnt, dabei gleichzeitig von hohem Idealismus erfüllt« (107, 319). Er ist asketisch, kann sich aber auch seinen Triebdurchbrüchen überlassen. Er kann rücksichtslos und zur gleichen Zeit selbst äußerst empfindlich sein. Er kann leichtsinnig optimistisch und zugleich höchst pessimistisch sein. Seine Einstellung zur Arbeit schwankt zwischen »unermüdlichem Enthusiasmus und dumpfer Trägheit und Interesselosigkeit« (107, 320).

Diese Erscheinungen können als Folge körperlicher Veränderungen oder aber als davon unabhängige, seelische Vorgänge aufgefaßt werden. Man ist sich aber darüber einig, daß die Pubertät eine große Bedeutung für die Entwicklung besitzt.

Anna Freud weist darauf hin, daß die psychologischen Probleme der Pubertät von analytischen Autoren vergleichsweise vernachlässigt wurden. Der Grund dafür sei, daß die Psychoanalyse die Auffassung der »offiziellen« Psychologie nicht teile, daß das Sexualleben mit der Pubertät beginne. Wir sehen dessen Beginn im ersten Lebensjahr und betrachten die Pubertät lediglich als eine Phase der Sexualentwicklung, in der eine »Wiederholung der infantilen Sexualperiode« (109, 321) stattfindet. Obwohl das infantile Sexualleben in späteren Phasen wiederholt wird, fügt ihm jede Phase etwas hinzu, und in der Pubertät gewinnt die Genitalität die Vorherrschaft über die prägenitalen Partialtriebe. Das Sexualleben des Erwachsenen hat somit zwei Anfänge, den einen im ersten Lebensjahr und den anderen in der Pubertät. Im Klimakterium findet nochmals eine Wiederholung statt, es bringt »die genitalen Regungen zu einem letzten Aufflackern und setzt prägenitale Regungen wieder in alte Rechte ein« (109, 321).

Alle drei erwähnten Perioden sind einander darin ähnlich, daß »ein relativ starkes Es einem relativ schwachen Ich« (109, 322) gegenübersteht. Während sich das Es weitgehend gleichbleibt, entstehen die Unterschiede der Perioden aus Veränderungen im Ich. In der frühen Kindheit und in der Pubertät gebraucht das Ich jeweils andersartige Abwehrmechanismen, so daß der Vergleich der beiden Perioden miteinander die Entwicklung des Ichs verdeutlicht. Beim kleinen Kind sind die Triebansprüche und die mit ihnen verstandenen Affekte und Fantasien außerordentlich lebhaft, doch sein relativ schwaches Ich hat an der Außenwelt einen starken Bundesgenossen. Es wird in hohem Maße motiviert durch »Versprechungen und Drohungen, also durch Liebesprämien und Strafen« (111, 323). Kinder lernen in den ersten Jahren sehr gut, ihr Triebleben zu bändigen. Die Wissenschaft, die das Schwanken des Ichs zwischen Es und Außenwelt untersucht, ist die Pädagogik; sie sucht nach Mitteln, wie sich die Kräfte der Außenwelt und das Ich im Kampf um die Triebbeherrschung verbünden lassen. Das Kleinkind entwickelt einen innerpsychischen Konflikt, an dem »Realangst« beteiligt ist, die Erwartung von Strafen seitens der Außenwelt. Diese Angst wird durch Rückwendung der Triebkräfte gegen das Selbst und durch phantasiehafte Ängste verstärkt. Der Zusammenhang der »Realangst« mit der Realität kann dadurch gelockert werden.

Die Lösungsversuche der im Kind entstandenen Konflikte können zu Symptomen infantiler Neurosen führen. Jedoch wird beim Kleinkind »das Ich nach Maß gemacht, um ... Triebdrang und Außenweltsdruck die Waage zu halten« (112, 325). Im späteren Leben ist das Ich mehr oder weniger starr, und die erste infantile Periode kann als abgeschlossen betrachtet werden, wenn »das Ich ... seine Kampfgewohnheiten dem Es gegenüber ausgebildet (hat)« (112, 325).

Die Latenzperiode bringt einen Waffenstillstand im Kampf zwischen den Triebkräften und dem Ich. Das Ich erhält Zeit, sich zu entwickeln und zu erstarken. Das Über-Ich ist aufgebaut, und an den hauptsächlichen Konflikten ist nun Über-Ich-Angst beteiligt – Angst vor dem Gewissen und dem Schuldgefühl. Das Ich gewinnt mit dem Über-Ich einen Verbündeten im Kampf gegen die Triebe. Mit der Pubertät tritt jedoch eine drastische Veränderung des Kräfteverhältnisses ein, weil die Triebe erregt werden und die inneren Konflikte von neuem entbrennen. Es findet eine Steigerung von Libido und Aggression statt, und längst untergegangene Triebinteressen tauchen wieder auf. In der Latenzperiode erworbene Reaktionsbildungen drohen wieder zu zerfallen. Ödipale Wünsche werden wiederbelebt, ebenso Kastrationsvorstellungen und Penisneid. Was sich dann enthüllt, ist das, »was wir als Inhalt der frühinfantilen Sexualität des kleinen Kindes bereits kennengelernt haben« (114, 327). Doch bei Eintritt der Pubertät ist das Ich viel mehr konsolidiert, und wenn es sich mit dem Es verbündet, gerät es in Konflikt mit dem Über-Ich. Sein zentraler Wunsch ist, »den Charakter der Latenzperiode zu erhalten, das alte Kräfteverhältnis wiederherzustellen, den erhöhten Triebansprüchen im gleichen Maße erhöhte Abwehranstrengungen entgegenzusetzen« (114, 328). Es bedient sich seiner gesamten Abwehrmechanismen, und in der unmittelbar vorpubertären Periode kann man beobachten, wie die einzelnen Phasen im Verlauf seines Konflikts mit den Trieben wiederbelebt werden.

Mit Eintritt der wirklichen Pubertät kommt es zur Vorherrschaft der genitalen Regungen, und es tritt eine Verbesserung des äußeren Anscheins ein. Der bisherige Aufruhr scheint verschwunden zu sein. Das bedeutet aber nicht, daß die bisherigen Konflikte gelöst worden seien; vielmehr wurden sie überdeckt. Sie können durchaus wieder erscheinen und Probleme verursachen. Wenn jedoch in der Kindheit phallische Wünsche vorherrschten, dann kann der Genitalschub der Pubertät zu einer abnorm übersteigerten genitalen Männlichkeit führen.

Der Kampf des Jugendlichen geht um »die psychische Struktur der Kindheit und in Latenz im ganzen und allgemeinen« (116, 330). Es gibt zwei mögliche Extreme beim Ausgang des Pubertätskonfliktes. Das Es kann das Ich überwältigen, so daß vom bisherigen Charakter zunächst nicht mehr viel übrigbleibt. Im anderen Extrem bleibt das Ich Sieger, und dann »wird der Charakter der Latenzperiode in Permanenz erklärt« (117, 330). Im letzteren Falle findet eine Einschränkung der Es-Regungen statt, und ein hoher Aufwand an Energie wird erforderlich, um die Libido in Schach zu halten. Daraus erwächst »dauernde[r] Schaden«: »Ich-Instanzen, die dem Pubertätsansturm standgehalten haben, ohne nachzugeben, bleiben gewöhnlich auch im ganzen späteren Leben unnachgiebig, unangreifbar und für Revisionen, die die veränderliche Realität verlangen würde, unzugänglich« (117, 331).

Abschließend ist zu sagen, daß sich die Behauptung nicht aufrechterhalten läßt, die Stärke der Triebe in der Pubertät biete einen Hinweis auf den letztlichen Ausgang. Dazu muß man die Stärke der Es-Regungen, die Trieb-Toleranz des Ichs (die von dessen Entwicklung in der Latenzzeit abhängt) und besonders »die Art und Leistungsfähigkeit der Abwehrmechanismen« berücksichtigen, »die einem bestimmten Ich . . . zur Verfügung stehen« (118, 332).

Die Diskussion

Sandler: Ich denke, wir sprechen heute eher von Adoleszenz als von Pubertät, doch gibt es eine legitime Unterscheidung zwischen beiden. In der unmittelbaren präpubertären Phase finden wir adoleszente Merkmale, aber da wir auch von Präadoleszenz sprechen, ist die Unterscheidung nicht so klar, wie sie es sein könnte. Das elf- oder zwölfjährige Kind unterscheidet sich sehr vom Kind der Latenzzeit, aber die körperlichen Veränderungen brauchen noch gar nicht in gleichem Maße wie später eingetreten sein. Es gibt sicherlich psychologische Veränderungen, ehe das Kind die eigentliche Pubertät erreicht hat. Aber die Pubertät tritt natürlich ein, unabhängig vom Niveau der psychosexuellen Entwicklung, und in diesem Sinne gibt es eine klare Unterscheidung zwischen Adoleszenz und Pubertät. Und heutzutage neigen wir dazu, Adoleszenz als ein Geschehen Anfang Zwanzig zu betrachten, nicht wahr?

Freud: Es gibt da einen interessanten Aspekt. Der Terminus »verlängerte Adoleszenz« wurde zuerst von Siegfried Bernfeld gebraucht, doch meinte er damit die Schwierigkeit, die manche Menschen mit dem Eintreten ins eigentliche Sexualleben haben, Menschen, die die sexuelle Befriedigung vor sich her schieben und die Adoleszenz dadurch verlängern. Wir wissen, wie früh heutzutage das Sexualleben in der Adoleszenz beginnt, und beobachten dennoch eine Verlängerung des adoleszenten Verhaltens und des ganzen adoleszenten Aufruhrs. Offensichtlich ist die Verknüpfung des Beginns der sexuellen Befriedigung mit dem Ende der Adoleszenz nicht so allgemeingültig, wie wir es einmal meinten.

SANDLER: Sie sprechen in diesem Kapitel davon, daß die Pubertät die erste Wiederholung der infantilen Sexualperiode sei (109, 321), und Sie sagen, eine zweite Wiederholung fände im späteren Leben statt, im Klimakterium ...
FREUD: Ich glaube, Ernest Jones hat als erster darüber geschrieben.
SANDLER: Sie sagen, die genitalen Regungen flackerten zum letzten Male auf, was sicherlich bei manchen Frauen, aber nicht bei allen, ein Phänomen der Menopause ist, und Sie sagen weiter, daß prägenitale Regungen wieder in alte Rechte eingesetzt würden. Ist das noch immer Ihre Ansicht, Miss Freud?
FREUD: Wieder glaube ich, daß ich hier etwas aufgriff, was damals in der psychonalytischen Literatur eine ziemliche Rolle spielte. Ich meine zum Beispiel, daß Frauen, die das Ende ihres eigentlichen genitalen Sexuallebens erreicht haben, anal-sadistische Neigungen zeigen könnten, die wieder an die Oberfläche gelangen. Davon war damals die Rede, aber in der neueren Literatur habe ich es nicht mehr gefunden.
HELLMAN: Es taucht auf, wenn wir über Behandlung älterer Menschen sprechen.
SANDLER: Sie sagen dann später, Miss Freud, »Das Es des Menschen bleibt sich weitgehend zu allen Zeiten gleich« (109, 322). Meinen Sie da den Mann im Unterschied zur Frau, oder schließt das auch die Frauen ein?
FREUD: Ich bin sicher, ich meinte damit eine Person, ein menschliches Wesen. Wissen Sie, wenn das Buch neu aufgelegt wird, möchte ich die Übersetzung prüfen. Was würde heute die Frauenbewegung dazu sagen, wenn *Mensch* automatisch mit »man« übersetzt würde?
SANDLER: Würden Sie noch immer sagen, Miss Freud, daß das Es sich weitgehend gleichbleibe, weil man vom Augenschein her annehmen könnte, daß es mit zunehmendem Alter abstirbt? Was Sie sagen, mag ein tröstlicher Gedanke sein, doch wenn es sich um eine Tatsache handelt, gilt sie dann gleichermaßen für Libido und Aggression?
FREUD: Sicherlich gibt es Veränderungen der Stärke, sowohl der Libido als auch der Aggression.
SANDLER: Würden Sie sagen, daß die Wünsche sich im wesentlichen gleichbleiben?

Freud: Ja, das hatte ich eigentlich dabei im Sinn. Die großen Veränderungen finden nicht im Es statt. Das ganze Kapitel handelt vom Gleichgewicht zwischen Es und Ich.
Sandler: Ja, Sie stellen die Unwandelbarkeit des Es der Wandlungsfähigkeit des Ichs gegenüber. Sie sagen, das Ich benütze in verschiedenen Lebensphasen »auch andere Abwehrmittel in seinem Kampf gegen den Trieb« (110, 322). Wir wissen das von der frühen Entwicklung, und wir wissen auch, daß es Abwehrformen gibt, die charakteristisch für die Adoleszenz sind – zum Beispiel das Intellektualisieren. Sie sagen dann später auch, die Abwehr in der Adoleszenz sei eine Steigerung früherer Abwehrmethoden, aber gibt es bei den Abwehrmechanismen in der Adoleszenz irgend etwas besonders Spezifisches, das wir etwa mit der adoleszenten Auflehnung und mit dem Bedürfnis nach Ablehnung der Eltern verknüpfen könnten?
Freud: Ja, aber das wären dann Abwehrmethoden gegen die Außenwelt oder richtiger, Abwehrverhalten gegenüber der Außenwelt, nicht Abwehrmechanismen, die gegen das Es gerichtet sind. Wenn wir an Veränderung der Abwehr gegen das Es denken, so sind Mechanismen wie Intellektualisieren für die Adoleszenz charakteristisch.
Sandler: Können wir wirklich sagen, daß es sich um Abwehr gegen die Außenwelt handle, wenn wir dran denken, wie der Adoleszente sich gegen die Nähe zu seinen Eltern wehrt?
Freud: Es ist Abwehr gegen eine Bindung an die Eltern.
Sandler: Und zugleich auch gegen den Wunsch zu regredieren und wieder Kind zu sein. Das bringt den Konflikt zwischen dem Wunsch nach Erwachsensein und dem Wunsch nach Kindsein in den Mittelpunkt des adoleszenten Erlebens.
Freud: Ich glaube aber nicht, daß die übliche Abwehr wie Verkehrung ins Gegenteil, Wendung von passiv in aktiv oder Verleugnung gebraucht wird. Ich glaube auch nicht, daß es einen neuen Bereich von Abwehrformen gibt. Die Neigung zum Intellektualisieren aber ist eine wichtige und zugleich gefährliche Abwehr.
Sandler: Zu einem bestimmten Grade aber auch normal.
Freud: Normal für den Adoleszenten.
Berger: Würden Sie nicht sagen, daß auch die Externalisierungen zunehmen, Miss Freud? Die Konflikte, die innerlich erlebt werden, werden in der Adoleszenz anscheinend immer der Außenwelt zugeschrieben.

Freud: Ja. Andererseits wird die Externalisierung schon früh im Leben ausgiebig gebraucht. Sie stellt keinen neuen Abwehrmechanismus dar.

Sandler: Sie beziehen sich darauf, daß die hauptsächlichen Ängste des Ichs die vor Liebesverlust und Strafe seien, und Sie folgen darin der Auffassung Freuds. Könnten Sie etwas dazu sagen, welche Rolle die Angst vor Hilflosigkeit und Bewältigungsunfähigkeit in den verschiedenen Altersstufen spielt? Es scheint, als ließe sich eine derartige Angst gleichrangig neben der Angst vor Liebesverlust und vor Strafe oder Kastration anführen. Ich meine die Angst, schlicht hilflos zu sein, im Sinne von etwas, das unabhängig von diesem existiert.

Freud: Beide Ängste, die ich erwähnt habe, gründen sich auf Hilflosigkeit – nicht nur auf Angst vor Hilflosigkeit, sondern auf die tatsächliche Hilflosigkeit des Kindes. Das Kind befindet sich in der Macht der Eltern, und es ist dieses Gefühl, in der Macht der Eltern zu sein, das das Kind zur Angst vor Objektverlust und zur Angst vor Liebesverlust prädisponiert, mit allen sich daraus ergebenden Folgen.

Sandler: Ich dachte an etwas, das noch ein bißchen mehr als das ist, mehr als die Angst, hilflos zu sein angesichts einer Überwältigung durch etwas Unkontrollierbares, die Angst vor dem traumatischen Erleben, die ihrerseits wieder mit irgendwelchen besonderen Gefahrensituationen verknüpft werden kann. Ich fragte mich, ob es etwas wie eine Angst vor Hilflosigkeit an sich geben könnte, im Sinne einer mächtigen Bedrohung in verschiedenen Altersstufen. Im wesentlichen wäre das die Gefahr eines verheerenden Erlebens von Kontrollverlust.

Freud: Worauf Sie sich hier beziehen, ist die innere Erkenntnis des Kindes, daß es das Objekt braucht. Das führt natürlich zur Angst vor Objektverlust, die dann Angst vor Hilflosigkeit gegenüber der Außenwelt und ebenso vor Hilflosigkeit gegenüber der Innenwelt hervorruft. All das, weil ja die Rolle des Objektes im Leben des Kindes darin besteht, es vor äußeren wie auch vor inneren Gefahren zu beschützen.

Hellman: Ich meine, daß das eigentliche Erleben von Hilflosigkeit, von dem wir sprechen, ganz eng mit der Gefahr von Objektverlust verknüpft wird, mit der Rolle der Eltern, dem Ich die Unterstützung zu geben, die es braucht, um Hilflosigkeit zu vermeiden.

Die Hilflosigkeit selbst ist erschreckend, doch bald wird sie als die Folge von Objektverlust erlebt.

FREUD: Wissen Sie, im klinischen Bereich sehen wir das sehr oft bei Kindern mit nur einem Elternteil, wo der andere Elternteil entweder tot oder aus anderen Gründen nicht mehr da ist. Wir können beim Kind sehr deutlich die Angst erkennen, der verbliebene Elternteil könne ebenfalls weggehen, und was würde dann sein?

SANDLER: Mich hat Ihr Gebrauch des Wortes »Vor-Unlust« (111, 324) beschäftigt. Es steht vermutlich im Unterschied zur Vorlust in Zusammenhang mit Vorläufern der Über-Ich-Entwicklung. Sie verbinden es hier mit der Realangst und mit dem tatsächlichen Verhalten der Eltern, Miss Freud. Könnte man es nicht auch damit verbinden, was von innen her kommt?

FREUD: Es ist eigentlich Signalangst.

SANDLER: Im deutschen Original heißt es Vor-Unlust, und für mich legt es nahe, daß Sie an mehr als nur an ein Angstsignal dachten. Möglicherweise ist damit ein Inhalt verbunden, der eine Bedrohung im Zusammenhang mit den Eltern als Autoritätspersonen enthält.

FREUD: Ja.

SANDLER: Sie vertreten in diesem Kapitel die Auffassung, Miss Freud, die Triebstärke nehme in der Latenzperiode ab. Heutzutage wird das in Frage gestellt. Manche meinen, das Kind in der Latenzzeit habe ein sehr aktives Sexualleben, würde dies aber verhüllen und in sublimierte Tätigkeiten und dergleichen ablenken. Oft wird gesagt, wenn man Latenzkindern projektive Testverfahren gebe, sei das von ihnen produzierte Material voller ödipaler Konflikte und sexueller Phantasien, Kastrationsängsten und so weiter. Das erscheint widersprüchlich, und ich erinnere mich, daß Kollegen, die Tests mit Kindern durchführten, regelmäßig zu dem Schluß kamen, daß Kinder, die solches Material brachten, nicht in der Latenz seien, obwohl alle anderen Indikationen sie als Latenzkinder auswiesen. Es taucht wieder die Frage auf, was in der Latenzperiode mit den Trieben geschieht. Wir haben kaum Zweifel, daß es in der Pubertät einen Triebschub gibt, aber die Vorstellung von ihrem Abnehmen in der Latenz muß vielleicht modifiziert werden.

FREUD: In klinischer Hinsicht würde ich nach wie vor den früheren Standpunkt vertreten, nämlich daß der Triebdruck abnimmt und eine Zunahme der freien Verfügung des Ichs über seine Energien

stattfindet. Ich glaube nicht, daß die Abnahme des Triebdruckes auf die Ich-Tätigkeit hin erfolgt. Ich meine, es ist eigentlich anders herum. Zum Beispiel geht die Masturbation in der normalen Latenz deutlich zurück.
SANDLER: Manche würden Ihnen da nicht zustimmen, Miss Freud, sie würden sagen, daß sie mehr verborgen werde, daß die eigentliche Veränderung darin bestehe, daß es mehr Betätigungen gebe, die Triebbefriedigungen erlaubten.
FREUD: Ich kann nicht sagen, daß unsere Erfahrung mit Latenzkindern das bestätigt. Wenn man ein Kind im Alter von Vier und Fünf in Analyse hat, kann man die Veränderung beim Eintritt in die Latenz sehr deutlich sehen.
SANDLER: Es wird kaum Zweifel geben, daß bei Eintritt in die Latenzperiode deutliche Veränderungen stattfinden.
FREUD: Es geht doch um die Frage, was Ursache und was Wirkung ist.
BERGER: Eine Veränderung, die uns den Beginn der Latenz signalisiert, ist die, daß die Kinder häufiger aus dem Hause gehen. Sie gehen zu ihren Freunden und spielen auf der Straße. Das ist sehr deutlich zu erkennen.
SANDLER: In diesem Kapitel, Miss Freud, verweisen Sie auf Veränderungen, die durch Verinnerlichung der Grundsätze entstehen, die dem Kind von Eltern und Erziehern vermittelt werden. Sie sagen: »Die Außenwelt macht sich jetzt im inneren Leben des Kindes nicht mehr nur durch das Auftreten von Realängsten bemerkbar« (113, 325/326), und Sie sprechen von der Errichtung des Über-Ichs. Mir scheint, man kann trotz der äußerlich zu beobachtenden Veränderungen nicht sagen, ob sich die im unbewußten Fantasieleben des Kindes enthaltenen Spannungen vermindern. Könnte man nicht auch annehmen, daß im Vergleich zu dem, was danach geschieht, und im Vergleich zu der Direktheit, mit der vorher das ödipale Kind seine sexuellen und aggressiven Wünsche zeigte, das Latenzkind diese viel besser verbirgt? Heinz Hartmann hätte vermutlich gesagt, sie würden stärker neutralisiert. Ich weiß nicht, ob es eine Verminderung des Triebdrucks gibt oder nicht, aber ich weiß, daß es darüber unterschiedliche Meinungen gibt.
HELLMAN: Es ist sehr schwierig für uns, das zu beurteilen. Das Bild wird heutzutage dadurch verzerrt, daß die Haltung der Erwachsenen sich so deutlich verändert hat, so daß das, was in Form

von Regeln und Regulierungen internalisiert wird, heute etwas anderes bedeutet. Wir bekommen nicht mehr das zu sehen, was wir als Latenz zu sehen gewohnt waren, weil bestimmte Haltungen heute nicht mehr eingenommen und auch nicht mehr erwartet werden. Was die Welt der Erwachsenen vom Kind erwartet, ist ganz anders, und ich glaube, das könnte sehr gut der Grund dafür sein, warum wir die Latenz nicht mehr so wie früher als gut abgegrenzte Phase erkennen können. Die Veränderung beim Eintritt des Kindes in die Latenz pflegte damals unauffällig zu sein. Auf der anderen Seite wissen wir, daß es sicherlich eine Veränderung in den vorrangigen Beschäftigungen des Kindes gibt und ein vermehrtes Interesse an Dingen, die von den direkten sexuellen und aggressiven Betätigungen weiter entfernt liegen.

Freud: Das geht darauf zurück, daß die infantile Sexualität nicht mehr unterdrückt wird.

Sandler: Uns beschäftigt doch die Frage, wieviel von den Veränderungen in der Latenz im Es und wieviel im Ich stattfinden. Vielleicht tendiert man neuerdings dazu, bei den Veränderungen die Betonung mehr auf die Ich-Faktoren zu legen.

Burlingham: Drängt das Kind heute nicht gewaltig von einer Periode zur nächsten, so daß ihm nicht genügend Zeit bleibt, in der Latenz zu verweilen?

Freud: Ja, ein Kind ist kaum richtig in die Latenz eingetreten, und schon findet es sich in der Adoleszenz. Wenn man also nicht zur richtigen Zeit hinschaut, kann man es verpassen!

Berger: Mich hat es sehr beeindruckt, wie stereotyp doch das Spiel der Latenzkinder ist. Ich denke dabei an Schulmädchen, die immer wieder Seilhüpfen spielen, und das endlos wiederholen. Es gibt eine bestimmte Stereotypie in Verhalten und Abwehr, die dieser Periode eigen ist.

Sandler: Meinen Sie Abwehrmethoden oder die Tatsache, daß Kinder aus dem fortgesetzten Seilhüpfen eine versteckte Form von Triebbefriedigung gewinnen?

Berger: Glauben Sie, es bringt ihnen Triebbefriedigung, wenn sie auf eine bestimmte Weise gehen, um nicht auf die Ritzen zwischen den Gehwegplatten zu treten?

Sandler: Es würde mich nicht wundern.

Hellman: Es hat die Bedeutung einer Zwangsabwehr.

Burlingham: Es gehört zwar nicht ganz dazu, aber ich habe mich

gefragt, ob wir nicht die Ergebnisse projektiver Tests von heute mit denen vergleichen könnten, die wir früher bekommen haben. Möglicherweise würden wir eine ganze Menge Unterschiede zwischen der Zeit vor dreißig Jahren und heute zu sehen bekommen.
FREUD: Die Welt ist heute sehr viel anders. Für uns ist die Frage, was die Unterschiede bewirkt hat und wo sie ihren Ausgangspunkt nahmen. Im Es oder im Ich?
SANDLER: Wir können sicherlich sagen, daß zu einem bestimmten Zeitpunkt eine gewisse Desexualisierung stattfindet. Die Frage ist dann, an welchem Punkt und ob dies aufgrund einer Abnahme des Triebdrucks geschieht oder nicht.
FREUD: Ach, wissen Sie, das Ganze hat sich gewaltig verändert, und der Unterschied liegt im Masturbationskonflikt. Denn da gab es in der Vergangenheit eine große Veränderung, als das Kind in die Latenz eintrat.

12 Triebangst in der Pubertät

Anna Freud befaßt sich nun mit den Themen der Askese, des Intellektualisierens, der Objektliebe und der Identifizierung in der Pubertät. Sie beginnt das Kapitel mit dem Hinweis, daß es Lebensphasen mit gesteigerten libidinösen Besetzungen gibt, die für die analytische Erforschung des Ichs interessant sind, weil in ihnen die Ich-Tendenzen neue Deutlichkeit gewinnen. Zwei Einstellungen des Ichs verdienen besondere Beachtung, weil sie in der Pubertät besonders klar hervortreten: Askese und Intellektualität.

In der Adoleszenz gibt es manchmal eine »Triebfeindlichkeit ... [die] weit über das [hinausgeht], was wir ... an Triebverdrängung zu sehen gewöhnt sind« (119, 334). Es ist eine Askese, die sich mit der religiöser Fanatiker vergleichen läßt. Im Unterschied zu vielen neurotischen Erkrankungen, in denen nur ein Aspekt des Trieblebens abgewehrt wird, zeigt sich hier ein ganz anderes Bild, das einer generellen Triebabweisung. Der Ausgangspunkt dieses Vorgangs ist die Abweisung der Inzestphantasien der Vorpubertät und der damit verknüpften Onaniehandlungen. Sie breitet sich dann auf das Triebleben insgesamt aus, und es scheint, daß nicht so sehr die spezifische Triebqualität, sondern vielmehr die Stärke der Triebe gefürchtet wird. »Ihr Mißtrauen gegen den Genuß ist ein allgemeines, so scheint es am sichersten, dem gesteigerten Verlangen einfach ein gesteigertes Verbot entgegenzusetzen« (120, 335). Es kann sich, von den Triebwünschen angefangen, bis auf die alltäglichsten körperlichen Bedürfnisse erstrecken. Die Verweigerung kann »harmlose und notwendige Dinge« (120, 335) betreffen. Wir können beobachten, daß Jugendliche sich nicht gegen Kälte schützen, sich kasteien, wenig essen und schlafen und tunlichst alles hinauszögern, was als Nachgeben gegenüber körperlichen Bedürfnissen verstanden wird.

Während wir bei den Neurosen Ersatzbefriedigungen des abgewehrten speziellen Triebwunsches sehen, läßt die Abweisung alles Triebhaften in der pubertären Askese »für solche Ersatzbefriedigung keinen Raum« (121, 336). Es findet sich jedoch »ein Umschlag der Askese in den Triebexzeß« (121, 336), der als vorübergehendes Zeichen einer Spontanheilung zu verstehen ist. Werden die Triebe auch weiterhin abgewiesen, besteht die Gefahr einer »Lahmlegung der Lebenstätigkeiten« (121, 337), einer Art psychotischer Veränderung.

Die beschriebene Art von Askese ist von der Verdrängung zu unterscheiden. Bei der ersteren überwiegt die Angst vor der Triebquantität, nicht die Angst vor der Qualität des Triebanspruchs. Man hat auch den Eindruck, daß es sich um einen primitiveren Prozeß handelt als bei der Verdrängung. »Was wir in der Pubertätsaskese zu sehen bekommen, wären dann nicht eigentlich qualitativ bedingte Verdrängungsaktionen, sondern eben die unterschiedslose, primäre und primitive angeborene Feindschaft zwischen Ich und Trieb« (123, 338).

In der Pubertät entwickeln sich intellektuelle Interessen, besonders an abstrakten Themen. Manchmal sind solche Interessen und Themen sehr stark und können zur Basis von Jugendfreundschaften werden. »Es handelt sich bei ihnen gewöhnlich um die Form der freien Liebe oder um Ehe und Familiengründung, um Freiheit oder Beruf, Wanderschaft oder Niederlassung, um weltanschauliche Fragen, wie Religion oder Freidenkertum, um die verschiedenen Formen der Politik, um Revolution oder Unterwerfung, um die Freundschaft selbst in allen ihren Formen« (124, 340). Es überrascht dann, wenn man findet, daß diese Diskussionen sehr wenig mit dem Alltagsleben der Jugendlichen zu tun haben, es deutlich wird, daß diese Interessen keine Versuche sind, ihre realen Probleme zu lösen. Aber gerade die Themen, an denen der Jugendliche so leidenschaftlich interessiert ist, sind »bei näherem Zusehen dieselben, um die die Konflikte zwischen seinen inneren Instanzen entbrannt sind« (126, 341). Die Intellektualisierung kann somit als ein Mittel angesehen werden, den Triebkonflikt zu *durchdenken* und ihn auf diese Weise zu lösen. Anna Freud sagt: »Seine Gedankenarbeit entspricht eher einer gespannten Wachsamkeit für die Triebvorgänge in seinem Innern und einem Umsetzen dessen, was er spürt, in abstrakte Gedanken« (126, 342). Es ist möglich, daß die Intellektualisierung in der Pubertät nichts anderes ist als die Übersteigerung einer allgemeineren Ich-Einstellung, und dieses Phänomen in der Adoleszenz, ähnlich wie auch zu Beginn jedes psychotischen Schubes, kann eine Intensivierung eines normalen Bemühens des Ichs um die Triebbewältigung mit Hilfe von Gedankenarbeit sein. Anna Freud äußert die Ansicht, daß dies auch erklären könnte, warum Triebgefahr den Menschen gescheiter zu machen scheint. In triebruhigen Perioden kann das Individuum sich eher erlauben, dumm zu sein; die Triebangst wirke hier nicht anders als es von der Realangst bekannt ist.

Anna Freud fügt an, das Nachlassen der kindlichen Intelligenz bei Eintritt in die Latenzperiode könne mit dem Verbot der sexuellen Interessen zusammenhängen, das eine Denkhemmung bewirke, die sich auch auf andere Gebiete ausdehne. Es sei deswegen nicht überraschend, daß mit dem Wiederaufflammen der Sexualtriebe in der Vorpubertät auch die intellektuellen Fähigkeiten stimuliert würden. Da die Intelligenz die Funktion hat, die Bewältigung der Triebgefahren zu unterstützen, kann das Ich andererseits während der Latenz und im Erwachsenenalter in seinen Bemühungen nachlassen, die Triebvorgänge »zu intellektualisieren« (128, 344). Allerdings sind die Verstandesleistungen des Adoleszenten wohl auffällig, aber weitgehend unfruchtbar.

Sowohl in der Askese als auch beim Intellektualisieren hat das Ich Angst vor der Triebquantität. Diese Angst gehört der sehr frühen Ich-Entwicklung an, der Periode der Ablösung des Ichs vom Es. Die Angst vor der Stärke der Triebe unterstützt die Aufrechterhaltung der Trennung von Ich und Es. Beide Mechanismen dienen dazu, die Triebvorgänge dann zu kontrollieren, wenn die Triebstärke zunimmt. Die primitive Angst vor der Triebstärke wird neu belebt und wirkt sich auch auf andere Trieb- und Ich-Vorgänge aus.

Bei Objektbeziehungen der Jugendlichen kann man einen Konflikt zwischen zwei entgegengesetzten Tendenzen sehen. Die allgemeine Triebabneigung richtet sich zuerst auf die Inzestfantasien, und als Folge davon verhält sich das Ich gegenüber den Familienangehörigen so, als wären sie Fremde. Ähnlich wird das Über-Ich, das noch mit Libido aus den früheren Elternbeziehungen besetzt ist, behandelt »wie ein verdächtiges inzestuöses Objekt und verfällt auch selbst den Folgen der Askese« (130, 346). Hier findet also eine Entfremdung auch von einem Aspekt des Über-Ichs statt, die dazu führen kann, daß der Jugendliche disozialer wird, obwohl in den Anfangsstadien der Pubertät eine Überbesetzung der Über-Ich-Inhalte versucht worden war, die vermutlich den Grund für den Idealismus der Adoleszenz bildet. Anna Freud sagt dann: »Jetzt entsteht also die Situation, daß die Askese, die selbst schon eine Folge der erhöhten Triebgefahr ist, selber wieder durch Erschütterung der

Beziehung zum Über-Ich die Abwehrmaßnahmen außer Kraft setzt, die der Über-Ich-Angst angehören, und dadurch das Ich noch energischer auf die Stufe der reinen Triebangst und der primitiven ihr zugehörigen Schutzmaßnahmen zurückwirft« (130, 346).

Gleichzeitig entstehen an Stelle der früheren zahlreiche neue Bindungen. Dabei kann leicht eine Person gegen eine andere eingetauscht werden, doch die Form der Beziehung bleibt sich gleich und wird ständig wiederholt. Das Ziel ist dabei weniger Besitzergreifung von Objekt, sondern »vielmehr die möglichst volle Angleichung an die geliebte Person des Augenblicks« (131, 347).

Jugendliche sind in vielen Hinsichten sehr wandlungsfähig, je nach dem, wer im Augenblick die bewunderte Person ist. Auch ihre Anschauungen wandeln sich, doch wird jeweils immer mit der gleichen Stärke der Überzeugung daran festgehalten. Anna Freud vergleicht hier den Jugendlichen mit der »Als-ob«-Persönlichkeit Helene Deutschs. Sie schildert eine Jugendliche, die viele aufeinanderfolgende Freundschaftsbeziehungen hatte, doch gegenüber jedem verlassenen Liebesobjekt nicht nur gleichgültig wurde, sondern es mit leidenschaftlicher Abneigung verfolgte. In der Analyse ergab sich dann, »daß das gar nicht ihre eigenen Gefühle gegen die ehemaligen Freunde waren« (132, 348). Immer wenn sie ihr Liebesobjekt wechselte, übernahm sie die Gefühle des neuen Freundes und konnte ihre eigenen nicht mehr empfinden. Bei solchen Liebesbeziehungen handelt es sich keineswegs um Objektbeziehungen, sondern um primitive Identifizierungen. Die Treulosigkeit der Pubertät ist somit ein Schritt zurück auf die Basis einer frühen Identifizierungsform.

Anna Freud schildert den Fall eines fünfzehnjährigen Mädchens, dessen größtes Verlangen es war, geliebt und bewundert zu werden, und das sich selbst heftig verliebte. Es zeigte sich jedoch bald, wie oberflächlich diese Liebe war. Man beobachtet in der Adoleszenz eine »Entlibidinisierung« der Außenwelt, bei der die Jugendlichen eine Regression von der Objektliebe zum Narzißmus erkennen lassen können. Die Bemühungen, wieder Anschluß an die Außenweltobjekte zu finden, wirken »krampfhaft« und erfolgen erst einmal in Anlehnung an den Narzißmus, also durch Identifizierungen. Nach dieser Auffassung besteht in den Restitutionsversuchen Jugendlicher eine weitere Ähnlichkeit mit psychotischen Patienten. Sowohl in der Adoleszenz als auch in der Psychose findet eine quantitative Besetzungsveränderung statt, und die erhöhte Libidobesetzung des Es steigert in beiden Fällen die Triebgefahr. Sie veranlaßt das Ich zu größeren Abwehranstrengungen. Zwischen Pubertät und psychotischem Schub scheint die besondere Ähnlichkeit »nebenbei noch in dem Hervortreten primitiver Abwehrhaltungen zu liegen, die der Angst des Ichs vor der Triebstärke zugehören, also einer Angst, die älter ist als alle Real- und Gewissensangst« (134, 351). Schließlich kann man die Normalität oder Abnormität des individuellen Pubertätsverlaufs danach beurteilen, ob einer der erwähnten Züge das Bild beherrscht. So ist der asketische Jugendliche normal, wenn sein Intellekt frei funktioniert und wenn zahlreiche gute Objektbeziehungen erhalten sind. Dasselbe gilt für Jugendliche, die intellektualisieren und idealistisch sind, sowie für diejenigen, die von einer Freundschaft zur anderen getrieben werden. Wenn aber die eine oder andere Haltung alle anderen überwuchert, stellt sich das Problem, was noch einem normalen Durchgangsstadium angehört und was bereits einem pathologischen Zustand.

Die Diskussion (Erste Sitzung)

SANDLER: Zu Beginn des Kapitels sagen Sie, Miss Freud, »Wünsche, Fantasien und Triebvorgänge, die zu anderen Zeiten unbemerkt und unbewußt vor sich gehen, steigen durch die erhöhte Besetzung zum Bewußtsein auf, überwinden, wo es nötig ist, die Hindernisse, die die Verdrängung ihnen entgegenstellt, und werden im Durchbruch der Beobachtung zugänglich« (118, 333). Wenn Sie sagen »unbewußt vor sich gehen«, dann meinen Sie wohl den unbewußten Teil des Psychischen und nicht das System Unbewußtes des topischen Modells. Mit dem Wort »unbewußt« schließen Sie vermutlich auch mögliche vorbewußte Inhalte ein.
FREUD: Ja, ich meinte nur, daß sie nicht bewußt seien, mehr nicht.
SANDLER: Im deutschen Original sagten Sie *unbemerkt oder unbewußt*, womit Sie unbemerkt oder unbewußt im deskriptiven Sinne meinen. Hier sieht man wieder einmal die Übersetzungsrisiken! Wenn Sie sagen, die Inhalte steigen zum Bewußtsein auf und werden der Beobachtung zugänglich, dann geschieht dies wohl erst nach einigen Veränderungen. Oder meinen Sie, es geschehe direkt, ohne Veränderung?

FREUD: In der Adoleszenz geschieht es ziemlich direkt.
SANDLER: Können Sie ein Beispiel dafür geben?
FREUD: Ja. Wissen Sie, bei Jugendlichen gibt es direkte Fantasien etwa über Verkehr mit der Mutter. Es gibt Vorstellungen von direkter sexueller Besitzergreifung der Mutter und ihres Körpers, ohne jede Abmilderung.
SANDLER: Ist das nicht eher eine Ausnahme als die Regel, Miss Freud?
FREUD: Nicht so sehr die Ausnahme, wie man denken könnte.
SANDLER: Mein Eindruck war, daß man eher die Reaktionen auf solche Wünsche bekommt, oder Verschiebungen.
FREUD: Man bekommt beides. Wir können uns an bestimmte Jugendliche erinnern, die hier behandelt wurden, bei denen wir primitive und unverstellte sexuelle Fantasien fanden, die zu keiner anderen Lebenszeit erscheinen. Sie waren erschreckend, doch gleichzeitig konnten wir nicht einmal sagen, sie seien für den Jugendlichen nicht akzeptabel gewesen. Sie waren beides. Sie wurden abgewiesen und zugleich akzeptiert.
SANDLER: Wahrscheinlich würde das auch für aggressive Wünsche zutreffen. Ich habe bemerkt, daß Sie in diesem Kapitel dazu tendieren, die libidinösen Wünsche hervorzuheben, aber vielleicht würden Sie, wenn Sie das Buch heute schrieben, die aggressiven Regungen gleichermaßen dazusetzen. Oder sind Sie der Meinung, es gebe da einen Unterschied?
FREUD: Die Aggressionstriebe sind weniger ängstigend, denke ich. Sie werden auch weniger abgewehrt.
SANDLER: Wie etwa Todeswünsche gegenüber dem einen oder dem anderen Elternteil, die in der Adoleszenz oft ganz offen zum Ausdruck gebracht werden. Vielleicht erkennen wir sie viel eher als inzestuöse Wünsche, weil die aggressiven Fantasien über die Eltern auch den Abwehrvorgang unterstützen.
FREUD: Ja, wir beobachten die Abwertung der Eltern und die ganze Umkehrung der Beziehung zwischen Kind und Eltern.
SANDLER: Miss Freud, Sie sagen in diesem Kapitel: »Der Hysteriker verdrängt die genitalen Regungen, die mit den Objektwünschen des Ödipuskomplexes zusammenhängen, benimmt sich aber anderen Triebwünschen gegenüber, wie zum Beispiel den analen oder aggressiven Regungen, eher gleichgültig oder tolerant« (119, 334). Ähnlich sagen Sie vom Zwangsneurotiker, er verdränge anal-

sadistische Wünsche, toleriere aber orale Befriedigungen, exhibitionistische Regungen und dergleichen, die nicht mit seiner Neurose zusammenhängen. Sie setzen diesen Gedanken fort und kontrastieren ihn mit der Neigung zu einer allgemeineren Triebabweisung in der Adoleszenz. Ich frage mich, ob Sie immer noch die Ansicht vertreten, daß bei unterschiedlichen pathologischen Zuständen bestimmte unterschiedliche Regungen verdrängt werden. Ich habe den Eindruck, daß Sie in dieser Formulierung die Rolle des Ichs zu wenig hervorgehoben haben oder sie in gewisser Weise als bekannt vorausgesetzt haben, und dann mehr die Verbindung bestimmter Erkrankungen mit bestimmten Triebregungen herausgestellt haben. Was würden Sie heute zu der Konstellation von Abwehrmechanismen sagen, die zum Beispiel den Hysteriker oder den Zwangsneurotiker kennzeichnen? Vielleicht können wir unterschiedliche Erkrankungsformen mehr von der Triebseite her oder mehr von der Seite der verwendeten Abwehrmechanismen betrachten. Würden Sie dazu etwas sagen?

FREUD: Worüber ich hier schrieb, bezieht sich natürlich nicht auf die Adoleszenz, sondern auf Neurosen allgemein. Ich wollte herausstellen, daß in der Adoleszenz allgemein die Triebtätigkeit abgewehrt wird, bei den einzelnen Neurosearten indessen nur bestimmte Formen der Triebtätigkeit.

SANDLER: Aber inwieweit können wir die einzelnen Neuroseformen mit bestimmten Formen von Triebtätigkeiten verbinden, denn wir verbinden sie doch ebenfalls mit bestimmten Abwehrkonstellationen?

FREUD: Kommt es nicht auf das gleiche heraus? Ich meine, daß die Art der Abwehr zu bestimmten Neuroseformen gehört und ebenso auch die spezifische Triebtätigkeit.

BERGER: Ich würde gern wissen, was es ist, das bestimmte Triebwünsche für den Hysteriker so ich-fremd macht, und wieder andere – etwa anal-sadistische – für den Zwangsneurotiker. Gibt es da etwas im Ich, das in diesem Zusammenhang näher bestimmt werden müßte?

SANDLER: Ich denke, wir müssen akzeptieren, daß eine Regression auf anal-sadistische Fixierungspunkte allein nicht ausreicht, um eine Zwangsneurose hervorzurufen. Es muß auf der Seite des Ichs eine besondere Denkweise geben, man könnte es vielleicht eine Art Ich-Stil nennen, und es müssen, wie Sie es ausgedrückt haben, Miss Freud, »unter den Bedingungen eines Libidovorstoßes allgemeine Einstellungen des Ichs sich zur Bedeutung wirklicher Abwehrmethoden erheben können« (123, 338). Ich denke, es müßte möglich sein zu sagen, daß allgemeine Einstellungen des Ichs zu bestimmten Abwehrmustern werden können, die mit bestimmten Neurosen korreliert sind. Allgemeine Eigenschaften des Denkens und der Wahrnehmung können eine Vergrößerung zu Abwehrmechanismen erfahren, und so könnte etwa eine allgemeine Neigung zu Sauberkeit sich in eine Reaktionsbildung verwandeln, die ein Kennzeichen der Zwangsneurose ist. Persönlichkeitseigenschaften können also zu Abwehrmechanismen werden.

FREUD: Ich sehe, worauf Sie hinauswollen. Ich kann nur sagen, daß wir damals nicht so gedacht haben. Wir stehen jetzt vor der Frage, ob die Art der Abwehr, die wir beobachten, auf das zurückgeht, was abgewehrt wird. Entscheidet das Objekt der Abwehr darüber, welcher Abwehrmechanismus gebraucht wird? Oder bstimmt das erreichte Ich-Niveau, welche Abwehr gebraucht wird? Sicherlich neigten wir damals zu der ersteren Auffassung, heute aber tendieren wir mehr zu der letzteren.

SANDLER: Wir kommen nun zu einem weiteren Punkt. Sie sprechen davon, wie sich die Art der Triebabweisung des Jugendlichen von der gewöhnlichen Verdrängung unterscheidet, und sie kontrastieren das mit der Neurose. Könnten Sie für uns den Unterschied erklären zwischen dem, was einerseits in der Pubertätsaskese vor sich geht und andererseits bei Reaktionsbildungen? Ist es so, daß Reaktionsbildungen spezifischer Art sind, die Askese jedoch eine generelle Einstellung gegenüber jeglichem Triebabkömmling?

FREUD: Völlig richtig. Reaktionsbildungen sind gänzlich spezifisch. Sie stellen immer das Gegenteil von dem dar, was gewünscht und zugleich verboten ist. Bei der Askese ist das aber nicht der Fall. Da findet ein allgemeiner Kampf gegen die Triebbefriedigung als solche statt, und es ist unwichtig, um was es im einzelnen geht. Ich hatte damals bestimmte Dinge im Sinn, die man bei den Jugendlichen zu dieser Zeit sehr gut beobachten konnte. Man darf aber nicht vergessen, daß sich die Jugendlichen sehr verändert haben. Damals gab es bei den Jugendlichen ganze Bewegungen, zum Beispiel im tiefen Winter ohne Mantel zu gehen, nur um sich den Komfort der Wärme zu versagen.

SANDLER: Wie sich das verändert hat!

FREUD: Nun, es hat sich in beiden Richtungen verändert. Damals zogen sie zu wenig an, oder auch zu viel. Derselbe Kampf richtete sich auch gegen das Essen, nicht etwa, daß sie essen wollten, was für sie wirklich gesund war, sondern nur das Allereinfachste. Der Kampf richtete sich weiter gegen das Schlafen, nur um sich nicht zu verwöhnen. Es gab da Jugendliche, die morgens um fünf Uhr aufstanden und zwei oder drei Stunden lang Turnübungen machten, angeblich um den Körper zu trainieren, in Wirklichkeit aber, um dem Körper jeglichen Komfort zu versagen. Das heißt, alles wurde bekämpft, was sich als Genuß, Verwöhnung oder Komfort bezeichnen ließ. Das ist etwas völlig anderes als Reaktionsbildung.

SANDLER: Heute sehen wir viel mehr die übersteigerten Wünsche nach Komfort und Selbst-Verwöhnung, denke ich. Es gibt Jugendliche, die morgens nicht aufstehen wollen und lange im Bett bleiben.

FREUD: Nun, das gab es damals auch, aber das war ein anderer Typus von Jugendlichen, sicherlich nicht der asketische.

KENNEDY: Merkwürdige Einstellungen zum Essen gibt es auch heute noch in großer Zahl. Manche sind zum Beispiel Vegetarier, nicht etwa, weil sie orale Konflikte hätten, sondern weil sie glauben, die Hälfte der Bevölkerung esse zu viel, während viele Menschen Hunger leiden müssen.

FREUD: Wissen Sie, man sieht auch heute noch eine ganze Reihe Jugendlicher, die sich gegen jeglichen Komfort wendet, den die Eltern genießen, aber das geschieht heute mehr im Zeichen irgendwelcher religiöser oder sozialer Prinzipien. Der Kampf der Jugendlichen kann heute als kulturelle Einstellung verkleidet erscheinen.

SANDLER: Vielleicht mit Ausnahme der damaligen Jugendbewegungen.

BERGER: Aber die heutigen Jugendbewegungen, die Ultralinken, sagen auch, wir müssen genügsam sein, unsere Eltern essen zu viel und so weiter.

FREUD: Das geht oft mit sexueller Freizügigkeit zusammen, was es damals nicht tat. Sexualität gehörte zu den Dingen, die man bekämpfte.

SANDLER: Ich denke, trotz der sexuellen Freizügigkeit, die jetzt gesellschaftlich zulässig ist, bleibt noch immer der spezifische sexuelle Wunsch für den Jugendlichen bedrohlich. Die heutigen liberalen Einstellungen haben offenbar keinen Einfluß auf die infantilen Sexualwünsche, die in der Pubertät wiederbelebt werden, und die

gleichen Grundprobleme bleiben bestehen, trotz der Tatsache, daß es so viel sexuelle Freiheit gibt.
FREUD: Genitale Betätigung kann sehr viel früher stattfinden, doch für das Lusterleben hat das sehr oft geringe Bedeutung. In der Hippiebewegung zum Beispiel sehen wir eine allgemeine Verleugnung der Aggression, die dann aber an anderer Stelle wieder auftaucht. Doch es handelt sich um denselben Grundkonflikt, trotz der sexuellen Freiheit.
SANDLER: Könnte ich etwas klarstellen? Die Abweisung, von der wir gesprochen haben, ist eine bewußte, unterscheidet sich also von Verdrängung und ebenso von Reaktionsbildung. Bei der Abweisung muß es natürlich auch ständig Fantasien und Bilder vom Abgewiesenen geben, so daß es dabei auf eine verschobene Weise immer noch zum Ausdruck des Triebes und des Wunsches kommt.
FREUD: Bei der Askese würde ich das bezweifeln.
SANDLER: Aber wird er nicht projiziert und dann verworfen, so daß ständig eine Verwerfung von etwas stattfindet, das anderen zugeschrieben wird, nicht dem eigenen Selbst?
FREUD: Sehr viel mehr, wenn es bei anderen gesehen wird. Wenn es als unbewußte Fantasie vorhanden ist, dann ist es eine unbewußte Fantasie, die abgewehrt wird.
SANDLER: Ich dachte mir, man könne vielleicht eine Parallele zu dem ziehen, was Sie im letzten Kapitel sagten, als Sie von Menschen sprachen, die Triebbefriedigung durch einen Stellvertreter erreichen. In bestimmtem Sinne kann man mittels einer asketischen Haltung zu einer stellvertretenden Triebbefriedigung kommen, indem man an das denkt, was man verwirft, indem man sagt, die anderen seien die schlechten Menschen. Es ist eine Art Externalisierung. Andere Leute tun dies oder jenes Schlechte, und ich muß mich vor meinen eigenen Neigungen dazu in acht nehmen.
FREUD: Es ist nicht ganz dasselbe, wissen Sie, denn wenn man diese Askese auf die Spitze treibt, endet sie in der Zerstörung des Körpers. Sie geht oft so weit, daß der Körper geschädigt wird, aber sie kann auch zum Suizid führen, denn die Person mag zu der Überzeugung kommen, sie könne sich dieser Regung nur dann entledigen, wenn sie sich ihres Körpers entledigt. Sie töten nicht das Objekt, indem sie sich selbst töten, wie es bei anderen Suiziden geschieht, also das internalisierte Objekt, sondern sie töten den Körper als die Quelle alles Bösen.

Sandler: Damit lassen sie sich als eine spezielle Gruppe kennzeichnen. Sie beziehen sich auch auf andere extreme Fälle, Miss Freud, wenn Sie sagen, bei konsequenter Fortführung der Triebabweisung komme es »zur Lahmlegung der Lebenstätigkeiten, also zu einer Art katatonen Zustands, den wir ... schon einer Art psychotischer Veränderung zuweisen müssen« (121, 337). Sie kontrastieren dies mit einem normalen Pubertätsphänomen, und ich frage mich, worauf Sie sich da bezogen.

Freud: Ich bezog mich auf die normale Abnormität der Pubertät. Zum Beispiel würde ich das frühe Aufstehen, das wir damals beobachteten, die Leibesübungen, die Ablehnung von Komfort und die Revolte gegen Genuß als normal einstufen. Doch das kann, wie schon gesagt, bis weit ins Abnorme hineinreichen, kann reale körperliche Schädigung zur Folge haben oder jede andere Tätigkeit unmöglich machen, weil der Kampf gegen den Körper und seine Lüste alles beherrscht und keine Zeit für anderes mehr übrigläßt.

Kennedy: Was ist die Beziehung zwischen dieser Art des Agierens oder Auslebens und den Fantasien, die die Jugendlichen haben? Der mehr neurotische Typ des Adoleszenten hat eine Menge Fantasien von Selbst-Kastration, oder Kastration als Strafe, und irgendwo gehört das in dieses Bild hinein. Meinen Sie, sie würden ihre Fantasien in der Realität ausleben?

Freud: Ich meine, es gibt da einen qualitativen Unterschied; wenn nämlich die Triebangst eine bestimmte Stärke erreicht hat, genügen die Fantasien nicht mehr.

Kennedy: Sie meinen, es sei ein anderes Niveau des Umgangs mit den Konflikten?

Freud: Ja. Und die Umgangsweise kann in Richtung des Psychotischen gehen.

Berger: Ich möchte gerne etwas zu dem Gedanken fragen, Miss Freud, daß der Jugendliche im Wechsel mit Triebexzessen manchmal eine generelle Triebfeindlichkeit zeigt (119, 334). Sind die Asketen, von denen Sie sprechen, denn Menschen, die sich jemals Triebbefriedigung gestattet haben? Sind das nicht andere Menschen und daher auch andere Arten von Adoleszenten?

Freud: Nein. Wissen Sie, man findet dieses widersprüchliche Verhalten bei denselben Jugendlichen, manchmal im gleichen Zeitraum, oft aber in Phasen, die aufeinander abfolgen. Nehmen Sie zum Beispiel den Jugendlichen am Übergang zwischen Vorpubertät

und Pubertät, der sich nicht wäscht, schlecht riecht, der schmutzig ist, nicht badet und seine Kleider nicht wechselt, wenn ihn nicht seine Mutter dazu anhält. Sechs Monate später kauft er sich schicke Kleidung und gibt sich wie ein Dandy. Er ist zur anderen Haltung übergegangen.
BERGER: Ist das der gleiche Typ, der ein paar Monate später asketisch werden kann?
FREUD: Es ist dieselbe Person. Ich meine, man begegnet dem Schmutz und man begegnet der Sauberkeit. Man findet auch, daß ein und dieselbe Person alle Wünsche auslebt und befriedigt und dann plötzlich zum Asketen wird. Vielleicht aber auch nicht. Es gibt da keine strenge Regel.
SANDLER: Es muß da aber auch etwas von Identifizierung geben, Miss Freud, denn die Konformität der Jugendlichen ist sehr groß, worauf Sie ja selbst hingewiesen haben. Wenn sie also schmutzig sind, kann man feststellen, daß es auch alle ihre Freunde in der Klasse sind.
FREUD: Man findet aber auch in jeder Klasse ein paar, die das Gegenteil tun. Ich erinnere mich an eine Jugendliche, die ihre Erscheinung sehr vernachlässigte und in der Analyse sagte: »Ach, als ich noch nicht so alt war, hatte ich immer schöne Sachen an.« Sie machte mit den schönen Sachen Schluß und fing an, häßliche Sachen anzuziehen.
SANDLER: Sie haben es in Form von Wünschen formuliert, Miss Freud, doch ich werde das Gefühl nicht los, daß bei all dem, insbesondere als Anteil der adoleszenten Auflehnung, die Abwehraspekte eine größere Rolle spielen, als man auf den ersten Blick annehmen möchte. Ein Gutteil des Schmutzes und der Ungepflegtheit stellt eine Zurückweisung der elterlichen Wünsche dar.
FREUD: Das ist manchmal eine sekundäre Absicht, und das kann man natürlich auch sehen. Aber die Aggression gegen die Eltern könnte vom Kind auch so zum Ausdruck gebracht werden, daß es sein ganzes Geld für Kleidung ausgibt, die es nicht kaufen sollte. Es geht um die Wahl der Waffen. So wie etwa Essensverweigerung eine Aggression gegen die Mutter sein kann, aber eben auch etwas ganz anderes. Es kann Destruktion des Körpers sein. Das heißt natürlich nicht, daß die Eltern nicht in all den verschiedenen Fällen das Gefühl hätten, es sei gegen sie gerichtet, aber die elterliche Sichtweise ist nicht immer auch die analytische.

Sandler: Sie sagen in diesem Kapitel: »Das analytische Studium der Neurosen hat ... zu der Vermutung geführt, daß im Menschen eine Neigung zur Abweisung bestimmter Triebe, besonders der Sexualtriebe, ohne alle Erfahrung und ohne spezielle Auswahl ... vorhanden ist« (122, 337). Glauben Sie das immer noch, Miss Freud? Ich möchte gleich dazu sagen, daß ich es nicht glaube.
Freud: Wissen Sie, das ist eine alte Frage, und es gibt viele, die das nicht glauben. Viele haben es bestritten, als ich es äußerte, doch ich sage noch immer, daß das Ich als solches eher feindselig als freundlich und hilfreich den Trieben gegenüber ist, denn es ist ihm wesensfremd, freundlich zu sein. Die Triebe würden es ja in bestimmtem Sinne leichter haben, wenn es das Ich nicht gäbe.
Sandler: Darf ich das klären, Miss Freud? Würden Sie sagen, das Ich sei seinem Wesen nach auch feindselig der Außenwelt gegenüber? Wenn das zutrifft, was Sie sagen, dann müßten Sie auch sagen, jede Quelle potentiell bedrohlicher Stimulation sei gefährlich, und das Ich sei – ganz allgemein gesagt – auf der Hut vor jeglicher Überwältigung. Ich für meinen Teil hielte das für voll akzeptabel. Mir schien aber, daß Sie mehr als das gesagt hätten, nämlich, daß es eine Disposition zur Abweisung bestimmter Triebe gebe, besonders der Sexualtriebe.
Freud: Nun, ja. Hier sind zwei unterschiedliche Dinge miteinander verknüpft. Das eine ist die Vorstellung, die von jeder Generation an die nächste weitergegeben wird, daß bestimmte Triebe nicht zulässig seien, so daß es eine Prädisposition zur Verdrängung gibt. Doch dann gibt es noch einen zweiten Punkt, nämlich daß aufgrund der Tatsache, daß die gesamte Ich-Tätigkeit vom Sekundärprozeß beherrscht wird, alle Triebbetätigung sich innerhalb eines fremden Gebietes befindet, da sie ja im Gebiet des Primärprozesses beheimatet ist.
Sandler: Wenn Sie sagen, daß allgemein ein organisiertes Ich auf der Hut vor allem sei, was unorganisiert ist, so kann ich das verstehen, warum aber besonders vor den Trieben?
Freud: Das geht auf die phylogenetische Vorstellung zurück.
Sandler: Vom Standpunkt der natürlichen Auslese sollte genau das Gegenteil geschehen. Die Sexualtriebe müßten diejenigen sein, die bevorzugt werden.
Freud: Unsere Kultur verlangt eine Beschränkung des Sexualtriebs. Aber das geschieht nicht nur in einer einzigen Generation. Es geschieht immer und immer und immer wieder.

SANDLER: Vermutlich kann man das mit der ganzen Kontroverse um ererbte Gedächtnisinhalte verbinden. Ich kann mir immer noch sehr schwer vorstellen, es gebe spezielle Triebe, die das Ich mehr als andere abzuweisen bereit ist, im Gegensatz zu seiner generellen Opposition gegenüber zu hoher Stimulation.
FREUD: Nehmen wir zum Beispiel den kannibalistischen Trieb. Heutzutage gibt es für das einzelne Kind eigentlich keinerlei Schwierigkeiten, damit zurechtzukommen. Wir brauchen es in keiner Weise dazu zu erziehen. Aber wir müssen es dazu erziehen, sauber zu werden und seine Exkremente nicht anzufassen oder zu essen. Müssen wir es auch lehren, keine menschlichen Körperteile zu essen? Ich glaube nicht.
SANDLER: Aber ist in uns ein kannibalistischer Trieb oder ein kannibalistischer Wunsch, der sich aus einem oralen Trieb heraus entwickelt?
FREUD: Aber können Sie davon ausgehen, daß der Kannibalismus, der ja vor langer Zeit einmal ganz natürlich war, immer noch der gleiche sei? Ist es nicht vielmehr so, daß sich die Menschen immer mehr dem Kannibalismus entfremdet haben und er von jeder neuen Generation leicht überwunden wird?
KENNEDY: Ist das nicht erlernt? Ist es nicht so, daß Kinder etwa noch immer andere Menschen beißen und man sie lehren muß, nicht zu beißen?
FREUD: Sie geben es leichter auf. Denken Sie nur an den langen Kampf, den man mit Kindern um die analen Triebe führen muß. Aber die kannibalistische Fantasie gibt es noch immer, wenn auch die Betätigung aufgegeben wurde.
SANDLER: Aber sehen Sie doch, wie leicht unsere Neurotiker sexuelle Aktivität und aggressive Aktivität aufgeben.
FREUD: Nicht leicht, weil es darum einen langen Kampf gibt. Es sind mächtige Gegenbesetzungen dazu erforderlich. Aber braucht der Kannibalismus solche mächtigen Gegenbesetzungen? Ich würde sagen, nein. Er gibt nach, er verschwindet.
KENNEDY: Aber wir essen gerne Fleisch. Ist das nicht eine Art Kannibalismus?
FREUD: Kannibalismus ist Essen von Menschenfleisch.
KENNEDY: Ich denke, wir sollten es auch unter dem Gesichtspunkt von Tabus betrachten. Wenn man zum Beispiel als Jude orthodox erzogen worden ist, kann man einen Widerwillen gegen Schweine-

fleisch entwickelt haben, der unüberwindlich ist, auch später nicht mehr überwunden werden kann. Ich denke, es gibt noch ähnliche kulturelle Phänomene, die psychologisch ebenso real sind.
FREUD: Ja, ich erinnere mich an die Analyse eines indischen Patienten, dem jedes Mal übel wurde, wenn er an einem Metzgerladen vorbeiging. Der Gedanke an das da aufgehängte Fleisch verursachte ihm sofort Übelkeit. Das ist kulturell vermittelt.
SANDLER: Sie legen sich hier auf etwas in der menschlichen Natur Liegendes fest, meine ich, wenn Sie von phylogenetischer Erbschaft und vom Wesen des Menschen sprechen. Wären Sie auch bereit zu sagen, es gebe in der menschlichen Natur eine Disposition, bestimmte Triebe leichter als andere aufzugeben? Wenn man es auf dieser Ebene formuliert, könnte das Problem verschwinden. Aber es ist diese angeborene, unabhängige Feindschaft gegenüber den Trieben, die das Problem entstehen läßt.
FREUD: Hansi Kennedy wird sich daran erinnern, daß wir in der Hampstead Nursery feststellen konnten, daß es einen Unterschied in der Trieberziehung von Kindern gibt, die von unterschiedlichen Rassen und Kulturen stammen. Sie haben, so würde ich wohl sagen, ein unterschiedliches Erbe.
KENNEDY: Sie hatten aber immer noch ihre Mütter, selbst wenn diese mehr im Hintergrund blieben.
FREUD: Manche Kinder aus anderen Kulturen fügten sich trotzdem sehr viel weniger bereitwillig in die Erziehung, als es unsere Kinder taten.
SANDLER: Ich glaube, wir könnten darüber noch sehr lange reden, und ich möchte gerne zu etwas kommen, das mich überraschte, als ich es las. Sie sagen in diesem Kapitel, Miss Freud, »Bleuler hat für diese doppelte Einstellung des Menschen zum Geschlechtsleben – konstitutionelle Abneigung bei gleichzeitiger Begierde – seinen Begriff der Ambivalenz geprägt« (122, 337).
FREUD: Ich denke, Bleuler hat das mit Ambivalenz gemeint.
SANDLER: Doch ist es nicht das, was wir heute darunter verstehen.
FREUD: Nein, keineswegs. Aber ich glaube, was ich Bleuler zuschreibe, hatte er wirklich so gemeint. Ich erinnere mich, wie überrascht ich war, als ich damals Bleuler las. Eigentlich wollte ich damit sagen, daß wir etwas ebensosehr wünschen können, wie wir es ablehnen.
SANDLER: Es wäre wohl nützlich, wenn wir den Unterschied zwi-

schen Ambivalenz und sogenannten gemischten Gefühlen verdeutlichten, denn der Terminus Ambivalenz wird in lockerer Form sogar von Analytikern und Therapeuten verwendet, um damit etwas anderes zu bezeichnen.
FREUD: Wir meinen damit gegensätzliche Gefühle gegenüber einer Person im Kontext von Objektbeziehungen und natürlich nicht gegensätzliche Wünsche. Wir meinen es sicher nicht in dem Sinne, wie es Bleuler tat, obwohl er für seine eigene Ambivalenz bekannt war. Er hatte zu seinen Lebzeiten nie einen eindeutigen Wunsch ohne gleichzeitig auch das gegenteilige Gefühl. Jemand hat ihn einmal *Seine Ambivalenz* genannt.
SANDLER: Sie sprechen von der Feindlichkeit gegen plötzliche Steigerungen der Triebenergie als einem »eigenen lebendigen Abwehrmechanismus« (123, 338). Stehen Sie noch immer dazu?
FREUD: Es kann wohl auch etwas anderes sein, das zur Abwehr gebraucht wird. Ich habe es nicht der Liste der Abwehrmechanismen hinzugefügt. Es ist etwas, das zu Abwehrzwecken verwendet wird.
SANDLER: Könnten Sie Ihren Gedanken näher erklären, daß Trieb- oder Gefühlsstürme und Intellektualität in einem umgekehrten Verhältnis zueinander stehen (123, 339)?
FREUD: Im großen und ganzen sind wir nicht gerade am vernünftigsten, wenn wir uns in einem Gefühlszustand befinden. Je stärker die Gefühlsregung, um so weniger verlassen wir uns auf Vernunft und Intellekt. Je kühler unsere Gefühle, um so mehr kann der Intellekt in Erscheinung treten. Ich benütze das Beispiel leidenschaftlicher Verliebtheit, doch allgemein steht jede starke Gefühls- oder Trieberregung im Gegensatz zu Vernunft, Intellekt und Urteilsfähigkeit.
SANDLER: Wir müssen uns bis zum nächsten Mal gedulden, um den Unterschied zwischen Trieben und Gefühlen zu diskutieren, und ob es die Triebe oder Gefühle sind, die das Ich bedrohen.

Zweite Sitzung

SANDLER: Letztes Mal ist uns durch Miss Freuds Darstellung die enorme Kluft sehr deutlich geworden, die in der Adoleszenz zwischen dem besteht, was auf der intellektuellen Ebene erstrebt wird, und dem, was auf der emotionellen Ebene vor sich geht. Der Versuch, die Probleme mittels einer Überbesetzung von Verstand und intellektuellen Vorgängen zu bewältigen, scheint charakteristisch für die Adoleszenz zu sein.

FREUD: Es handelt sich nicht nur darum, daß der Adoleszente Intellektualisierung in dem Sinne gebraucht, daß er seinen Intellekt zur Lösung von Problemen einsetzt. Seine Denkinhalte werden eher abstrakt als konkret. Ich habe das in dem Buch vielleicht nicht genügend deutlich gemacht. Wichtig ist, daß er die Triebstürme mittels des Intellekts dadurch zu bewältigen versucht, daß er sie ins Abstrakte verlagert; je abstrakter, desto besser, desto mehr scheint es seinem Zweck zu dienen.

SANDLER: Ich habe es immer so verstanden, daß der Abwehrmechanismus der Intellektualisierung bedeutet, die Dinge im Abstrakten zu betrachten, in Allgemeinheiten, zu denen man sich in einer Distanz befindet. Das klassische Beispiel war für mich immer der Adoleszente, der in seinen homosexuellen Konflikt verstrickt ist und mit seinen Freunden über Dinge wie die Verbreitung der Homosexualität im Lande diskutiert. Das ist dann eine Abwehr der inneren Beunruhigung über Homosexualität. Dasselbe können wir im Zusammenhang mit der Masturbation sehen.

FREUD: Oder auf einer höheren Ebene über Willensfreiheit. Es geht dann über die Statistik hinaus, in die Ferne, es geht in die Vergangenheit, es geht in den Himmel, weg von den konkreten körperlichen Tatsachen, und das scheint mir das Wichtigste dabei zu sein.

SANDLER: Ist ein hohes Abstraktionsniveau besonders für den Adoleszenten wichtig? Ist es nicht ein Merkmal jeglicher Intellektualisierung?

FREUD: Nun, es ist natürlich ein allgemeines Merkmal der Intellektualisierung; sie kann auch später im Leben auftreten und auch auf unterschiedliche Weisen. Das Wichtigste dabei scheint mir zu sein, daß sie vor der Adoleszenz eigentlich nicht vorkommt. Sie kommt erst dann zustande. Wenn wir ihr bei einem Latenzkind begegnen, dann ist das ein schlechtes Zeichen. Es könnte Zeichen einer schizoiden Persönlichkeit sein. Ihr Auftreten in der Adoleszenz ist jedoch normal. Sie kann natürlich ganz übermäßig gebraucht werden, aber sie kann dann in die Persönlichkeit als ein nützlicher Mechanismus integriert werden. Beim Wissenschaftler, der sie verwendet, führt sie zu einem Resultat, während sie im Unterschied dazu beim Adoleszenten kein reales Ergebnis bringt. Sie ist etwas für sich, das heißt, ihr Zweck besteht darin, Triebimpulse in Schach

zu halten. Es fehlt ihr die Absicht des Problemlösens, doch kann sie natürlich auch im Dienst des Problemlösens stehen, wenn der Druck von den Trieben her weniger stark ist als in der Adoleszenz.
SANDLER: In der Adoleszenz ist das Problem, das sie löst, nicht das Problem, das sie angeblich lösen will.
FREUD: Nein. Sie löst ein persönliches Problem. Beim Wissenschaftler ist es verschoben und löst ein reales Problem.
SANDLER: Vielleicht außerdem auch noch ein persönliches.
FREUD: Ich glaube, ich habe an einer anderen Stelle geschildert, was ich einmal bei einem Patienten beobachtete. Es war jemand, der ständig mit großer Angst lebte, die sich von Zeit zu Zeit zum Panikanfall steigern konnte. Aber mit dem Angstzustand wurde er außerordentlich gescheit. Er war hochintellektuell, doch es war nicht die adoleszente Form abstrakter Gescheitheit. Er wurde wirklich – von seiner Angst dazu getrieben – fähig, Realprobleme zu lösen. Und das ist nicht ganz das, was ich im Buch meinte.
SANDLER: Es berührt den ganzen Bereich der Sublimierung und unsere klassische Auffassung der Sublimierung, die besagt, daß dabei ein Wechsel von Ziel und Objekt eines Triebes stattfindet. Vieles, was wir Sublimierung nennen, scheinen in Wirklichkeit Formen von Angstbewältigung zu sein, und das ist keineswegs dasselbe wie die reibungslose Umlenkung eines Triebwunsches oder einer Regung in eine andere Richtung. Viele sehr schöpferische Wissenschaftler sind meiner Meinung nach ebenso angstgetrieben wie vom Trieb her gedrängt.
FREUD: Aber zunächst kommt da die Verschiebung oder vielmehr die Vermeidung des eigentlichen Problems. Sie gehen nicht unmittelbar mit ihrer Angst um. Sie gebrauchen die Verschiebung, um das Entstehen von Angst zu verhindern.
SANDLER: Ich dachte an den Naturforscher, der auf der Suche nach einer magischen Substanz sehr gute Arbeit leistete. Man könnte das leicht als Sublimierung bezeichnen, aber er war sehr von Angst getrieben.
FREUD: Was mich beschäftigt, ist die Frage, ob die Anziehungskraft, die die indische Meditation heutzutage auf junge Leute ausübt, eigentlich dasselbe ist wie das, was ich hier Intellektualisierung genannt habe. Ich bin mir nicht sicher, worüber sie meditieren, aber nach dem, was ich davon gehört habe, liegt es auf einer sehr abstrakten Ebene.

SANDLER: Ein Merkmal ist der Versuch, vom Körper loszukommen.
FREUD: Ja, und deswegen meine ich, es sei dasselbe – ein Weg, den Geist vom Körper und allen körperlichen Vorgängen zu befreien.
KENNEDY: Und die Suche nach Frieden ist ein wichtiger Aspekt davon.
BERGER: Kann man nicht unter der Überschrift der Intellektualisierung auch das aufführen, was man als sublimiertes Studieren der Adoleszenten bezeichnen könnte? Es hängt sehr oft damit zusammen, daß sie sich selbst nicht verstehen. Sie lesen Psychologie und Philosophie, und ich muß dabei daran denken, daß viele in der späteren Adoleszenz anfangen, Freud zu lesen.
KENNEDY: Ist es nicht dasselbe, wenn wir über Intellektualisierung als Abwehr sprechen, im Unterschied zu einer verallgemeinerten intellektuellen Einstellung? Ist nicht an diesen Intellektualisierungen etwas sehr Zwanghaftes? Sie sind sehr umgrenzt, scheinen sich im Kreise zu bewegen und haben zwanghafte Qualität an sich. Der Adoleszente ist ständig mit der Angst beschäftigt, vermutlich in ziemlich unwirksamer Weise, weil er immer dann, wenn Angst auftritt, dieselben Zirkelschlüsse durchläuft.
FREUD: Nun, es können natürlich Grübeleien daraus werden, nur befaßt sich ihr Grübeln mit abstrakteren Dingen als das Zwangsgrübeln, das ganz irdischer Art sein kann. Sie wissen, wie oft der Adoleszente bei der Frage beginnt: »Wer bin ich?«, »Wohin bewegt sich die Welt?«
SANDLER: Es gibt hier einen Absatz, zu dem ich gerne Ihre Kommentare hören würde. Der erste Teil lautet folgendermaßen: »Wir haben bisher immer einen anderen Erklärungsversuch für das Abnehmen der Gescheitheit des Kleinkindes bei Eintritt in die Latenzperiode verwendet. Die glänzenden intellektuellen Leistungen des Kleinkindes sind eng verbunden mit seiner Sexualforschung. Mit dem Verbot des Sexuellen in der frühen Kindheit dehnt sich auch das Denkverbot und die Denkhemmung auf andere Gebiete des Lebens aus« (128, 344). Ich frage mich, woran Sie damals dachten, als Sie vom Abnehmen der Gescheitheit sprachen. Dachten Sie an Kinder mit Hemmungen?
FREUD: Damals wurde sehr viel darüber gesprochen, wie dumm doch Schulkinder eigentlich seien, im Vergleich zu ihren Vorschuljahren. Ich erinnere mich, ich hatte einen Onkel, der immer sagte: »Warum sind nur alle kleinen Kinder gescheit und schön und die

Erwachsenen alle dumm und häßlich?« Und weiter sagte er: »Wir wissen, wo sie dumm werden – in der Schule. Aber wo werden sie häßlich?« Ich weiß nicht, ob Latenzkinder seither gescheiter oder Kleinkinder dümmer geworden sind, aber sie werden sich vielleicht erinnern, daß wir immer zu sagen pflegten, wie intelligent doch die Kleinen in ihrer Wißbegier seien, in der Frische ihres Intellekts, und wie sie später viel weniger interessiert, viel schwerfälliger seien. Aber wir dürfen auch nicht vergessen, daß die Schule damals sehr viel anders war. Ich glaube, sie stumpfte den Geist ab.
HELLMAN: Ich wollte denselben Gedanken äußern. Mich hat immer Ihr Hinweis auf die Abnahme der Intelligenz beim Latenzkind beeindruckt. Sie ist sicher mit der Passivität verbunden, die dem Kind plötzlich aufgezwungen wird. Die ganze Veränderung von aktiv in passiv war sehr auffällig, wenn das Kind zur Schule gehen mußte. Es mußte sich sprachlich auf bestimmte Weise äußern und konnte nicht mehr so frei wie zuvor sein. Ich glaube, daß man das heutzutage nicht mehr zu sehen bekommt.
FREUD: Es gibt auch nicht mehr dieselbe Behinderung der Neugierde des Kleinkindes, auch das hat sich verändert.
HELLMAN: Auch ihr Erkundungsdrang – man läßt heute Kindern dabei sehr viel mehr Freiheit. Ich glaube nicht, daß jemand behaupten könnte, es gebe eine deutliche Veränderung im Ausdruck ihrer Intelligenz, aber damals war das sicher sehr ausgeprägt.
FREUD: Es können diese beiden Gründe gewesen sein – einmal die Freigabe der sexuellen Neugier und zum anderen die Anregung und Aktivität in der Schule –, die die Veränderung bewirkt haben. Heute wird der Geist des Kindes viel weniger mit langweiligem Zeug vollgestopft, das das Kind nicht wirklich aufnimmt.
SANDLER: Ich denke, daß manche Kinder, die anscheinend ihre Intelligenz nicht behalten, oft Kinder sein könnten, denen der Eintritt in die Latenz nicht gelungen ist. Ihre Betätigungen bleiben stärker als normal triebbesetzt. Es stimmt, daß manche Kinder das zu intellektuellen Leistungen nützen können, etwa wenn die Leistung etwas recht Phallisches bedeutet. Aber andere können dabei in Konflikte geraten und anscheinend intellektuell versagen.
FREUD: Es gibt natürlich noch mehr Möglichkeiten. Was ich schrieb, war sozusagen damals die allgemeine Ansicht, aber es gibt sicher auch viele Kinder, die ihre Neugier lediglich verschieben und nicht verdrängen. Sexuelle Wißbegier mag verboten sein, aber alle

andere Wißbegier ist erlaubt, und sie können sehr gescheit werden. Das ist eine andere Möglichkeit.

SANDLER: Wie bringen Sie das mit Ihrer Bemerkung zusammen, Miss Freud, es sei »vielleicht nicht nur so, daß das Kind in der Latenzperiode nicht abstakt denken *darf*, es hat es vielleicht nicht nötig, abstrakt zu denken« (128, 344). Sicherlich ist die Fähigkeit von Kindern begrenzt, in abstrakten Begriffen zu denken, abhängig vom Alter, aber das sagt mir noch nichts.

FREUD: Ich meinte damit, daß wir in der Latenzperiode nicht die Art von abstraktem Denken antreffen wie beim Adoleszenten. Und ich dachte, der Grund dafür sei, daß weder derselbe Triebdruck noch dieselbe Triebabwehr vorhanden sei. Ich würde also nicht sagen, daß es in der frühen Kindheit, vor der Latenzzeit, ein abstraktes Denken gebe, sondern etwas, das man ein sehr aufgeschlossenes Denken nennen könnte, natürlich in Entsprechung zum jeweiligen Entwicklungsalter. Das ist alles, was ich damit sagen wollte. Die kleinen Kinder müssen noch nicht auf dieselbe Weise abwehren, weil ja dieselbe Gefahr auch noch nicht vorhanden ist.

SANDLER: Und natürlich wird die Fähigkeit zu dieser Art Denken erst allmählich nach der ödipalen Phase wirklich entwickelt.

FREUD: Ja, das meinte ich. Wenn man aber einem Achtjährigen begegnet, wie es in der Klinik manchmal der Fall ist, der über die Welt im Ganzen und seinen Platz darin grübelt, und wozu es ihn gibt, dann hat man Grund, sich ernsthafte Sorgen zu machen. Bei einem normalen Kind findet man diese Art des Denkens nicht. Sein Denken ist konkret, gegenständlich und praktisch und mit dem Handeln verbunden. Ich würde auch sagen mit Gegenständen, mit Maschinen, mit Leistung – mit Abenteuer, mit Entdeckungen, mit Gefühlen.

SANDLER: In bestimmtem Sinne mehr pragmatisch.

FREUD: Ja.

SANDLER: Obwohl auch das romantische Element in gewissem Grade in der Latenz vorhanden ist, denke ich.

FREUD: Im Sinne von Abenteuer.

SANDLER: Ich vermute auch in der weiblichen Version von Abenteuergeschichten.

FREUD: Sie meinen Bücher für Schulmädchen. Ich halte sie nicht für sehr romantisch.

SANDLER: Vielleicht gehen wir weiter zur Frage der Idealisierung des sogenannten Teenager-Idols, das ebenfalls in der späten Latenz auftritt, möglicherweise sogar vor der Vorpubertät, wenn auch heute die Vorpubertät sehr viel früher liegen mag.

FREUD: Viel früher.

SANDLER: Miss Freud, Sie stellen dar, wie der Jugendliche mit seinen Familienangehörigen umgeht, als seien sie Fremde, und ich frage mich, ob sich auch das mit den veränderten kulturellen Bedingungen etwas gewandelt hat.

FREUD: Hat es sich gewandelt? Sagen Mütter nicht immer noch: »Er benimmt sich zu Hause, als sei er in einem Restaurant?«

KENNEDY: Wie in einem Hotel. Daran hat sich nichts geändert.

FREUD: Sie fragen: »Warum setzt er sich nicht zu uns an den Tisch und erzählt uns, was er gemacht hat?« Ich denke, daran hat sich nichts geändert. Er behandelt die Familienangehörigen noch immer so, als seien sie Fremde.

HELLMAN: Vielleicht ist »Fremde« nicht das richtige Wort. Es ist mehr eine sehr vertraute Person, an der er etwas ausprobiert. Ich würde dem Gedanken zustimmen, daß das Zuhause wie ein Hotel benützt wird, aber ich glaube, es ist notwendig, daß da seine Eltern sind, damit er sie angreifen kann, um herauszufinden, wieviel sie sich gefallen lassen.

SANDLER: Kürzlich ist gesagt worden, die Menschen seien die einzige Spezies, in der die Eltern den Nachwuchs nicht mit der Pubertät hinauswerfen. Bei jeder anderen Spezies ist es umgekehrt, dort ist es der Adoleszente, der bleiben möchte. Vielleicht sind Menschen in dieser Hinsicht nicht sehr weise.

SPRINCE: In einem guten Hotel dringt man nicht in die Privatsphäre des Hoteliers ein, und ich glaube, daß Adoleszente eindringend und aufdringlich sein müssen, um sicherzugehen, daß ihre Eltern nicht eindringen und aufdringlich sind.

FREUD: Ich habe versucht, die einzelnen Faktoren zu isolieren. Die Adoleszenz ist irgendwie eine sehr schwierige Phase, und man hört häufig von Eltern, der Adoleszente sei nicht mehr ihr Sohn, er sei wie ein Fremder, komme und gehe und sehe sie kaum noch. Das ist eine weitere Phase des Angriffs auf die Eltern, würde ich sagen. Es ist ein reiner Rückzug. Aber dann kommt er wieder, der Rückzug allein genügt nicht. Es folgt die Feindseligkeit und der Haß, die er einsetzt, um die Bindung an die Eltern zu lösen. Schließlich ist der Rückzug gar nicht mehr nötig, weil die Eltern sowieso nichts taugen.

SANDLER: Es ist der Haß, der eigentlich die Verflechtung mit den Eltern enthüllt, weil die Eltern zu feindseligen Gegnern werden, und dann sind sie nicht einfach Fremde. Mich hat der Gedanke sehr eingenommen, den Sie weiter unten auf der Seite anführen, wo Sie den Terminus »Verdrängung des Über-Ichs« (130, 346) verwenden. Vermutlich würden Sie heute diesen Terminus nicht mehr gebrauchen, wenn ich auch Ihre damalige Verwendung verstehen kann.
FREUD: Ich würde sagen, daß sich das Ich vom Über-Ich entfremdet.
SANDLER: Das ist etwas anders als bei der Verdrängung, doch ich denke, wir müssen berücksichtigen, daß Sie sich mehr oder weniger locker ausgedrückt haben. Sie weisen darauf hin, daß das Über-Ich wie ein verdächtiges und aufdringliches inzestuöses Objekt behandelt wird, und es ist interessant, daß auch auf die internalisierten Eltern in Form der Über-Ich-Introjekte reagiert wird. Sie sagen dann weiter, Miss Freud: »Die Erschütterung der Beziehung zwischen Ich und Über-Ich wirkt vor allem wieder steigernd auf die Triebgefahr« (130, 346). Ich fand das höchst interessant, weil wir erst vor relativ kurzer Zeit angefangen haben, die Rolle des Über-Ichs als Beschützer neben seiner Rolle als Angreifer herauszustellen. Doch in dem, was Sie hier sagen, ist die Annahme impliziert, daß das Über-Ich auch eine Schutzfunktion hat. Natürlich ist schon immer gesagt worden, daß Gefahr droht, wenn eine Entfremdung vom Über-Ich eintritt, aber es ist nicht die Gefahr noch schlimmerer Vergeltung, sondern die Gefahr, einen Schutz zu verlieren.
FREUD: Ja. Wissen Sie, dazu gibt es Parallelen während der gesamten Latenzperiode, wenn Kinder ihren Eltern entfremdet werden, nicht aus entwicklungsbedingten Gründen wie in der Adoleszenz, sondern weil sie von den Eltern im Stich gelassen werden, etwa durch Tod, Trennung oder plötzliche Erkenntnis elterlicher Unvollkommenheit. Ich meine Fälle, wo ein Elternteil ins Gefängnis oder in eine psychiatrische Anstalt kommt und seine Rolle in der Über-Ich-Bildung durch das Ereignis plötzlich in Frage gestellt wird. Dies hat nicht nur Auswirkungen auf die Objektbeziehung, sondern auch auf das Verhältnis zum Über-Ich, und in manchen Fällen ist es der Grund für Delinquenz. Es kann beim Siebenjährigen, Achtjährigen, Neunjährigen geschehen, lange vor der Adoleszenz. Es bedeutet einfach, daß das Über-Ich nicht gänzlich unabhängig von der bestehenden Objektbeziehung ist.

SANDLER: Das ist ein faszinierendes Gebiet, das wir weiter erforschen müssen. Sie sagen in Ihrem Text, Miss Freud. »Jetzt entsteht also die Situation, daß die Askese, die selbst schon eine Folge der erhöhten Triebgefahr ist, selber wieder durch Erschütterung der Beziehung zum Über-Ich die Abwehrmaßnahmen außer Kraft setzt, die der Über-Ich-Angst angehören, und dadurch das Ich noch energischer auf die Stufe der reinen Triebangst und der primitiven ihr zugehörigen Schutzmaßnahmen zurückwirft« (130, 346). Könnten Sie das kommentieren? Wie setzt dieser Vorgang die Abwehrmaßnahmen außer Kraft, die der Über-Ich-Angst angehören? Meinen Sie die Weisen, wie die Person mit Schuldgefühlen umgeht? Was ist die Verbindung zur Askese?
FREUD: Es bededutet, daß die Person sich hinsichtlich ihrer Beziehung zum Über-Ich gegenüber den Trieben schutzlos fühlt.
SANDLER: Das würde mit dem übereinstimmen, was wir vor Jahren einmal diskutierten, als wir über das Über-Ich sprachen und uns Situationen vorstellten, in denen Menschen ihr Über-Ich außer acht lassen können. Wir haben damals das besondere Beispiel der Askese nicht verwendet, aber wir dachten an Gruppen-Phänomene und an Situationen, in denen alternative Quellen narzißtischer Versorgung, nicht die des Über-Ichs, zugänglich werden. Eine davon könnten etwa Drogen sein oder Identifizierung mit einem Helden, was dazu führen kann, daß Menschen zeitweilig das Über-Ich gänzlich außer acht lassen können. Ich denke, Sie sagen hier, daß die Askese (und vermutlich gilt das auch für die Meditation, wenn diese ihr modernes Äquivalent ist) eine Quelle von Wohlbefinden darstellen kann, die die Abhängigkeit vom Über-Ich verringert und die Person in die Lage versetzt, sich von den Über-Ich-Introjekten abzuwenden. Oder habe ich das falsch verstanden?
FREUD: Ich meine damit, wenn die Intaktheit des Über-Ichs schwindet, dann schwindet auch das Schuldgefühl, und das Schuldgefühl ist ja ein Schutz vor Unrechttun. Wenn es nun keine Realangst und keine Über-Ich-Angst mehr gibt, dann bleibt noch immer die Angst vor den Trieben, die die primitivste aller Ängste darstellt und mit den primitivsten Abwehrmechanismen verbunden ist. Das ist eigentlich der Gedanke, den ich hier zum Ausdruck bringen wollte. In dem, was ich hier schrieb, meinte ich, daß die Askese die Objektbeziehung attackiert, das heißt, sie bewirkt einen Rückzug von den ödipalen Fantasien. Diese wiederum sind mit dem Über-Ich ver-

bunden, und das Über-Ich wird dadurch geschwächt. Die Askese schützt also das Individuum nicht vor der Triebgefahr, vor der Gefahr aus dem Es, sondern bewirtkt das genaue Gegenteil. Es ist ihr noch stärker ausgesetzt, weil kein Schuldgefühl vorhanden ist.

SPRINCE: Auf Grund von Inzestangst?

FREUD: Inzestangst, ja.

SANDLER: Sowohl positive wie auch negative ödipale Tendenzen sind Probleme für den Adoleszenten, denke ich. Vielleicht können wir hier den negativen Ödipuskomplex deutlicher sehen als in der ödipalen Phase.

FREUD: In unserer Gegenwart richtet sich die Auflehnung vielleicht nicht so sehr gegen die Eltern als vielmehr gegen das sogenannte Establishment, das die gesamte elterliche Welt darstellt. Das Establishment symbolisiert all die Kräfte, denen der Kampf gilt.

SANDLER: Sie beschreiben in diesem Kapitel die Tendenz des Adoleszenten, sich mit vielen anderen zu identifizieren, und sagen: »Diese Objektbeziehungen der Pubertät haben neben der auffallenden Treulosigkeit noch einen zweiten besonderen Charakter. Ihr Ziel ist nicht eigentlich die Besitzergreifung des Objekts im gewöhnlichen körperlichen Sinne des Wortes. Das Ziel scheint vielmehr die möglichst volle Angleichung an die geliebte Person des Augenblicks« (131, 347). Ist das dann die einzige Identifizierung, von der Sie an dieser Stelle im Hinblick auf den Adoleszenten sprechen?

FREUD: Ja, das ist die Identifizierung. Aber sie geht noch einen Schritt weiter. Es ist wirklich eine Aneignung vieler Eigenschaften dieser Person. Ich erinnere mich an eine Jugendliche, deren Eltern immer sagten: »Man weiß immer, mit wem sie in der Schule zuletzt gesprochen hat« oder »Wir wissen, für wen sie in der Schule schwärmt, denn sie redet genau wie diese Person. Sie nimmt die gleiche Simme an, die gleiche Handschrift.« Wissen Sie, viele Adoleszente kopieren tatsächlich die Leute, die sie bewundern, und lernen sich genau wie diese zu benehmen. In bestimmter Weise nehmen sie Körper und Geist der anderen Person an. Das ist mehr als die gewöhnliche Identifizierung.

SANDLER: Sie fahren dann fort und sprechen vom »Als-ob«-Typus, den Helene Deutsch beschrieben hat. Ich dachte immer, daß sich die »Als-ob«-Kinder nicht nur mit dem augenblicklichen Objekt identifizieren, sondern vielmehr mit der Rolle, von der sie glauben, daß das Objekt sie von ihnen erwarte.

FREUD: Das ist nochmal etwas anderes. Es ist eine Entstellung der gesamten Person, um dem Objekt zu gefallen und mit ihm vereint zu sein. Sie unterscheidet sich von der, das Objekt selbst zu sein.

SANDLER: Ich habe immer verstanden, »als ob« sei dieses besondere Entstellen der Rolle, und ich kann das in Ihrer Beschreibung nicht finden. Vielleicht meinte Helene Deutsch beide Aspekte, aber ich weiß, daß viele Leute der Meinung sind, das »Als-ob«-Kind sei das charakteristische Heimkind, das sich für jeden, der gerade da ist, in ein gutes Kind verwandelt. Das kann natürlich zum Teil Identifizierung mit irgendeiner Eigenschaft von Erwachsenen sein. Manche Leute sagen über andere, sie seien »Als-ob«-Personen, und meinen damit, der andere sei gewissermaßen vielgesichtig und würde sich jedem, dem er begegnet, als angenehmer Mensch präsentieren. Ich kann mich da irren, ich habe bisher über dieses Problem nicht nachgedacht. Vielleicht stellte sich Helene Deutsch das als eine Identifizierung mit dem Objekt vor.

FREUD: Es kommt wohl dem näher, was Winnicott mit »falsches Selbst« gemeint hat. Nur setzt er das falsche Selbst schon sehr früh im Leben an, während es sich hier um das falsche Selbst des Adoleszenten handelt.

SANDLER: Winnicott spricht von einer relativ beständigen Falschen-Selbst-Persönlichkeit, während das Charakteristische hier ist, daß sich die Person von einem Moment zum nächsten verändern kann.

FREUD: Je nach dem Objekt. Es bedeutet lediglich, daß es nicht die Person selbst ist. Es ist nicht das »Ich«. Es ist nicht das eigentliche Selbst, sondern es wird von diesen Außeneinflüssen geformt oder von der Objektbeziehung. Es spiegelt wider, was Erikson mit der Identitätskrise gemeint hat.

SANDLER: Was Sie beschreiben, Miss Freud, ist ganz charakteristisch für die Adoleszenz. Ich meine die flüchtigen Identifizierungen. Das andere, das »Als ob«, ist auf bestimmte Weise uncharakteristisch für die Adoleszenz. So zu sein, wie ein anderer ihn gern hätte, ist untyptisch für den Adoleszenten, der sich in der Auflehnung befindet. Diese leichten Identifizierungen, wie Sie sie beschreiben, sind für den Adoleszenten ganz angemessen und richtig, doch ich glaube nicht, daß für ihn der »Als-ob«-Charakter charakteristisch ist, den man bei Heimkindern sieht.

FREUD: Wenn Sie damit Gefügigkeit meinen, sicherlich nicht. Ich stelle den Vergleich mit dem »Als ob« nur deswegen an, weil es sich in bestimmter Hinsicht um denselben Vorgang handeln könnte.
BERGER: Die flüchtigen Identifizierungen des Adoleszenten müssen nicht unbedingt die Persönlichkeit entstellen. Er mag sehr wohl in der Lage sein, später normale Beziehungen herzustellen.
SANDLER: Wir sollten festhalten, daß Winnicotts Ausführungen zum falschen Selbst nicht dasselbe wie die »Als-ob«-Persönlichkeit bedeuten. Es kann ein falsches Selbst geben, das aufgebaut wurde und dann sehr stabil ist, unabhängig vom Objekt immer sich selbst gleichbleibt, als Folge der Entwicklung der Person und besonders ihrer Abwehr. Ich denke, worauf Miss Freud hier hinweist, ist gerade die Flüchtigkeit der Identifizierungen. Wenn man will, vermitteln alle diese Identifizierungen ein falsches Bild, und in diesem Sinne gibt es auch eine Verbindung zum falschen Selbst und zum »Als ob«, aber ich glaube, sie unterscheiden sich sehr davon.
FREUD: Ja. Sie wissen, daß es noch ein weiteres Merkmal der Adoleszenz gibt. Ich denke da besonders an einen Adoleszenten, der schriftliche Listen von seinen Freunden und Liebesobjekten anlegte, deren Namen niederschrieb, und mir war ganz klar, dies bedeutete, daß seine Beziehungen sehr dünn waren. Er hatte Angst, sich zu verlieren, und er hielt sich deshalb am Namen fest. Es bedeutet, daß auch die anscheinend leidenschaftlichen Beziehungen des Adoleszenten zugleich ganz oberflächlich sein können. Gefährlich oberflächlich, und der Adoleszente muß dann die Regression auf seinen eigenen Narzißmus abwehren. Ich weiß nicht, ob ich das im Buch ausgeführt habe.
SANDLER: Nein, ich glaube nicht, daß es so da steht. Sie sprechen von Identifizierungen der primitivsten Art. Könnten Sie wohl näher ausführen, was Sie dabei im Sinn hatten? Offensichtlich meinen Sie nicht die primitivste Identifizierung, bei der eine Verschmelzung mit dem Objekt erfolgt. Meinten Sie ziemlich grobe Identifizierungen, ohne Subtilität? Sie sagen: »Die innere Situation in dieser und ähnlichen Pubertätsphasen läßt sich in sehr einfachen Worten beschreiben: Diese stürmischen und wenig haltbaren Liebesbindungen der Pubertät sind gar keine Objektbeziehungen im erwachsenen Sinne des Wortes. Es sind Identifizierungen der primitivsten Art ...« (132, 348/349).
FREUD: Ich sage auf deutsch: »Es sind Identifizierungen der primi-

tivsten Art.« Ich meinte damit die primäre Identifizierung des Kindes mit der Mutter: Wir sind eins.

SANDLER: Aber wohl nicht primäre Identifizierung im Sinne der Konfusion mit Verlust der Grenzen. Der Adoleszente kennt seine eigenen Grenzen. Was Sie beschrieben haben, ist eine Art Schnellkopie.

FREUD: Nun, es geht über in einen Verlust der Grenzen zwischen dem Selbst und dem Nicht-Selbst. Ich meine damit, daß die Identifizierung nicht aus der Objektbeziehung hervorgeht, sondern dieser vorangeht.

SANDLER: Worin unterscheidet sich das von der psychotischen primären Identifizierung?

FREUD: Wenn jemand als Erwachsener einen Prozeß entwickelt, der in das erste Lebensjahr gehört, dann ist er ein Psychotiker.

SANDLER: Aber nicht jeder Adoleszente ist gänzlich psychotisch.

FREUD: Aber der Adoleszente hat ein Anrecht auf psychosenahe Prozesse. Ich meine, wir würden ihn für verrückt halten, wäre da nicht die Tatsache, daß er eben adoleszent ist.

SANDLER: Ja, aber wir sagen das auch über unsere Kollegen. Ich hörte neulich, wie das von einem ganzen Komitee gesagt wurde.

FREUD: Primäre Identifizierung findet man nur bei Adoleszenten oder bei schwer gestörten Menschen.

SANDLER: Ich glaube, wir müßten sagen, daß die Fähigkeit zur *Des*identifizerung, zur Errichtung von Abgrenzungen, dem Adoleszenten nicht verlorengeht, während das beim Schizophrenen der Fall sein kann.

FREUD: Sie ist beim Adoleszenten vorübergehend aufgehoben, aber sie geht nicht verloren.

SANDLER: Wenn Sie vom psychosenahen Zustand des Adoleszenten sprechen, Miss Freud, beziehen Sie sich besonders auf die Liebesbindungen, auf die Verliebtheit in jemand, den man eigentlich gar nicht kennt, und auf die nachfolgende Identifizierung. Der innere Aufruhr, der das begleitet, kann sehr belastend sein, aber ich denke, der Adoleszente ist noch immer in der Lage zu sagen: »Das bin ich, und das ist die andere Person.« Er könnte auch sagen: »Ich bin ganz durcheinander«, aber ich meine, daß das doch ganz anders als beim Psychotiker ist.

FREUD: Der Adoleszente hat das Gefühl: »Du und ich sind wirklich eins.« Natürlich nicht in dem Sinne, daß er nicht weiß, wer er ist

und wer der andere ist, während der Psychotiker das nicht mehr weiß. Ich beziehe mich auf sein Gefühl. Es ist keine Veränderung im Ich, wie man sie beim Psychotiker findet. Ich meine hier eine Veränderung in der Liebesbeziehung, von einer Objektbeziehung zu einer primitiven Form der Identifizierung.
SANDLER: Um dieses Kapitel abzuschließen, möchte ich folgende Passage gerne kurz anschauen: »Durch die Erschütterung der alten Objektbeziehungen, durch die Folgen von Triebabneigung und Askese wird die Außenwelt des Jugendlichen entlibidinisiert. Er ist in Gefahr, seine Objektlibido von der Umwelt auf die eigene Person zurückzuziehen, entsprechend den Regressionen in seinem Ich auch im libidinösen Leben von der Objektliebe zum Narzißmus zu regredieren« (133/134, 350). Er kann natürlich auch das Entgegengesetzte tun, nicht wahr, Miss Freud, in dem Sinne, daß er bestimmte Objekte überbesetzt. Doch Sie würden dann wohl sagen, daß das auf seichte und oberflächliche Weise geschieht.
FREUD: Ja. Wie ich es hier gesagt habe, die stürmischen Objektbeziehungen des Jugendlichen sind sehr häufig Versuche, zur Objektwelt zurückzukehren.
SANDLER: Wir haben nun noch eine weitere Sitzung, die dann unsere Diskussionen des Buches zum Abschluß bringen wird.

Schlußbemerkung

In der Schlußbemerkung faßt Anna Freud ihren Versuch zusammen, die Abwehrmechanismen nach bestimmten Angstsituationen zu klassifizieren, durch die sie hervorgerufen werden. Der Zusammenhang zwischen individuellen Erlebnissen und bestimmten Abwehrformen ist noch unklar, doch scheint die Verleugnung in typischer Weise mit der Verarbeitung von Kastrationsängsten und dem Erlebnis von Objektverlusten verbunden zu sein. Die altruistische Abtretung scheint »speziell zur Überwindung narzißtischer Kränkungen geeignet zu sein« (137, 353). Deutlicher erkennbar sind die Parallelen zwischen der Abwehr von äußeren und von inneren Gefahren. So entspricht die Verdrängung von Triebabkömmlingen der Verleugnung. Die Reaktionsbildung hat ihre Entsprechung in Fantasien, welche die Realsituation in ihr Gegenteil verkehren. Die Hemmung entspricht der Ich-Einschränkung zur Vermeidung äußerer Unlust. Die Intellektualisierung paßt zur Wachsamkeit des Ichs für Gefahren aus der Außenwelt. Alle anderen Abwehrvorgänge entsprechen den »Versuchen des Ichs, die Verhältnisse der Außenwelt durch aktiven Eingriff zu verändern« (137, 354). Anna Freud fährt mit dem Gedanken fort, die verschiedenen Abwehrmechanismen gegen Gefahren von innen und außen hätten ihre Ursprünge in verschiedenen Aspekten der Triebfunktionen. Die Abwehrmethoden bedienen sich des »Wesen(s) des Triebvorgangs« (138, 355). Es bleibt jedoch ein starker Eindruck von der Ich-Leistung beim Entstehen der Abwehrmechanismen, und jedes neurotische Symptom zeigt »ein Fehlschlagen der beabsichtigten Abwehrleistung« (139, 355) des Ichs. Doch »das Ich ist siegreich, wenn seine Abwehrleistungen glücken«, Angst und Unlust eingeschränkt und die Triebe umgewandelt werden können und wenn es gelingt, »auch unter schwierigen Umständen noch Triebgenuß zu sichern und damit, soweit es möglich ist, eine Harmonie zwischen Es, Über-Ich und den Außenweltsmächten herzustellen« (139, 355).

Die Diskussion

SANDLER: Das ist nun die letzte Sitzung unserer Gruppe zur Diskussion von Miss Freuds *Das Ich und die Abwehrmechanismen.* Das Buch ist ein wichtiger Teil der psychoanalytischen Ausbildung von uns allen gewesen, doch viele Dinge, die wir diskutiert haben, waren für uns neue Erkenntnisse. Das Buch galt zur Zeit seiner Entstehung als sehr kühn, und Miss Freud bemerkte an einer Stelle, daß ihr damals von einer angesehenen Analytikerin gesagt worden sei, sie stelle sich mit diesem Buch außerhalb der psychoanalytischen Bewegung. Als so revolutionär wurde es damals angesehen. Das hört sich für uns heute seltsam an, aber es kann uns eine Vorstellung von dem gewaltigen Schritt vermitteln, der 1936 mit der Veröffentlichung dieser Arbeit getan worden war. Vielleicht würden Sie gerne noch etwas dazu sagen, wie die Situation war, als Sie das Buch herausbrachten, Miss Freud.

FREUD: Als ich vor unserer Sitzung mit Dr. Greenson sprach, hat es mich sehr interessiert zu hören, wie heftig die Reaktion der älteren Analytiker damals war, als viele dachten, der Wert eines Analytikers könne daran gemessen werden, wie weit von der Oberfläche entfernt der Bereich läge, den er erforsche. Der Gedanke, den ich damals vertrat, daß der Analytiker seine Position gleich weit vom Es und vom Ich , von der Oberfläche und von der Tiefe einnehmen müsse, war keineswegs eine gängige Auffassung in einer Zeit, da alles darauf ausgerichtet war, tiefer und tiefer ins Unbewußte vorzudringen. Ich empfand das von Anfang an als eine Verschlechterung der Analyse, denn Analyse bedeutete immer die Aufdeckung von Konflikt, die Untersuchung der Abwehrneurose. Diese wurde ja von den ersten Anfängen der Analyse an als Zeichen für Konflikt zwischen der Oberfläche und den Tiefen und später dann zwischen dem Es und dem Ich angesehen. Es war ein Mißverständnis, daß wir nur die Tiefen ergünden müßten und daß das die Analyse ausmache. Nebenbei gesagt, die Tiefen allein könnten niemals eine Neurose hervorbringen. Das kann nur in Wechselwirkung mit der Oberfläche geschehen.

SANDLER: Wir haben etwas von einer gegenläufigen Pendelbewegung an bestimmten Orten festgestellt, an denen sich der Schwerpunkt zur Oberfläche hin verlagerte.

FREUD: Ich weiß nicht, ob ich sagen sollte, das sei ebenso schlecht oder noch schlechter. Es ist ebenso falsch.

SANDLER: Für die heutige Diskussion sind uns die letzten drei oder vier Seiten des Buches verblieben. Wir konnten nicht ganz fertig werden, und es ist ein glücklicher Umstand, daß wir heute noch eine Möglichkeit dazu haben. In der Schlußbemerkung werden einige sehr allgemeine Punkte angesprochen, von denen etliche eine nähere Diskussion wert sind. Sie sagen uns zu Anfang, Miss Freud, daß Sie den Versuch machten, die verschiedenen Abwehrformen nach bestimmten Angstsituationen zu ordnen, durch die sie hervorgerufen worden sind, und Sie geben zu verstehen, daß eine genauere Klassifizierung vielleicht später möglich sein würde. Wir hoffen noch immer auf eine solche präzise Klassifizierung, aber vielleicht sind wir noch nicht soweit. Sie sagen dann weiter: »Aber der historische Zusammenhang zwischen typischen Erlebnissen in der individuellen Entwicklung und der Entstehung bestimmter Abwehrformen ist zum großen Teil noch dunkel« (137, 353). Sie meinen, daß die »typische Weise«, wie die Verleugnung gebraucht wird, mit Kastrationsvorstellungen und dem Verlust von Liebesobjekten zusammenhänge. Im Unterschied dazu scheine die altruistische Abtretung unter bestimmten Bedingungen »speziell zur Überwindung narzißtischer Kränkungen geeignet zu sein« (137, 353). Ich möchte hier gerne fragen, im Hinblick auf die Ordnung der verschiedenen Abwehrmechanismen nach speziellen Angstsituationen, ob Sie heute sagen würden, daß das Schwergewicht ebensosehr auf den Angstinhalt gelegt werden müsse wie damals, als Sie das Buch schrieben, oder ob Sie heute mehr in Begriffen von Abwehrformen gegen bestimmte Angstquellen denken. Zum Beispiel Abwehrformen, die sich gegen Ängste richten, die durch Triebbedrohungen erregt worden sind, oder durch drohende Vergeltung seitens des Über-Ichs, oder durch Gefahren aus der Außenwelt – ich meine die Realangst vor elterlichen Strafen und so weiter.

FREUD: Sicherlich würde ich das auch so sagen, aber zugleich auch, daß ich das hier genau so gemeint hatte. Ich dachte eigentlich nicht an Situationen, sondern an Quellen. Genau wie Sie das eben formuliert haben. Ich möchte hier aber noch etwas hinzufügen. Damals beschäftigte ich mich sehr mit der Möglichkeit einer Chronologie der Abwehrformen, die damals ja auch im Gespräch war – die Frage, was zuerst kommt, was eine primitive Form der Abwehr ist und was eine verfeinerte –, und ich versuchte an einer Stelle im Buch einen skizzenhaften Aufriß davon zu geben, so, wie wir ihn damals hatten, in der Hoffnung, wir würden in der Zukunft mehr darüber erfahren, insbesondere mit unseren fortschreitenden Erkenntnissen der Ich-Entwicklung. Diese Hoffnung hat sich aber bis heute noch nicht wirklich erfüllt, wenigstens soweit es schriftlich niedergelegt worden ist. Ich habe kürzlich eine Idee gehabt, von der ich hoffe, sie ausarbeiten zu können, nämlich, daß wir mehr über die zeitliche Abfolge der Abwehrformen erfahren können, wenn wir dem nachgehen, was ich als die Entwicklungslinien bezeichnet habe. Ich meine damit, daß wir gar nicht die Ich-Entwicklung und ihre Wechselbeziehung zum Es in dem globalen Sinne aufzufassen brauchten, wie wir es immer tun und gleich vier oder fünf Jahre der Entwicklung unter einem Titel zusammenfassen. Wenn wir sie statt dessen Stück für Stück nehmen und die einzelnen Schritte betrachten, die auf den Erwerb einer jeden menschlichen Errungenschaft hin getan werden – was in bestimmtem Sinne immer eine Interaktion zwischen dem Es und der Ich-Entwicklung bedeutet – dann können wir erkennen und festhalten, welche Abwehrformen an welchen Stellen der einzelnen Entwicklungslinien möglich geworden sind. Ich glaube, daß wir mit der Zeit eine Chronologie der Abwehrmechanismen bekommen werden. Ich werde also in vielleicht einem oder in zwei Jahren – ich weiß nicht, wieviel Zeit mir zur Verfügung stehen wird – versuchen, das ausführlicher darzustellen.

SANDLER: Ich stelle mir vor, daß der dem Konzept der Entwicklungslinien innewohnende Gedanke, das Funktionieren des Apparates als Ganzes zu nehmen, sowohl für unsere Theorie als auch für unser klinisches Material besonders nützlich ist. Wenn ich mich an unsere vorangegangenen Diskussionen richtig erinnere, Miss Freud, war das, was zur Zeit der Abfassung Ihres Buches als Konflikt zwischen Ich und Es betrachtet und aus dieser Sicht theoretisch aufgegliedert wurde, vielfach dasselbe, was wir heute als Konflikt zwischen dem Wunsch des Ichs betrachten würden, am Es teilzuhaben; anderseits aber auch, wenn etwas auftritt, das wie zum Beispiel Schuldgefühle die gemeinsame Tendenz ich-fremd werden läßt, das Ich veranlaßt, seine Abwehrtätigkeit zu mobilisieren und sich gegen die Trieb-Ich-Kombination zu wenden. Die größeren psychischen Strukturen sind für uns die Bezugspunkte; sie verleihen dem, was da geschieht, unterschiedliche Qualitäten, doch bei den ganzen Diskussionen über Abwehr, die wir als Ich-Funktion betrachten, sprechen wir nicht einfach vom Trieb, sondern vom Triebabkömmling. Wir sind unversehens dazu übergegangen, eher vom Triebwunsch zu sprechen, in dem Sinne, daß dieser die infantilen Ich-Aspekte enthalte, die ihn verwirklichen würden. Als wir dann die Formen der Triebabwehr erörterten, meinten wir vielleicht Abwehr gegen diese spezielle Triebrepräsentanz.

Kann ich etwas zu Ihrer Vermutung fragen, daß die typischen Situationen, in denen die Verleugnung gebraucht wird, mit der Kastrationsvorstellung und mit dem Verlust des Liebesobjekts zusammenhängen? Ich glaube, wir können ihre historischen Wurzeln in den infantilen Sexualtheorien finden, in Zusammenhang mit der Verleugnung des Geschlechtsunterschiedes und mit der Art, wie Kinder versuchen, den drohenden oder tatsächlichen Verlust eines Liebesobjekts von sich zu weisen. Ich glaube jedoch, daß Sie hier eine zu spezifische Verbindung zwischen dem Gebrauch dieses speziellen Mechanismus und den genannten Situationen herstellen. Zweifellos kommen sie in klinischen Situationen vor, in denen auch Verleugnung am Werk ist, aber ich weiß nicht, ob nicht die Gefahr besteht, daß das von Ihnen Gesagte als ganz spezifische Zuordnung dieses Mechanismus zu diesen speziellen Gefahrsituationen mißverstanden werden könnte. Sollten wir das nicht für unser Protokoll klarstellen? Das Wort »typisch« könnte irreführend sein.

FREUD: Vielleicht kann ich es anders ausdrücken. Man kann fragen, was am wirkungsvollsten sei, wenn man sich mit den einzelnen erwähnten Angstsituationen oder -quellen konfrontiert sieht. Es gibt da die Verlustsituation, sei es ein körperlicher Verlust, wie er in der Kastrationsangst zum Ausdruck gebracht wird, oder Verlust des Liebesobjekts, der in der Trauer ausgedrückt wird, oder sonstige. Aber um welchen Verlust es sich auch handelt, die wirkungsvollste Methode des Umgangs damit, in der Kindheit wie auch später bei schweren Störungen, besonders bei Psychosen, scheint mir zu sein, ihn zu verleugnen. Was würden Sie sagen?

GREENSON: Ich möchte auf die Frage kommen, warum man Verleugnung als einen Mechanismus und nicht als ein Resultat bezeichnet. Wenn ich mich recht erinnere, sagten Sie in Ihrem Buch, Verleugnung sei eine Vorstufe der Abwehr. Ist das richtig?

FREUD: Ja.

GREENSON: Und man kann mittels Projektion verleugnen, man kann es auch mittels Verneinung. Man denke an Verluste, körperliche Verluste oder Objektverluste. Sie werden negiert und daher verleugnet.
FREUD: Wissen Sie, das kommt durch die Übersetzung. Auf deutsch heißt Verleugnung (»denial« im englischen Text, Anm. d. Übers.) *Leugnung*, was bedeutet »es ist nicht geschehen«, und das ist die Verneinung. Aber ich bin ganz Ihrer Meinung, daß Verleugnung bedeutet, das Geschehen werde ungeschehen gemacht. Und das scheint sehr wirkungsvoll zu sein, aber wir wissen auch, daß es für den Psychotiker die Abkehr von der Realität bedeutet, und für das Kind, der Wahrheit nicht ins Auge zu sehen, und das ist hier die eigentliche Bedeutung. Ich habe es damals als eine Vorstufe der Abwehr bezeichnet, weil sich diese Verneinung gegen die Außenwelt und äußere Geschehnisse richtet, nicht gegen die Triebe. Ein reales Geschehen in der Außenwelt wird als nicht geschehen erklärt.
SANDLER: Die Unterscheidung zwischen dem Verleugnungsmechanismus und seiner Auswirkung, die wir Verleugnung nennen, ist etwas Wichtiges. Mehr oder weniger bewirkt jeder Abwehrmechanismus eine Verleugnung, eine Beseitigung von etwas Unlustvollem. Was nun die Verleugnung als Vorstufe der Abwehr angeht, so haben wir darüber diskutiert, und ich glaube, wir sahen es in unseren Überlegungen als eine Vorspiegelung, daß etwas nicht da sei. Aber diese einfache Art von Verleugnung kann nur bis zu einem bestimmten Punkt gelingen, und sie gelingt auch leichter in bezug auf die Außenwelt als in bezug zu einem beständigen Druck von innen. Sie kann diesen Druck nicht beseitigen und ist daher gegenüber der Innenwelt nicht besonders wirkungsvoll. Es läßt sich aber nicht gut behaupten, daß man sie nur in Verbindung mit der Außenwelt definieren dürfe. Natürlich hat das Kleinkind sehr viel mehr Erfolg damit, wenn es den Kopf abwendet, weil es die von der Außenwelt kommenden unlustvollen Dinge nicht sehen will, als wenn das Unlustvolle von innen her kommt und sich bemerkbar macht, wie immer es den Kopf dreht und wendet. Wir müssen zwar einräumen, daß etwas der Verleugnung Entsprechendes eine Vorstufe der Verdrängung sein kann, doch dann handelt es sich zugleich auch um etwas, das nur den Bruchteil einer Sekunde dauern kann, weil der Wunsch Kraft hat und die Verleugnung, die gegenüber der Außenwelt wirkungsvoll sein mag, es gegenüber der Innenwelt nicht ist.

Ich möchte damit sagen, daß man zwar nicht gut die Verleugnung allein in Verbindung mit der Außenwelt definieren kann, aber daß man doch feststellen muß, daß sie der Außenwelt gegenüber gut funktioniert, nicht aber gegenüber dem Druck von innen her. Das ist ein wichtiger Punkt, denn das Kleinkind weiß noch nicht, was innen und was außen ist, und die Repräsentanzen, die es erlebt, werden erst allmählich nach ihrer Zugehörigkeit innen oder außen unterschieden, und vielfach spielt dabei auch die allmähliche Erfahrung eine Rolle, ob die Verleugnung wirkungsvoll ist oder nicht. Miss Freud hat betont, daß es im wesentlichen dieselben Mechanismen sind, die auf Bedrohung aus den verschiedensten Quellen hin eingesetzt werden. Und wenn es auch einige Mechanismen gibt, wie Miss Freud dargestellt hat, die sich im Hinblick auf spezifische Bedrohungen besser eignen als andere, so geht es hier doch mehr um die Frage ihrer Nützlichkeit als um spezifische Beziehungen zwischen bestimmten Abwehrformen und bestimmten Gefahrensituationen. Es lohnt sich vielleicht noch hinzuzufügen, daß wir es die ganze Zeit über mit dem zusätzlichen Problem zu tun hatten, daß Verleugnung eine ganze Reihe unterschiedlicher Bedeutungen hat.

FREUD: Ja, das ist ganz richtig.

SANDLER: Mich hat ganz besonders beeindruckt, daß es bereits 1936 den Gedanken einer Abwehr gegen narzißtische Kränkung gab, und obwohl wir alle das Buch viele Male gelesen haben, glaube ich nicht, daß wir den Gedanken der Abwehr gegen narzißtische Kränkung in Miss Freuds Buch voll erkannt haben. Er erscheint an verschiedenen Stellen des Buches, als Teil der Vorstellung, daß das Motiv für die Abwehr die Vermeidung von Unlust ist. Ein besonderes Motiv ist die Vermeidung von Störungen des eigenen Wohlbefindens, des Selbstwertgefühls, der Selbstachtung und so weiter. Es ist wichtig, die Tatsache festzuhalten, daß die Abwehrmechanismen in dieser Weise gebraucht werden, denn über lange Zeit neigten viele dazu, nur von Abwehr gegen die Triebe zu sprechen und zu behaupten, Miss Freud habe in diesem Buch lediglich den Gedanken der Abwehr gegen die Außenwelt hinzugefügt. Sie hat ebenso aber auch herausgestellt, daß die Abwehr der Beseitigung von Unlust dient, um die Intaktheit und das Wohlbefinden des Ichs aufrechtzuerhalten. Der Gedanke, daß das Motiv der Abwehr Vermeidung schmerzlicher Gefühle ist, aus welcher Quelle sie sich auch herleiten und was immer ihre schmerzlichen Inhalte sein mögen, verdient es, in unseren Überlegungen mehr Beachtung zu finden. Ganz im Mittelpunkt steht dabei die Vermeidung narzißtischer Kränkung beim Kind. Ich halte das gerade jetzt für besonders wichtig, da das Interesse an Patienten mit narzißtischen Störungen besonders groß ist. Möchten Sie dem etwas hinzufügen, Miss Freud?

FREUD: Wir scheinen in den dreißiger Jahren einige Dinge gewußt zu haben, die heute so entdeckt werden, als hätte es sie bisher noch gar nicht gegeben. Wir haben vielleicht in manchen Fällen nicht ganz die gleichen Termini gebraucht, wir benützten oft einfachere Begriffe. Ich hatte gestern mit Dr. Greenson eine Diskussion über den Terminus »narzißtische Homöostase«. Dr. Greenson fragte mich, was das eigentlich bedeute, und ich sagte, es heiße, daß jemand mit sich selbst einverstanden sei. Darauf meinte Dr. Greenson: Warum sagt man es dann nicht so? Diese Vorstellungen waren uns doch nicht unbekannt.

GREENSON: Ich kann mich erinnern, daß Sie einmal auf einem Kongreß vor vielen, vielen Jahren sagten, alle Abwehr sei durch die Vermeidung von Unlust motiviert, und daß Sie unwillig wurden, als jemand einen Vortrag über Abwehr hielt, sich dabei ständig im Kreis bewegte und nicht zum entscheidenden Punkt kam, nämlich daß alle Abwehr sich gegen Unlust und Schmerz richtet. Das ist grundlegend, das ist elementar, das ist einfach und verständlich.

FREUD: Und Unlust kann so viele Formen annehmen, wie Sie alle wissen. Ich meine damit, es gibt nicht nur eine einzige Art von Unlust. Es gibt ebenso viele Arten von Unlust wie Arten von Lust, vielleicht noch mehr.

SANDLER: Sie haben ausgeführt, Miss Freud, daß es deutliche Parallelen zwischen den Abwehrtätigkeiten nach außen und nach innen gebe. Sie sagen dann, die Verdrängung leiste für die Beseitigung der Triebabkömmlinge dasselbe wie die Leugnung für die Beseitigung der Außenweltreize (137, 353). Das wirft nun die theoretische Frage auf, ob es eine Gegenkraft gibt, eine Gegenbesetzung, wenn Sie so wollen, die bei der Verleugnung eingesetzt wird. Ich denke, wir sind zu dem Schluß gezwungen, daß wir nicht einfach sagen können, Verleugnung sei ein Entziehen der Aufmerksamkeit, sondern so, wie wir es klinisch sehen und gebrauchen, sind in dem, was wir gewöhnlich unter Verleugnung als Abwehrmechanismus verstehen, aktive Gegenkräfte gegen die Wahrnehmung von Unlustvollem in der Außenwelt wirksam. Sie sprechen dann weiter von der Reaktionsbildung, über die Verwendung von Fantasien, in denen die Realsituation in ihr Gegenteil verkehrt ist, und von Hemmung der Triebregungen, Ich-Einschränkungen, Intellektualisierung und so fort. All das wird eingesetzt, um Unlust zu vermeiden, und es ergeben sich hier tiefgreifende Implikationen für die psychoanalytische Affekttheorie. Was hier über die Motive der Abwehr gesagt wurde, das enthält den Gedanken, daß unsere Gefühlszustände ebensosehr von Ereignissen in der Außenwelt beeinflußt werden wie von innen durch die Triebe und deren Abkömmlinge. Das würde bedeuten, daß die Affekte als Gefühle im Ich eine Mittelstellung einnehmen und daß Veränderungen der Gefühlszustände, in erster Linie Unlust in Gestalt von Angst, aber auch, wie Sie gesagt haben, Miss Freud, andere Formen der Unlust, die Beweggründe für die Abwehr sind. Und wir müssen als Motive auch die Suche nach bestimmten Arten von Lust, Befriedigung und Sicherheit einbeziehen, einschließlich der narzißtischen Lust. Ich würde sogar noch weiter gehen und sagen, daß Veränderungen in den Gefühlszuständen als Beweggründe für die Ich-Entwicklung insgesamt angesehen werden können. Ich erinnere mich hier an Freuds Aussage, die Entwicklung des Ichs bestehe in einer Entfernung vom primären Narzißmus und erzeuge ein intensives Streben, diesen zurückzugewinnen. Wenn man den primären Narzißmus, von anderen seiner Bedeutungen abgesehen, als einen Gefühlszustand des Wohlbefindens auffaßt, dann besteht die Entwicklung des Ichs in der erzwungenen Entfernung von diesem »guten« Gefühlszustand, und Störungen des Gefühlszustandes sind die vorrangigen Beweggründe für die Entwicklung als Ganzes.

Freud: Ja. Sie sind die Motive im Gegensatz zu den Trieben.

Sandler: Mir hat der Gedanke in Ihrem Satz sehr gefallen, der lautet: »Alle jene anderen Abwehrvorgänge, die ... in Veränderung der Triebvorgänge selbst bestehen, entsprechen nach außen hin den hier nicht mehr einbezogenen Versuchen des Ichs, die Verhältnisse der Außenwelt durch aktiven Eingriff selbst zu verändern« (137, 354). Mich erinnert das, Miss Freud, an die Werbung für Schlankheitskuren, bei denen »vorher« und »nachher« gezeigt wird. Es ist so, als habe das Ich ein unbewußtes Wissen vom Zustand vorher, der unlustvoll ist, und es setzt dann Mechanismen ein, um ihn in das »Nachher« zu verwandeln, um bei sich selbst die

Repräsentanz eines unbewußten Wunsches oder einer Einwirkung der Außenwelt zu verändern. Als Ergebnis machen dann die Gefühle, die das neue Bild begleiten, den Zugang zum Bewußtsein als etwas Zulässiges, Ungefährliches und so weiter möglich. Wir müssen nun also sagen, daß das Abgewehrte auf einer bestimmten Ebene vom Ich unbewußt erlebt werden muß, um als Bedrohung wahrgenommen zu werden.

FREUD: Ganz einfach gesagt, in bestimmten Fällen richtet sich die Abwehr gegen den Gefühlszustand, der mit der Triebgefahr oder der Gefahr von außen verbunden ist, oder gegen die Ängste oder sonstige Unlustgefühle von Kränkung oder Versagung, was immer sie sein mögen. Aber es gibt auch Mechanismen, die an anderer Stelle und auf andere Weise wirksam sind, nämlich in Form von Abwehr gegen die Quelle des eingetretenen Gefühlszustandes. Diese Mechanismen suchen zu bewirken, daß der Gefühlszustand nicht entsteht. Sie können etwas an den Trieben verändern, wie Handlungen in der Außenwelt darauf abzielen, die Außenwelt zu verändern. Es wird also ein Ereignis, das unlustvoll wäre, an seinem Eintreten gehindert. Ich denke, ich komme etwas später dann auf den wesentlichen Punkt, wenn ich die Frage aufwerfe, woher das Ich die Form der Abwehr bezieht, oder, was zuerst kommt. Kommt zuerst die Abwehr gegen die Gefahren aus dem Inneren oder die Abwehr gegen die von außen verursachte Unlust?

SANDLER: Wir können viel leichter die Außenwelt verändern als die Triebe und deren Abkömmlinge, so daß wir ihnen wenigstens einen indirekten Ausdruck gestatten müssen und dazu die eine oder andere Form von Abwehr gebrauchen.

FREUD: Nun, wir können auch bei den Trieben etwas tun. Wir können sie in ihr Gegenteil umwandeln, das wäre die Verkehrung. Oder wir können ihre Richtung verändern. Zum Beispiel kann die nach außen gerichtete Aggression gegen das Selbst gewandt werden, also etwa anstelle des Mordes der Selbstmord. Doch während das Individuum das erstere als Böses empfindet, kann es die Selbstschädigung als etwas Gutes betrachten, nämlich als einen Versuch, nicht zum Mörder zu werden. Wir können also auch an den Trieben selbst etwas verändern.

SANDLER: Sie verwenden den Ausdruck »Hemmung der Triebregung« (137, 353), Miss Freud. Woran dachten Sie da? Haben Sie Verdrängung gemeint?

Freud: Nein, ich meinte nicht Verdrängung. Ich meinte, nun, Hemmung als Vorstufe der Symptombildung. Statt einer Kompromißbildung sehen wir ein Zurückhalten des Ausdrucks eines Triebabkömmlings, der ins Bewußtsein oder in die Handlung vordringt.
Sandler: Das würde dann nicht nur für ziemlich direkte Äußerungen der Triebregung gelten, sondern auch für ihre etwas weiter entfernten Abkömmlinge. Im nächsten Absatz wird die Frage aufgeworfen, woher das Ich die Form seiner Abwehrmechanismen bezieht. Miss Freud fragt, »ob der Kampf mit der Außenwelt nach dem Vorbild der Triebabwehr geführt wird oder ob umgekehrt die Formen der Triebabwehr nach den Vorbildern der Außenweltskämpfe gestaltet sind« (138, 354). Sie weisen dann darauf hin, Miss Freud, daß sich das infantile Ich gleichzeitig gegen Trieb- und Außenweltreize wehren muß, und sagen: »Es ist am wahrscheinlichsten, daß es sich im Kampf mit den verschiedenartigen Reizen, die es zu bewältigen hat, den Eigenheiten der Innenwelt und der Außenwelt weitgehend anpassen wird« (138, 354). Ich denke, das paßt sehr gut zu unserem Entwicklungsgesichtspunkt, daß das Kind die Unterscheidungen zwischen Innen und Außen langsam aufbaut und dazu die Ressourcen verwendet, die ihm zur Bewältigung jeglicher Art von Gefahr zur Verfügung stehen. Die Benennung der Quelle ist erst sekundär. Das läßt vermuten, daß die Verbindung zwischen den verwendeten Mechanismen und der Gefahrenquelle nicht so sehr spezifisch ist. Und wir müssen dann später wohl auch zu den Gefahren oder Bedrohungen diejenigen hinzufügen, die vom Über-Ich her kommen, obwohl an dieser Stelle erst vom Vor-Über-Ich-Kind die Rede ist. Wir wissen, daß Abwehrtechniken auch gegen Schuld und antizipierte innere Kritik seitens der Über-Ich-Introjekte eingesetzt werden.
Freud: Ja.
Sandler: Sie fragen, Miss Freud, »wieweit das Ich bei der Triebabwehr seinen eigenen Gesetzen folgt (und) wieweit es sich vom Charakter des Triebes bestimmen läßt« (138, 354). Sie ziehen den Vergleich heran, wie latente Traumgedanken in den manifesten Traum überführt werden, und zeigen, daß einige der daran beteiligten Vorgänge wie Verdichtung und Verschiebung dem Es angehören, so daß die Traumarbeit nicht ausschließlich vom Ich geleistet wird. Dann sagen Sie, die Veränderung der Triebvorgänge durch den Abwehrprozeß könne sich auch der besonderen Eigenschaften

der Triebe bedienen. Sie stellen überzeugend dar, wie sich einige Abwehrmechanismen mit dem Funktionieren nach dem Primärvorgang in Verbindung bringen lassen. Ich glaube, der Gedanke, den Sie hier vortragen, nämlich daß manche Abwehrformen aus Triebeigenschaften hervorgehen, viele Leute beunruhigt hat, denn bei der Traumarbeit beachten wir nicht nur die Primärprozeßfunktionen, sondern auch die Abwehrtätigkeit des Ichs. Wahrscheinlich ist das von Ihnen Gesagte gar nicht schwer zu verstehen, wenn man daran denkt, daß der Apparat als Ganzes zunächst in der Weise des Primärvorgangs funktioniert und der Sekundärvorgang dann aus dem hervorgeht, was durch die Entwicklung des Ichs verfügbar wird. Wenn also die Verkehrung ins Gegenteil bereits vorhanden ist, dann ist sie für eine Verwendung innerhalb einer höher strukturierten und organisierten Abwehrform verfügbar. Aber vielleicht werden die Analogien zwischen den Abwehrformen und den Funktionsweisen der Triebe von manchen Leuten zu weit getrieben, und ich möchte Sie fragen, ob Sie das kommentieren könnten. Ich hätte auch gerne, daß Sie den Gedanken am Ende des Abschnitts näher ausführen, wo Sie sagen: »Wir dürfen annehmen, daß die Haltbarkeit eines Abwehrvorgangs mit dieser doppelten Verankerung im Ich einerseits und im Wesen des Triebvorgangs anderseits zusammenhängt« (138, 355).

Freud: Mir erschien das immer sehr einfach, und ich bin überrascht, wenn jemand das als einen schwer zu verstehenden Gesichtspunkt empfindet; es gibt doch die beiden Weisen seelischen Funktionierens, nach dem Primärvorgang und nach dem Sekundärvorgang. Aber es ist immer ein und dieselbe Seele, und für mich ist es ganz leicht vorstellbar, daß von Natur aus immer beide zugleich vorhanden sind und miteinander in Beziehung stehen, und wenn wir es von unserem Ich her mit schwierigen Dingen zu tun haben, wäre es dann nicht am praktischsten, sie mit den Mitteln anzugehen, die uns verfügbar sind? Mir scheint es sehr findig, wenn das Ich zum Beispiel bei der Reaktionsbildung erkennt, daß beim Primärvorgang die Gegensätze sich sehr nahe sind. Das Ich sagt daher: »Na gut, nehmen wir doch das, verkehren wir es ins Gegenteil.« Dann kann die Reaktionsbildung die Verdrängung absichern, die für sich allein nicht ausreichen würde, und wir schaffen uns so eine ziemlich gut gesicherte Position. Es ist doch sehr praktisch, etwas zu verwenden, das auf einem niedrigen Existenzniveau schon vorhanden ist, nämlich den Primärvorgang. Wir müssen uns nur getrauen, das Ich zu personifizieren, dann sehen wir, wie geschickt es bei seinen Tätigkeiten vorgeht!

SANDLER: Ein Teil der Schwierigkeit geht wohl auf die Tatsache zurück, daß Ich und Es ständig einander gegenübergestellt werden, besonders wenn wir an Konflikt und dann an Abwehr denken. So, als ob sie in unserem Wissen durch einen eisernen Vorhang voneinander getrennt seien. Tatsächlich aber, und darauf weisen Sie in Ihrem Buch immer wieder hin, arbeiten beide die meiste Zeit über Hand in Hand. Wenn auch die eine Seite in einer bestimmten Weise organisiert ist und die andere Seite auf eine andere Weise, so heben Sie doch hervor, daß sie auch gemeinsam tätig sein können. Sie sprachen davon, daß das Ich dem Trieb seine Funktionen zur Verfügung stellen könne, und so können wir sagen, daß die Vorgänge, die wir dem Es zuordnen, also die Primärvorgänge, manchmal Vorgänge des vereinigten Ich-Es sind. Damit kann man auch besser verstehen, wieso Vorgänge auf höherem Niveau Merkmale von solchen von niedrigerem Niveau behalten können – die Primärvorgänge lassen sich in einem bestimmten Sinne häufig als gemeinsamer Besitz beider Instanzen betrachten. Könnte man das, was Sie sagen, Miss Freud, auch so formulieren?

FREUD: Ja. Ich weiß nicht, ob wir noch genug Zeit für Beispiele haben, aber es gibt ein sehr einfaches Beispiel von Kindern, deren Reaktionen sich leicht in ihr Gegenteil verkehren lassen, da sie ja dem Primärvorgang so viel näherstehen. Stellen wir uns einmal vor, wir hätten eine Gruppe von Kindern – sagen wir, im Kindergarten oder einem der ersten Schuljahre –, in der sich ein behindertes Kind befindet. Das Kind hinkt. Nun treiben Kinder sehr gern ihren Spaß mit Schwächeren, necken sie und lachen sie aus. Der Lehrer, der davon nichts versteht, sagt dann: »Das dürft ihr nicht tun«, und die Kinder tun es dann auch nicht, solange der Lehrer anwesend ist. Aber sowie der Lehrer fort ist, tun sie es wieder. Der kluge Lehrer führt mit den Kindern ein Gespräch und sagt: »Ihr wißt, daß es unter uns einen Schwächeren gibt, und wir müssen ihm alle so helfen, daß er gar nicht mehr merkt, daß er hinkt.« Und zwei Minuten später fängt die ganze Klasse damit an, dieses behinderte Kind zu beschützen. Wenn Sie nun das damit zusammenbringen, was über die Beziehung von Ich und Es gesagt wurde, dann haben wir ein sehr gutes Beispiel. Das Ich weiß, daß es die Möglichkeit der Verkehrung gibt, und es gebraucht sie. Was ich schrieb, ist genauso einfach gemeint.

SANDLER: Im allerletzten Absatz gibt es einen Punkt, der meines Erachtens umstritten ist. Sie sagen, daß nach der Beschäftigung mit den Abwehrmechanismen »noch ein starker Eindruck von der Größe der Ich-Leistung übrig [bleibt]« (139, 355). Und Ihre Untersuchung dieser Mechanismen hat uns ebenso beeindruckt. Sie sprechen dann von neurotischen Symptomen. Man hat gesagt, das Symptom sei eine Art Durchbruch, eine Umgehung des Ichs. Ich bin jedoch überzeugt, daß das Symptom durch das unbewußte Ich gestaltet wird, und das ist etwas anderes.

FREUD: Es ist kein Durchbruch, sondern eine Kompromißbildung.

SANDLER: Nun, mich hat gestört, daß es einerseits als Kompromißbildung bezeichnet wird, anderseits als Überwältigung nach Fehlschlägen der Abwehr. Vielleicht können wir das in unseren letzten Minuten noch klären, denn ich bin mir sicher, daß Symptome sehr sorgfältig als Schutzmaßnahmen auf der hintersten Linie aufgebaut werden, wenn die Abwehr fehlschlägt. Sie sagen uns, dies geschehe, um das Wohlbefinden zu sichern, Angst zu vermeiden und um dieselbe Aufgabe zu erfüllen wie die Abwehr, wenn auch das Indiviuum unter den Schmerzen des Symptoms leidet.

FREUD: Sie haben mit Ihrer Kritik am letzten Absatz ganz recht. Ich glaube, ich suchte einfach nach einem guten Abschluß. Der Absatz ist nicht gut, weil das Symptom nicht an seine richtige Stelle gesetzt wird. Ich meinte eigentlich, die Symptombildung sei immer noch ein Kompromiß und besser als gar nichts. Sie verhindert das Schlimmste, aber wir würden sie natürlich nicht als Symptom bezeichnen, wenn sie nicht auch Schmerz und Verlust bedeutete. Ich wollte sagen, daß die Abwehrtätigkeit insgesamt nicht zur Symptombildung führen, sondern einen Gleichgewichtszustand zwischen der inneren und der äußeren Welt schaffen sollte, zwischen inneren und äußeren Anforderungen.

SANDLER: Nun, ich glaube, wir sind hier dennoch zu einem glücklichen Ende gekommen. Ich brauche ihnen wohl kaum zu sagen, wie dankbar wir alle dafür sind, wie Sie ihr Buch und unsere Vorstellungen von der Abwehr geklärt haben. Die Diskussion hat uns alle sehr bereichert.

FREUD: Mich auch. Es war schon eine eindrucksvolle Erfahrung.

Sach- und Personenregister

Otto F. Kernberg
Objektbeziehungen und Praxis der Psychoanalyse

Aus dem Amerikanischen übersetzt
von Helga Steinmetz-Schünemann

2. Auflage 1985
316 Seiten mit Register
und Bibliographie
Linson mit Schutzumschlag
ISBN 3-608-95377-9

Es geht Kernberg in diesem Buch um die Integration seines Konzepts in bereits bestehende Auffassungen über die Entwicklung der Objektbeziehungen. Darüber hinaus beschäftigt er sich mit den klinischen Anwendungen seines theoretischen Modells. Diese sind nicht allein auf das Borderline-Problem konzentriert, sondern beziehen sich auch auf die Charakter-Pathologie, Übertragungs- und Gegenübertragungsphänomene, auf Störungen der Liebesfähigkeit, auf Gruppentherapie und Therapie in klinischen Institutionen.

Dieses zweite Buch Kernbergs weist den Autor als einen hervorragenden psychoanalytischen Theoretiker aus. Seine Arbeit überzeugt durch die bestechende Klarheit seiner Konzepte und die Prägnanz seiner Formulierungen. (Praxis der Psychotherapie und Psychosomatik)